VERHANDELN MIT STRATEGIE

Roy J. Lewicki / Alexander Hiam / Karen Wise Olander

Verhandeln mit Strategie

Das große Handbuch der
Verhandlungstechniken

Midas Management Verlag
St. Gallen · Zürich

Verhandeln mit Strategie – Das große Handbuch der Verhandlungstechniken

Copyright der deutschen Ausgabe:
© 1998 Midas Management Verlag AG, St. Gallen / Zürich
Titel der amerikanischen Originalausgabe: Think Before You Speak
All Rights Reserved. Authorized translation from the English language edition published by John Wiley & Sons
Copyright © 1996 Alexander Hiam and Roy J. Lewicki

Die Deutsche Bibliothek – CIP-Einheitsaufnahme:

Lewicki, Roy J.:
Verhandeln mit Strategie – Das große Handbuch der Verhandlungstechniken./
Roy J. Lewicki; Alexander Hiam; Karen Wise Olander.
Übersetzung von Hans-Peter Meyer.
St. Gallen / Zürich: Midas Management Verlag, 1998.

Einheitssacht.: Think Before You Speak <dt.>

ISBN 3-907100-04-2

Deutsche Übersetzung: Hans-Peter Meyer

Lektorat: Elisabeth Schüßlbauer
Korrektorat: Barbara Raab
Satz: Simone Pedersen, Claudia Inglin
Cover: Agentur 21 (Foto: © Image Bank)

Druck- und Bindearbeiten: Kösel, Kempten
Printed in Germany

ISBN 3-907100-04-2

Verlagsanschrift:
Midas Management Verlag AG, Ankerstrasse 3, CH-8004 Zürich

Grobübersicht

1.	Vorteile einer Strategie	1
2.	Eigene Position	11
3.	Verhandlungspartner	27
4.	Kontext und Macht	39
5.	Strategiewahl	61
6.	Kompetitive Strategie	83
7.	Kooperationsstrategie	109
8.	Alternativstrategien	131
9.	Verhandlungsfallen	155
10.	Konfliktreduktion	169
11.	Dritte Partei	193
12.	Kommunikative Kompetenz	215
13.	Recht und Moral	235
14.	Repräsentanten und Teams	259
15.	Der letzte Schliff	283
	Anhang	299

Inhaltsverzeichnis

1.	**Die Vorteile einer Strategie**	**1**
1.1	Die vier Hauptaspekte von Verhandlungen	3
1.2	Die Wahl einer Strategie	4
1.3	Die Schritte des Analyseprozesses	7
2.	**Die eigene Position einschätzen**	**11**
2.1	Die Kernfragen	13
	2.1.1 Ziele	13
	2.1.2 Prioritäten	14
	2.1.3 Verhandlungsspielraum	14
	2.1.4 Alternativen	16
	2.1.5 Zugrundeliegende Bedürfnisse und Interessen	16
	2.1.6 Ressourcen	18
	2.1.7 Wiederholte Verhandlungen	19
	2.1.8 Geschichte	19
	2.1.9 Vorstellungen über Verhandlungen	20
	2.1.10 Vertrauen	20
	2.1.11 Autorität und Auftraggeber	21
	2.1.12 Strategie – starr oder flexibel?	22
	2.1.13 Persönliche Charaktermerkmale	23
2.2	Der Analyseprozeß	23
3.	**Den Verhandlungspartner einschätzen**	**27**
3.1	Die Bedeutung von Informationen	29

3.2 Recherchen über die andere Partei 31
    3.2.1 Ziele 31
    3.2.2 Interessen und Bedürfnisse 32
    3.2.3 Alternativen 33
    3.2.4 Ressourcen 33
    3.2.5 Reputation, Verhandlungsstil und Verhalten 34
    3.2.6 Autorität 35
    3.2.6 Wahrscheinliche Strategie und Taktiken 35

3.3 Konzessionen 35

3.4 Der Planungsprozeß 36

4. Kontext und Macht — 39

4.1 Situative Verhandlungsfaktoren 39
    4.1.1 Wesen und Art der verfügbaren Informationen und Ressourcen 40
    4.1.2 Unterstützung und Autorität der Auftraggeber 42
    4.1.3 Zeitdruck und Termine 43
    4.1.4 Legitimationsfaktoren – die Macht von Regeln und Regulierungen 44
    4.1.5 Alternativen oder Optionen zur Übereinkunft 46
    4.1.6 Ihre eigenen persönlichen Qualitäten 47
    4.1.7 Umweltfaktoren 48

4.2 Der Umgang mit Machtfaktoren 52

4.3 Beziehungsfaktoren 53

4.4 Persönliche Eigenschaften 55

4.5 Der analytische Planungsprozeß 56

5. Die Auswahl der richtigen Strategie — 61

5.1 Hauptfaktoren der Strategiewahl 61
    5.1.1 Die Beziehung zum Verhandlungspartner 62
    5.1.2 Das Interesse am Verhandlungsergebnis 63

5.2 Vermeidungsstrategie (Lose-Lose) 65

5.3 Anpassungsstrategie (Lose to Win) 66

5.4 Kompetitive Strategie (Win-Lose) 68
    5.4.1 Entscheidende Faktoren der kompetitiven Strategie 69
    5.4.2 Folgen und Nachteile der kompetitiven Strategie 70

5.5	Kooperative Strategie (Win-Win)	72
	5.5.1 Schlüssel zur erfolgreichen Zusammenarbeit	73
	5.5.2 Probleme bei der kooperativen Strategie	75
5.6	Kompromißstrategie	76
5.7	Wann wählt man welche Strategie?	77
	5.7.1 Situation	78
	5.7.2 Präferenzen	78
	5.7.3 Erfahrung	78
	5.7.4 Stil	79
	5.7.5 Wahrnehmungen und vergangene Erfahrungen	79
	5.7.6 Andere Faktoren	79
5.8	Verhandeln ohne Strategie	82
5.9	Ausblick	82

6. Umsetzung einer kompetitiven Strategie — 83

6.1	Anwendungssituationen	84
6.2	Verhandlungsspielraum	86
	6.2.1 Alternativen – eine wichtige Überlegung beim Verhandeln	90
	6.2.2 Vorschläge für die Festlegung Ihres Verhandlungsspielraums	90
6.3	Andere Planungselemente	92
	6.3.1 Mehrere Verhandlungsaspekte	92
	6.3.2 Kosten	92
	6.3.3 Recherchen über die andere Partei	93
	6.3.4 Die Rolle der Auftraggeber	94
6.4	Ereignissequenz in kompetitiven Verhandlungen	95
6.5	Konzessionen	96
6.6	Allgemeiner Leitfaden für erfolgreiche kompetitive Verhandlungen	98
6.7	Taktiken	99
	6.7.1 Verpflichtungen	100
	6.7.2 Andere kompetitive Taktiken	105
6.8	Umgang mit kompetitiven Taktiken	107

7. Umsetzung einer Kooperationsstrategie — 109

- 7.1 Merkmale der Kooperationsstrategie 111
- 7.2 Schritte bei der Kooperationsstrategie 112
  - 7.2.1 Identifikation des Problems 112
  - 7.2.2 Verstehen des Problems 113
  - 7.2.3 Generierung alternativer Lösungen 114
  - 7.2.4 Auswahl einer Lösung 119
- 7.3 Erfolgreich mit kooperativen Verhandlungen 122
  - 7.3.1 Formulieren Sie gemeinsame Ziele 122
  - 7.3.2 Vertrauen Sie der eigenen Problemlösungsfähigkeit 122
  - 7.3.3 Bewerten Sie die Meinung der anderen Partei 122
  - 7.3.4 Zeigen Sie Motivation und Engagement zur Zusammenarbeit 123
  - 7.3.5 Bauen Sie Vertrauen auf 123
  - 7.3.6 Kommunizieren Sie klar und eindeutig 124
- 7.4 Hindernisse auf dem Weg zur guten Zusammenarbeit 125
  - 7.4.1 Und wenn sich die andere Partei kompetitiv verhalten will? 125
  - 7.4.2 Und wenn es zu einem Abbruch kommt? 125
- 7.5 Verhandlungen über strategische Allianzen 126
- 7.6 Verhandeln mit dem Vorgesetzten (Teil 1) 127

8. Alternativstrategien – Anpassung, Vermeidung und Kompromiß — 131

- 8.1 Anpassungsstrategie 133
- 8.2 Vermeidungsstrategie 136
- 8.3 Kompromißstrategie 139
  - 8.3.1 Einige Prinzipien für die Kompromißstrategie 142
  - 8.3.2 Maßnahmen, wenn sich die Kompromißverhandlungen festgefahren haben 145
- 8.4 Vermeiden Sie Einwilligungsstrategien 146
  - 8.4.1 Gegenseitigkeit 147
  - 8.4.2 Engagement 147
  - 8.4.3 Sozialer Beweis 148
  - 8.4.4 Sympathie 148
  - 8.4.5 Autorität 149
  - 8.4.6 Begrenztheit 149

Inhaltsverzeichnis

8.5	Verhandeln mit dem Vorgesetzten (Teil 2)	150
	8.5.1 Die drei Grundelemente	150
	8.5.2 Wie reagiert man auf eine «unmögliche» Forderung?	152
8.6	Feilschen	153

9. Verhandlungsfallen und -fehler erkennen und meistern — 155

9.1	Potentielle Konfliktursachen	156
	9.1.1 Irrationales Engagement	156
	9.1.2 Vermeintlich begrenzte Ressourcen	157
	9.1.3 Verankerung und Anpassung	157
	9.1.4 Framing	158
	9.1.5 Verfügbarkeit von Informationen	159
	9.1.6 Gewinn mit Reue	159
	9.1.7 Übersteigertes Selbstvertrauen	160
	9.1.8 Zukunftsvorhersagen auf der Basis bisheriger Erfolge	160
	9.1.9 Rationalisierung	161
	9.1.10 Die Tendenz, die Ideen anderer zu überschätzen oder zu ignorieren	161
	9.1.11 Herunterspielen	162
9.2	Umgang mit Vorurteilen und Aufbau einer Kooperation	162
	9.2.1 Anfangsphase des Verhandlungsprozesses	162
	9.2.2 Mittlere Phase des Verhandlungsprozesses	165
	9.2.3 Endphase des Verhandlungsprozesses	166

10. Konfliktreduktion – Von der Konfrontation zur Zusammenarbeit — 169

10.1	StrategienzurKonfliktreduktion	170
10.2	Abbau von Spannungen	171
10.3	Entwicklung kommunikativer Kompetenzen	172
	10.3.1 Aktives Zuhören	173
	10.3.2 Rollentausch	173
	10.3.3 Imaging	174
10.4	Reduktion der Problempunkte	175
	10.4.1 Verringerung der Zahl der Beteiligten	175
	10.4.2 Verringerung der Themenzahl	176
	10.4.3 Weg von Prinzipienreiterei hin zu konkreten Problemen	176

10.4.4 Einschränkung des Gebrauchs von Präzedenzfällen 177
10.4.5 Suche nach Möglichkeiten, um größere Themenkomplexe aufzubrechen .. 177
10.4.6 Depersonalisierung 178

10.5 Optionen für die andere Partei attraktiv machen 178

10.6 Gemeinsamkeiten finden 179
    10.6.1 Formulierung gemeinsamer Ziele 179
    10.6.2 Konzentration auf gemeinsame Gegner 179
    10.6.3 Einigung auf ein gemeinsames Vorgehen 180
    10.6.4 Aufbau eines gemeinsamen Rahmens 180

10.7 Strategien für einen Wechsel von Konkurrenz zu Kooperation 181
    10.7.1 Wenn die andere Partei mehr Macht hat 181
    10.7.2 Wenn Sie mehr Macht haben 182
    10.7.3 Wenn die andere Partei nicht verhandlungsbereit ist 183
    10.7.4 Wenn die andere Partei nur am «besten Preis» interessiert ist . 183
    10.7.5 Wenn die andere Partei auf schmutzige Tricks zurückgreift 184

10.8 Strategien bei einem «schwierigen» Verhandlungspartner 186
    10.8.1 Fünf grundlegende Schritte 187
    10.8.2 Konfliktmanagement mit einer schwierigen Person 188

10.9 Vier Vorteile einer erfolgreichen Konfliktlösung 191

11. Eine dritte Partei einschalten   193

11.1 Wann ist die Intervention einer dritten Partei sinnvoll? 193
    11.1.1 Was spricht für eine dritte Partei? 194
    11.1.2 Vor- und Nachteile einer dritten Partei 196

11.2 Schlichtung 198
    11.2.1 Vorteile der Schlichtung 199
    11.2.2 Nachteile der Schlichtung 199

11.3 Vermittlung 201
    11.3.1 Wie funktioniert die Vermittlung? 201
    11.3.2 Wie helfen Vermittler? 203
    11.3.3 Wann kann eine Vermittlung hilfreich sein? 203
    11.3.4 Notwendige Faktoren für einen Vermittlungserfolg 204
    11.3.5 Erfolgsfaktoren 205
    11.3.6 Nachteile 205
    11.3.7 Kombination aus Vermittlung und Schlichtung 206
    11.3.8 Unterstützung des Vermittlers 206

11.4	Prozeßberatung	207
11.5	Weitere, weniger formale Konfliktlösungsmethoden	208
11.6	Manager als dritte Partei	210
	11.6.1 Stile	210
	11.6.2 Einflußfaktoren bei der Methodenauswahl	211
	11.6.3 Allgemeine Richtlinien	211
11.7	Peer-Group-Lösung	212
11.8	Wie findet man die Hilfe einer dritten Partei?	214

12. Kommunikative Kompetenz — 215

12.1	Was ist Kommunikation?	215
12.2	Einflußfaktoren auf eine erfolgreiche Kommunikation	217
	12.2.1 Struktur der Botschaft	217
	12.2.2 Vortragsstil	218
	12.2.3 Wortwahl und Sprache	219
	12.2.4 Körpersprache	221
	12.2.5 Eindrücke	221
	12.2.6 Weitere persönliche Merkmale	223
	12.2.7 Weitere Unterschiede	223
12.3	Vorschläge zur Verbesserung der Kommunikation	223
12.4	Tips für erfolgreiche Kommunikation	225
12.5	Wirksame Kommunikationstechniken in Verhandlungen	226
	12.5.1 Fragen	226
	12.5.2 Zuhören, Zurückspiegeln	226
	12.5.3 Rollentausch	228
	12.5.4 Den Empfänger verstehen	229
12.6	Kommunikation in verschiedenen Verhandlungsphasen	230
	12.6.1 Die Anfangsphase	230
	12.6.2 Die mittlere Phase	231
	12.6.3 Die Endphase	232
	12.6.4 Erfolgreiche Abschlüsse	232

13. Rechtliche und moralische Fragen   235

13.1 Rechtliche Aspekte bei Verhandlungen 235
    13.1.1 Betrug 236
    13.1.2 Falsche Darstellung 238
    13.1.3 Vertragsrecht 239
    13.1.4 Pflichten gegenüber Kunden und Angestellten 241
    13.1.5 Testen Sie Ihr Wissen an einem Fallbeispiel 242

13.2 Moralische Aspekte bei Verhandlungen 243

13.3 Motive für unmoralisches Verhalten 244
    13.3.1 Die Relevanz von Informationen 245
    13.3.2 Die Bedeutung der Beziehung zwischen den Verhandlungspartnern 246

13.4 Drei Bewertungskriterien von Verhalten 246

13.5 Beispiele für unmoralische Taktiken 247
    13.5.1 Moderate Taktiken 248
    13.5.2 Bedenklichere Taktiken 249
    13.5.3 Extreme Taktiken 250

13.6 Einflußfaktoren auf den Verhaltenskodex 252
    13.6.1 Hintergrundmerkmale 252
    13.6.2 Persönlichkeitsmerkmale 252
    13.6.3 Erwartungen/Motive des anderen 253
    13.6.4 Die Rolle von Umwelt und Situation 253

13.7 Konsequenzen unmoralischen Verhaltens 255
    13.7.1 Wiederholungen 255
    13.7.2 Selbstbild 256

13.8 Entschärfen potentiell unmoralischer Taktiken 256

14. Verhandeln mit Repräsentanten und Teams   259

14.1 Agenten 259

14.2 Das Publikum 262
    14.2.1 Der Einfluß des Publikums auf Verhandlungen 263
    14.2.2 Öffentlichkeit und Medien als Publikum 265

14.3 Teamverhandlungen 267
    14.3.1 Erfolgsfaktoren 268
    14.3.2 Fallen und Probleme 269
    14.3.3 Lebenszyklus und Phasen von Teams 270
    14.3.4 Wenn es zu Konflikten kommt 272
    14.3.5 Training in Gruppen- und Teamarbeit 273

14.4 Verhandlungen zwischen mehreren Parteien 273
    14.4.1 Anzahl der Parteien und Personen 274
    14.4.2 Komplexität der Information 274
    14.4.3 Soziale Komplexität 275
    14.4.4 Komplexität des Prozesses 275
    14.4.5 Komplexität der Strategien 275

14.5 Durchführung von Verhandlungen mit Gruppenprozessen 276
    14.5.1 Brauchen Sie einen Moderator? 277
    14.5.2 Stellen Sie sicher, daß jeder weiß, worum es geht 277
    14.5.3 Legen Sie fest, wie Entscheidungen getroffen werden 278
    14.5.4 Die Schlüsselrolle der Tagesordnung 279
    14.5.5 Moderationsschritte in Gruppenprozessen 280

15. Strategische Verhandlungen meistern   283

15.1 Wie Sie Ihr Wissen anwenden 283
    15.1.1 Fehler 1: Eine «Verhandlungssituation» wird nicht als solche erkannt 284
    15.1.2 Fehler 2: Kein strategisches Vorgehen – oder nicht das richtige 285
    15.1.3 Fehler 3: Keine korrekte Umsetzung der richtigen Strategie 286

15.2 Wie Sie die richtige Strategie erfolgreich umsetzen 288

15.3 Einige Anmerkungen über Vertrauen 293

15.4 Resümee 296

Anhang   299

Anmerkungen 301

Literaturhinweise 311

Index 313

KAPITEL 1 **Die Vorteile einer Strategie**

Verhandeln Sie häufig? Wenn Sie diese Fragen verneinen, dann denken Sie wie die meisten unserer Leser und liegen damit falsch. In ihrem Umgang mit anderen Menschen verhandeln viele von uns *mehr als einmal pro Stunde*, aber wir erkennen die Mehrzahl dieser Situationen nicht als Verhandlungen. Wir nehmen nicht einmal die wenigen, aber bedeutenderen Verhandlungen eines Tages oder einer Woche richtig wahr. Selbst wenn wir die Möglichkeiten der strategischen Verhandlungsführung überblicken, geben wir uns mit nicht gerade optimalen Ergebnissen zufrieden. Wir erreichen entweder weniger als wir könnten, oder wir verschwenden am Ende Zeit und Energie mit Konflikten und Problemen, die wir durch schlechte Verhandlungsführung erst erzeugt haben.

Selbst diejenigen von uns, die sich bereits intensiv mit dem Thema Verhandlungen beschäftigt haben, leiden möglicherweise unter beiden Problemen – dem Verkennen von Verhandlungsmöglichkeiten und schlechter Verhandlungsführung. Warum? Weil wir im großen und ganzen nur in einem von vielen Verhandlungsstilen geübt sind und diesen in allen Situationen anzuwenden versuchen. Es fehlt uns das umfassende Wissen der strategischen Verhandlungsführung.

Denken Sie an die Ereignisse eines der letzten Tage zurück. Haben Sie verhandelt? Waren Sie erfolgreich und haben gewonnen? Am Beispiel des Tagesablaufs einer fiktiven Person wird vielleicht so manches deutlicher:

> Um 6.45 Uhr wurde Helen vom Wecker geweckt. Sie wartete einen Moment, aber als Jim nicht reagierte, kletterte sie über ihn, um den Wecker abzustellen. Sie ärgerte sich, besonders weil sie starke Rückenschmerzen hatte. Noel, Jims Sohn aus letzter Ehe, war für eine Woche bei ihnen zu Besuch, weil seine Mutter auf Reisen war. Also ging Helen zu seiner Tür und rief nach ihm. Dann eilte sie in die Küche, um sein Lunch-Paket für die Schule zu machen. Als sie wieder nach oben kam, um sich für die Arbeit fertig zu machen, war die Badezimmertür geschlossen

und die Dusche lief – Noel? Nein, Jim lag nicht mehr im Bett. Aber das würde nun bedeuten, daß sie vor der Arbeit nicht mehr duschen konnte, da sie in ihrer Fahrgemeinschaft mit Fahren an der Reihe war und früh aus dem Haus mußte, um die anderen alle abzuholen. Sie wünschte, sie hätte an Noels Besuch gedacht, als sie den Fahrplan besprochen hatten – es wäre bequemer gewesen, erst in der nächsten Woche zu fahren!

Helens Tag hatte kaum erst angefangen, und schon war sie bereits bei vier Verhandlungen auf der falschen Seite. Sie überging Jims nervige Gewohnheit, trotz des Weckers weiterzuschlafen. Sie packte großzügig ein Lunch-Paket für seinen Sohn und verpaßte damit die Gelegenheit zu einer Dusche, bevor sie zu ihrer Fahrgemeinschaft hetzen mußte. Für Helen sind alle drei Interaktionen mit ihrer Familie wahrscheinlich Verluste, und es ist sinnlos, in irgendeiner Verhandlungssituation zu verlieren, wenn man nicht etwas für die Zukunft daraus gewinnt. Diese Opfer wurden wahrscheinlich nicht anerkannt und geschätzt. Und ihr vierter Verlust – in einer unpassenden Woche die Fahrgemeinschaft zu fahren – führt ebenfalls auf lange Sicht gesehen zu nichts. Dies ist ein klassisches Beispiel für ein suboptimales Ergebnis aufgrund unvollständiger Informationen – ein bemerkenswert häufiges Problem für die meisten Verhandlungsteilnehmer. Aber beschäftigen wir uns nicht allzu sehr mit Helens Morgen, denn ihr Arbeitstag hält wahrscheinlich noch mehr Verhandlungssituationen für sie bereit.

> Helen verließ das Haus etwas zu spät und war ein bißchen sauer auf Jim, der ohne eine Entschuldigung bereits gefahren war. Vielleicht war dies der Grund, warum sie schneller als normal auf der Autobahn fuhr und von einer Streife überholt wurde. Noch schlimmer war, daß sie vergaß, wie unverblümt Fred, der neben ihr saß, sein konnte – sie hätte ihm sonst bestimmt gesagt, daß er seinen Mund halten solle! Der Polizist hatte sie bei einer Geschwindigkeitsübertretung von nur 5 Meilen erwischt und schien sie mit einer Verwarnung fahren lassen zu wollen, als Fred anfing, mit ihm zu diskutieren.
> Fred ist ein Senior Manager in ihrer Firma, der oft die Geduld vor seinen Mitarbeitern verliert. Er war ärgerlich an diesem Morgen, da er eine frühe Mitarbeitersitzung hatte, und er erklärte dem Polizisten mit eindeutigen Worten, wie unpassend die Situation für ihn war. Nun mußte Helen einen Strafzettel wegen Geschwindigkeitsübertretung bezahlen, und Fred würde noch später zu seinem Meeting kommen.

Welchen Fehler hatte Helen nun diesmal gemacht? Einen ebenfalls gewöhnlichen: Sie scheiterte dabei, die Kommunikation in ihrer Verhandlung mit dem Polizisten zu planen und zu kontrollieren. Viele Verhandlungen enden negativ, wenn die falsche Person eingreift oder die falsche Botschaft vermittelt wird. Mit diesem Aspekt wurde Helen noch einmal an diesem Morgen konfrontiert, nämlich als sich ihr Projekt-Team traf.

Das Team war mit der Senkung der Montagekosten für eines der Produkte der Firma beauftragt. Man hatte bereits mit den Zulieferern über Preissenkungen gesprochen, aber einer der Lieferanten weigerte sich, den vorgeschlagenen Änderungen zuzustimmen. Helen hatte einen alten Freund bei dem bewußten Zulieferer angerufen, durch dessen Intervention die Firma zu Konzessionen bereit gewesen war. Gerade als eine Lösung in Sicht gewesen war, hatte dieser Freund einen neuen Job angenommen und die Firma verlassen. Jetzt weigerte sich der Zulieferer, den neuen Vertrag zu unterzeichnen. Helens Chef war ungeduldig und wollte, daß sie ihr Team auflöse und noch einmal von vorne anfing. Aber sie wußte, daß dies ihre Beziehung zu den anderen Teammitgliedern beeinträchtigen würde – allesamt wichtige Schlüsselfiguren aus den Funktionsbereichen ihrer Firma. Sie vermutete, daß diese Geschäftsbeziehungen mit den Teammitgliedern wichtiger waren als die geringe Preissenkung des Zulieferers, die ihr Chef von ihr erwartete. Aber wie konnte sie ihren Chef dazu bringen, die Sache genauso zu sehen? Sie war sich nicht sicher, was zu tun war, aber sie wußte, daß einige schwierige Verhandlungen vor ihr lagen.

Noch vor ihrer Mittagspause mußte Helen viele Verhandlungen abwickeln. Manche erschienen trivial, andere unbedeutend, aber ärgerlich, und wieder andere waren entscheidend für ihre Karriere und ihren persönlichen Erfolg. Diese und ähnliche Situationen, mit denen wir täglich konfrontiert werden, sind aus vier Gründen wichtig.

1.1 Die vier Hauptaspekte von Verhandlungen

1. **«Greifbare» Ziele.** Wir machen uns Gedanken über die Ergebnisse. Wir sorgen uns deshalb, weil wir eines oder mehrere Ziele haben, die wir zu erreichen hoffen, und diese Ziele stehen häufig im Widerspruch zu den Zielen anderer. Der Verkehrspolizist möchte seine «Strafzettelquote» erreichen, aber wir möchten die Fahrtzeit und die Kosten minimieren. Unser Chef möchte eine schnelle, gezielte Problemlösung, aber wir müssen mit unseren Kollegen hinterher auch noch klarkommen, und deshalb ist der Erhalt unserer Beziehungen wichtiger für uns. Wenn alle Menschen die gleichen Ziele hätten, gäbe es entweder keine Probleme oder die Probleme ließen sich zusammen leicht lösen. Wie wir sehen werden, ist in der Tat das Ausrichten unserer Ziele dort eine nützliche Verhandlungsstrategie, wo eine Kooperation durchführbar und wichtig ist, aber es kann ebenso eine unnütze oder sogar schädliche Strategie in anderen Situationen sein.

2. **Emotionale und symbolische Ziele.** Wir haben es in Verhandlungssituationen sowohl mit emotionalen als auch mit rationalen Problemen und Reaktionen zu tun. Das ist absolut normal, weil an Verhandlungen andere Menschen mit beteiligt sind. Und wenn wir in Verhandlungen scheitern, weil uns gar nicht bewußt wird, daß wir uns in Verhandlungssituationen

befinden, oder weil wir sie nicht genügend planen, dann handeln wir eher emotional, ja fast nachlässig. Aber emotionale Reaktionen stehen guten Verhandlungen im Weg, und es ist eine vorsichtige Strategie nötig, um zu verhindern, daß emotionale Überreaktionen oder impulsives, instinktives Verhalten das Verhandlungsergebnis ruinieren.

3. **Gewünschte Ergebnisse.** Es liegt uns etwas am Ergebnis einer Verhandlung. Das Ergebnis besteht darin, wie die verschiedenen Parteien sich weiterhin verhalten und was das für uns bedeutet. Das kann sehr nah an einem unserer Ziele liegen, es kann aber auch sehr enttäuschend sein. Es kann kritisch für uns werden oder auch keine großen Auswirkungen haben. Herkömmlicherweise kommt es den Verhandlungsteilnehmern auf das Ergebnis an, und deswegen ist es hilfreich, dies zwar in größerem Zusammenhang zu sehen, aber lediglich als einen von vier Hauptaspekten strategischer Verhandlungen.

4. **Erwartete Auswirkungen auf Beziehungen.** Der vierte Aspekt ist unsere Beziehung zu den anderen Personen, die in den Verhandlungen involviert sind. Alle Verhandlungen beeinflussen die Beziehungen, und die Bedeutung einer solchen Beziehung sollte deshalb bei der Entwicklung einer Verhandlungsstrategie sorgfältig abgewogen werden. Oftmals stehen Ergebnis und Beziehungsthemen in Konflikt zueinander. Helen zum Beispiel akzeptierte ein negatives Ergebnis in einigen ihrer Verhandlungen, weil sie eine Beziehung aufrechterhalten wollte.

Diese vier Aspekte sind die Ecksteine eines strategischen Verhandlungsansatzes. In der strategischen Planung würde man sie **strategische Fragen** nennen und als die Elemente definieren, die einen Haupteinfluß auf Ihre Strategie haben, auf die es aber keine offenkundigen Antworten gibt.[1] Es ist sehr wichtig für jeden Strategen, diese strategischen Fragen zu identifizieren und darüber nachzudenken, bevor er plant oder handelt. Aber viele Verhandlungsteilnehmer überspringen diesen entscheidenden Schritt einfach und eignen sich schließlich oft fehlerhafte Strategien an.

1.2 Die Wahl einer Strategie

In diesem Buch lernen Sie, wie Sie einen strategischen Verhandlungsansatz auswählen – sowohl für die gelegentlichen formalen als auch für die sehr viel häufigeren informellen Verhandlungen, von denen es in unserem Alltag nur

1.2 Die Wahl einer Strategie

so wimmelt und die unsere Lebensqualität und unsere Arbeit beeinflussen. Dies bedeutet erstens, daß Sie Ihre Ziele und die Ziele derjenigen abklären müssen, mit denen Sie verhandeln werden. Zweitens bedeutet es, daß Sie das impulsive, emotionale Vorgehen, zu dem man normalerweise in solchen Situationen neigt, durch einen vorsichtigen, rationalen Plan ersetzen müssen. Und drittens bedeutet es das Optimieren der Ergebnisse oder der Beziehungen oder – wenn Sie wirklich erfolgreich sind – von beidem.

In den ersten Kapiteln dieses Buches werden wir diejenigen Elemente untersuchen, die Sie analysieren müssen, um eine brauchbare Strategie zu entwickeln, die sowohl Ihre Position als auch die der anderen Partei sowie den Kontext der Verhandlung einschließt. Sie werden in allen diesen Bereichen Informationen entdecken, die Sie bei Ihren Strategien und Plänen berücksichtigen müssen.

Der Grad Ihrer Informiertheit ist entscheidend – und oft genug ein schwieriges Problem für die Verhandlungsteilnehmer. Normalerweise wissen Sie über sich selbst gut Bescheid, aber es ist schwieriger, Informationen über die anderen Verhandlungsparteien zu erhalten. Wir werden sehen, daß der Verhandlungsprozeß selbst als eine Möglichkeit genutzt werden kann, zu Informationen über die andere Seite zu gelangen, über ihre Ziele, Einschränkungen, Strategien und Wahrnehmungen.

Planen und Vorbereiten verlangt von Ihnen, daß Sie

- Ihre Ziele kennen,
- die Ziele der anderen Partei antizipieren,
- Ihre Hausaufgaben machen,
- den Verhandlungsprozeß verstehen,
- eine Strategie entwickeln, mit der Sie den Verhandlungsprozeß lenken und eine Lösung erzielen.

Wenn Sie die verschiedenen Verhandlungssituationen, die im Laufe einer Arbeitswoche und in Ihrem Privatleben auftauchen, analysieren, werden Sie entdecken, daß die strategischen Fragen von Fall zu Fall unterschiedlich beantwortet werden. Das impliziert die Notwendigkeit einer von Fall zu Fall unterschiedlichen Strategie. In Kapitel 5 werden wir zahlreiche Strategien für Verhandlungen vorstellen. Wenn Sie sich einmal für eine Strategie entschieden haben, können Sie in Kapitel 6, 7 und 8 weiterlesen, wo jede Strategie für sich genau erklärt wird. Es ist wichtig, daß Sie *alle* Verhandlungsstrategien beherrschen und kompetent im jeweiligen Kontext anwenden können. Dies ist das Geheimnis der strategischen Verhandlungsführer: Sie variieren ihren Ansatz je nach den Umständen, um die persönliche Leistung in allen formalen und informellen Verhandlungssituationen im Privatleben und am Arbeitsplatz zu optimieren. Ihre Flexibilität gibt dem Diktum, daß man denken sollte, bevor man handelt, eine neue Bedeutung.

Anpassungsfähigkeit ist wichtig. Sie müssen Ihre Aktionen planen und dann zielorientiert handeln. Aber eine Verhandlung ist ein Prozeß. Wenn Sie lediglich auf Ihr Ziel fixiert bleiben und andere Zeichen ignorieren, verpassen Sie vielleicht Gelegenheiten, um Ihre Strategie verbessern oder mehr über die anderen Parteien in der Verhandlung in Erfahrung bringen zu können.

Wenn Sie die Kapitel 2, 3 und 4 durcharbeiten, werden Sie die Informationen sammeln und analysieren, die Ihnen in einem strategischen Verhandlungsprozeß helfen. In diesem Kapitel werden wir die Grundschritte der Analyse aufzeigen. In Kapitel 2 werden Sie Ihre eigenen Stärken und Schwächen analysieren, so daß Sie überzeugende Argumente für sich oder gegen die andere Seite finden können. In Kapitel 3 werden Sie die Position der anderen Seite untersuchen und diese Informationen in Ihren Plan einbauen. Kapitel 4 wirft einen Blick auf situative Belange, wie zum Beispiel Regeln und Regulierungen, Zeitplanung, Auftraggeber und Macht.

Indem Sie diese Kapitel durchgehen, werden Sie nach und nach die relevanten Informationen zu jedem Verhandlungselement ergänzen – Informationen über Sie selbst, die andere Partei, die Situation oder den Kontext.

Wenn Sie zu Kapitel 5 vorgedrungen sind, werden Sie die strategischen Fragen verstehen und so weit sein, daß Sie eine Strategie auf der Grundlage der gesammelten Informationen auswählen können. In den darauf folgenden Kapiteln werden Sie die gewählte Strategie umsetzen, und zwar, indem Sie die für die jeweilige Strategie geeignetsten Verhandlungstaktiken aussuchen und perfektionieren. Die erfolgreiche Umsetzung der Strategie ist von größter Bedeutung und ebenso wichtig wie die Wahl der richtigen Strategie.

Nehmen Sie sich genügend Zeit für Ihre Analysen und Strategien. Es ist verführerisch, sich kopfüber in Verhandlungen zu stürzen. Aber das erweist sich als Nachteil. Es wird Sie davon abhalten, die für diese Situation beste Strategie auszuwählen und umzusetzen. Der beste Rat für jede Verhandlung lautet: Überstürzen Sie nichts! Machen Sie langsam! Denken Sie daran, daß dies für die Analysephase gilt, und stellen Sie sicher, daß Sie zuhören und nachdenken, bevor sie voreilige Schlüsse ziehen. Und das gilt ebenso für die Auswahl einer Strategie. Beginnen Sie nicht

> **1**
> Nichts überstürzen!
> Nehmen Sie sich Zeit zu planen, bevor Sie handeln!

1.3 Die Schritte des Analyseprozesses

Die folgenden Schritte wurden von Wissenschaftlern als erfolgreichstes Vorgehen während des Planungsprozesses identifiziert.[2] Diese Planungsschritte sind für die erste Stufe einer strategischen Verhandlung, nämlich für die Analyse der strategischen Fragen, am sinnvollsten. Strategische Verhandlungsführer sind konventionellen überlegen, da sie speziellen Regeln folgen – von denen die erste lautet, daß Sie sich die Zeit nehmen sollten, über die Verhandlung nachzudenken. Aus der Analyse wird sich ergeben, welche Strategie zu wählen ist. Hier sind die einzelnen Schritte der Analyse:

1. Definieren Sie die Fragen, Themen und Probleme.
2. Fassen Sie die Themen zusammen und legen Sie die Verhandlungsgegenstände fest.
3. Analysieren Sie die andere Partei.
4. Definieren Sie die zugrundeliegenden Interessen.
5. Ziehen Sie andere zu Rate.
6. Setzen Sie Ziele für den Prozeß und die Ergebnisse fest.
7. Identifizieren Sie Ihre eigenen Grenzen.
8. Entwickeln Sie unterstützende Argumente.

Lassen Sie uns diese Schritte im einzelnen kurz betrachten:

1. **Definieren Sie die Fragen, Themen und Probleme.** In diesem Schritt analysieren Sie die Konfliktsituation. Sie untersuchen sie genau und entscheiden, welche die wichtigen und welche die weniger wichtigen Themen sind. Sie ziehen die bisher gemachten Erfahrungen und die Informationen über Ihre eigene und die andere Partei in Betracht.

2. **Fassen Sie die Themen zusammen und legen Sie die Verhandlungsgegenstände fest.** In diesem Schritt listen Sie alle Themen nach ihrer Wichtigkeit auf. In Kapitel 2 werden Sie sich mit Ihren Zielen befassen und lernen, wie man sie nach Prioritäten ordnet.

3. **Analysieren Sie die andere Partei.** Sie werden es sicher schwieriger finden, Informationen über die andere Partei zu bekommen als über sich selbst.

Trotzdem ist dies entscheidend für die Planung einer erfolgreichen Strategie. Kapitel 3 befaßt sich mit der Untersuchung der anderen Partei.

4. **Definieren Sie die zugrundeliegenden Interessen.** Bei diesem Punkt definieren Sie die Interessen und Anforderungen, die den in Schritt 1 genannten Themen zugrunde liegen. Dazu bewerten Sie jedes Thema und stellen die Frage: «Warum? Warum ist dieser Punkt wichtig für mich oder für die andere Partei?» Warum wollen Sie diesen Punkt oder dieses Ziel erreichen? Warum ist es wichtig für Sie? Wenn Sie in Kapitel 3 die anderen Parteien einzuschätzen lernen, werden Sie auf diese zugrundeliegenden Gründe ihrer Präferenzen achten.

5. **Ziehen Sie andere zu Rate.** In diesem Schritt wenden Sie sich an andere, um weitere Informationen zu bekommen. Sie haben vielleicht «Auftraggeber» – Menschen, für die Sie verhandeln oder denen Sie die erzielten Ergebnisse erklären müssen. Diese Personen werden oft auch «Interessengruppen» genannt. Sie werden sich auch mit der anderen Seite beraten müssen. Jede Verhandlungspartei sollte so früh wie möglich in Ihre Planung mit einbezogen werden.

6. **Setzen Sie Ziele für den Prozeß und die Ergebnisse fest.** Das Management der Zielbildung hängt von der erfolgreichen Umsetzung der vorhergehenden Schritte ab. Wenn Sie also Ihre Hausaufgaben gut gemacht haben, dann werden Sie wissen, um welche Punkte Sie kämpfen müssen und bei welchen Sie sich flexibel verhalten können. Sie werden ebenfalls die Präferenzen der anderen Seite in diesen Bereichen in Rechnung stellen müssen. Das Planungsmanagement beinhaltet das Festlegen des Terminplans, des Ortes, des Zeitrahmens, der primär Beteiligten und der Vorgehensweise, falls die Verhandlung scheitert.

7. **Identifizieren Sie Ihre eigenen Grenzen.** Die eigenen Grenzen zu kennen ist extrem wichtig. Ihre Grenzen werden zu einem hohen Maß von Ihren Zielen, Ihren Prioritäten und von genaueren Informationen über Verhandlungsspielräume und -alternativen diktiert. Wir werden diese Punkte genauer in Kapitel 2 beleuchten.

8. **Entwickeln Sie unterstützende Argumente.** Wenn Sie Ihre Ziele und Prioritäten definiert haben, müssen Sie Argumente entwickeln, um diese zu untermauern. Fakten und Informationen, die Sie in der Recherchephase gesammelt haben, werden Ihnen dabei helfen. Sie werden ebenfalls darüber entscheiden müssen, wie Sie die Informationen präsentieren wollen.

1.3 Die Schritte des Analyseprozesses

Selbst die simpelste Verhandlung kann aus einer Mischung aus Bedürfnissen, Macht, Interessen und Kompetenzen der «Spieler» bestehen, wodurch das Ergebnis nie vollkommen vorhersagbar ist. Das Planen hilft Ihnen jedoch, eine gewisse Kontrolle über die Unsicherheit der Ergebnisse zu gewinnen. Im Laufe der Verhandlungen können sich die einzelnen Variablen verändern; aber wenn Sie gut geplant haben, dann sind Sie besser darauf vorbereitet, sich daran anzupassen. Je mehr Informationen Sie vorher haben, um so besser sind Sie gegen Überraschungen gewappnet.

Das Buch folgt in seiner Struktur dem Verhandlungsprozeß, der in diesem Kapitel beschrieben wird, und kann sowohl als Leitfaden als auch als Handbuch benutzt werden. Zunächst werden Sie jedes Kapitel sorgfältig durcharbeiten wollen. Wenn Sie später mit strategischen Verhandlungen vertraut sind, werden Sie selbst merken, daß Sie gleich das Kapitel 5 lesen können, um die beste Strategie auszusuchen, und dann zu dem Kapitel gehen, in dem diese Strategie als ein Weg zum erfolgreichen Ausgang einer Verhandlung beschrieben wird. Bei Gelegenheit werden Sie vielleicht auch in späteren Kapiteln blättern, die spezielle Probleme und Mittel beschreiben, wie Sie zum Beispiel die Hilfe von dritten Parteien nutzen (Kapitel 11), oder wie Sie mit vielen unterschiedlichen Personen und Positionen verhandeln (Kapitel 14). Aber im allgemeinen wird der strategische Verhandlungsprozeß mit zunehmender Erfahrung einfacher.

Wir empfehlen Ihnen, die vielen Verhandlungssituationen, die sich am Arbeitsplatz oder im alltäglichen Leben ergeben, zu Ihrem Vorteil zu nutzen und die strategische Verhandlungsführung konsequent anzuwenden, wenn Sie dieses Buch gelesen haben. «Learning by doing» ist der erfolgreichste Weg, und da Sie sowieso ständig verhandeln, gibt es viele Gelegenheiten, das Gelesene direkt in Verhandlungen am Arbeitsplatz oder im privaten Bereich zu adaptieren. Wir können für die Ergebnisse keine Garantie übernehmen, aber wir können Ihnen versichern, daß sich das Studieren und Praktizieren auf lange Sicht lohnen wird. Viele Gerichtsverfahren konnten durch geschickte Verhandlungen verhindert werden, viele Karrieren basieren auf erfolgreichen Verhandlungen und viele Ehen wurden dadurch gerettet!

KAPITEL 2   Die eigene Position einschätzen

Lassen Sie uns einen Blick auf eine Verhandlungssituation im wirklichen Leben werfen.

> Die Mitglieder eines Konstruktionsteams beim Flugzeughersteller Boeing, die an einem neuen Sauerstoffsystem für die Passagiere in einem neuen Flugzeug arbeiteten, befanden sich in einem Konflikt mit einem anderen Konstruktionsteam von Boeing. Das erste Team hatte einen geeigneten Platz für die Sauerstoffmasken an der Rückseite jedes Sitzes gefunden. Das zweite Team aber hatte den gleichen Platz für den sogenannten «Gasper» ausgewählt, die kleine Düse, die die Passagiere mit einem Strahl frischer Luft versorgt. Man kann aber nicht zwei Teile am gleichen Ort unterbringen. Was war also zu tun?[1]

Wenn Sie im Team für Sauerstoffmasken wären, müßten Sie als erstes die Position Ihres Teams einschätzen. Ist dies der einzige Platz, an dem die Maske voraussichtlich funktionieren kann, oder gibt es da noch andere Möglichkeiten? Werden Sie persönliche Nachteile erleiden, etwa eine schlechte Arbeitsbeurteilung, wenn die Konstruktion Ihres Teams verworfen wird? Hat Ihr Team die Unterstützung von Senior Managern, die einen höheren Rang haben als diejenigen, die hinter dem anderen Team stehen? Selbst wenn es noch alternative Möglichkeiten gibt – haben Sie genug Zeit und andere Mittel, um eine neue Konstruktion anzufertigen? Und was sind die negativen Auswirkungen einer Änderung Ihrer Konstruktion auf die Gesamtzeit des Projekts, die Budgetvorgaben und die letztendliche Qualität des Flugzeugs? Die Antworten auf solche Fragen könnten Ihnen und Ihrem Team helfen zu entscheiden, welches die wichtigen Punkte sind und wieviel Flexibilität Sie sich bei der Konfliktlösung erlauben könnten. Sie würden sicherlich auch die Optionen für den Umgang mit Konflikten wissen wollen. Gibt es beispielsweise Mittel innerhalb von Boeing, mit diesem Problem fertigzuwerden und die Kosten einer Lösung möglichst gering zu halten?

In der Vergangenheit wäre ein solches Problem in der Produktion von Boeing erst entdeckt worden, lange nachdem die Konstruktionsteams ihre Arbeit beendet hätten. Es hätte womöglich zu ausgedehnten Zänkereien geführt, die sich durch alle Reihen des Managements gezogen hätten. Das Team, das sein Bauteil hätte ändern müssen, hätte eine Menge Ärger und zusätzliche Ausgaben verursacht, und der Produktionsplan und die Budgetierung hätten vielleicht geändert werden müssen. Deshalb hätte jedes Team seine Position aggressiv verteidigt. Zukünftige Karrieren in dem Team, das man für den Fehler verantwortlich gemacht hätte, hätten auf dem Spiel stehen können. Da aber Boeing seine Methoden zum Identifizieren und Lösen solcher Probleme in einem frühen Stadium des Konstruktionszyklus gerade verbesserte, fand ein Computerprogramm solche Probleme schnell heraus und machte es für jedes Team weniger kostenaufwendig und peinlich, die Position zu ändern. Mittlerweile bietet Boeing sogar die Hilfe Dritter in Form eines «Integrationsteams» an, das den beiden Konstruktionsteams schnell zur Hilfe eilt, um beiden zu einer «Win-Win»-Lösung zu verhelfen. Die frühe Identifizierung dieses Problems, gekoppelt mit dem schnellen Einsatz Dritter als Helfer, machte es den beiden Teams möglich, einen größeren Konflikt zu vermeiden. Und ohne Zweifel zeigte die Bewertung der Situation, daß die Teams durch Diskussionen und Verzögerungen des Projektes einen größeren Verlust erlitten hätten als durch Zusammenarbeit und Kompromißbereitschaft.[2] Beide Teams wollten eine schnelle, einfache Lösung, und die Firma bot die Mittel dafür an. Wie die Lösung nun konkret aussah? – Nun, unsere Quellen gaben darüber leider keine Auskunft, und so werden Sie wohl ein Flugticket kaufen müssen, um es herauszufinden…

Wann immer Sie in eine Verhandlungssituation geraten, sollte der erste Schritt darin bestehen, sich über Ihre eigene Situation klar zu werden und genau zu entscheiden, was Sie wollen, und zwar noch bevor Sie irgendetwas sagen oder tun. Die Einschätzung Ihrer «Position» – Ihrer Argumente oder Ihrer «Version der Geschichte» – ist der erste Verhandlungsschritt. In diesem Kapitel werden wir uns damit beschäftigen, wie Sie Ihre Position ermitteln und sie in den analytischen Rahmen aus Kapitel 1 integrieren. Wenn Sie erst einmal **Ihre Position** sorgfältig geplant haben, dann können Sie sich dem Problem aus der Sicht der **anderen Partei** zuwenden (Kapitel 3). In Kapitel 4 werden Sie dann den **Kontext** der Verhandlung in diesen analytischen Rahmen integrieren. Erst dann sind Sie dazu in der Lage, eine der in Kapitel 5 vorgestellten Strategien auszuwählen.

2.1 Die Kernfragen

Die Hauptfragen, die diesem Kapitel zugrunde liegen, lauten: «*Was* will ich in dieser Verhandlung erreichen?» und «*Warum* ist das wichtig für mich?» Um Antworten auf diese Fragen zu finden, müssen Sie eine sorgfältige Untersuchung durchführen. Wir können nicht genug betonen, wie wichtig es ist, Ihren Weg zu planen, egal für welche Verhandlungsstrategie Sie sich letzten Endes entscheiden.

Im ersten Teil dieses Kapitels werden wir mittels des in Kapitel 1 erstellten Analyserahmens die vielen Aspekte diskutieren, die Sie benötigen, um sich über Ihre Position und Ihre Ressourcen klar zu werden. Dann gehen wir die spezifischen Schritte zur Planung Ihrer Position im Verhandlungsprozeß durch. Es kommt darauf an, die Informationen gewissenhaft zu sammeln, damit Sie gut vorbereitet sind und nicht überrascht werden können.

2.1.1 Ziele

Die Zielsetzung ist ein entscheidender Aspekt bei der Analyse und Planung Ihrer Position. Denken Sie darüber nach, was Sie in dieser Verhandlung erreichen möchten. Listen Sie Ihre Ziele in konkreten, meßbaren Einheiten auf, wie zum Beispiel in Mark oder Prozentzahlen. Es hilft nicht sehr viel, wenn Sie behaupten, Ihr Ziel sei der Kauf eines Wagens für weniger als ein Halbjahresgehalt. Es ist sinnvoller und einfacher, ein bestimmtes Ziel zu setzen, wie beispielsweise: «Ich will nicht mehr als 10 000 Mark ausgeben.» Wenn dann das Gegenangebot bei 15 000 Mark für ein Auto liegt, ist klar, daß Sie Ihr Ziel noch nicht erreicht haben.

Ein Geldbetrag ist ein **konkretes** Ziel, ebenso eine Vergünstigung bei Gehaltsverhandlungen oder ein bestimmter Zinssatz, wenn Sie wegen eines Darlehens verhandeln. Dennoch beinhalten viele Verhandlungen auch **abstrakte** Ziele, wie zum Beispiel «eine erfolgreiche Transaktion machen» oder «jedes Familienmitglied glücklich machen» oder «für meine Freunde eine gute Figur machen» oder «als faire und ehrenvolle Person angesehen werden». Abstrakte Ziele sind für Sie schwieriger, wenn nicht sogar unmöglich zu messen. Außerdem können Sie vielleicht nicht sagen, ob Sie sie erreicht haben. Sie erkennen sie vielleicht erst, wenn die Verhandlung bereits abgeschlossen ist. Dennoch ist es wichtig, sich abstrakter Ziele bewußt zu sein und sie – wenn möglich – zu formulieren.

Viele, wenn nicht sogar alle Verhandlungssituationen beinhalten **mehrfache** Ziele. Sorgen Sie dafür, daß alle Ihre Ziele für diese Verhandlung aufgelistet sind. Streichen Sie ebenso alle Ziele, die auf den jeweiligen Fall nicht anwendbar sind. Wenn eine Verhandlung mit zu vielen Zielen belastet ist, dann ist es fast unmöglich, zu einer Einigung zu gelangen.

2.1.2 Prioritäten

Eine Möglichkeit der Zielauswahl besteht darin, die Ziele nach Prioritäten zu ordnen. Wenn Sie sie gewichten, indem Sie beispielsweise einen Geldwert zuteilen oder andere Verfahren zur Definition des Wertes wählen, wird Ihnen das beim Vergleich der Ziele helfen und bei der Frage, welches die entscheidenden sind. Dieses Vorgehen kann auch dazu dienen, die Ziele zu streichen, die keinen Bezug zur gegenwärtigen Situation haben.

Später in den Verhandlungen, wenn Sie einen Handel oder Zugeständnisse mit der anderen Partei erreichen wollen, werden Sie den Wert der Prioritätensetzung erkennen. Zu diesem Zeitpunkt werden Sie normalerweise soweit sein, ein geringes Ziel für ein wichtiges fallen lassen zu können. Wenn Sie den relativen Wert jedes Ihrer Ziele kennen, werden Sie in der Lage sein, die verschiedenen Abstriche zu beurteilen, die Sie gemacht haben. Sie werden zum Beispiel sicherlich nicht darauf bestehen, daß ein gebrauchtes Auto mit vier neuen Reifen ausgestattet wird, wenn der Händler Ihnen dafür mit einem Preisnachlaß von 800 Mark entgegenkommt.

Das Aufstellen von Prioritäten erlaubt es Ihnen, **Zielpakete** für verschiedene, alternative Angebote während der Verhandlung zu schnüren. Zum Beispiel könnte ein Auto mit Radio und Automatikgetriebe für Sie wichtiger sein als eines mit Klimaanlage und elektrischen Fensterhebern. Wenn Sie diese Pakete mit dem gleichen Bewertungsverfahren wie bei den einzelnen Zielen prüfen, dann können Sie den relativen Wert vergleichen. Wenn Sie ein solches Paket, das Ihnen während der Verhandlung angeboten wird, vorausgeahnt haben, können Sie das Angebot schnell beurteilen, ohne viel Zeit mit der Bewertung zu verlieren.

2.1.3 Verhandlungsspielraum

Die zweite Verhandlungsregel besteht darin, daß Sie im Rahmen der Zielsetzung Ihren Verhandlungsspielraum festlegen müssen, und zwar einschließlich eines Ausgangspunktes, Zielpunktes und eines Widerstands- oder «Abbruch»-Punktes. Diese Aspekte können ebenso mit **immateriellen** Dingen verbunden sein – mit psychologischen Ergebnissen, die schwieriger zu definieren sind, wie

2.1 Die Kernfragen

beispielsweise Achtung oder Erfolg. Diese sind natürlich wichtig, doch wir wollen uns hier auf die **konkreten** Ziele konzentrieren, die die wesentlicheren (und normalerweise ökonomischeren) Ergebnisse sind.

Der **Ausgangspunkt** ist Ihr erstes Angebot an die andere Partei. Wo Sie dieses plazieren, hängt von der Marktsituation ab, davon, wie sehr Sie das Ergebnis benötigen, vom Zeitrahmen der Verhandlung, vom antizipierten Ausgangspunkt der anderen Partei und von Konzessionen, die Sie eventuell bereit sind zu machen, oder davon, wie Verhandlungen in der Vergangenheit gelaufen sind. Einige dieser Faktoren sind eingebunden in den Verhandlungskontext, der in Kapitel 4 besprochen wird.

> **Definieren Sie Ihren Verhandlungsspielraum!**

Jetzt überdenken Sie bitte ein einfaches Beispiel: Sie machen ein Angebot für ein Haus, das 410 000 Mark kosten soll. Deshalb liegt das Erstgebot des Verkäufers bei 410 000 Mark. In den meisten Fällen bezahlen die Käufer nicht den Preis des Verkäufers, sondern bieten ihm weniger – Ihr Ausgangspunkt könnte zum Beispiel bei 360 000 Mark liegen.

Das **Ziel** ist der Punkt, an dem Sie sich einigen möchten, also Ihr beabsichtigtes Ergebnis. Nehmen wir an, am Beispiel des Hauses läge Ihr Ziel bei 380 000 Mark.

Der **Abbruchpunkt** ist die Zahl, bei der Sie die Verhandlungen abbrechen. Dieser Punkt liegt normalerweise jenseits Ihres Ziels, es ist der «Point of no Return». Im Falle des Hausangebots ist es der höchste Betrag, den Sie bezahlen wollen (oder aus der Sicht des Verkäufers: der niedrigste Betrag, den er akzeptieren würde). Ihr Abbruchpunkt für das Haus ist beispielsweise 390 000 Mark. Obwohl Sie einen Verkaufspreis von 380 000 Mark vorziehen würden, sind Sie doch bereit, bis zu 390 000 Mark zu gehen – aber auch nicht höher.

Ob es Ihnen überhaupt möglich sein wird, mit der anderen Partei zu verhandeln, hängt vom Verhandlungsspielraum des Verkäufers ab. Wenn Ihre Spanne und die des Verkäufers sich überschneiden – das heißt, der höchste Preis, den Sie zahlen wollen, liegt über dem niedrigsten, den der Verkäufer akzeptieren wird, – dann kann ein Handel zustande kommen. Ansonsten wird keine Verhandlung zustande kommen können. Wenn der Abbruchpunkt des Verkäufers bei 400 000 Mark liegt, kommt kein Geschäft zustande.

Der Verhandlungsspielraum hängt primär mit Konkurrenzsituationen zusammen, in denen jede Seite eine Stellung bezieht und wo eine Annäherung durch Geben und Nehmen erfolgt, bis beide Parteien einen Kompromiß zwischen den beiden Extremen finden. In Kapitel 6 werden Methoden zur Festsetzung eines Verhandlungsspielraums in einer Konkurrenzsituation vorgestellt.

2.1.4 Alternativen

Ihre Verhandlungsanalyse und Ihre Planung sollten auch mögliche Alternativen beinhalten. (Die renommierten Autoren Roger Fisher und William Ury bezeichnen dies als ein BATNA[3], das heißt **B**est **A**lternative **t**o a **N**egotiated **A**greement, also die beste Alternative für ein Verhandlungsergebnis.) Eine Alternative wäre etwa ein akzeptables anderes Ergebnis oder eine Übereinkunft über die verhandelten Punkte, so wie beispielsweise ein zweites, akzeptables Haus in der näheren Nachbarschaft oder ein anderes Auto mit der gleichen Ausstattung. Eine Alternative kann Ihnen während einer Verhandlung zusätzlichen Einfluß bieten, weil Sie – falls der gewünschte Abschluß nicht zustande kommt – immer noch auf Ihr BATNA zurückgreifen können und trotzdem zufrieden sind.

Denken Sie über akzeptable Alternativen für die jeweilige Situation nach und ordnen Sie diese nach Prioritäten, falls Sie mehr als eine haben. Wenn Sie jeder Alternative eine vergleichbare Stellung wie den angestrebten Zielen zuordnen können, dann wird dies für Sie ebenfalls hilfreich sein. Sie können dann genau erkennen, in welchen Punkten die Alternativen mit den Abstrichen und Grenzen übereinstimmen. Wir besprechen Alternativen noch detaillierter in Kapitel 3, 5 und 6.

2.1.5 Zugrundeliegende Bedürfnisse und Interessen

Ihren definierten Zielen und Bestrebungen liegen vielleicht Bedürfnisse, Interessen, Bedenken oder Ängste zugrunde.[4] Interessen können **konkret** (greifbar) sein wie zum Beispiel Geld oder Zinsraten; oder sie können **abstrakt** (ungreifbar) sein wie etwa ein freundlicher Austausch mit den anderen oder die Bewahrung Ihres Images. Ein Hauptinteresse kann in der Aufrechterhaltung der Beziehung zwischen den verschiedenen Parteien liegen; aber darüber werden wir später noch genauer sprechen. Eventuell machen Sie sich auch Gedanken über Prinzipien[5], was etwa fair oder rechtens ist. Sie verhalten sich aufmerksam gegenüber den **moralischen** Belangen der jeweiligen Situation oder gegenüber der Vergangenheit. (Wir werden rechtliche und moralische Aspekte in Kapitel 13 besprechen.)

Normalerweise haben Sie eine Mischung aus Grundbedürfnissen und Interessen. Wie Sie im nächsten Kapitel sehen werden, hat die andere Partei ebenfalls Interessen, von denen manche den Ihren ähnlich sind, andere sich davon unterscheiden. Das ist abhängig von den jeweiligen Werten und

Glaubenssystemen. Im Lauf der Verhandlungen kann es zu Änderungen der Interessen auf einer oder auf beiden Seiten kommen. Deshalb empfinden Sie es vielleicht als eine Herausforderung, die zugrundeliegenden Interessen und Bedenken zu definieren. Dennoch ist die Notwendigkeit, sich ihrer bewußt zu sein, die Basis für die dritte Verhandlungsregel.

Eine Möglichkeit, um die zugrundeliegenden Interessen herauszufinden, besteht darin, sich die Frage **«Warum»** zu stellen, wie wir bereits zu Beginn des Kapitels erwähnt haben. Warum wollen Sie ein bestimmtes Ziel? Brauchen Sie zum Beispiel ein Auto, um zur Arbeit zu fahren, oder wollen Sie ein bestimmtes Modell, um den Leuten zu zeigen, wie erfolgreich Sie sind? Suchen Sie ein Haus in einem bestimmten Stadtteil, weil es eine bessere Gegend ist oder weil Sie durch Familienzuwachs ein größeres Haus brauchen?

Ein anderer Weg, die zugrundeliegenden Bedürfnisse zu erkennen, ist die Frage, was passieren wird, wenn Sie das Ziel erreicht haben. Und dann stellen Sie sich die Frage, was sein wird, wenn Sie das Ziel *nicht* erreichen.

> **❸ Definieren Sie Ihre Interessen!**

Häufig sind wir uns der zugrundeliegenden Motivationen nicht bewußt, aber es ist wichtig, auf sie zu achten und sie – wenn möglich – genauer zu bestimmen. Sie geben einem Ziel vielleicht eine niedrige Priorität, nur um im Nachhinein Ihre Handlungsweise zu bedauern, da Ihnen die zugrundeliegenden Interessen eben doch wichtig waren.

Die Analyse dieser Interessenslage wird es Ihnen möglich machen, sich darüber mit der anderen Partei auszutauschen und folglich gemeinsame Interessen zu identifizieren. Obwohl die beiden Parteien in der Verhandlung konträre Ziele haben können, so können die zugrundeliegenden Bedürfnisse beider doch ähnlich sein. Die Folge könnte eine kooperative Lösung sein, die den Zielen und Bedürfnissen beider Parteien entgegenkommt.

Zwei Kollegen beispielsweise, die sich darüber streiten, ob ein Fenster offen oder geschlossen sein sollte, finden keine Lösung für dieses Problem.[6] Eine dritte Person läßt sich von jedem einzelnen das Problem schildern. Der eine will das Fenster offen haben, um frische Luft zu bekommen. Der andere will es geschlossen haben, um keinen Zug zu bekommen. Die dritte Person schlägt vor, ein Fenster im Zimmer nebenan zu öffnen: So gibt es frische Luft, und gleichzeitig wird ein Zug vermieden. Diese Lösung kommt den Zielen und Bedürfnissen beider Parteien entgegen und ist ein gutes Beispiel für die vierte Verhandlungsregel.

2.1.6 Ressourcen

Schätzen Sie Ihre Ressourcen ein. Dabei kann es sich um konkrete Hilfen handeln, wie andere Personen, Akten und Daten, die Ihre Seite unterstützen. Diese Ressourcen beinhalten ebenso persönliche Charaktermerkmale, Eigenschaften und Kompetenzen, die Ihnen in Ihrer Situation nützen.

❹ Verfolgen und schützen Sie Ihre Bedürfnisse, nicht Ihre Position!

In vielen Verhandlungen stellen Informationen Ihre wichtigste Ressource dar. Sie können dazu benutzt werden, um eine Reihe von Argumenten aufzubauen und die Gegenseite davon zu überzeugen oder um Argumente für die Überzeugungsversuche der Gegenseite zur Verfügung zu haben. Wenn Sie zum Beispiel ein Haus kaufen und zufällig gerade Bauunternehmer sind, dann sind Sie sicherlich nicht so leicht übers Ohr zu hauen, als wenn Sie nichts von Häusern verstehen. Wenn Sie allerdings kaum Ahnung haben, aber Ihr bester Freund Bauunternehmer ist, dann haben Sie Zugang zu einer exzellenten Quelle, die Sie zu Ihrem Vorteil nutzen können.

Ihre Verhandlungserfahrung kann ebenfalls eine solche Quelle sein, besonders wenn Sie in der Vergangenheit im gleichen Bereich der derzeit zur Verhandlung anstehenden Dinge Erfolg hatten. Wenn Sie darin keine Erfahrung haben, überlegen Sie, ob Sie einen Experten hinzuziehen können, der Ihnen zur Seite stehen kann.

Eine weitere Quelle ist Ihre kreative Problemlösungskompetenz. Diese ist besonders hilfreich in kooperativen Verhandlungen, in denen beide Seiten versuchen, eine gemeinsame Basis und Lösungen zu finden, die beide weiterbringen. Und wenn Sie nicht sonderlich kreativ sind, verzweifeln Sie nicht. Sie können sich vielleicht mit jemandem beraten, der Ihnen die benötigte Fähigkeit zur Problemlösung oder seine Kreativität anbieten kann. Sie werden außerdem merken, daß Kreativität wie ein Muskel ist, den man trainieren und stärken kann.

Wenn Sie eine Bestandsaufnahme Ihrer Ressourcen machen, dann identifizieren Sie Ihre Stärken und Schwächen. Da Schwächen Bereiche der Verwundbarkeit darstellen, wird die andere Seite sie zu entdecken und in Verhandlungen einen Vorteil daraus zu ziehen versuchen. Sie müssen sich gegen solche Schwächen schützen oder sie mit Ihren Stärken ausgleichen, besonders wenn die andere Seite eine kompetitive Haltung einnimmt. Bleiben Sie wachsam! Diese Schwächen kommen Ihnen später bestimmt in die Quere, wenn Sie ihnen jetzt nicht Rechnung tragen.

2.1.7 Wiederholte Verhandlungen

Ein Faktor, der Verhandlungen drastisch beeinflußt, ist die Frage, ob die Parteien in regelmäßigem Kontakt miteinander stehen. In Firmen gehören Verhandlungen zum Alltag; die Parteien haben in der Vergangenheit regelmäßig miteinander verhandelt und werden das auch in Zukunft weiter tun. Ein Einkäufer verhandelt regelmäßig mit einem Zulieferer über Preis und Lieferbedingungen; ein Manager verhandelt oft mit seinem Chef über Budget und Personal. Andere Verhandlungen kommen nur einmal vor, so zum Beispiel wenn ein Unternehmen Bauland erwirbt, um eine neue Produktionsstätte zu bauen.

Sie müssen entscheiden, ob Ihre eigene Verhandlung eine einmalige Angelegenheit ist, oder ob sie lange Zeit andauern oder ob es zu Nachverhandlungen mit der gleichen Partei auf mehreren Sitzungen kommen wird. Bei einer einmaligen Verhandlung könnte Ihr Auftreten anders sein als bei einer ganzen Reihe von Sitzungen. Im ersten Fall könnte mehr auf dem Spiel stehen, und das könnte Ihre Strategie und Taktik beeinflussen. Was Sie erwarten und was dann tatsächlich passiert, kann voneinander abweichen, aber Sie sollten Ihre Erwartungen unbedingt in Ihre Planung einbeziehen und sie gegebenenfalls ändern.

Wenn Sie erwarten, daß die Verhandlungen über längere Zeit fortgesetzt werden, sollten Sie sowohl Ihr Verhältnis zur anderen Seite bedenken als auch Struktur und Aufbau der Verhandlungen, um ein feindseliges Verhalten zu vermeiden. Wenn wir uns der Analyse der Verhandlungspartner in Kapitel 3 zuwenden, werden wir uns mit den Beziehungsfragen noch detaillierter beschäftigen.

2.1.8 Geschichte

Ein weiterer zu untersuchender Bereich ist Ihre Verhandlungsgeschichte. In diesem Kapitel bezieht sich Geschichte auf Ihre Erfahrung in zwei Bereichen: auf Ihre allgemeine Verhandlungserfahrung mit anderen Parteien und auf Ihre speziellen Erfahrungen mit dieser Partei. Ihre Erfahrung wird bis zu einem gewissen Grad den Verlauf dieser Verhandlung beeinflussen. Ihre früheren Erfahrungen könnten Ihrer Vorgehensweise sowohl zum Vorteil als auch zum Nachteil gereichen. Wenn Sie beispielsweise in der Vergangenheit Erfolg hatten, dann erwarten Sie vielleicht wieder ein positives Ergebnis.

Es ist ebenfalls klug, vorangegangene Fälle, in denen ähnliche Punkte zur Verhandlung anstanden, genauer unter die Lupe zu nehmen. Die Ergebnisse solcher Fälle könnten für Sie bei der Erstellung eines Verhandlungsplans lehrreich sein.

In Kapitel 3 werden wir die Notwendigkeit besprechen, ein Augenmerk auf die vorangegangenen Verhandlungen der anderen Partei (mit Ihnen und anderen) zu haben.

2.1.9 Vorstellungen über Verhandlungen

Haben Sie feste Vorstellungen davon, was Verhandlungen sind und wie sie zu führen sind? Wir hoffen, Sie gewinnen neue Ideen und Perspektiven, die Sie in Ihr Verhandlungskonzept einbauen. Aber vielleicht halten Sie am alten Bild der «typischen Verhandlung» weiter fest, wo sich zwei streitende Parteien verbal bekämpfen, bis die eine auf- oder nachgibt und die andere Partei all die schönen Sachen bekommt.

Eine typische Annahme über Verhandlungen ist, daß eine feste Summe erreichbar ist (der «Kuchen»), und daß Sie davon soviel bekommen müssen, wie Sie können. Obwohl dies manchmal zutreffend sein kann, kann Sie das Festhalten an einem solchen Standpunkt die Möglichkeiten kosten, für beide Seiten zufriedenstellende Lösungen zu finden.

2.1.10 Vertrauen

Ein wichtiger Verhandlungsaspekt ist das Vertrauen. Da Sie das Thema dieses Kapitels sind, lautet die Frage: «Wie vertrauenswürdig sind Sie?» Wenn Sie Vertrauen schätzen, werden Sie wahrscheinlich Vertrauenswürdigkeit von sich selbst erwarten und dem Verhandlungspartner ebenfalls vertrauen.

Erwartungen können in vielen Situationen massive Auswirkungen haben. Wenn beispielsweise ein Lehrer schlechtes Benehmen bei einem Schüler erwartet, dann tritt diese Situation oft auch ein. Wenn ihm gutes Benehmen wichtig ist, kommt der Schüler den Erwartungen oft nach. Vielleicht ein einfaches Beispiel, aber menschliches Verhalten ist eine verblüffende Mischung aus Einfachheit und Komplexität.

Wenn Sie also in der Vergangenheit Erfahrungen gemacht haben, in denen Sie Vertrauen entgegengebracht haben und das Vertrauen erwidert wurde, dann werden Sie in kommenden Situationen ebenso vertrauensvoll sein. Sie werden diese Sichtweise allerdings eventuell revidieren, wenn Sie die Verhandlungspartner im nächsten Kapitel unter die Lupe nehmen. Ihre Erwartungen über deren Vertrauenswürdigkeit wird sich auf *deren* Verhandlungsgeschichte und andere Informationen stützten. Sie werden Ihre Einschätzung im Verhandlungsprozeß regulieren und deren Vertrauenswürdigkeit aus nächster Nähe beobachten können. Die Verhandlungspartner werden ebenfalls *ihre* Sicht *Ihrer* Vertrauenswürdigkeit anpassen, wenn sie Sie in Aktion erleben.

Von welchen Erwartungen sollten Sie ausgehen? Wenn Sie Ihre Untersuchungen sorgfältig durchführen, werden Sie ein gutes Gespür für die Situation entwickeln. Was immer Sie auch erwarten, wird Ihre Schritte bestimmen. Wenn Sie mißtrauisch sind (wenn auch aus gutem Grund), dann werden Sie sich möglicherweise nicht so offen verhalten. Aber Vertrauen kann auf der Basis des beobachteten Verhaltens geschaffen werden. Wenn Sie die Beziehung mit der anderen Partei in Zukunft fortsetzen wollen, werden Sie ein bestimmtes Maß an Vertrauen aufbringen müssen (darüber mehr in Kapitel 4).

Wir können die Bedeutung, sich selbst so genau und ehrlich wie möglich einzuschätzen, nicht genug betonen. Das Ziel dieser persönlichen Einschätzung ist, jede Aktion für alle in der Verhandlung möglicherweise auftretenden Situationen zu planen. Mit einem genau formulierten Plan sind Sie bereits vor Beginn der Verhandlungen auf alle Eventualitäten vorbereitet.

2.1.11 Autorität und Auftraggeber

Eine weitere Variable in Verhandlungen ist die Autorität oder Macht, die Sie als eine Verhandlungspartei haben und mit der Sie Einfluß auf das Resultat der Verhandlungen ausüben. Gibt es statt dessen Strategien, die Sie in Ihren Handlungen entweder schützend oder einschränkend anleiten? Gibt es Regeln oder Regulierungen, an die Sie sich halten müssen? Wenn Sie sich in einem Unternehmen befinden, verhandeln Sie im Auftrag eines Vorgesetzten? Werden Sie in der Lage sein, eine Unstimmigkeit selbst zu lösen, oder haben andere das letzte Wort in bezug auf das Ergebnis?

«Vorgesetzte» und «andere», die die Verhandlungen eventuell beeinflussen, bezeichnen wir als «Auftraggeber». Diese Individuen oder Gruppen können bei Verhandlungen physisch anwesend sein oder nicht, aber sie behalten die Verantwortung über Sie bei und machen Sie für das von ihnen erreichte Ergebnis verantwortlich. Egal, ob ein Auftraggeber groß (beispielsweise Gewerkschaftsmitglied) oder klein (Familienmitglied) ist: Er übt einen positiven oder negativen Einfluß auf Sie als Verhandlungsteilnehmer aus.

In einigen Fällen müssen die Verhandlungsführer die Position und Interessen der Auftraggeber nur in Rechnung stellen. In anderen Fällen haben die Auftraggeber das letzte Wort. Beispielsweise stimmen bei Gewerkschaftsverhandlungen die Gewerkschaftsmitglieder (die Auftraggeber) über das erzielte Ergebnis ab, und auch der Verwaltungsrat des Unternehmens segnet es ab.

Aus Planungsgründen müssen Sie wissen, wieviel Verhandlungsautorität Sie haben werden und wie Sie Ihr Auftraggeber unterstützen wird. In manchen Fällen wird alles, was Sie verhandeln, von höheren Autoritäten abgeklärt und genehmigt; in anderen Fällen haben Sie vielleicht völlig freie Hand, eine Lösung zu finden.

Wir werden Auftraggeber unter dem Gesichtspunkt ihrer Macht, Autorität geltend zu machen, genauer in Kapitel 4 besprechen.

2.1.12 Strategie – starr oder flexibel?

Wenn Sie in Verhandlungen flexibel bleiben wollen, dann denken Sie vielleicht, daß ein Plan Sie einschränken könnte. Deswegen sind Sie vielleicht versucht, ohne einen solchen in eine Verhandlung zu gehen und es einfach «darauf ankommen zu lassen». Das Problem dabei ist, daß Sie von einem unvorhergesehenen Vorschlag oder Gegenzug der anderen Seite überrascht werden können. Wenn Sie weder Ziele gesetzt noch diese für sich selbst in eine Rangfolge gebracht haben, wird die Beurteilung, ob ein neues Angebot Sie näher an das von Ihnen angestrebte Ergebnis heranbringt, schwieriger. Wenn Sie allerdings Ihre Hausaufgaben gemacht haben, werden Sie einen guten Blick dafür haben, wofür Sie kämpfen und was Sie besser sein lassen sollten.

Die beste Vorgehensweise ist es, Ihrem Plan eine gewisse Flexibilität durch ein Schnüren von Zielpaketen und alternativen Szenarien zu verleihen.

Ihre Flexibilität wird sowohl von Ihren Auftraggebern als auch von Ihrem eigenen Stil beeinflußt. Für manche mag es bequem sein, der Natur ihren Lauf zu lassen; aber das wird nicht funktionieren, wenn sie einen starken, direktiven Auftraggeber haben. Ein entspannter Stil könnte der anderen Partei signalisieren, daß Sie entweder schlecht organisiert sind, oder daß sie Sie um den Finger wickeln kann. Damit könnten Sie aggressiven Taktiken der anderen Partei Tür und Tor öffnen.

Flexibilität beinhaltet die Bereitschaft, der anderen Partei gegenüber offen zu sein und Zeit in das Verfahren zu investieren. Wenn Sie für Planung und Analyse keine Zeit haben, kann die Verhandlung anders verlaufen. Wenn Sie sich flexibel und offen zeigen, könnte Ihre Bereitschaft zum Informationsaustausch die andere Seite dazu ermutigen, es Ihnen gleich zu tun. Sowohl Ihr Auftreten als auch Ihre Flexibilität können die Situation beeinflussen.

2.1.13 Persönliche Charaktermerkmale

Einige Ihrer persönlichen Qualitäten und Einstellungen kommen während der Verhandlungen ins Spiel, und deshalb ist es wichtig, diese Charakterzüge im voraus einzuschätzen. Was halten Sie beispielsweise von Regeln und Fair play? Wie besorgt sind Sie um Ihren Ruf und Ihr Image?

Ihre Standards, Prinzipien und Werte werden auf das Verfahren Einfluß nehmen. Wenn es Ihnen Ihre Position erlaubt, sich zuerst und vor allem um sich selbst zu kümmern, dann wird dies die gewählte Verhandlungsstrategie bestimmen und auch wie Sie sie umsetzen. Wenn Sie Fairneß schätzen, machen Sie vielleicht ein Zugeständnis, einfach um fair zu sein, sind aber nicht glücklich darüber. Ihre Verhaltensweise wird auch das Verhalten der anderen Partei beeinflussen.

Sie sollten sich davor hüten, irgendwelche Stereotypen und Vorurteile zu zeigen. Vorurteile jeglicher Art können nämlich gegen Sie gerichtet werden, wenn die andere Seite diese Schwächen erkennt und sich entscheidet, Vorteile daraus zu ziehen.

Gute Kommunikationsfähigkeiten sind ganz wesentlich. Wenn Sie Ihre Kompetenzen auffrischen müssen, werfen Sie einen Blick in Kapitel 12.

Eigenschaften wie zum Beispiel Überzeugungskraft und Beharrlichkeit können Auswirkungen auf das Verhandlungsergebnis haben. Ihre Integrität und Charakterzüge sind Ihnen möglicherweise selbst schwer zugänglich, aber vielleicht haben Sie ein Gespür für Ihren Ruf. Seien Sie versichert, daß die andere Partei diese Seiten Ihrer Persönlichkeit unter die Lupe nehmen wird. Sie wird sich in den Verhandlungen sehr zurückhalten, wenn sie Sie für hinterlistig und vertrauensunwürdig hält.

2.2 Der Analyseprozeß

Da Sie nun alle diese Informationen haben, ist es an der Zeit, sie in Ihren Analyserahmen einzubauen. Nehmen Sie sich für diesen Prozeß eine Menge Zeit. Obwohl es verlockend ist, sich einfach in die Verhandlungen zu stürzen, könnte sich ein Frühstart nachteilig für Ihren Fall auswirken. Jetzt, da Sie ein besseres Bild Ihrer Position haben, wollen Sie vielleicht die Erforschung der anderen Partei überspringen (siehe Kapitel 3). Das kann ein großer Fehler sein.

Wenn Sie die einzelnen Analyseschritte durchgehen, sollten Sie Ihre Stärken und Schwächen auf jeder Stufe kennen. Das wird Ihnen helfen, überzeugende Argumente für Ihre eigene Seite oder gegen die andere zu finden.

5

Folgen Sie den acht Schritten der Verhandlungsplanung!

Machen Sie sich stets bewußt, daß dieser Prozeß anwendbar ist, und zwar unabhängig davon, auf welche Strategie Sie in der Verhandlung setzen. Die speziellen Taktiken, die sie für eine besondere Strategie benutzen, mögen differieren, aber die grundlegende Planung nicht. (Die entprechenden Taktiken werden in den Kapiteln 6, 7 und 8 besprochen.)

Die fünfte Regel der strategischen Verhandlung lautet: Folgen Sie den acht Schritten der Verhandlungsplanung! Schauen Sie sich diese Schritte im Hinblick auf das Material an, das Sie im Lauf dieses Kapitels gesammelt haben:

1. **Definieren Sie die Fragen, Themen und Probleme.** Analysieren Sie die Konfliktsituationen von Ihrem eigenen Standpunkt aus. Sehen Sie sich die Probleme genau an und entscheiden Sie, welches die Hauptthemen und welches die nebensächlichen sind. Frühere Erfahrungen können dabei hilfreich sein. Ziehen Sie Ihre bereits gemachte Untersuchung in Betracht, einschließlich Ihrer vergangenen Verhandlungserfahrung. Stellen Sie auf dieser Basis eine Liste von Experten aus Ihrem Arbeitsumfeld zusammen, die Ratschläge, Informationen oder Fachwissen beisteuern können.

2. **Fassen Sie die Themen zusammen und legen Sie die Verhandlungsgegenstände fest.** Listen Sie alle Themen in der Reihenfolge ihrer Bedeutung auf. Das sollte relativ leicht sein, da Sie vorher schon daran gearbeitet haben, Ihre Ziele in eine Rangfolge zu bringen. Sie entdecken vielleicht, daß manche Themen miteinander verwoben sind und deshalb zusammengefaßt werden sollten.

3. **Analysieren Sie die andere Partei.** Obwohl es schwierig sein kann, Informationen über die andere Partei zu bekommen, ist es für die Planung einer guten Strategie lebensnotwendig, sich die andere Seite genau vorzunehmen. In diesem Stadium Ihrer Analyse sollten Sie damit beginnen, über Ihre Beziehung zur anderen Partei nachzudenken, da dies alle Ihre folgenden Schritte beim Entwurf eines Verhandlungsplans beeinflussen wird. Vor allem wird Ihre gemeinsame Vergangenheit mit der anderen Partei und der Grad der gegenseitigen Abhängigkeit zwischen beiden Parteien Ihre Interaktion beeinflussen. Alle Untersuchungen, die Sie bis dahin gemacht haben, haben Einfluß darauf, wie Sie mit der anderen Partei (oder auch gegen sie) arbeiten werden.

4. **Definieren Sie die zugrundeliegenden Interessen.** Um Ihre Interessen und Bedürfnisse zu definieren, die Ihren spezifizierten Fragen zugrunde liegen, erinnern Sie sich an die Frage «Warum?» Warum wollen Sie diesen Punkt oder dieses Ziel? Warum ist es Ihnen wichtig? Wenn Sie im nächsten Kapitel die Ziele der anderen Partei erforschen, werden Sie wieder die «Warum»-Frage stellen, um die latenten Gründe für die Präferenzen der anderen Partei herauszufinden. Das wird Ihnen helfen zu verstehen, wovon sie ausgeht, und es Ihnen ermöglichen, gemeinsame Interessen oder auch Unterschiede zu entdecken.

5. **Ziehen Sie andere zu Rate.** Wenn es sich nicht gerade um eine sehr einfache Verhandlung handelt, dann sind wahrscheinlich andere Personen involviert. Wenn Sie zum Beispiel über einen Bankkredit verhandeln, muß der Kreditberater dies wahrscheinlich mit seinem Vorgesetzten abklären. Oder vielleicht kaufen Sie ein Auto, mit dem Sie hauptsächlich zur Arbeit fahren. Wenn Ihre Gattin es gelegentlich fahren wird, brauchen Sie möglicherweise eine Entscheidungshilfe, welches Auto es sein sollte.
Auftraggeber können, wie wir gezeigt haben, je nach Situation einen geringen oder starken Einfluß auf die Verhandlung haben. Ein noch so oberflächlich involvierter Auftraggeber muß unter Umständen um Rat gefragt werden. Sie werden sich auch mit der anderen Partei beraten, vielleicht über einzelne Punkte oder sogar über die Verhandlungsweise. Diese Gespräche können freundschaftlich oder feindselig verlaufen, je nach Situation. Dennoch sollte jede Seite so früh wie möglich in das Verfahren der Analyse und in die Planung mit einbezogen werden, damit Sie das Gesamtbild erkennen können. Wir werden auf diesen Schritt in Kapitel 3 nochmals eingehen.

6. **Setzen Sie Ziele für den Prozeß und die Ergebnisse fest.** Seien Sie sich sicher, ein klares Bild Ihres bevorzugten Ablaufs, der Örtlichkeit und des Zeitrahmens zu haben, wer einbezogen ist und was passiert, wenn die Verhandlungen scheitern. Sie werden die Präferenzen der anderen Partei, die sich in Ihrer Beratung mit ihr ergeben, in Betracht ziehen müssen. Vergewissern Sie sich, welche Punkte wichtig genug sind, um darum zu kämpfen, und welche Punkte eine flexible Haltung erlauben. Solche Vorverhandlungen tendieren dazu, die Atmosphäre der eigentlichen Verhandlung festzulegen.

7. **Identifizieren Sie Ihre eigenen Grenzen.** Es ist sehr wichtig, daß Sie Ihre eigenen Grenzen kennen. Diese ergeben sich aus einer klaren Vorstellung von Ihren Zielen und deren Priorität, von Ihren Verhandlungsspielräumen und von Ihren Alternativen oder BATNAs. Wenn Sie sich Ihrer Grenzen bewußt sind, werden Sie Ihren Plan danach ausrichten können. Wenn beispielsweise ein Punkt von der anderen Partei während der Verhandlung «abgeschmettert» wird, sind Sie besser in der Lage, diesen neu zu überprüfen und zu entscheiden, wie Ihr nächster Schritt aussehen sollte.

   Stellen Sie sicher, daß Ihre Grenzen realistisch sind. An sich ist es gut, einen minimalen und einen maximalen Akzeptanzpunkt zu haben – aber ziehen Sie einen gewissen Spielraum in Betracht. Die Rangfolge, die Sie Ihren einzelnen Punkten bei Ihrer Aufstellung zugeordnet haben, wird Ihnen auch bei der Identifizierung der Grenzen helfen. Sie werden die wichtigeren Punkte eher durchbringen wollen und können bei den weniger wichtigen flexibler oder nachgiebiger sein. Sie sind sogar in einer besseren Verhandlungssituation, wenn Sie die möglichen Pakete, die die andere Seite Ihnen anbietet, schon vorausgesehen und diesen Werte auf einer Skala zugeordnet haben, die der gleicht, die Sie für Ihre eigenen Pakete benutzt haben. Anhand dieser Skalen können Sie Vergleiche anstellen.

8. **Entwickeln Sie unterstützende Argumente.** Wenn Sie einmal Ihre Ziele und Präferenzen kennen, dann überlegen Sie sich Argumente, mit denen Sie diese Ziele am besten untermauern können. Sie brauchen Fakten, um Ihre Argumente zu verifizieren. Sie werden während Ihrer Recherche viele davon zusammengetragen haben. Es gibt verschiedene Methoden, diese Faktoren zu präsentieren: visuell, mit Hilfe von Tabellen, Grafiken und anderen Hilfsmitteln; mit Hilfe von Experten, Berichten oder Aktenmaterial, speziell angesehenen Quellen. Andere, ähnlich verlaufene Verhandlungen können Anhaltspunkte dafür liefern, wie weiter zu verfahren ist.

Wenden Sie diese Punkte regelmäßig bei Ihrer Verhandlungsplanung an. Wenn Sie im nächsten Kapitel die Sichtweise und Interessen der anderen Partei erforschen, werden Sie in der Lage sein, eine gemeinsame Verhandlungsbasis zu finden – als ein Ergebnis des Verständnisses der Position der anderen Partei.

KAPITEL 3   Den Verhandlungspartner einschätzen

Es ist schon schwierig genug, die eigenen Bedürfnisse und Positionen zu benennen; die Position eines anderen zu erkennen ist noch um einiges komplizierter. Einige Verhandlungsführer halten es von vornherein für zu kompliziert und befassen sich erst gar nicht damit. Ihre Strategie besteht darin, sich lediglich Gedanken um ihre eigenen Interessen zu machen, und sie gehen davon aus, daß die Gegenpartei das gleiche tut. Das ist allerdings ein Fehler. Auf den ersten Blick scheint es zwar der einfachere Weg zu sein, aber in der Praxis führt diese Verhandlungstaktik wahrscheinlich nur zu unerwünschten Ergebnissen: ein suboptimaler Abschluß, eine gescheiterte Einigung oder gar ein offener Konflikt.

Verhandlungen fallen grundsätzlich in zwei Kategorien: Planung der bevorstehenden Verhandlung und Konfliktlösung. Die Beispiele und Fallgeschichten, die wir bis jetzt behandelt haben, waren im wesentlichen Beispiele für Konfliktlösungen: wie die Konstruktionsteams bei Boeing mit Differenzen umgehen sollten; wie eine Mitarbeiterin auf der einen Seite mit den widersprüchlichen Anforderungen zurechtkommen soll, die ihr Team an sie stellt, und andererseits die Erwartungen ihres eigenen Vorgesetzten erfüllen will, der das Team am liebsten auflösen würde. Oft ist also der Ausgangspunkt eine aktuelle Konfliktbewältigung, aber genauso oft gibt es die Möglichkeit zu planen, wie neue Konflikte zu vermeiden oder neue Chancen zu nutzen sind. Sie können Ihr Team, Ihren Chef oder Ihren Ehepartner in eine Verhandlungsplanung einbeziehen, statt darauf zu warten, daß ein Problem eine solche Dimension annimmt, daß eine Konfliktverhandlung notwendig wird. Und wenn Sie sich an kreativen Übungen wie einer Unternehmensplanung beteiligen, dann bieten Sie anderen die Möglichkeit, in den kreativen Prozeß integriert zu werden, vorausgesetzt natürlich, daß eine erfolgreiche Planung der Verhandlung stattfindet.

In jeder Verhandlung, und speziell bei der Verhandlungsplanung, kann die Position der Verhandlungspartner der Schlüssel zu einer erfolgreichen Strategie sein. Tom Stoners Erfahrung bestätigt dieses Prinzip.

Tom Stoner gründete 1989 die Highland Energy Group, um Organisationen bei der Umstellung auf energiesparende Technologien zu helfen. Dieses Projekt machte jedoch hohe Investitionen in Equipment und Personal erforderlich, so daß Stoner auf Risikokapital angewiesen war, um seine Firma gründen zu können. Er mußte also Verhandlungen mit allen potentiellen Investoren führen, die zu einem Gespräch mit ihm bereit waren.

Er erkannte, daß die Verfahren, die er auf den Markt bringen wollte, noch keine Testphase durchlaufen hatten. Großangelegte Umstellungen von alten auf neue energiesparenden Technologien lagen nicht im Trend. Die meisten Investoren wußten nur wenig darüber, und er und seine Firma hatten noch keine Erfolge aufzuweisen, mit denen man die Investoren von der Wirksamkeit dieser Technologien hätte überzeugen können. Er kannte seine eigene Position und seine Bedürfnisse; das war nicht das Problem. Aber die Kapitalbeschaffung verlangte von ihm, die Motivationen seiner Investoren zu verstehen. Stoner ruft sich das Ergebnis seiner Analyse der potentiellen Investoren wieder ins Gedächtnis: «Ich mußte [den Investor] von der Funktionsfähigkeit dieser Systeme überzeugen.» Aber wie? Die meisten Investoren waren zu beschäftigt und auch zu skeptisch, um die notwendige Zeit aufzubringen, sich mit den neuen Technologien vertraut zu machen. Also sprach Stoner HFG Expansion Fund an, eine Risikokapitalgesellschaft, die von seinem ehemaligen Kommilitonen Tim Joukowsky gegründet worden war, der wiederum an der Idee interessiert war. Stoner erinnert sich: «Tim und ich machten schöne, ausgedehnte Spaziergänge. Sie lernen viel über den Standpunkt der anderen Seite während eines solchen Spaziergangs – und Ihr Verhandlungspartner kann viel über die Pläne Ihrer Firma erfahren.» (Man denke nur an die berühmten «Waldspaziergänge», die Präsident Jimmy Carter mit Ägyptens Präsident Anwar el-Sadat und Israels Präsident Menachem Begin unternahm und die schließlich zu den Abkommen von Camp David führten.[1]) Die Pläne überzeugten Joukowsky, auch wenn er noch aufgrund der High-Tech-Natur des Ganzen Vorbehalte gegenüber Stoners Fähigkeit zur Durchführung hatte. Stoner wußte das und war bereit, einen technisch versierten Partner zu beteiligen. Und schließlich investierte HFG das benötigte Kapital. Nachdem also mehr als 1 Million Dollar Risikokapital beschafft waren, gefolgt von einer zweiten Finanzierungsstufe durch private Anleger, konnte die Firma 1993 endlich ihren ersten großen Auftrag an Land ziehen und ist heute in ihrer Branche einer der größten Vertragspartner für Versorgungsbetriebe.[2]

6 | Die andere Partei ist der Schlüssel zu Ihrem Erfolg!

Diese Erfolgsstory wäre nicht möglich gewesen ohne Stoners Entschlossenheit, die Bedürfnisse seiner Verhandlungspartner in die frühe Verhandlungsplanung miteinzubeziehen, denn – und das ist die sechste Grundregel der strategischen Verhandlungsführung – die andere Partei ist der Schlüssel zu Ihrem Erfolg.

3.1 Die Bedeutung von Informationen

Bereits während der Verhandlungen haben Sie viele Gelegenheiten, etwas über Ihre Verhandlungspartner zu erfahren. Wenn Sie sie auf einen «langen Spaziergang» mitnehmen können, um so besser. Sie müssen allerdings keine Freunde werden, um das zu erfahren, was Sie über den Standpunkt Ihrer Partner wissen müssen. Kenntnis über ihre Interessen und Probleme erlangen Sie sowohl durch das, was gesagt wird, als auch durch das, was gerade *nicht* gesagt wird. Wenn Sie Körpersprache richtig interpretieren, können sie viel durch bloßes Beobachten Ihrer Umgebung lernen.

Wir möchten Sie jedoch warnen: Es reicht nicht aus, dies alles während einer Verhandlung herauszufinden. Sie brauchen einen erfolgversprechenden Plan für diese Verhandlung, und je mehr sie der Zeit voraus sind, desto besser. Das soll nicht heißen, daß Sie alles beim ersten Treffen erfahren werden – Planung ist eine laufende Angelegenheit, und wenn Sie bestimmte Dinge über Ihre Verhandlungspartner in Erfahrung bringen (ihre Präferenzen, primären Interessen, Gebiete, auf denen sie festgelegt oder flexibel sind, usw.), werden Sie Ihre Pläne entsprechend ändern wollen. Dennoch vermeiden es viele Verhandlungsführer, auch nur irgendwelche Vermutungen oder Rückschlüsse über die andere Partei anzustellen, und schieben jegliche Betrachtung der möglichen Interessen und Probleme der Verhandlungspartner bis zum Beginn der Verhandlung hinaus. Das ist ein gravierender Fehler. Wenn Sie schon einige Dinge wissen oder wenn Sie vernünftige Vermutungen darüber anstellen können, was die andere Partei *wahrscheinlich* tun wird, können Sie diese Informationen in Ihre persönliche Planung mit einbeziehen.

In diesem Kapitel werden wir die Informationen diskutieren, die Sie über die andere Partei sammeln müssen – Persönlichkeit, Werte, soziales Umfeld und angepeilte Ergebnisse –, und Ihnen zeigen, wie Sie diese beschaffen. Wie Sie mit dieser Information umgehen, wird letztlich von der jeweiligen Verhandlungsstrategie abhängen, für die Sie sich entscheiden. Aber ungeachtet dieses Strategietyps müssen Sie dennoch über die andere Partei soviel lernen, wie Sie nur können.

Vergessen Sie nicht, daß Sie vielleicht selbst auf dem Prüfstand stehen, während Sie Ihr Gegenüber unter die Lupe nehmen. Informieren und informiert werden kann eine delikate Angelegenheit sein, gerade wenn Sie das Gefühl haben, daß Sie einige Details unter Verschluß halten müßten, zum Beispiel bestimmte Schwächen, aus Angst, diese könnten gegen Sie verwendet werden. Dieses Verhalten ist typisch für einen kompetitiven, konkurrenzorientierten Verhandlungsprozeß, den wir in Kapitel 6 ausführlich diskutieren werden. Im Gegensatz dazu steht die offene Kommunikation, wie sie die kooperative Verhandlung kennzeichnet und in der beide Verhandlungsparteien sich offen und ausführlich informieren: Ziel ist es dabei, eine gemeinsame Basis und eine Lösung zu finden, die beide Parteien zufriedenstellt. Die kooperative Strategie ist das Thema von Kapitel 7.

Die Recherche, die Sie über die andere Partei anstellen, ähnelt ein Stück weit der, die Sie über sich selbst anstellen (siehe Kapitel 2). Natürlich gibt es einige Unterschiede, die wir im weiteren darstellen werden. Am Ende dieses Kapitels werden Sie die neuen Informationen, die Sie gesammelt haben, in Ihre Strukturen der Verhandlungsplanung einbauen können, wie Sie es auch in Kapitel 2 getan haben.

Bevor Sie nun also mit der detaillierten Recherche über die andere Partei beginnen, denken Sie noch einmal über Ihre Beziehung zu ihr nach. Wie wichtig ist sie? Ihre Beziehung (oder ihr Fehlen) wird Ihre Datensammlung beeinflussen sowie auch die Wahl der Verhandlungsstrategie.

Wir müssen nochmals darauf hinweisen, wie wichtig die Planung ist, und zwar *bevor* die eigentliche Verhandlung beginnt. Lassen Sie diesen Schritt nicht aus! Auch wenn es so viel schwieriger erscheint, Informationen über die Gegenpartei herauszubekommen, als herauszufinden, welche Position man selbst bezieht: Es ist genauso wichtig. Je genauer Sie wissen, was Sie erwartet, um so besser sind Sie vorbereitet und um so erfolgreicher in Ihrer Verhandlung.

Ein letztes Wort: Das Sammeln der Informationen über Ihre Partner im Vorfeld wird Ihnen bei Ihrer Analyse und Verhandlungsplanung helfen. Sollten Sie jedoch wirklich nicht in der Lage sein, Material im voraus zu bekommen, können Sie folgendermaßen vorgehen: Als erstes entscheiden Sie, ob Sie nicht doch irgendwelche Rückschlüsse oder Vermutungen über die andere Seite anstellen können. Wenn Sie zum Beispiel einen gebrauchten Computer kaufen, können Sie davon ausgehen, daß der Verkäufer die Verhandlung mit dem Preis aus der Annonce oder mit dem ausgezeichneten Preis beginnt. Zweitens können Sie auch während der Verhandlung noch einige Details herausfinden. Selbst wenn Sie zu Verhandlungsbeginn «perfekte» Informationen über die Gegenseite besitzen, werden Sie im Laufe der Verhandlung Veränderungen und Korrekturen vornehmen müssen. Das ist die Folge der Interaktion zwischen zwei Parteien und auch das Ergebnis einer sich entwickelnden Beziehung, sei sie nun positiv oder negativ.

3.2 Recherchen über die andere Partei

Die Recherche über Ihren Gegenspieler muß sich auf folgende Gebiete erstrecken:

- seine Ziele,
- seine Interessen und Bedürfnisse,
- seine Alternativen,
- seine Ressourcen,
- seinen Ruf, Verhandlungsstil und sein Verhalten,
- seine Autorität, Übereinkünfte zu treffen,
- seine voraussichtlichen Strategien und Taktiken.

Jeden dieser Punkte werden wir einzeln abhandeln.

3.2.1 Ziele

Man kann leicht Vermutungen über die Ziele der anderen Partei anstellen. Selbst wenn sie zutreffend sein sollten, seien Sie vorsichtig mit voreiligen Schlußfolgerungen. Ein Beispiel: Wenn Sie sich überlegen, eine gebrauchte Gitarre zu kaufen, gehen Sie wahrscheinlich davon aus, daß der Verkäufer den höchstmöglichen Preis erzielen möchte. Das kann schon so sein, aber verlassen Sie sich besser auf genaue Informationen als auf Vermutungen. Vielleicht muß der Verkäufer die Gitarre verkaufen, würde aber lieber mit jemand ins Geschäft kommen, der die Gitarre pfleglich behandelt. Vielleicht hat es der Verkäufer auch eilig und will die Gitarre nur möglichst schnell loswerden.

Wenn Sie mit Ihrem Partner über die Verhandlungssituation reden, entdecken Sie möglicherweise seine Ziele in dem, was er sagt, betont oder verschweigt. Oder möglicherweise hat die andere Partei – in diesem frühen Stadium – ihre eigenen Vorstellungen noch nicht klar formuliert. Wenn sie mehrere Ziele verfolgt, wissen Sie nicht, welches das wichtigste ist. Haben die Verhandlungen erst einmal begonnen und schreiten sie voran, dann können Sie sich eine grobe Vorstellung von den Zielen der anderen Partei machen und sind vielleicht ebenfalls dazu in der Lage, von der Art und der Größe ihrer Zugeständnisse Rückschlüsse darauf zu ziehen, was ihr mehr (oder weniger) wichtig erscheint.

Vielleicht können Sie auch vorher den Verhandlungsspielraum der anderen Partei nicht richtig beurteilen. Aber wenn Sie erst einmal mitten drin stecken, dann wird ihr Ausgangspunkt klar werden. Wenn Sie ihren Abbruchpunkt getroffen haben, dann werden Sie es an ihren Worten und Verhaltensweisen erkennen.

Viele Produkte sind so weit verbreitet, daß Sie informative Bücher und Artikel darüber finden können. So gibt es beispielsweise unzählige Bücher über den Autokauf, die Verhandlungstips geben und über Händlerpreise, Optionen usw. informieren. Ähnliche Informationen gibt es über Häuser, Antiquitäten und Kunstgegenstände. Wenn Sie generell wissen wollen, was Sie in Verhandlungen erwartet, sollten Sie etwas über die üblicherweise akzeptierten Verhandlungsspielräume bei ähnlichen Geschäften nachlesen. Sie können Experten zu Rate ziehen oder andere Verhandlungsteilnehmer nach ihren Erfahrungen fragen. Vergessen Sie jedoch nicht, daß keine Verhandlung wie die andere ist, weil unterschiedliche Menschen beteiligt sind und die Ziele und Interessen unterschiedlich gelagert sind.

Zu den indirekten Methoden der Informationsgewinnung gehören das Beobachten der anderen Partei, die Durchsicht von Dokumenten und Veröffentlichungen und das Befragen von Quellen, die die andere Partei kennen. Die direkte Art wäre es, die andere Partei zu fragen, aber Sie bekommen unter Umständen keine genaue Antwort, weil man Sie «im Dunkeln lassen» will. Man wird Ihnen nur begrenzte Informationen geben, so daß Sie nicht wissen, ob Sie sich ein vollständiges Bild von der Situation machen können. In Kapitel 6 werden wir Taktiken darstellen, wie Sie sich Informationen in konkurrenzorientierten Situationen verschaffen können.

3.2.2   Interessen und Bedürfnisse

Die grundlegenden Interessen und Bedürfnisse für Ihre Seite wurden in Kapitel 2 eingeführt. Die Interessen und Bedürfnisse der anderen Partei sind aber nicht weniger wichtig. In Wirklichkeit müssen Sie, wenn Sie eine gemeinsame Basis mit der anderen Partei und eine kooperative Lösung finden wollen, die zugrundeliegenden Faktoren der Position der anderen Partei kennen. Ohne eine solche Kenntnis könnten Sie die Situation als konkurrenzorientiert einschätzen, obwohl es faktisch vielleicht eine gemeinsame Basis gibt, auf der eine Lösung durch gute Zusammenarbeit möglich wäre.

Wenn es Ihnen möglich ist, dann stellen Sie der anderen Partei die Warum-Frage: «Warum sind Ihnen diese Ziele wichtig?» Und stellen Sie damit zusammenhängende Fragen: «Wie sind Sie zu dieser Position gekommen? Was ist, wenn Sie Ihre Ziele nicht erreichen können? Haben sich Ihre Ziele seit unserer letzten Diskussion verändert?»

Die Art und Weise, wie Sie diese Fragen formulieren, wird Ihnen helfen (oder es Ihnen erschweren), Antworten zu bekommen. Wenn Sie beispielsweise sagen: «Wie konnten Sie jemals daran denken, dieses Ziel zu erreichen?», dann drängen Sie die andere Partei in die Defensive und beschwören womöglich eine streitsüchtige Beziehung herauf. Überlegen Sie sorgfältig, wie Sie Ihre Fragen formulieren, und zwar auf der Basis Ihrer eigenen Ziele. Auf die Kommunikationsfähigkeit gehen wir in Kapitel 12 näher ein.

Wenn Sie eine Frage gestellt haben, dann hören Sie sich die Antwort genau an. Erstens bekommen Sie dadurch Informationen. Zweitens signalisieren Sie damit der anderen Partei, daß Sie wirklich an dem interessiert sind, was sie sagt. Das animiert sie vielleicht dazu, wiederum Ihnen zuzuhören. Ihre Absicht ist es, das Denken und die Logik der anderen Partei herauszufinden, was Sie ganz leicht durch direkte Fragen erreichen können.

Versuchen Sie, den Abbruchpunkt der anderen Partei herauszufinden. Normalerweise ist das schwierig, aber Sie bekommen ein besseres Gespür für den Verhandlungsspielraum der anderen Partei und davon, wie sehr dieser mit Ihrem kompatibel ist.

3.2.3 Alternativen

Sie müssen wissen, ob die andere Partei irgendwelche Alternativen hat und, wenn ja, wie stark oder schwach diese sind. Wenn die andere Partei eine starke Alternative hat, ist sie nicht gezwungen, weiter mit Ihnen zu verhandeln. Eine starke Alternative kann somit ein ziemliches Druckmittel in einer Verhandlung darstellen. Wenn die andere Partei eine schwache Alternative hat, sind Sie in der besseren Verhandlungsposition. Wenn die andere Partei nicht willens ist, Informationen preiszugeben, wird es schwierig, diese vor Verhandlungsbeginn herauszufinden. Wie dem auch sei – während des Verhandelns werden Sie mehr erfahren.

3.2.4 Ressourcen

Kenntnisse über das Unternehmen und die Hintergründe Ihres Partners werden Ihnen bei der Einschätzung helfen, was Sie in der Verhandlung erwartet. Dafür müssen Sie die Firmengeschichte Ihres Gegenübers recherchieren, die Geschichte der früheren Verhandlungen und die finanzielle Situation, soweit dies angemessen ist. Sie können Telefongespräche führen oder die Örtlichkeiten besichtigen, vorausgesetzt, es handelt sich nicht um eine feindselige

Beziehung. Wenn dem doch so ist, dann greifen Sie besser auf weniger direkte Methoden der Informationsbeschaffung zurück.

Sie werden vielleicht Ermittlungen über jegliche frühere Verhandlung der anderen Partei anstellen wollen.[3] Informationen über zurückliegende Verhandlungserfolge und -mißerfolge mit dieser Partei werden Ihnen helfen, Ihre eigenen Erfolgschancen einzuschätzen.

Sie werden soviel wie möglich lernen wollen über die Verhandlungsfähigkeiten und die Erfahrungen der einzelnen Teammitglieder der andere Partei. Je erfahrener sie sind, desto stärker ist ihre Position.

3.2.5 Reputation, Verhandlungsstil und Verhalten

Obwohl Informationen über die vergangenen Verhandlungserfolge und -mißerfolge der anderen Partei sehr aufschlußreich sein können, können Sie nie sicher sein, daß sich die Menschen genauso wie in der Vergangenheit verhalten. Diese Informationen in Kombination mit der Kenntnis der bevorzugten Verhandlungsmethode können Ihnen allerdings ein gutes Bild davon vermitteln, was sich abspielen könnte. Wenn die Verhandlungspartner beispielsweise einen Ruf als harte Verhandlungsführer haben, dann werden Sie mit schwierigen kompetitiven Verhandlungen rechnen müssen.

Wie bereits erwähnt, haben Überzeugungen und Erwartungen einen Einfluß darauf, wie wir in eine Verhandlung gehen. Wenn Sie also glauben, daß es nur einen Sieger geben kann, dann werden Sie sich natürlich auch demgemäß verhalten. Wenn die andere Partei eine bestimmte Ansicht darüber hat, wie eine Verhandlung ablaufen soll, dann wird das selbstverständlich sowohl ihr Verhalten als auch das Ergebnis beeinflussen. Was es schwer macht, die Situation einzuschätzen, ist die Frage, wie die beiden Parteien interagieren, wenn sie unter möglicherweise stressigen Umständen zusammenkommen.

Ein anderes wichtiges Element in Verhandlungen – das Vertrauen – wurde in Kapitel 2 diskutiert. Wenn Sie nun die Informationen über die andere Partei in Ihre Planung mit einbeziehen, werden Sie sehen, daß sich Vertrauen zu einem komplexen Thema entwickeln kann. Wenn ich darauf vertraue, daß Sie offen und ehrlich sind, und Sie sind es dann auch, kommunizieren wir auf eine bestimmte Art. Wenn ich Ihnen vertraue, und Sie sind aber nicht offen und ehrlich, dann werde ich meine Reaktionen anpassen müssen und unsere Kommunikation wird sich verändern. Sowohl fehlendes Vertrauen als auch nicht erwidertes Vertrauen können die Verhandlungen erheblich beeinflussen.

3.2.6 Autorität

Sie müssen wissen, ob die andere Partei alleine arbeitet oder zusammen mit anderen, und ob ein Auftraggeber Einfluß auf Verträge oder Abkommen ausübt. Darüber hinaus müssen Sie klären, ob Ihre Verhandlungspartner autorisiert sind, Übereinkünfte zu treffen, oder ob ihnen Grenzen gesetzt sind, entweder von anderen Parteien oder Unternehmensregeln und Vorschriften. Begrenzte Entscheidungsbefugnis kann ein Vorteil oder auch ein Nachteil sein, das hängt ganz von der Situation ab. Ein Verhandlungspartner könnte beispielsweise seine begrenzte Befugnis zu seinem Vorteil nutzen und sagen «Das liegt nicht in meiner Macht» (selbst wenn es sehr wohl so ist). Auf der anderen Seite kann sich derselbe Verhandlungsführer festfahren, wenn er ohne die Erlaubnis seines Auftraggebers keine Zugeständnisse machen kann.

Auf Auftraggeber und ihre inhärente Macht werden wir in Kapitel 4 noch ausführlicher eingehen.

3.2.7 Wahrscheinliche Strategie und Taktiken

Sie wollen bestimmt die voraussichtliche Haltung der anderen Partei antizipieren. Die Strategien dazu werden wir ausdrücklich in Kapitel 5 nennen; versuchen Sie im Moment, den Verlauf der Verhandlungen generell zu charakterisieren und einzuschätzen. Vielleicht ist die andere Partei versöhnlich gestimmt und offen für eine gütliche Einigung und flexible Lösungen. Vielleicht ist sie aber auch starrköpfig und scheint zu einem Kampf bis aufs Messer bereit. Zwischen diesen beiden Extremen liegen natürlich noch jede Menge andere Möglichkeiten. Wenn Sie Ihre Recherchen anstellen, werden Sie einen guten Überblick darüber bekommen, wie die andere Partei möglicherweise vorgehen wird.

In Kapitel 9 werden wir das Thema aufnehmen, wie man die Haltung der anderen Partei so verändern kann, daß sie mehr auf der eigenen Linie liegt.

3.3 Konzessionen

Es kann durchaus nützlich sein, wenn man weiß, bei welchen Punkten die andere Partei während der Verhandlung eventuell Zugeständnisse machen wird; aber dies im Vorfeld zu eruieren ist wirklich schwierig. Wahrscheinlich werden Sie es nicht herausfinden, bis tatsächlich Zugeständnisse gemacht werden. Wenn ein Zugeständnis erst einmal auf dem Tisch liegt, können Sie einige begründete Vermutungen anstellen, ob noch mehr möglich sind und in welcher Größenordnung. Sie werden in der Lage sein, Ihre Erwartungen auf das Verhalten und auf das Wechselspiel zu stützen, das Sie bis dahin in den Verhandlungen erlebt haben.

Ein paar Worte zu Konzessionen: Aller Wahrscheinlichkeit nach macht jede Seite mindestens ein Zugeständnis. Wenn eine Partei erst einmal ein Zugeständnis gemacht hat, kann man mehr oder weniger davon ausgehen – als Verhandlungsetikette, wenn Sie so wollen –, daß die andere Seite diesem Beispiel folgen wird. Wenn sie dies nicht tut, können Sie normalerweise auf zwei Erklärungen zurückgreifen: Die andere Partei möchte 100 Prozent von ihren Forderungen durchdrücken (das Eröffnungsangebot und der Abbruchpunkt sind identisch), oder die andere Partei ist sehr kompetitiv orientiert und will Sie zu mehr Zugeständnissen zwingen, bevor sie auch nur ein Stück nachgibt. Wir kommen darauf ausführlich in Kapitel 6 zurück.

Zu diesem Zeitpunkt könnte es auch ratsam sein, «in die Haut» der anderen Person zu schlüpfen, indem sie einen Rollentausch vornehmen. Dies kann Ihnen helfen, die Motivation und Bedürfnisse der anderen Person zu verstehen. Diesen Rollentausch diskutieren wir ausführlich in Kapitel 12.

3.4 Der Planungsprozeß

Kehren wir zum Planungsgitter zurück. Sie sollten jetzt genug Informationen zusammengetragen haben, um die Stärken und Schwächen der anderen Partei verstehen und beurteilen zu können. Mit Ihren neuen Erkenntnissen können Sie nun Ihren grundsätzlichen Plan ausweiten und optimieren.

1. **Definieren Sie Fragen, Themen und Probleme.** Versuchen Sie dieses Mal, den Konflikt aus der Sicht der anderen Partei zu sehen. Versuchen Sie, ihre hauptsächlichen und zweitrangigen Themen auszumachen. Liefern frühere Erfahrungen mit der anderen Partei irgendwelche Hinweise? Denken Sie aber daran, daß Sie in dieser Hinsicht Informationen auch dann noch bekommen können, wenn die Verhandlungen begonnen haben und die Kommunikation zwischen beiden Parteien mehr Informationen an den Tag bringt. Also machen Sie sich Notizen über alles, was Sie aus der Perspektive der anderen Partei identifizieren können – dies wird ein Leitfaden sein für Fragen, die Sie zu einem späteren Zeitpunkt zu stellen haben.

2. **Fassen Sie die Themen zusammen und legen Sie die Verhandlungsgegenstände fest.** Gibt es – basierend auf Ihrem Verständnis der Position der anderen Partei – Punkte, die mit auf die Tagesordnung gesetzt werden müßten? Während der Verhandlungen können immer wieder neue Punkte auftauchen, die in die Tagesordnung aufgenommen werden müssen. Ebenso werden Sie Ihre Themen angesichts der aktuellen Information von der anderen Partei neu beurteilen müssen.

3. **Analysieren Sie die andere Partei.** Dieser Schritt ist der schwierigste. Vielleicht hilft es Ihnen, wenn Sie einmal zusammenfassen, was Sie bis jetzt über die andere Partei wissen. Diese Beurteilung wird im Verlauf der Verhandlungen angepaßt werden müssen, und Sie gewinnen Schritt für Schritt mehr Wissen und Informationen über die andere Seite.

4. **Definieren Sie die zugrundeliegenden Interessen.** Welches sind die Interessen und Bedürfnisse, die den einzelnen Verhandlungspunkten der anderen Parteien zugrunde liegen? Genauso wie Sie «Warum» gefragt haben, um Ihre eigenen zugrundeliegenden Ziele und Interessen zu entdecken, sollten Sie diese Methode nun dazu nutzen, um herauszufinden, warum die andere Partei ein spezielles Ziel oder einen speziellen Punkt erreichen will und warum dies wichtig für sie ist. Wenn Sie vorher keine Gespräche mit ihr führen können, werden Sie es vermutlich schwieriger finden, diesen Teil Ihres Plans zu erfüllen; aber es ist sehr wichtig, die Position Ihres Verhandlungspartners so früh wie möglich zu verstehen. Noch einmal: Machen Sie sich Notizen! Dies wird Ihnen helfen, die Fragen festzulegen, die Sie der anderen Seite stellen wollen, wenn Sie aufeinandertreffen.
Der Grund, warum die zugrundeliegenden Themen beider Parteien betrachtet werden sollten, ist der, sich Lösungen auszudenken, die eher diesen Interessen entsprechen als den artikulierten Zielen.[4]

5. **Ziehen Sie andere zu Rate.** Fügen Sie Ihrem Plan jedwede Information hinzu, die Sie über andere an der Verhandlung Beteiligte finden, eingeschlossen deren Auftraggeber. Auch wenn Sie sich möglicherweise nicht mit den Auftraggebern der anderen Partei beraten können, ist es wichtig, etwas über sie und Ihre Einflußmöglichkeiten zu wissen.
Sie könnten sich mit der anderen Partei beraten – vielleicht über die Themen oder sogar darüber, wie Sie verhandeln wollen. Gespräche mit anderen Parteien können positiv oder negativ sein; das hängt von der Situation ab. Aber es ist wichtig, alle Parteien so früh wie möglich in die Verhand-

lung einzubeziehen. Für diese Diskussionen mit den anderen müssen Sie für sich entscheiden, wie viele Informationen Sie preisgeben wollen, und ebenso, wieviel Sie von dem glauben können, was Ihnen gesagt wird.[5] Behalten Sie die Verhandlungsstrategie im Hinterkopf, die die andere Partei anwendet, und überprüfen Sie die Reaktionen. Wenn Sie beispielsweise annehmen, daß die andere Partei mit Informationen entgegenkommend ist und ein offenes Verhältnis anbietet, können Sie den Antworten vertrauen. Auf der anderen Seite versucht die andere Partei eventuell, ihre Informationen nicht preiszugeben oder sie zu verschleiern, um ihre eigenen Interessen zu schützen. Gute Vorausplanung hilft Ihnen oft bei der Einschätzung, ob man Ihnen die Wahrheit sagt.

6. **Setzen Sie Ziele für den Prozeß und die Ergebnisse fest.** Berücksichtigen Sie die Wünsche der anderen Partei bezüglich des Zeitplans, Orts, Zeitrahmens, der Beteiligten und des Verfahrens im Falle von gescheiterten Verhandlungen. Erinnern Sie sich daran, daß alle Diskussionen, die Sie vor Beginn der eigentlichen Verhandlung führen, dazu dienen, die Atmosphäre der eigentlichen Verhandlungssitzung zu bestimmen. Überprüfen Sie, ob starke Übereinstimmungen oder starke Differenzen zwischen Ihren und den Prioritäten der anderen Partei bestehen.

7. **Identifizieren Sie Ihre eigenen Grenzen.** Sehen Sie sich diesen Bereich Ihrer Planung an, um festzustellen, ob irgend etwas, das Sie in diesem Kapitel gelernt haben, die Grenzen beeinflußt, die Sie in Kapitel 2 gesetzt haben.

8. **Entwickeln Sie unterstützende Argumente.** Machen Ihre unterstützenden Argumente Sinn, gemessen an den Informationen, die Sie jetzt über die andere Partei erhalten haben? Ist Ihre Präsentation angemessen? Vergewissern Sie sich, daß Sie die Interessen und die Sichtweise der anderen Partei im Blick behalten. Verstehen Sie deren Position, so verfügen Sie jetzt über Informationen, die Sie in die Lage versetzen, sich auf einer gemeinsamen Interessenbasis attraktiv zu präsentieren.

Die andere Partei zu verstehen ist unerläßlich für die Planung einer erfolgreichen Strategie. Wir kommen nun zum dritten und letzten Aspekt einer guten Analyse und Planung, nämlich dem Verhandlungskontext oder der Verhandlungssituation. Der Verhandlungskontext beinhaltet eine Anzahl von Faktoren, die nicht direkt in einem Bezug zu Ihnen oder der anderen Partei stehen, die aber dennoch in Ihre Analyse mit einfließen müssen. Wir werden diese Faktoren in Kapitel 4 besprechen.

| KAPITEL 4 | # Kontext und Macht

Erfolgreiche Verhandlungsplanung erfordert die Aufmerksamkeit gegenüber drei entscheidenden Elementen: was Sie wollen, was die andere Seite will und den Kontext oder die Situation, in der sich die Verhandlung abspielt. Jedes dieser Elemente für sich ist wichtig, und darüber hinaus wirken sie zusammen und machen Verhandlungen zu einer ziemlich komplexen und dynamischen Angelegenheit. In diesem Kapitel befassen wir uns mit zwei großen Kontextfaktoren: den situativen Elementen und der Beziehung zwischen den Parteien (siehe Abbildung 4.1). Man muß die situativen Elemente wie Termine, Auftraggeber, Optionen, Regeln und Regulierungen verstehen, weil sie oft beeinflussen, welche Seite mehr Macht im strategischen Verhandlungsprozeß hat. Sehen Sie sich diese verschiedenen Faktoren an und versuchen Sie einzuschätzen, ob sie für Sie positiv oder negativ ausfallen.

4.1 Situative Verhandlungsfaktoren[1]

Vieles von dem, was wir in den letzten beiden Kapiteln gesagt haben, legt nahe, daß Verhandlungen größtenteils eine Angelegenheit zwischen zwei Parteien sind, und daß die entscheidenden Planungselemente darin liegen, die eigenen Ziele, Vorstellungen, Interessen usw. zu verstehen. Obwohl dies wichtige Verhandlungsaspekte sind, tendieren die situationsbedingten Umstände ebenfalls dazu, subtile, aber entscheidende Auswirkungen auf den Verhandlungsprozeß zu haben. Diese werden oft «Machtfaktoren» genannt, weil sie einen deutlichen Vorteil für die Verhandlungsposition einer Partei bedeuten können, wenn sie in bestimmter Weise eingesetzt werden. Im Gegensatz dazu können beide Parteien – wenn die situationsbedingten Faktoren ausgewogen sind – ihre ganze Verhandlungskraft für ein beide Seiten zufriedenstellendes Verhandlungsergebnis einsetzen.

```
┌─────────────────────────────────────────────────────────────────┐
│                                                                 │
│     ┌─── Eigene Wünsche ───┐      ┌── Wünsche der anderen Partei ──┐  │
│                                                                 │
│              Beziehung der Verhandlungspartner                  │
│                                                                 │
│                    Situative Faktoren                           │
│                                                                 │
└─────────────────────────────────────────────────────────────────┘
```

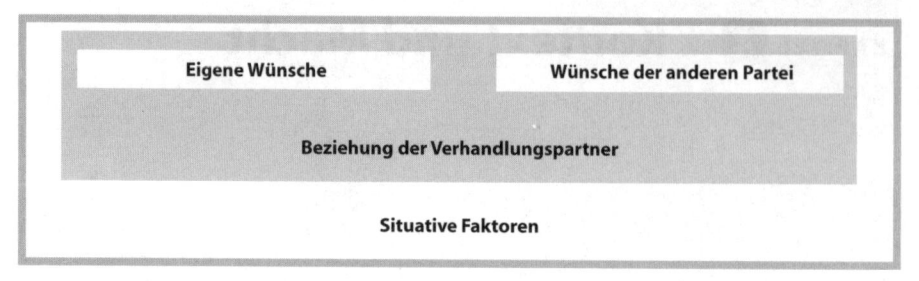

Abbildung 4.1: **Der soziale Verhandlungskontext**

4.1.1 Wesen und Art der verfügbaren Informationen und Ressourcen

Die Hauptquelle der Macht in Verhandlungen ist Information. Ihre Planung basiert auf der Information, über die Sie verfügen oder die sie aus verschiedenen Quellen beziehen können. Wenn Sie erst einmal Ihre Ziele kennen, brauchen Sie Informationen, um diese zu unterstützen und zu stärken. Kennen Sie die Ziele und die zugrundeliegenden Faktoren des Standpunktes der anderen Partei, dann brauchen Sie Informationen, um deren Position zu widerlegen oder zu stärken. Der Großteil einer Verhandlung besteht einfach aus dem Austausch und dem Einsatz von Informationen, um die andere Partei davon zu überzeugen, daß Sie den besseren, stärkeren oder triftigeren Standpunkt vertreten.

Macht verschafft Ihnen Einfluß auf das Ergebnis und die Beziehung!

Zu Beginn der Verhandlung werden Sie ein Eröffnungsangebot machen und dabei in Gedanken eine Grenze setzen. Sie werden den Ausgangspunkt, den Zielpunkt und den Abbruchpunkt festlegen, und zwar auf der Basis von Informationen über Marktbedingungen, Zeitrahmen, den Spielraum der anderen Partei, mögliche Zugeständnisse und die gemeinsam akzeptierten Standards.

Bisher haben wir die Informationen besprochen, die Sie für sich und für die Einschätzung der anderen Partei zusammentragen müssen. Nun kommen wir zu einigen grundsätzlichen Informationsaspekten und erläutern, wie diese zum Einfluß auf Verhandlungen beitragen können.

Exaktheit. Wenn Sie Ihre Forderungen in einer Verhandlung auf die gesammelten Informationen gründen, dann müssen sie stimmen. Je genauer die Informationen sind, desto mehr Macht verleihen sie Ihnen. Wenn sie falsch sind, werden Sie Ihr Gesicht vor der anderen Partei verlieren. Es gibt nichts Peinlicheres, als zu versuchen, einen starken und zwingenden Standpunkt einzunehmen, und die andere Partei korrigiert Sie und teilt Ihnen mit, daß Ihre

4.1 Situative Verhandlungsfaktoren

Fakten schlichtweg falsch sind. Manchmal aber können Sie sich einfach keine genaueren Informationen über die andere Partei beschaffen – besonders dann nicht, wenn diese versucht, Macht auszuüben, indem sie Informationen zurückhält oder manipuliert. Gegebenenfalls müssen Sie entscheiden, ob Sie dies auch tun wollen – wir werden dieses Vorgehen in Kapitel 13 genauer diskutieren.

Fachwissen. Wenn Sie in der Lage sind, die Fakten zu einer zusammenhängenden, schlüssigen Präsentation zusammenzutragen, kann Ihnen das zu dem Ruf verhelfen, sehr kompetent zu sein. Ein Weg, Ihre Fachkompetenz und Fähigkeiten ins rechte Licht zu rücken, besteht darin, Information anzubieten, die nur ein Experte haben kann. Sie können sich auch auf Personen berufen, die sich für Ihre Kompetenzen verbürgen. Wenn die Verhandlung in Ihrem Büro stattfindet, kann das Vorhandensein von Diplomen, Zertifikaten und Zeugnissen zu Ihrem «Expertenimage» beitragen. Wie schon vorher erwähnt, können Sie Wissenslücken bis zu einem gewissen Grad auch dadurch ausgleichen, daß Sie einen Experten engagieren, der Sie unterstützt.

Außerdem sind Fachkenntnisse in der eigentlichen Verhandlung extrem hilfreich. Je kompetenter Sie in der Verhandlung sind, desto mehr Macht werden Sie ausüben.

Kommunikative Kompetenzen. Zusätzlich zu der Qualität und der Exaktheit von Informationen kann die Art der Informationsvermittlung zu Ihrer Macht beitragen. Wie Sie beispielsweise Ihre Mitteilung für die andere Partei strukturieren, beeinflußt ihre Reaktion. Das kann Ihnen zum Vorteil oder zum Nachteil gereichen. Es kann Ihre Position unterstützen, oder es kann die Position der anderen Partei untergraben. Es kann der anderen Partei zu mehr oder weniger Vertrauen in die schon gesammelten Informationen verhelfen. Genauso kann Ihr Präsentationsstil die Reaktion der anderen Partei beeinflussen. Persönliche Eigenschaften, die wir später in diesem Kapitel behandeln werden, können Ihnen helfen, Ihre Botschaft zu kommunizieren. Selbst Ihre Körpersprache kann dazu beitragen, glaubwürdig und vertrauenswert zu erscheinen. Wir besprechen die kommunikativen Kompetenzen ausführlicher in Kapitel 12.

Ressourcen. Auch durch eine Anzahl von «materiellen» Ressourcen, speziell wenn diese rar gesät sind, können Sie Macht ausüben. (Wenn ich alle Ölreserven oder alle Immobilien in einem bestimmten Gebiet besitze, dann bin ich in einer starken Position.) Lieferungen und Equipment können Macht bedeuten; ebenso Geld in all seinen Formen (Versicherungen, Aktien und Fonds,

Vergünstigungen, um nur einige zu nennen). Zeit, auf die wir gesondert weiter unten eingehen wollen, kann ebenfalls ein starkes Instrument in Verhandlungen sein.

Zusammengefaßt läßt sich sagen, daß ein Verhandlungsführer Einfluß erlangen kann, wenn er mehr Informationen hat als die andere Partei, genauere oder speziellere Informationen, mehr Fachkenntnisse oder bessere und überzeugendere kommunikative Fähigkeiten, mit denen diese Informationen präsentiert werden. Wenn beide Parteien diese Informationen oder diese Fähigkeiten besitzen, wird das Machtverhältnis zwischen den Parteien ausgeglichen sein.

4.1.2   Unterstützung und Autorität der Auftraggeber

In einer einfachen Verhandlung zwischen zwei Parteien gibt es keine weiteren Personen, die Ihre Entscheidung beeinflussen könnten. Sie beide diskutieren Ihre Vorlieben und kommen schließlich zu einer Einigung. In den meisten Verhandlungen gibt es jedoch mehrere Parteien. Hinter Ihnen – als Verhandlungsteilnehmer – kann eventuell eine Abteilung stehen oder das Management, Ihr Ehepartner, Familienmitglieder oder irgendeine andere Gruppe, die auch Ziele bezüglich dieser Verhandlung hat. Die Existenz eines solchen Auftraggebers kann einen starken Einfluß auf die Verhandlung und deren Erfolg haben.

Auftraggeber erfüllen zwei Hauptfunktionen. Zunächst helfen sie, die Ziele der Gruppe festzulegen. Selbst wenn Sie der einzige Verhandlungsführer der Gruppe sind: Wenn Sie einen Auftraggeber haben, sind die Chancen groß, daß er einen Einfluß auf die Gestaltung Ihrer Ziele hat. Des weiteren überprüft der Auftraggeber Ihre Arbeit. Wie einflußreich oder machtvoll er ist, kann sich darauf auswirken, wie Sie verhandeln können. Seine Beurteilung wird Ihre Reputation als Verhandlungsführer beeinflussen, und zwar sowohl jetzt als auch in Zukunft. Die Folge ist, daß Verhandlungsführer mit einem mächtigen Auftraggeber zu seiner Zufriedenheit verhandeln müssen. Wenn er nicht zufrieden mit Ihnen ist, dann kann er Sie entweder in Ihren Verhandlungen behindern oder Ihnen sogar die Verantwortung für die Verhandlung entziehen.

Wenn es sich um einen einflußreichen Auftraggeber handelt, der sich aber von den Verhandlungen zurückgezogen hat, erwartet er unter Umständen von Ihnen außergewöhnliche Ergebnisse, ohne daß er die Situation vollständig nachvollziehen kann. Das entspricht den Erfahrungen vieler Verhandlungsführer mit sehr mächtigen Auftraggebern. Weil diese den Bezug zu dem verloren haben, was tatsächlich erreicht werden kann, tendieren sie zu unrealistischen Erwartungen. Die Herausforderung liegt dann darin, den Auftraggebern die Schwierigkeiten der jeweiligen Verhandlungen klarzumachen und ihnen genau zu erklären, welche Ergebnisse überhaupt möglich sind. Wenn Sie allerdings Pech haben, hört man Ihnen nicht einmal richtig zu.

Der Grad der Kontrolle oder Macht der Auftraggeber kann positiv oder negativ sein. Ein Verhandlungsführer fühlt sich vielleicht eingeschränkt, weil er immer Rücksprache halten und eine «Erlaubnis» einholen muß, um bestimmte Übereinkünfte zu treffen oder ein Zugeständnis zu machen. Auf der anderen Seite mag die Tatsache, daß er Bericht erstatten muß, dem Verhandlungsführer eine gewisse Situationskontrolle geben. In diesem Fall hat er immer die Möglichkeit, zu seinem Gegenspieler zu sagen: «Ich würde in diesem Punkt schon gerne nachgeben, aber ich kann jetzt keine Entscheidung treffen. Ich muß erst mit meinen Vorgesetzten darüber Rücksprache halten.»

Idealerweise unterstützt der Auftraggeber die Arbeit und den Verdienst des Verhandlungsführers und steht bei allem, was passiert, hinter ihm. Trotzdem ist es oft nützlich, dem Gegner zu vermitteln, daß Sie gerade nicht diese Unterstützung haben. Auf diese Weise können Sie den Auftraggeber als Entschuldigung dafür benutzen, daß Sie nicht auf seine Belange eingehen. Beispielsweise haben Sie und Ihr Ehepartner, bevor Sie in die Verhandlung gegangen sind, über das Auto gesprochen, das Sie kaufen möchten, und auch über den Preis, den Sie bezahlen möchten. Wenn der Händler Ihnen nun einen Deal aufdrücken möchte, mit dem Sie nicht zufrieden sind, können Sie immer sagen: «Ich muß erst mit meiner Frau reden, bevor ich einen Vertrag abschließen kann.»

4.1.3 Zeitdruck und Termine

Es gibt Murphys Gesetz der Verhandlung: Verhandlungen dauern in der Regel so lange, wie Zeit zur Verfügung steht. Das heißt, daß Konzessionen nicht zustande kommen, bis die veranschlagte Frist fast abgelaufen ist oder das Ende der Verhandlungen kurz bevorsteht.[2] Dafür gibt es viele Gründe. Einer davon ist, daß die einzelnen Parteien dazu neigen, sich festzufahren und darauf zu hoffen, daß die andere Partei als erste ein Zugeständnis macht. Ein anderer ist der, daß ein Termin einer Partei einen «Grund» gibt, ein Zugeständnis zu machen, das sie in einem früheren Stadium der Verhandlung nicht hätte machen wollen, aus Angst, Schwäche zu zeigen – nach dem Motto: Ich gebe Ihnen in diesem Punkt nach, aber nur, weil wir diese Verhandlung heute noch zu Ende bringen müssen. Schließlich kann ein Termin als Entschuldigung gegenüber dem eigenen Auftraggeber herhalten: «Wir haben so lange wie möglich ausgehalten, aber die Zeit lief uns davon, und wir mußten zu einer Einigung kommen.» Termine können also dazu dienen, den Auftraggebern zu erklären, warum ein Zugeständnis gemacht wurde, ohne als schwach dazustehen und zuzugeben, daß man einfach klein beigeben mußte.

Solange beide Parteien mit derselben Terminplanung arbeiten, hat weder die eine noch die andere Seite einen Vorteil. Hat jedoch eine Seite im Gegensatz zur anderen keinen festen Termin, ist die flexiblere Partei stets im Vorteil. Die andere wird notgedrungen Zugeständnisse machen müssen. Ein typisches Beispiel für den Einfluß von Fristen sind die Verhandlungen zwischen Arbeitnehmern und Arbeitgebern, wo jede Seite viel zu verlieren hat, wenn die Verhandlung nicht rechtzeitig zu einem Ende kommen. Die Arbeitnehmer werden in Streik treten, und die Arbeitgeber müssen mit dem Arbeitsausfall fertig werden. 1994 wurden sowohl die Streiks der Profihockeyspieler als auch die der Profibaseballspieler in den USA von Fristen beeinflußt – genauer gesagt von dem Zeitpunkt, an dem die Parteien eine komplette Saison retten oder verlieren konnten.

Wenn Sie einen festen Termin haben und die andere Partei nicht (oder dies zumindest behauptet), können Sie einen Weg wählen, um das Kräfteverhältnis wieder etwas ausgewogener zu gestalten: Setzen Sie Ihrerseits der anderen Partei eine Frist, zum Beispiel indem Sie ein sehr interessantes Angebot offerieren, aber verlangen, daß die andere Seite sich innerhalb von 24 Stunden entscheidet. Selbst wenn die Zeit für die andere Partei bis dahin nicht wichtig war, haben Sie jetzt dafür gesorgt, daß dem so ist. Ein Autohändler beispielsweise wird oft versuchen, einen Verkauf mit einem zögerlichen Kunden abzuschließen, indem er eine Preissenkung anbietet, die es «nur heute» gibt. Ähnlich verhält es sich mit Firmen, die oft Jobs für Hochschulabsolventen anbieten, die nur einige Wochen laufen, damit die Absolventen nicht verschiedene gute Angebote sammeln und die Firmen gegeneinander ausspielen können.

4.1.4 Legitimationsfaktoren – die Macht von Regeln und Regulierungen

In unserem Alltagsleben werden wir von formalen Regeln und Gesetzen regiert, die unserem Verhalten Grenzen setzen. Wir sind sowohl durch soziale Normen wie kulturelle Erwartungen eingeschränkt. Eltern legen eine «Hausordnung» für ihre Kinder fest, Lehrer legen «Verhaltensregeln» für das Klassenzimmer fest.

Desgleichen in einer Firma: Rechtsordnung, Regulierungen und Regeln geben einer Firma Macht und Autorität und gestalten das Verhalten von Arbeitnehmern, Kunden, Lieferanten, usw. Wenn wir ein Teil dieser Firma (oder Gesellschaft) bleiben wollen und mit ihr Geschäfte machen wollen, sind wir dazu verpflichtet, diesen Regeln zu folgen. Diese Regeln sind zum Wohl der Organisation gemacht und begrenzen oft, was verhandelbar ist, wie etwas ausgehandelt werden kann und welche Verfahren eingesetzt werden müssen, wenn sich jemand absolut nicht «an die Regeln» halten will. Damit sollen die Interessen der Organisation gewahrt werden. Wir nennen diesen Gebrauch von Regeln und Regulierungen, um Macht zu kontrollieren und beizubehalten, «Legitimation».

Wir können nicht die «Politik» eines Unternehmens in Frage stellen. Wenn wir es dennoch tun, raubt es uns Zeit, Geld und Ausdauer und endet oft in Frustrationen. Aus diesem Grund besitzen Bürokratien soviel Macht, einfach weil sie es erschweren, irgend etwas außerhalb der etablierten Regeln, Regulierungen und Verfahren zu tun. Wenn Sie beispielsweise einen neuen Job antreten, werden Sie vielleicht nach einer höheren Gehaltsstufe fragen, als Ihnen angeboten wurde. Der Manager sagt dann vielleicht: «Wenn es nach mir ginge, würde ich Ihnen gerne ein höheres Gehalt zugestehen. Aber es ist die Richtlinie dieser Firma, Ihnen dieses Angebot zu machen. Diese Richtlinie kann nicht geändert werden.» (Ein cleverer Verhandlungsführer wird dann nach anderen Vergünstigungen fragen, die nicht unter diese Richtlinien fallen, oder fragen, wie diese Richtlinien verändert werden können oder wer die Befugnis dazu hat. Oder ein kluger Personalchef wird nach anderen Vergünstigungen suchen, die er Ihnen anbieten kann und die in seinem Entscheidungsbereich liegen.) Andere Legitimationsarten schließen die formale Autorität mit ein – die normalerweise durch die Institution und über frühere Leistungen zugestanden wird. Wenn Sie beispielsweise befugt sind, einen Vertragsabschluß zu machen, haben Sie mehr Macht als jemand, der ständig mit seinem Auftraggeber Rücksprache halten muß, um die Verhandlungen fortführen zu können.

Eine bestimmte Position in einer Firma oder Organisation kann ebenfalls Legitimation und deshalb Macht bedeuten. Organigramme und Stellenbeschreibungen gewähren den Stelleninhabern verschiedener Positionen mehr oder weniger Autorität. Je weiter oben Ihr Name in dem Organisationschart steht, desto wahrscheinlicher ist es, daß Sie eine höhere Autoritätsposition innehaben. Da die Organisationen in den letzten zehn bis zwanzig Jahren durchgreifende Veränderungen durchlaufen haben, sind die Hierarchien flacher geworden (die Macht der «Position» hat sich dramatisch verändert). Wenn wir uns früher ein Organisationschart angeschaut haben, um zu erfahren, in wessen Händen die Macht liegt, hatte die Gestalt einer starren Pyramide. Heute sehen Grafiken über Verantwortung, Autorität und Position eher wie ein untereinander verbundenes Netzwerk aus[3]. Im traditionellen System liegt die Autorität (und Macht) normalerweise an der Spitze. Um zu sehen, wo die Macht in einem Netzwerk liegt, müssen Sie auf die Bereiche achten, in denen entscheidende Informationen oder Ressourcen gebündelt, ausgetauscht oder verbreitet werden. Diese bestimmen die zentralen Bereiche des Netzwerks beziehungsweise die Bereiche mit den meisten Schnittstellen. Eine andere Möglichkeit, die Machtverteilung zu ermitteln, besteht darin festzustellen, wie entscheidend die Position ist, und ob dort viel Freiraum und Ermessensspielraum beim Treffen von Schlüsselentscheidungen besteht. Das sind alles Indikatoren für eine zeitgemäßere Meinung über «Machtpositionen».

Zusammengefaßt läßt sich folgendes sagen: Wenn Sie die Legitimation auf Ihrer Seite haben, dann können Sie mit großer Macht in eine Verhandlung gehen. Wenn Sie gegen eine Institution oder den Repräsentanten einer Organisation mit großer Legitimation verhandeln müssen, wird es dagegen sehr schwierig für Sie werden, Ihre Ziele zu erreichen. Um die Legitimationsmacht auszugleichen, müssen Sie andere Machtfaktoren auf Ihrer Seite haben und in dieser Situation clevere Wege finden, die Autorität und Legitimation einer Institution unter diesen Bedingungen herauszufordern.

4.1.5 Alternativen oder Optionen zur Übereinkunft

In den Kapiteln 2 und 3 haben wir die Schlüsselrollen der Alternativen oder Optionen besprochen, um einen Handel abschließen zu können. Solche Optionen in bezug auf die Verhandlungsthemen können aus einer Vielzahl von Gründen Mittel zum Zweck sein. Zunächst verhindern sie, daß Sie sich genötigt fühlen, eine laufende Verhandlung zum Abschluß zu bringen. Wenn Sie über gute Alternativen verfügen, dann sind Sie nicht daran gebunden, diese Verhandlung um jeden Preis fortzuführen. Wurde eine Verhandlung erst einmal begonnen, neigen viele zu dem Glauben, diese bis zum Ende durchziehen zu müssen, selbst wenn sie einen schlechten Abschluß machen. Aber ein schlechter Abschluß ist nicht notwendigerweise besser als gar kein Abschluß. Wenn Sie einmal öffentliches Engagement gezeigt und Zeit, Geld und

Energie in die Aufgabe gesteckt haben, dann haben Sie wahrscheinlich das Gefühl, Nägel mit Köpfen machen zu müssen.[4]

Wenn Sie allerdings eine (oder mehrere) gute Alternativen haben, sind Sie in der stärkeren Position. Sie müssen der laufenden Verhandlung nur so lange folgen, wie sie besser als Ihre Alternative ist. Wenn sie es nicht ist, können Sie einfach aussteigen und Ihre Alternative wählen. Alternativen zu haben – selbst solche, die nicht so gut sind – gibt Ihnen folglich mehr Macht, als wenn Sie überhaupt keine Alternative hätten. Die Drohung, auf andere Optionen zurückzugreifen, wird Ihnen helfen, die andere Partei davon zu überzeugen, Ihnen bei dem Geschäft entgegenzukommen.

4.1.6 Ihre eigenen persönlichen Qualitäten

Es gibt eine Reihe persönlicher Eigenschaften, die einem Verhandlungsführer Macht verleihen können: Überzeugungskraft, Beharrlichkeit und persönliche Integrität. Darüber hinaus gibt es weitere damit zusammenhängende Qualitäten, die wir hier besprechen wollen.

Erinnern Sie sich, daß Ihr Verhalten das der anderen beeinflußt – und umgekehrt. Deshalb kann sich das Verhalten im Laufe der Verhandlung ändern. Es ist ausgesprochen schwierig, diese Wechselwirkung vorherzusagen.

Ihr persönlicher Ruf kann Ihnen Einfluß vermitteln, wenn er positiv ist. Jemand, der in dem Ruf steht, ehrlich oder in einer Verhandlung immer erfolgreich zu sein, ist einflußreicher als jemand, der noch keinen gefestigten Ruf hat oder gar einen schlechten. Ihre bisherige Leistung kann zu Ihrem guten Ruf beitragen oder Ihrem Ruf abträglich sein.

Überzeugungskraft. Weiter oben sprachen wir über Überzeugungskraft, die darauf basiert, gut informiert zu sein. Sie ist aber auch eine persönliche Qualität, weil sich die Menschen in ihrer Überzeugungskraft unterscheiden. Der Verhandlungserfolg ist zu einem Großteil abhängig von Ihrer Fähigkeit, die andere Partei zu überzeugen. Sie können sie dazu überreden, die Dinge so zu sehen, wie Sie das tun. Sie können sie davon überzeugen, daß ihr Ansatz völlig falsch ist. Oder Sie können sie zu einer Kooperationsstrategie bewegen. Ganz unabhängig von Ihren Intentionen leistet es Ihnen in Ihrem Fall einen unschätzbaren Dienst, wenn Sie überzeugen können. Überzeugungskraft ist Macht.

Beharrlichkeit. Eine zweite persönliche Eigenschaft, die für erfolgreiche Verhandlungen notwendig ist, ist Beharrlichkeit. Ein Verhandlungsführer muß in der Lage sein, das Auf und Ab auszuhalten, bis seine Ziele erreicht sind. Stehen Sie es durch! Geben Sie nicht auf! Jedes Kind, das versucht, seine Eltern zu etwas zu überreden, weiß, daß ein «Nein» nicht unbedingt «Nein» bedeuten muß. «Nein» kann heißen: vielleicht, probier's später noch mal, frag weiter, usw. Beharrlichkeit zahlt sich oft aus! Das kann bedeuten, daß Sie durch emotionale Wechselbäder hindurch etwas aushalten müssen oder geduldig warten müssen, solange die andere Partei ihre Auftraggeber konsultiert. Durchhaltevermögen kann eine Quelle von Macht sein, wenn es freundlich, aber mit Bestimmtheit eingesetzt wird.

Persönliche Integrität. Charakter hat viel mit Macht zu tun. Es kann lange dauern, bis Sie sich einen Ruf für persönliche Integrität und Vertrauenswürdigkeit erworben haben. Wenn die andere Partei weiß, daß Sie sich an eine Vereinbarung halten, der Sie einmal zugestimmt haben, und wenn Sie Informationen offen austauschen, muß die andere Partei keine hinterhältigen Taktiken befürchten. Dann ist sie wohl auch verhandlungsbereiter. Wenn Sie für Ihre Integrität bekannt sind, wird Ihnen die andere Partei grundsätzlich vertrauen. Normalerweise glauben vertrauensvolle Menschen daran, daß die andere Partei ebenfalls vertrauenswürdig ist und daß sie sich dann ebenso verhalten müssen. Mißtrauische Menschen erwarten keine Vertrauenswürdigkeit, so daß sie selbst sich weniger dazu veranlaßt sehen, sich entsprechend zu verhalten. Wie wir schon vorher gesagt haben: Das, was Sie erwarten, wird auch eintreten (selbsterfüllende Prophezeiung). Das kann ein starkes Rüstzeug für Verhandlungen sein. Wenn Ihre Taten und Ihr Verhalten während einer Verhandlung sich allerdings ändern und wenn Sie beispielsweise falsche Informationen weitergeben oder hinterhältige Taktiken anwenden, wird die andere Partei nicht mehr so vertrauensselig sein. Wenn eine Partei schon einmal in der Situation war, daß sie von Ihnen oder jemand anders enttäuscht worden ist, wird sie weniger geneigt sein, Ihnen in der gegenwärtigen Situation zu vertrauen. Das ist natürlich von Nachteil.

4.1.7 Umweltfaktoren

Das Umfeld der Verhandlung kann eine Quelle von Macht sein. Zum Umfeld gehören die Art des Problems, frühere Ergebnisse oder Präzedenzfälle, Lage und Gestaltung des Orts, Zeitpläne oder Tagesordnung, Verhandlungsverlauf, Dokumentation, sozialer und kultureller Kontext und Geschlecht.

Art des Problems. Die Art des Problems wird maßgebend sein für einige Entscheidungen, die über andere Umweltfaktoren getroffen werden. Handelt es sich um eine einmalige Verhandlung über ein «einfaches» Thema, ist es wahrscheinlich nicht nötig, einen speziellen Ort zu finden oder eine Tagesordnung festzulegen. Dreht sich die Verhandlung beispielsweise um den Kauf eines neuen Autos, werden Sie auch keinen Ort suchen müssen – man findet sich beim Autohändler ein. Bei einer Gehaltsverhandlung allerdings können Sie möglicherweise den Ort festlegen, beispielsweise Ihr Büro oder das Ihres Chefs. Sie werden entscheiden müssen, wo man sich besser trifft, und behalten sich bei der Wahl eines Treffpunktes eine Mitsprache vor. Vielleicht wollen Sie der Art der Verhandlung entsprechend einen neutralen Ort wählen.

Frühere Ergebnisse oder Präzedenzfälle. Andere bedeutende Faktoren sind Resultate früherer Verhandlungen. Aber die Details sind in jeder Situation verschieden, so daß es zwar nützlich sein kann, über frühere Ergebnisse Bescheid zu wissen; aber das sagt nur wenig über das zu erwartende gegenwärtige Ergebnis aus. Wenn dieser Gegenstand schon von anderen unter ähnlichen Umständen verhandelt wurde, können die Ergebnisse dieser Verhandlungen einen Präzedenzfall für die laufenden Verhandlungen schaffen. Je häufiger ein Thema vorher verhandelt wurde, desto mehr werden diese Verhandlungen den Spielraum der möglichen Ergebnisse in der gegenwärtigen Situation eingrenzen. Wenn es Präzedenzfälle gibt, dann werden sie den wahrscheinlichen Ausgang festlegen. Um aus der laufenden Verhandlung mit einem anderen Ergebnis herauszugehen, muß man zeigen, daß die Situation anders, einzigartig oder in gewisser Weise eine Ausnahme ist und darum nicht abhängig von den früheren Präzedenzfällen. Je nachdem, ob die Präzedenzfälle für oder gegen Sie arbeiten, stärken oder schwächen sie Ihre Verhandlungsposition.

Lage und Gestaltung des Ortes. Manchmal ist es hilfreich, wenn die Verhandlung auf Ihrem «Grund und Boden» abgehalten wird, wo sie bereits über alle Ressourcen verfügen. Bei anderen Gelegenheiten ziehen Sie einen neutralen Ort vor. Und manchmal werden Sie sich auf dem Terrain der anderen Partei treffen müssen. Jede dieser Situationen hat Vor- und Nachteile. Generell sind Verhandlungsteilnehmer erfolgreicher, wenn Sie auf ihrem eigenen Platz spielen; also müssen Sie entscheiden, ob Sie diesen Vorteil für sich nutzen, ihn der anderen Partei überlassen oder für einen neutralen Ort plädieren wollen, wo keiner einen Heimvorteil hat. Das schweizerische Genf wird zum Beispiel oft für Abrüstungsverhandlungen genutzt; das Forum der Vereinten Nationen wird dazu genutzt, um internationale Abkommen zu diskutieren; und Sportwettkämpfe werden normalerweise in neutralen Stadien ausgetragen.

Die Einrichtung des Raums kann ebenfalls einen Einflußfaktor darstellen. Häufig gibt es bei diplomatischen Verhandlungen lange Diskussionen über Ort und Vorkehrungen, über die Anordnung der Tische und die Sitzordnung. Bestimmte Positionen tendieren dazu, in bestimmten Verhandlungsperioden mehr Macht zu repräsentieren, während andere Positionen aus symbolischen Gründen wichtig sind. Beispielsweise wird die Person, die das Treffen veranstaltet, normalerweise einen Platz am Kopf oder in der Mitte des Tisches auswählen. Die Person, die dem Veranstalter direkt gegenüber sitzt, verfügt normalerweise über Macht, die zum Positiven oder zum Negativen ausfallen kann. Die Person rechts neben dem Oberhaupt hat mehr Macht als die zu seiner Linken.[5]

Zeitplan oder Tagesordnung. Auch der Zeitplan für eine Verhandlung oder für eine Serie von Verhandlungen kann als ein Einflußinstrument eingesetzt werden. Die Struktur der Unternehmung und des Prozesses kann die eine oder andere Partei begünstigen. Beispielsweise kann die zeitliche Festlegung und Definition von Pausen manipulativ eingesetzt werden, wenn nicht beide Parteien darüber zu entscheiden haben. Zeitliche Abstände zwischen den Sitzungen können ebenfalls einen Kontrollfaktor darstellen.

Macht spielt ebenfalls bei der Aufstellung der Tagesordnung eine Rolle. Wenn eine Partei gerne über bestimmte Themen in einer bestimmten Reihenfolge, Dringlichkeitsfolge oder in einem bestimmten Zeitrahmen reden möchte, dann wird es für sie von Vorteil sein, die Tagesordnung zu diktieren und zu kontrollieren. Jeder, der schon einmal gesehen hat, wie eine Sitzung durch ein parlamentarisches Verfahren manipuliert wurde, weiß, wieviel Macht darin liegen kann, eine Tagesordnung zu diktieren und zu kontrollieren. Möchte man im Gegensatz dazu diese Macht auch teilen, sollten beide Parteien die Tagesordnung in Zusammenarbeit festlegen.

Verhandlungsverlauf. Der Verhandlungsverlauf ist an Zeitpläne und Tagesordnungen gebunden, aber mehr an den Ablauf der Dinge als an den tatsächlichen Inhalt. Ist die Verhandlung beispielsweise förmlich oder zwanglos? Gibt es Regeln, die eingehalten werden müssen, also hinsichtlich der Diskussionsthemen, wer anwesend zu sein hat, usw.? Arbeitskampf-Verhandlungen folgen strikten Regeln, während Autokauf-Verhandlungen zwar einer Art Muster folgen, aber nicht an formelle Regeln gebunden sind. Private Verhandlungen folgen normalerweise überhaupt keinen Regeln.

Dokumentation. Ein weiterer Machtfaktor kann die Art der Dokumentation des Verhandlungsverlaufs und der Entscheidungen sein. Normalerweise haben die meisten Leute keine Lust, zum Schriftführer bestellt zu werden und dafür verantwortlich zu sein, Notizen zu machen oder ein Protokoll zu führen. Die meisten ziehen es vor, daß diesen Job jemand anders übernimmt. Dabei kann die Position des Protokollanten sehr einflußreich sein. Der Protokollant ist derjenige, der aufzeichnet, was tatsächlich beschlossen wurde, und diese Notizen sind das «Gedächtnis» der Verhandlung. Darum kann er die Dinge auf eine Art und Weise festhalten, die für die eine oder die andere Seite Vorteile schafft oder Nachteile minimiert. Vor allem wenn die Verhandlungen sich um komplexe Sachverhalte oder um viele Themen drehen oder sich über längere Zeiträume hinweg erstrecken, kann die Dokumentation einer Übereinkunft sehr wichtig sein. Je wichtiger die exakten Worte und die Sprache für die Zukunft des Abkommens sind, um so entscheidender kann es sein, die Verantwortung für die schriftliche Dokumentation zu übernehmen.

Sozialer und kultureller Kontext. Der soziale und kulturelle Kontext wird einen Einfluß auf die Verhandlung haben. Wenn es ethnische, kulturelle, rassische oder geschlechtliche Unterschiede gibt, müssen diese berücksichtigt werden. Weil die Umstände zunehmend heterogener sind, ist es wichtig, Toleranz gegenüber Differenzen zu entwickeln, anstatt einen Vorteil daraus zu ziehen.

Wir werden uns hier nicht mit sozialen oder kulturellen Themen beschäftigen, sondern nur anmerken, daß es Programme gibt, mit denen man sein Bewußtsein für Unterschiede schärfen kann. Viele haben das Gefühl, daß durch die Rekrutierung von Teilnehmern mit verschiedenen Hintergründen Einfluß ausgeübt wird, um einen Beitrag zur Lösung zu leisten.[6] Auf die Wirkung von interkulturellen Differenzen werden wir in Kapitel 15 näher eingehen.

Geschlecht. Es ist leicht zu pauschalisieren, daß Frauen und Männer unterschiedlich verhandeln, weil man dabei vergißt, daß es unter Frauen ebenso individuelle Unterschiede gibt wie bei Männern. Weder sind alle Männer noch alle Frauen gleich; dennoch wurden in der Art, wie Männer und Frauen in Verhandlungen vorgehen, Unterschiede beobachtet.[7] Es gibt vier grundsätzliche Unterscheidungsbereiche:

1. **Beziehungen unter den Verhandlungsparteien.** Frauen machen sich generell über die Gesamtsituation, über die Gefühle und Wahrnehmungen der Teilnehmer mehr Gedanken als Männer, die normalerweise schnelle Lösungen wollen, ohne das Gesamtbild in Betracht zu ziehen.
2. **Verhandlungsperspektive.** Männer neigen dazu, eine Verhandlungssitzung als ein befristetes, isoliertes Ereignis zu betrachten, während Frauen sie im Rahmen einer breiter angelegten Beziehung mit der anderen Partei sehen.
3. **Machtperspektive.** Frauen wollen, daß alle in der Verhandlungssituation gleich viel zu sagen haben, während Männer dazu neigen, unter Einsatz von Macht ihre eigenen Ziele zu erreichen.
4. **Dialog.** Frauen setzen Interaktion und Dialoge dazu ein, um Verständnis zu erreichen, wohingegen Männer das nur für ihre eigenen Ziele tun – um die andere Partei von ihrem Standpunkt zu überzeugen.

Diese Auflistung soll nur die Unterschiede deutlich machen. Sie beinhaltet jedoch keinerlei Wertung. Frauen nehmen Verhandlungen anders wahr.[8] Und dies mag zum Teil erklären, warum sie sich in Verhandlungen auch anders behandelt fühlen. Tatsächlich wurden sowohl Frauen als auch Schwarze in Verhandlungssituationen wie dem Autokauf oder Gehaltsverhandlungen unterschiedlich behandelt.[9] Eröffnungsangebote, die an Frauen gerichtet wurden, waren schlechter als die für Männer; ebenso verhält es sich mit den Ergebnissen: Wenn Frauen dieselben Taktiken benutzten wie die Männer, wurden sie scheinbar dafür bestraft. Dies scheint darauf hinzuweisen, daß Personen die Verhandlungsstrategien anwenden sollten, mit denen sie am besten zurecht kommen. Das Geheimnis des Verhandlungserfolges liegt darin, seine eigene Technik zu entwickeln, anstatt eine andere zu kopieren. Wenn Sie mit relativ wenig Einfluß starten, dann müssen Sie sich Ihre Position aufbauen und die Verhandlung hinausziehen, wenn es die Situation erfordert. Aber versuchen Sie nicht, jemand nachzueifern, der mehr Macht hat als Sie, wenn Sie nicht mit ihm mithalten können.

4.2 Der Umgang mit Machtfaktoren

Was können Sie also tun, wenn Sie wissen, daß einer oder mehrere Machtfaktoren bei einer Verhandlung mit im Spiel sind? Bis zu einem gewissen Grad hängt es davon ab, welche Meinung Sie über Macht oder ihr Fehlen haben. Wenn es

Ihr Ziel ist, eine Lösung zu finden, die jeden zufriedenstellt, dann wollen Sie wahrscheinlich einen gleich verteilten Einfluß. Wenn Sie allerdings den bestmöglichen Ausgang für sich selbst wollen und sich nicht um die andere Partei kümmern, werden Sie wahrscheinlich alles tun, Ihren Machtvorteil auszubauen.

Macht hat auch viel mit Wahrnehmung zu tun. Die andere Partei hält Sie vielleicht für einflußreicher, als Sie tatsächlich sind. Sie glaubt vielleicht auch, daß Sie von Ihrer Macht Gebrauch machen können. Insofern kann bereits das Machtimage effektiv dazu beitragen, daß Sie ihre Ziele erreichen. Viele behaupten, daß tatsächlich das **Image** von Macht wichtiger ist als die Macht an sich. Dazu kommt noch, daß der Gebrauch von Macht bis zu einem gewissen Grad auf Erfahrung beruht. Wenn Sie lernen, was in einer bestimmten Situation funktioniert, werden Sie Ihr Verhalten darauf abstimmen.

Einige Menschen setzen Macht erfolgreicher ein als andere. Und sie kann positiv oder negativ eingesetzt werden, wie wir schon festgestellt haben. Erinnern Sie sich also, daß Verhandlungssituationen normalerweise ständig im Fluß sind und sich die Parteien vor- und zurückbewegen, so daß Verhalten und Aktionen einem beweglichen Ziel gleichen, das mitunter schwer zu treffen ist.

4.3 Beziehungsfaktoren

Die Machtfaktoren sind sowohl Elemente der einzelnen Persönlichkeiten (beispielsweise Überzeugungskraft, Integrität) als auch Schlüsselelemente in der Beziehung zwischen den Parteien. Darüber hinaus haben viele der erwähnten Elemente definitiv eine Auswirkung auf die Beziehung zwischen den Parteien. So hat zum Beispiel die Beziehung zwischen einem Vorgesetzten und seinem Untergebenen in einer Gehaltsverhandlung eine große Auswirkung auf die Übereinkunft[10], und der Verhandlungsprozeß wird einen großen Einfluß auf zukünftige Beziehungen haben.

Ein Großteil des zwischenmenschlichen Verhaltens in einer Verhandlung hängt davon ab, was die beiden Parteien als das Wichtigste erachten: das Ergebnis oder die Beziehung. Wenn das Ergebnis wichtiger ist und Beziehungsthemen keine große Bedeutung haben, dann werden Ihnen die meisten persönlichen Qualitäten keine wirkliche Macht vermitteln. Wenn die Beziehung wichtig ist, dann zählt der Einfluß vielleicht mehr, wird aber nicht im Rahmen einer Strategie benutzt, um dem anderen immer um eine Nasenlänge voraus zu sein. In Kapitel 5 werden wir die Bedeutung von Beziehungen für die Ergebnisse erörtern und uns damit befassen, wie diese die Strategiewahl beeinflussen.

Leider hat die Forschung über Verhandlungen und Verhandlungstechniken die Beziehungsfaktoren bisher nur unzureichend thematisiert. Viele reale Verhandlungen – zwischen Arbeitskollegen, Ehepartnern, Eltern und Kindern, Lieferanten und Kunden – ereignen sich im Kontext einer andauernden Beziehung. Unser geringes Wissen resultiert daraus, daß es viel schwieriger ist, diese Beziehungsfaktoren in einem Forschungslabor zu untersuchen. Deshalb wurde ein Großteil der Verhandlungsforschung an Verhandlungsprozessen zwischen «Fremden» durchgeführt, die sich nicht kennen und auch keine Beziehung in der Zukunft miteinander haben, und viel seltener an Personen, die sich kennen und ihre Zusammenarbeit fortsetzen müssen.

Einige Wissenschaftler[11] befassen sich mittlerweile mit den Auswirkungen von Beziehungen auf Verhandlungen. In diesen Studien wurde eine Reihe von Hauptfaktoren ermittelt. Diese haben entweder direkte Auswirkungen auf den Verhandlungsverlauf zwischen den Parteien oder werden ihrerseits vom Verhandlungsprozeß und -ergebnis beeinflußt. Wir werden nur die wichtigsten Faktoren erwähnen:

1. **Vertrauen.** Während Vertrauenswürdigkeit eine Schlüsseleigenschaft von Menschen ist, ist das Vertrauensniveau zwischen den Parteien ein Schlüsselfaktor innerhalb einer Beziehung. Je mehr Personen sich vertrauen, umso leichter wird es sein, Risiken mit ihnen zu teilen, einzuschätzen, was sie tun werden, und zu verstehen, wie sie reagieren werden. Außerdem ist es einfacher, abzustimmen und ein gutes Ergebnis zu erzielen.[12] Wenn die Parteien jedoch im Wettstreit miteinander liegen, wird sich das Vertrauensniveau wahrscheinlich senken.

2. **Gemeinsamkeiten.** Je mehr die Parteien gemeinsam haben, um so eher sind sie in der Lage, eine Beziehung aufzubauen und diese auch zu unterhalten. Gemeinsamkeiten führen ebenfalls zu Vorhersagbarkeit und gegenseitigem Verständnis.

3. **Respekt.** Parteien, die sich gegenseitig respektieren, werden sich wahrscheinlich auch besser behandeln. Respekt trägt zu dem Verlangen bei, den anderen fair und redlich zu behandeln und auf seine Bedürfnisse und Interessen Rücksicht zu nehmen.

4. **Kooperation / Konkurrenz.** Die Parteien unterscheiden sich in der Dimension Kooperation / Konkurrenz voneinander. Das kann eine Folge der unterschiedlichen Zielvorstellungen sein, der unterschiedlichen Persönlichkeiten oder vieler andere Faktoren, die wir früher beschrieben haben. Dieser Faktor kann ebenso direkt die Auswahl der Strategie beeinflussen.

5. **«Austausch» oder Transaktionen.** Dieses Element spiegelt die grundsätzlichen Ergebnisse oder Ressourcen wider, die eine Partei von der anderen will oder erwartet. Dabei kann es sich um Informationen, Produkte, Waren und Dienstleistungen, Verträge, Budgets, Unterstützung u.a. handeln.

6. **Geltungsbereich.** Dieses Element beschreibt, wie viele verschiedene «Facetten» es in einer Beziehung gibt. Ein Ehemann und seine Frau haben eine Beziehung mit einem großen Geltungsbereich – sie sind auf viele unterschiedliche Arten miteinander verbunden. Im Gegensatz dazu steht die Beziehung zwischen einem Lieferanten und seinem Kunden, die sich vielleicht nur auf einen Anknüpfungspunkt beschränkt – den Austausch von Waren oder Dienstleistungen.

7. **Zuneigung.** Dieses Element wirft ein Licht darauf, was die Parteien fühlen – auf ihre emotionalen Reaktionen und Empfindungen. In starken Beziehungen wird es wahrscheinlich intensive Zuneigung geben, die auch zu einem hohen Maß an Intimität und Emotionalität führen kann. Zuneigung zu zeigen – sich emotional zu verhalten – kann ebenfalls ein erfolgreiches Verhandlungsinstrument sein.

8. **Akzeptanz.** Dieses Element spiegelt wider, wie sehr sich die Parteien gegenseitig akzeptieren. Sie kann sich auch auf das Ausmaß von Konflikten in der Beziehung richten, was in der Häufigkeit von Streit, Meinungsverschiedenheiten oder Verständnisproblemen zum Ausdruck kommt.

9. **Empathie.** Sich einfühlsam zu zeigen gegenüber den Bedürfnissen der anderen Partei schließt die Fähigkeit ein, die Welt aus deren Perspektive zu sehen.[13]

10. **Macht.** Dies ist ein Kernelement einer Beziehung. Ist eine Partei «mächtiger» als die andere, und zwar weil die eine Partei fast immer das bekommt, was sie will, während die andere Partei nur selten das erstrebte Ziel erreicht? Oder sind – im Gegensatz dazu – die Parteien relativ gleich stark, so daß beide Parteien eine Reihe ihrer Transaktionen gewinnen?

4.4 Persönliche Eigenschaften

Die persönlichen Qualitäten der einzelnen Verhandlungsteilnehmer sind oft schwer zu unterscheiden von «Beziehungsqualitäten». Eine Reihe persönlicher Eigenschaften wie die folgenden können die Beziehungsdynamik in einer Verhandlung beeinflussen:

- Einstellung zu Konflikten (der persönliche Stil im Konfliktmanagement, der den strategischen Optionen entspricht, wie sie in den Kapiteln 5, 6 und 7 herausgestellt werden),
- Maß der Durchsetzungsfähigkeit und Kooperationsbereitschaft,[14]
- Grad der kognitiven Komplexität (Fähigkeit, mehr oder weniger komplex über bestimmte Themen zu denken),
- Grad der Selbstachtung,[15]
- Glaube an eine erfolgreiche Verhandlungskompetenz,
- Glaube daran, daß die Dinge kontrollierbar sind (oder nicht),
- persönliches Bedürfnis, verantwortlich für die Situation zu sein oder sie zu kontrollieren.

Wenn beispielsweise der Stil einer Person eher konkurrenzorientiert ist, dann nimmt diese Person nicht gern Risiken auf sich, wird innere Kontrolle beweisen, ein großes Macht- und Kontrollbedürfnis an den Tag legen und sich weniger um die möglichen Reaktionen der anderen Person wie Abneigung und Verärgerung kümmern. Im Gegensatz dazu wird jemand, der eher kooperativ eingestellt ist, mehr auf Zusammenarbeit setzen und vertrauensvoller, kreativer und kompetenter mit komplexen Sachverhalten umgehen.

Obwohl viele Wissenschafter die potentiellen Auswirkungen von Persönlichkeitsfaktoren auf Verhandlungen untersucht haben, bleibt die tatsächliche Wirkung dieser Faktoren schwer zu fassen.[16] Auf den langfristigen Verhandlungsprozeß bezogen haben die Situations- und Beziehungsfaktoren einen größeren Einfluß als die individuellen persönlichen Eigenschaften.

4.5 Der analytische Planungsprozeß

Jetzt, wo Sie die Verhandlungssituation analysiert haben, bedenken Sie noch einmal die acht analytischen Planungsschritte, wie wir sie in Kapitel 1 dargestellt haben, und überprüfen Sie, ob Sie noch irgend etwas hinzufügen müssen. Beachten Sie, daß sich der (Verhandlungs-)Prozeß, der ursprünglich eine Betonung von Informationssammlung und -analyse erforderte, ganz natürlich in Richtung eines Planungsansatzes verschiebt, wenn mehr Information verfügbar ist. Mit Informationen sind Implikationen verbunden, von denen viele vollkommen offensichtlich sind, und die deshalb zu Plänen und Strategien führen. Wenn Sie jetzt damit aufhören, die Informationen und Einsichten, die Sie gewonnen haben, zu bewerten, dann stehen Sie kurz vor einem erfolgreichen Plan für Ihre Verhandlung. Vielleicht haben Sie in der Tat schon einige

4.5 Der analytische Planungsprozeß

Pläne im Kopf. Aber erinnern Sie sich an die strategische Planungsabfolge: zuerst die Strategien, dann die Pläne und zum Schluß die taktische Umsetzung. Der Punkt ist, daß Sie der Versuchung widerstehen müssen, spezielle Planungsentscheidungen zu treffen, etwa welche Eröffnungsposition Sie wählen. Gedulden Sie sich noch ein Kapitel, und Sie werden sehen, daß noch fundamentalere strategische Entscheidungen alle diese Planungsentscheidungen gestalten werden. Mit dieser Warnung im Hinterkopf wollen wir noch einmal zusammenfassen, was Sie bis jetzt durch Ihre Analyse über Verhandlungen gelernt haben, und zwar basierend auf den acht Schritten des analytischen Prozesses.

1. **Definieren Sie die Fragen, Themen und Probleme.** In diesem Kapitel betrachteten wir situationsbedingte Faktoren wie Fristen, Auftraggeber, Optionen, Regeln, Regulierungen und Macht. Wie beeinflussen diese Ihre Definition der Themen für Sie selbst und die andere Partei? Gibt es irgendwelche Änderungen? Haben Sie irgendwelche Themen übersehen, die jetzt klarer geworden sind und die zu der Liste dazukommen sollten? Verändern Ihre Situationsstudien irgendetwas an den Themen, die sie bereits geplant hatten? Brauchen Sie noch andere Experten, die Ihnen bei einem dieser Punkte helfen?

2. **Fassen Sie die Themen zusammen und legen Sie die Verhandlungsgegenstände fest.** Schauen Sie sich Ihre Prioritätenliste der Themen an. Hat sich irgend etwas verändert? Sollte irgendeines der Themen einen höheren oder niedrigeren Rang erhalten?

3. **Analysieren Sie die andere Partei.** Schauen Sie sich nochmals die andere Partei angesichts der Kontext- und Machtfaktoren an, von denen Sie in diesem Kapitel erfahren haben. Vielleicht sieht das Kräfteverhältnis jetzt anders aus. Entscheiden Sie sich für das Machtverhältnis, das Sie wollen, und nehmen Sie die in diesem Kapitel vorgeschlagenen Schritte zur Anpassung vor.

4. **Definieren Sie die zugrundeliegende Interessen.** Gibt es zusätzlich zu den Interessen und Bedürfnissen, die Sie für sich und die andere Partei definiert haben, andere, die Sie den Auftraggebern zuschreiben können? Wenn ja, stellen Sie die «Warum»-Frage, um die Gründe herauszufinden, die hinter den Themen liegen! Wenn Ihr Auftraggeber Sie unterstützt, dann ist es vielleicht nicht so entscheidend, seine Interessen zu verstehen. Aber wenn er dazu neigt, Druck auszuüben, müssen Sie sicher sein, daß Sie ihn und er Sie versteht.

5. **Ziehen Sie andere zu Rate.** Selbst in den einfachsten Verhandlungen sind andere involviert, die häufig zu Beratungen herangezogen werden sollten. Wenn eine neue Partei in Ihrem Bewußtsein aufgetaucht ist, beziehen Sie diese mit in Ihren Plan ein und erkundigen Sie sich nach ihrem möglichen Beitrag.

6. **Setzen Sie Ziele für den Prozeß und die Ergebnisse fest.** Schauen Sie sich den Zeitplan an, die Örtlichkeit, den Zeitrahmen, die Parteien und Ausweichpläne. Muß irgendeine neue Information in Ihre Planung eingebaut werden im Hinblick auf die in diesem Kapitel besprochenen Machtfaktoren?

7. **Identifizieren Sie Ihre eigenen Grenzen.** Berührt eine der neuen Situationsinformationen die Grenzen, die Sie gesetzt haben? Können Sie immer noch vermeiden, über Ihre Grenzen hinaus zu gehen? Was ist beispielsweise, wenn Sie nicht mehr als eine Woche in diese Verhandlung investieren wollen und Sie entdecken müssen, daß die Regulierungen vorschreiben, daß nach der ersten Sitzung eine zweiwöchige Unterbrechung stattfinden muß? Stellen Sie sicher, daß Sie realistische Grenzen gesetzt haben, mit denen Sie leben können.

8. **Entwickeln Sie unterstützende Argumente.** Wird Ihre geplante Präsentation möglich, ja sogar angemessen sein im Hinblick auf diese neuen situationsbedingten Faktoren? Wenn Sie sich beispielsweise dazu entschieden haben, visuelle Hilfsmittel zu benutzen: Ist das im Sitzungsraum überhaupt möglich? Sind die Experten, die Sie dabei haben wollen, auch zur Verhandlungssitzung verfügbar? Liegen die Informationsunterlagen auch rechtzeitig vor? Selbst wenn Ihnen diese Punkte unwichtig erscheinen – im Laufe der Verhandlungen werden Sie froh sein, wenn Sie vorsichtshalber alles eingeplant haben. Vielleicht wollen Sie sich Verhandlungssituationen ansehen, in denen es ähnliche Fristen, Regeln, usw. gab. Denken Sie aber daran, daß jede Verhandlung einzigartig ist und keine der anderen gleicht.

Gratulation! Sie haben Ihre Hausaufgaben gut gemacht, indem Sie die Verhandlung als Ganzes analysiert haben. Mit dem Wissen, das Sie über Ihre Position und die der anderen Partei erlangt haben, sowie über die durch die Beziehung auferlegte Situation, können Sie die strategischen Fragen beantworten, denen Sie zuerst in Kapitel 1 begegnet sind. Was sind Ihre rationalen Ziele, was können Sie planen und hoffen, aus der Verhandlung mitzunehmen? Und was sind die Ziele der anderen Partei? Müssen auch emotionale Themen

4.5 Der analytische Planungsprozeß

berücksichtigt werden? Steht die andere Partei beispielsweise in dem Ruf, einen harten und konfliktorientierten Verhandlungskurs einzuschlagen? Wie sieht es mit dem Ergebnis der Verhandlungen aus: Wie wichtig ist es für Sie und die andere Partei, und wie sieht es jeder von Ihnen? Und wie sehen schließlich Sie und die andere Partei Ihre Beziehung? Müssen beispielsweise Machtfaktoren in Rechnung gestellt werden? Oder kann die andere Partei keine langfristigen Ziele erreichen, wenn die Beziehung Schaden genommen hat? Die Antworten auf diese Fragen sind von Verhandlung zu Verhandlung verschieden, aber es gibt gute Antworten auf alle wichtigen Fragen, die Sie sich vorstellen können – wenn Sie das Sammeln der Informationen und das Analysieren Ihrer eigenen Position, die der anderen Partei und die der Situation abgeschlossen haben.

Nun sind Sie bereit, unterschiedliche Verhandlungsstrategien in Erwägung zu ziehen. Kapitel 5 wird Ihnen einen Überblick über diese Strategien geben; Kapitel 6, 7 und 8 halten genaue Beschreibungen bereit, wie die verschiedenen Strategien durchzuführen sind.

KAPITEL 5 Die Auswahl der richtigen Strategie

Nachdem Sie Ihre eigene Position (Kapitel 2) und die der anderen Partei (Kapitel 3) analysiert und sich mit den Kontextfragen der Verhandlung (Kapitel 4) beschäftigt haben, sind Sie nun soweit, eine Strategie für Ihre Verhandlung mit der anderen Partei auszuwählen. Diese lange Vorbereitung erlaubt es Ihnen, strategisch zu verhandeln und einen Stil und Plan zu wählen, der der Situation angemessen ist. Lassen Sie diese Vorbereitungsphase auf keinen Fall aus: Die richtige Strategie kann Ihre Chancen auf ein erfolgreiches Resultat erheblich verbessern.

In diesem Kapitel werden wir fünf Grundstrategien behandeln. Jede Strategie ist auf eine bestimmte Situation bezogen und hat ihre Vor- und Nachteile. Wenn Sie Ihre Hausaufgaben in den Kapiteln 2 bis 4 gemacht haben, dann sind Sie gut darauf vorbereitet, die geeigneten Strategien oder Kombinationen von Strategien für eine spezielle Verhandlungssituation auszuwählen. Beachten Sie, daß wir **Kombination** von Strategien sagen. Die meisten Verhandlungen beinhalten eine Mischung aus einzelnen Themen, und jedes behandelt man am besten mit einer anderen Strategie. Es gibt normalerweise keine «beste» Strategie. Jede Verhandlung wird durch die verschiedenen Positionen der Teilnehmer und durch ihren Inhalt unterschiedlich beeinflußt. Und da Verhandlungen langwierig sein können, wird jede Seite Anpassungen vornehmen, die wiederum nach Veränderung oder Wechsel der Strategien der anderen Seite verlangen.

5.1 Hauptfaktoren der Strategiewahl

Die fünf Grundtypen der Verhandlungsstrategien hängen von der Gewichtung zweier Grundinteressen ab: der **Beziehung zum Verhandlungspartner** und dem **Verhandlungsergebnis** selbst. Die Bedeutung dieser Interessen und ihre relative Priorität sollte die Wahl der optimalen Verhandlungsstrategie bestimmen. Am optimalsten ist, wenn sich beide Verhandlungsparteien ähnliche Prioritäten setzen und sich auf die gleichen Regeln einigen können. Die Wechselwirkung der Wahl beider Parteien wird den Fortschritt des tatsächlichen Verhandlungsprozesses beeinflussen, und dies wird wiederum enorme Auswirkungen auf die Ergebnisse haben.

> **8**
> **Die falsche Strategie ist ein Garant für Mißerfolg!**

5.1.1 Die Beziehung zum Verhandlungpartner

Als erstes müssen Sie sich fragen, wie wichtig Ihre bisherige oder zukünftige Beziehung zur anderen Seite ist. Wie sind Sie beide in der Vergangenheit miteinander ausgekommen, und wie wichtig ist es für sie beide, auch weiterhin miteinander respektvoll zusammenzuarbeiten? Vielleicht ist das sehr wichtig. Vielleicht spielt es auch überhaupt keine Rolle. Oder man liegt irgendwo zwischen diesen beiden Extremen. Falls eine gute Beziehung für Sie wichtig ist, sollten Sie anders verhandeln, als wenn die Beziehung unwichtig oder es unwahrscheinlich ist, daß man die Beziehung überhaupt noch retten kann.

Die Bedeutung der Beziehung zwischen den beiden Parteien wird von einigen Faktoren beeinflußt:

1. ob es sich überhaupt um eine Beziehung handelt;
2. ob diese im allgemeinen positiv oder negativ ist (das heißt, ob die Parteien in der Vergangenheit gut oder schlecht miteinander auskamen);
3. ob eine zukünftige Beziehung wünschenswert ist;
4. Dauer und Geschichte einer Beziehung, soweit eine besteht;
5. Grad der und das Engagement für die Beziehung;
6. Grad an gegenseitiger Abhängigkeit in der Beziehung;
7. Grad und Umfang von freier, offener Kommunikation zwischen beiden Parteien.

Wenn Sie zum Beispiel über den Kauf eines neuen Autos verhandeln, sind Sie vielleicht dem Verkäufer vorher noch nie begegnet und erwarten auch keine längere Beziehung zu ihm. Deshalb haben Sie auch kein Interesse an der Beziehung. Wenn Ihr Unternehmen jedoch eine Wagenflotte hat und Sie davon ausgehen können, mit dieser Person auch in Zukunft zu verhandeln, ist Ihr Interesse an einer Beziehung stark, und das wird die Verhandlung beeinflussen. Oder wenn Sie das Auto von Ihrem Nachbarn kaufen und weiterhin gute Kontakte zu ihm pflegen möchten, dann werden Sie anders verhandeln, als wenn Sie es von einem Fremden kaufen.

Sie sollten ein gutes Gespür dafür haben, was Sie von der anderen Seite zu erwarten haben, und zwar auf der Basis Ihrer Bewertung aus Kapitel 3.

5.1.2 Das Interesse am Verhandlungsergebnis

Der zweite Faktor, der die Verhandlungsstrategien beeinflußt, ist die Bedeutung des Verhandlungsergebnisses. Wie wichtig ist Ihnen ein gutes Verhandlungsergebnis? Müssen Sie in allen Punkten Recht behalten, um einen Vorteil zu gewinnen? Oder ist das Ergebnis nur von mäßiger Bedeutung? Oder zählt es gar nicht bei dieser Verhandlung? Lassen Sie uns als Beispiel zu dem Autokauf zurückkehren. Wenn Sie das Auto von einem Händler kaufen, wird der Preis die Hauptrolle spielen und Sie werden wahrscheinlich kaum ein Interesse an der Beziehung haben. Falls Sie das Auto aber von Ihrem Nachbarn kaufen und Sie Ihre gute Beziehung zu ihm aufrechterhalten möchten, werden Sie nicht soviel Druck auf den Preis ausüben. Und falls Sie das Auto schließlich Ihrer Mutter abkaufen, nur damit sie sich nicht länger damit herumärgern muß, sind Sie wahrscheinlich mehr an der Beziehung interessiert und weniger am Ergebnis.

Ein Großteil der bereits beschriebenen Planung und Vorbereitung konzentrierte sich auf das Ergebnis. Daher werden wir hier diese Aspekte nicht weiter diskutieren. Die wichtige Botschaft in diesem Kapitel ist allerdings, daß sich die Wahl Ihrer Verhandlungsstrategie nach Ihren Prioritäten richtet: Beziehung oder Ergebnis. Es könnte aber auch sein, daß *beides,* also Beziehung und Ergebnis, wichtig sind. Dies erfordert eine sensible Zusammenarbeit mit der anderen Partei, um zu einem Ergebnis zu kommen. Wenn die Beziehungsinteressen einen starken Einfluß auf die gegenwärtige Angelegenheit haben und Sie sich entscheiden, diese über das Ergebnis zu stellen, dann werden Sie eine andere Strategie auswählen, als wenn es umgekehrt wäre.

Abbildung 5.1 stellt die Beziehungs- und Ergebnisinteressen grafisch dar: Die vertikale Achse repräsentiert Ihr Interesse an der Beziehung, und die horizontale Achse stellt Ihr Interesse am Ergebnis dar. Wenn wir uns die verschiedenen Quadrate ansehen, die durch die verschiedenen Grade an Interesse für die Beziehung und das Ergebnis entstanden sind, zeigen sich fünf grundlegend verschiedene Strategien:

1. **Vermeidung (Lose-Lose).** Diese Strategie wird in der unteren linken Ecke des Diagramms dargestellt. Hier sind die Prioritäten für beide Dimensionen, also Beziehung und Ergebnis, gering. Kein Verhandlungsaspekt ist

für Sie wichtig genug, um den Konflikt weiter zu verfolgen. Sie setzen diese Strategie um, indem Sie sich von der aktiven Verhandlung zurückziehen oder einer Verhandlung vollständig aus dem Weg gehen.

2. **Anpassung (Lose to Win).** Diese Strategie wird in der oberen linken Ecke des Diagramms dargestellt. Hier ist die Bedeutung der Beziehung hoch und die des Ergebnisses gering. In dieser Situation stellen Sie Ihr Interesse an dem Ergebnis vollkommen zurück, um die Beziehung zu erhalten. Sie «verlieren» absichtlich in der Ergebnisdimension, um in der Beziehungsdimension zu «gewinnen».

3. **Konkurrenz (Win-Lose).** Das untere rechte Quadrat des Diagramms stellt ein hohes Interesse für das Ergebnis und ein geringes für die Beziehung dar. Sie wenden diese kompetitive Strategie an, wenn Sie auf alle Fälle gewinnen möchten und kein Interesse an einer zukünftigen Beziehung haben.

4. **Kooperation (Win-Win).**[1] Der obere rechte Teil des Diagramms definiert eine Strategie, bei der sowohl Beziehung als auch Ergebnis hohe Priorität haben. Hier versuchen beide Parteien, ihre Ergebnisse zu maximieren, während sie gleichzeitig ihre Beziehung erhalten oder vertiefen. Dazu kommt es am ehesten, wenn beide Parteien eine Lösung finden, die den jeweiligen Bedürfnissen entspricht.

Anpassung Lose to Win		**Kooperation** Win-Win
	Kompromiß sich entgegenkommen	
Vermeidung Lose-Lose		**Konkurrenz** Win-Lose

Interesse an der **Beziehung**: niedrig → hoch
Interesse am **Ergebnis**: niedrig → hoch

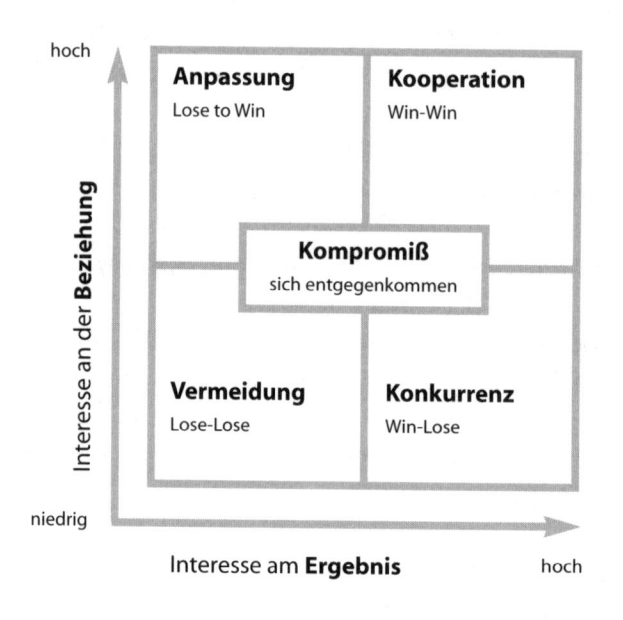

Abbildung 5.1: **Basisstrategien**

5. **Kompromiß (sich auf halbem Weg entgegenkommen).** In der Mitte befindet sich ein Bereich, den wir Kompromißstrategie nennen. Diese stellt eine Kombinationsmethode dar, die in vielen Situationen angewendet werden kann. Sie wird zum Beispiel oft benutzt, wenn die Parteien nicht gut zusammenarbeiten können, aber trotzdem einige Ergebnisse erzielen und/oder die Beziehung erhalten möchten. Sie wird auch oft angewandt, wenn beide Seiten unter Zeitdruck stehen und schnell zu einer Lösung kommen müssen. Jede Partei wird ein wenig nachgeben, um einen gemeinsamen Nenner zu finden.

Diese kurzen Beschreibungen sind ideale oder «typisierte» Verhandlungssituationen, bei denen nur ein Aspekt auf dem Spiel steht. Im Gegensatz dazu sind reale Verhandlungssituationen häufig komplizierter, und man begegnet ihnen am besten mit verschiedenen Strategien. Denken Sie auch daran, daß sich die andere Partei ebenfalls eine Verhandlungsstrategie zurechtlegen wird. Sie werden sehen, daß Ihre Analyse der anderen Partei (Kapitel 3) Ihnen behilflich sein wird, wenn Sie eine passende Strategie für eine bestimmte Situation wählen, da Sie die Strategieauswahl an Ihre Erwartungen anpassen werden. Können sich die Parteien auf eine Strategie einigen, gestalten sich die Verhandlungen einfacher. In realen Situationen greift jedoch jede Partei zunächst zu einer anderen Strategie. In den Kapiteln 9 und 10 hören wir mehr darüber, wie man mit solchen Situationen umgeht.

Wir werden uns nun mit den fünf Basisstrategien im Detail beschäftigen. Es ist ratsam, sich über alle Strategien gründlich zu informieren, auch wenn Sie eher zu einer bestimmten tendieren. Denn so können Sie sich auf die Schritte der anderen Seite vorbereiten, falls diese eine andere Strategie anwendet, als Sie erwartet haben.

5.2 Vermeidungsstrategie (Lose-Lose)

Die Vermeidungsstrategie wird selten benutzt, ist allerdings in bestimmten Situationen von Vorteil. Unsere Bezeichnung für diese Strategie ist eigentlich falsch, da eine bewußte Wahl einer Vermeidungsstrategie nicht unbedingt ein «Verlieren» bedeutet, weder auf der Ergebnis- noch auf der Beziehungsseite. Da wir jedoch aktiv eher zu einem «Gewinnen» in bezug auf Beziehung und Ergebnis neigen, werden wir die Vermeidungsstrategie ein «Verlieren» hinsichtlich dieser Dimensionen nennen.

Warum sollte jemand diese Strategie wählen? Weil Verhandlungen kostspielig sein können (in bezug auf Zeit, Geld und Beziehungen) und es genügend Fälle gibt, in denen man die Verhandlungen am besten ganz abgebrochen hätte. Derjenige, der eine Vermeidungsstrategie anwendet, hält die Verhandlung für reine Zeitverschwendung. Er hat vielleicht das Gefühl, daß seine Bedürfnisse auch ohne Verhandeln gedeckt werden könnten. Zudem könnte er der Ansicht sein, daß das Ergebnis völlig wertlos und die Beziehung nicht wichtig genug sei, um sie in der Verhandlung zu vertiefen. Folglich denkt eine solche Partei, daß weder die Beziehung noch das Ergebnis wichtig genug sind (zumindest was die Kosten betrifft), und wird somit nichts unternehmen oder die Verhandlung einfach ablehnen.

Wenn der «Vermeider» sich weigert zu verhandeln, wenn die andere Partei es möchte, dann könnte dies negative Auswirkungen auf die Beziehung haben. Selbst wenn das Ergebnis unwichtig ist, ziehen viele Menschen es vor, die andere Seite nicht zu verärgern. Eine gemäßigtere Vermeidungsmethode ist es, keinerlei Einwände während der Verhandlung zu erheben oder einfach nicht zu erscheinen. Wenn die andere Partei auf der Verhandlung besteht und wenn die Beziehung auf dem Spiel steht, dann könnten Sie auf eine Anpassungsstrategie umsteigen.

Die Vermeidungsstrategie ist auch eine Möglichkeit, wenn Sie eine überzeugende Alternative haben. Wenn Sie sich beispielsweise zwei verschiedene Häuser zum Kauf ansehen und beide Ihren Ansprüchen genügen, entscheiden Sie sich vielleicht dazu, nicht mit dem ersten Verkäufer zu verhandeln, weil Ihnen der Preis zu hoch und diese Person zu inflexibel ist.

Alternativen können Ihnen Verhandlungsmacht in anderen Situationen geben, wie wir noch sehen werden. Wenn Sie keine haben oder nur schlechte, können Sie sich ebenfalls dazu entscheiden, nicht zu verhandeln. Aber auf Alternativen werden wir später noch zurückkommen.

5.3 Anpassungsstrategie (Lose to Win)

Eine Anpassungsstrategie wendet man an, wenn einem die Beziehung wichtiger ist als das Verhandlungsergebnis. Jemand, der zu dieser Strategie greift, konzentriert sich in erster Linie auf das Herstellen oder Vertiefen einer Beziehung. Da andere Menschen normalerweise glücklich sind, wenn wir ihnen geben, was sie möchten, könnten wir vom Ergebnis absehen und die andere Seite also zufriedenstellen. Ein zweiter Grund wäre, daß wir in Zukunft etwas anderes erreichen möchten. Da viele soziale Beziehungen auf eher informellen

5.3 Anpassungsstrategie (Lose to Win)

Erwartungen und Beziehungsregeln beruhen[2], könnte ein Verzicht die Erwartung entstehen lassen, daß wir später etwas dafür haben wollen. Also geben wir den Präferenzen der anderen Seite jetzt nach, um in Zukunft ein besseres Ergebnis zu erzielen. Ein kurzfristiger Verlust wird durch einen langfristigen Gewinn ausgeglichen.

In der Beziehung zwischen einem Angestellten und seinem Chef sucht der Angestellte zum Beispiel ein gutes Verhältnis zu seinem Chef, um eine gute Leistungsbeurteilung, eine Gehaltserhöhung oder eine Beförderung in Aussicht gestellt zu bekommen. Der Angestellte könnte eine Anpassungsstrategie wählen und nicht schon nach drei Monaten auf eine Gehaltserhöhung bestehen, wenn er damit rechnet, daß er nach sechs Monaten einen besseren Stand hat, um nach einer Gehaltserhöhung zu fragen.

Die Anpassungsstrategie könnte dazu eingesetzt werden, eine eher wechselseitige Beziehung zu fördern und um mehr Unterstützung und Hilfe des anderen zu bekommen und sogar Feindseligkeiten auf Eis zu legen, falls in der Beziehung Spannungen herrschen. Wenn es um eine anhaltende Beziehung geht, dann könnte es besonders angemessen sein, jetzt einzustecken, die Kommunikation offen zu halten und die Gegenseite nicht zu drängen. In den meisten Fällen ist diese Strategie **kurzfristig** – und man erwartet, daß die momentane Anpassung es ermöglicht, in Zukunft zu besseren Resultaten zu kommen. Zum Beispiel könnte ein Manager darauf verzichten, einem Angestellten, der ohnehin schon mit Projekten überlastet ist, noch eine Zusatzaufgabe aufzuhalsen. Deshalb betraut er einen anderen damit, besonders wenn er weiß, daß in der nächsten Woche ein großes Projekt ansteht und jeder Überstunden machen muß.

In langfristigen Verhandlungen oder in einer Verhandlungsreihe könnte es passieren, daß eine Seite ständig nachgibt. Dieser Präzedenzfall könnte von der anderen Seite bemerkt werden und als anpassendes Verhalten (was es übrigens ist) bewertet werden. Es sollte von der anderen Seite jedoch nicht als Einladung zu konkurrenzorientiertem Verhalten interpretiert werden. Doch manchmal ist es so. Wenn Ihnen das passiert, wird die andere Partei beginnen, zu konkurrieren und aus Ihrer Unachtsamkeit einen Vorteil ziehen wollen. Um diese Probleme zu lösen, werden Sie lernen müssen, wie Sie die Strategien aus Kapitel 10 zur Schadensbegrenzung und Wiederanknüpfung der Beziehung anwenden können, um diese Probleme zu überwinden.

Die Anpassungsstrategie wird in Verhandlungen normalerweise nicht als formal angesehen. In vielen Büchern über Verhandlungsstrategien wird sie nicht einmal als eine realisierbare Strategie erwähnt. Die meisten dieser Bücher beschäftigen sich jedoch grundlegend mit stark «ergebnisorientierten» Strategien (Konkurrenz und Kooperation) und gehen weniger auf die speziellen Strategien ein, die die Beziehung verbessern oder stärken. Es gibt zwei wichtige Gründe, eine Anpassungsstrategie in Erwägung zu ziehen: Erstens, wenn Ihnen das Ergebnis nicht sehr wichtig ist oder wenn das Verfolgen des Ergebnisses wahrscheinlich zu viel Spannung und Feindseligkeit schafft. Und zweitens, wenn Ihr ursprüngliches Ziel die Verbesserung der Beziehung ist. Sie können außerdem während einer Verhandlung zu einer Anpassungsstrategie wechseln, besonders wenn die Verhandlung einen Punkt erreicht hat, an dem Sie nicht länger auf eine Lösung drängen wollen.

5.4 Kompetitive Strategie (Win-Lose)

Die meisten denken an diese Strategie, wenn sie an Verhandlungen und Geschäfte denken. Deshalb sollten Sie genau wissen, wie sie funktioniert, auch wenn Sie selbst nicht vorhaben, sie anzuwenden.

Bei einer kompetitiven Strategie ist das Ergebnis wichtiger als die Beziehung. Da die Ergebnisse (Ressourcen, Gewinne, usw.) in ihrer Höhe und Größenordnung begrenzt sind, will die Person, die die kompetitive Strategie anwendet, soviel wie möglich davon erreichen. Wir umschreiben diese Strategie mit «Gewinnen um jeden Preis», da es sehr wahrscheinlich ist, daß die Konkurrenten auf der Ergebnisseite gewinnen, aber die Beziehung zwischen den Parteien belasten und gefährden. Das Denken und das Ziel dieser Strategie ist kurzfristig: Die Ergebnisdimension soll jetzt maximiert werden, und man kümmert sich weder um die langfristigen Konsequenzen dieser Strategie noch um die Beziehung. Es gibt mehrere Gründe, warum die Beziehung zur anderen Partei nicht von Bedeutung ist:

1. Es könnte eine einmalige Verhandlung ohne zukünftige Beziehung sein.
2. Die zukünftige Beziehung könnte nicht wichtig sein.
3. Es besteht zwar eine Beziehung, aber sie ist zu schwach, um bei ihr anzusetzen.
4. Die andere Partei hat den Ruf, ein harter oder unehrlicher Verhandlungspartner zu sein, und diese Strategie dient Verteidigungsgründen. Auf jeden Fall unterliegt sie der Annahme, daß eine zukünftige Beziehung mit der anderen Seite unwichtig, das spezifische Ergebnis jedoch wichtig ist.

Bei der kompetitiven Strategie werden eher die Differenzen zwischen beiden Parteien hervorgehoben und eine polarisierte Einstellung verstärkt. Also wird die Beziehung in Verhandlungen mit Konkurrenzcharakter durch mangelndes Vertrauen oder sogar durch Konflikte bestimmt. Das unterscheidet die kompetitive von der kooperativen Strategie, in der man die Differenzen reduziert und die Ähnlichkeiten betont.

Das Ziel dieser Strategie ist es, die andere Seite zum Nachgeben zu bringen und somit direkt die eigenen Bedürfnisse befriedigen zu können. Der Konkurrent wird alles tun, um seine Ziele zu erreichen und das größte Stück vom Kuchen zu bekommen. Dazu kann eine Vielzahl von Verhaltensweisen gehören, einschließlich ein Vorgehen mit harten Bandagen. Wir diskutieren das in Kapitel 6.

5.4.1 Entscheidende Faktoren der kompetitiven Strategie

Ein wohl definierter Verhandlungsspielraum. Bei der kompetitiven Strategie hat jede Seite einen Verhandlungsspielraum, der aus einem **Ausgangspunkt**, einem **Ziel** und einem Endpunkt oder **Abbruchpunkt** besteht. Verhandlungen entstehen dadurch, daß sich die Verhandlungsspielräume beider Seiten unterscheiden. Während der Verhandlung sollen möglichst beide Spielräume in Übereinstimmung gebracht werden, so daß jeder zufrieden ist.

Der jeweilige Ausgangspunkt wird mit dem Beginn der Verhandlung bekanntgegeben oder ergründet. Die Ausgangspunkte werden unterschiedlich sein. In Verhandlungen um einen Neuwagen beispielsweise wird der Käufer einen niedrigeren Ausgangspunkt haben als der Verkäufer. Normalerweise macht der Käufer im Preis Zugeständnisse nach oben und der Verkäufer nach unten, in der Erwartung, daß die beiden sich irgendwo in der Mitte treffen.

Beide Seiten werden einen Abbruchpunkt haben, über den sie nicht hinausgehen werden. Dieser ist gewöhnlich der anderen Partei nicht bekannt und wird auch nicht erwähnt. In der Tat wird sie sich aktiv darum bemühen, ihn vor Ihnen geheimzuhalten, denn wenn er Ihnen bekannt wäre, würden Sie ihr etwas anbieten, was leicht darüber liegt und erwarten, daß sie damit einverstanden ist. Wenn die Gespräche abbrechen, weil dieser Punkt erreicht wurde, dann vermuten Sie vielleicht, daß Sie schon in der Nähe des letzten Angebots Ihres Verhandlungspartners sind oder bereits diesen Punkt erreicht haben. Ist dieser Punkt nicht erreicht und einigen sich die Parteien auf eine Lösung, dann bleibt er auf immer im Dunkeln. In den folgenden Kapiteln werden wir untersuchen, wie man die Abbruchpunkte der Konkurrenten ausfindig machen kann und wie man über dieses Wissen zu besseren Ergebnissen kommt. Solange der Verhandlungsspielraum einer Partei sich mit dem der anderen überlappt, bleibt Raum für Verhandlung. (Mit «Überlappen» meinen wir, daß das höchste Angebot des Käufers über dem niedrigsten liegt, das der Verkäufer zu akzeptieren gewillt ist.) Falls die Verhandlungsspielräume sich nicht überschneiden, kann die Verhandlung erfolglos verlaufen. Die Parteien werden entscheiden müssen, ob sie ihre Verhandlungsspielräume anpassen oder die Verhandlung beenden.

Eine gute Alternative. Eine Alternative oder BATNA[3] (**B**est **A**lternative **to** a **N**egotiated **A**greement) ist eine Option, falls die gegenwärtige Verhandlung scheitert. Sie ist ein Ergebnis außerhalb des Verhandlungsrahmens mit der anderen Partei und kann angestrebt werden, wenn sie attraktiver als jedes andere Ergebnis dieser Verhandlung scheint. Alternativen haben den Vorteil, daß sie gegen den Wert aller einzelnen Verhandlungsergebnisse aufgewogen werden können. So kann man sich für die vorteilhafteste Lösung entscheiden. Doch eine Alternative ist nicht nur ein Mittel zur Bewertung, sondern auch ein Machtmittel, das in Verhandlungen eingebracht werden kann, nach dem Motto: «Ich habe diese Alternative, und sie ist genauso gut und kostet weniger. Können Sie mir ein besseres Angebot als meine Alternative machen?»

Taktiken. Die kompetitive Strategie ist auch durch einige Taktiken gekennzeichnet, die dazu dienen sollen, die Position des Konkurrenten zu stärken und die andere Partei zu benachteiligen. Dies schließt Verhaltenstaktiken wie Bluffen, aggressives Verhalten und Drohen ein, mit deren Hilfe der Konkurrent Einfluß auf die andere Partei nimmt. Wir greifen das Thema der kompetitiven Taktiken in Kapitel 6 noch einmal auf. Obwohl diese Taktiken manchmal wirken, gibt es das Problem, daß sie möglicherweise auf den Anwender zurückfallen, so daß man vorsichtig mit ihnen umgehen muß.

5.4.2 Folgen und Nachteile der kompetitiven Strategie

Obwohl die kompetitive Strategie einseitig ist, kann sie erfolgreich sein. Man benutzt sie gewöhnlich in dem Glauben, so am meisten von einer Verhandlung zu profitieren. Verhandlungen, die sich auf diese kompetitive Strategie stützen, können kostspielig und zeitraubend sein, besonders dann, wenn jede Partei auf jeder ihrer Forderungen besteht. Es wird viel Zeit darauf verwendet, nachzuforschen, Druck auszuüben und die andere Partei «auszuquetschen».

Man benötigt zusätzliche Zeit für Züge und Gegenzüge und um herauszufinden, was die andere Partei tun wird. Kompetitive Strategien werden oft mit solchen Strategien verglichen, die man beim Schach, bei der militärischen Kriegführung und anderen taktischen, konkurrenzorientierten Kämpfen anwendet. Die Zeit, die in diese Aktivitäten investiert wird, könnte auch alternativ genutzt werden. Im kooperativen Modell kann man diese Zeit beispielsweise dafür aufwenden, die gegenseitigen Ausgangspunkte zu erforschen, Informationen auszutauschen und eine Lösung zu suchen, die für beide Seiten akzeptabel ist.

Zeit und Bereitschaft können auch verloren gehen, wenn der Konkurrent davon ausgeht, daß die andere Partei konkurrieren möchte, und daraufhin seine kompetitive Strategie vorbereitet. Wenn die andere Seite es ursprünglich nicht auf Konkurrieren abgesehen hatte, könnte sie nun auf andere Strategien umsteigen, wenn sie bemerkt, daß Sie sich dazu entschieden haben. Dadurch eskalieren die Emotionen, und es entstehen Konflikte. Sie verlieren nicht nur Zeit, sondern befremden auch den anderen, verletzen die Beziehung und bringen den anderen dazu, einen härteren Standpunkt einzunehmen und Ihnen weit weniger entgegenzukommen, als das sonst der Fall gewesen wäre.

Ein Hauptproblem bei der kompetitiven Strategie ist, daß sie häufig von unerfahrenen und untrainierten Verhandlungsführern angewendet wird, die glauben, daß sie die einzige in Frage kommende Strategie ist. Sie können andere Gelegenheiten verpassen, weil Sie sich automatisch für die kompetitive Strategie entscheiden. Es ist wichtig, eine Strategie erst nach gründlicher Untersuchung der Verhandlungsthemen auszuwählen und zu wissen, welche Strategie die andere Seite wahrscheinlich verfolgen wird, sowie sich auch genau zu überlegen, welche Bedeutung die Ergebnisse und die Beziehung zur anderen Partei haben.

Ebenso ist es möglich, daß man die anderen Parteien in einer Wettbewerbssituation unterschätzt. Denken Sie daran, daß Ihr Gegenüber ebenfalls entschlossen ist, auf jeden Fall zu gewinnen. Wenn wir die kompetitive Strategie anwenden, neigen wir dazu, die Stärke, Klugheit, Planung und Effektivität der anderen Partei zu unterschätzen, und nehmen an, daß wir sie in ihrem eigenen Spiel schlagen können, obwohl sie sich ebenfalls auf die kompetitive Strategie vorbereitet! Wenn Sie nicht auf das Verhalten und auf verbal geäußerte Anhaltspunkte der anderen Partei achten, können Sie ganz leicht manipuliert werden.

Schließlich müssen wir uns vor der sogenannten selbsterfüllenden Prophezeiung hüten. Damit bezeichnet man das Phänomen, daß wir an etwas so fest glauben, daß es tatsächlich eintritt. Das geschieht in Verhandlungen oft dann, wenn die eine Partei von der anderen eine bestimmte Verhaltensweise erwartet, und die sich dann auch tatsächlich so verhält. Dazu kommt es eher, wenn die andere Partei sich für die kompetitive Strategie entscheidet, weil sie der Meinung ist, daß Sie das auch tun. In der Annahme, daß der andere konkurrieren wird, bereiten wir uns ebenfalls darauf vor. Die Signale, die wir in dieser Vorbereitungsphase von uns geben – durch Sprache, Tonfall, Gestik und Verhalten –, lassen den anderen glauben, wir würden versuchen zu konkurrieren. Insofern verhält er sich auch so, was uns wiederum lediglich darin bestätigt, daß unsere ersten Annahmen richtig waren.

5.5 Kooperative Strategie (Win-Win)

Bei der kooperativen Strategie halten beide Parteien die Beziehung und das Ergebnis für gleichwertig. Diese Strategie bedeutet Zusammenarbeit oder Gewinnen für beide Seiten.[4] Hier beginnen die Parteien entweder mit gemeinsamen Zielen oder sind bereit, Wege zu suchen, wie sie ihre Ziele erreichen und beide davon profitieren können. Dies steht in einem starken Kontrast zur kompetitiven Strategie, bei der beide Parteien der Überzeugung sind, daß ihre Ziele einander ausschließen und nur eine Seite gewinnen kann. Bei einer Kooperation geht es um eine dauerhafte Beziehung zwischen den beiden Parteien, die auf Geben und Nehmen und auf gegenseitigem Vertrauen beruht. Außerdem wird eine solche Strategie oft angewendet, wenn die Parteien wissen, daß sie langfristige Ziele für spezielle Ergebnisse und für die Beziehung erreichen wollen.

Damit diese Strategie funktioniert, müssen *beide* Verhandlungsparteien zu ihrer Anwendung bereit sein. Wenn nur eine sie anwendet und die Gegenseite eine andere einsetzt, erzielen beide kein optimales Ergebnis und sind somit nicht in der Lage, ihr Verhältnis zu erhalten oder zu verbessern. Eine kooperative Strategie ist besonders in einer Organisation angebracht, in der beide Parteien eine gemeinsame Ausgangsposition haben. In jedem Fall wollen die Parteien eine gute Arbeitsbeziehung etablieren und auch pflegen.

Damit diese Strategie auch aufgeht, muß man ein hohes Maß an Vertrauen, Offenheit und Kooperation aufbringen. Die Beteiligten suchen nach gemeinsamen Bedürfnissen und Zielen und versuchen diese durch gegenseitige Unterstützung zu erreichen. Beide wissen, daß sie voneinander abhängig sind und daß ihre kooperativen Bemühungen die Probleme lösen und den Bedürfnissen beider dienen können.

5.5 Kooperative Strategie (Win-Win)

Bei der Zusammenarbeit ist die Kommunikation zwischen den Parteien offen und aufrichtig. Dies unterscheidet sie deutlich von der kompetitiven Strategie, bei der die Beteiligten sich mißtrauen und Informationen vorsichtig zurückhalten, um zu vermeiden, daß die andere Partei einen Vorteil erhält.
Die Parteien im Rahmen der kooperativen Anstrengung werden von ihren Auftraggebern unterstützt. Diese vertrauen darauf, daß die Parteien eine gemeinsame Basis finden, und helfen ihnen dabei. Das heißt allerdings nicht, daß sie absolut alles erreichen, was die Auftraggeber in zentralen Hinsichten erwarten, aber das müssen sie als gegeben hinnehmen. In der kompetitiven Strategie dagegen versuchen die Auftraggeber ihren Verhandlungsführer dazu zu drängen, alles, was er erreichen kann, auch zu bekommen – und zwar ungeachtet der Auswirkungen auf die Zukunft.

Kooperierende Parteien halten Fristen ein und sind der Ziele wegen dazu bereit, den Zeitplan neu zu verhandeln, wenn dies nötig ist. Vergleichen Sie dies mit der kompetitiven Strategie, wo Zeit als Hindernis oder als Einflußfaktor eingesetzt wird, um die eigenen Ziele zu erreichen.

Die kooperative Strategie bedeutet harte Arbeit, aber die Ergebnisse können sich lohnen. Man benötigt zusätzliche Zeit und Kreativität, um Vertrauen herzustellen und «Win-Win»-Lösungen zu finden. Doch dafür sind die Ergebnisse und die Resultate für die Beziehung beider Parteien befriedigender.

5.5.1 Schlüssel zur erfolgreichen Zusammenarbeit

Die kooperative Strategie wurde traditionell schon immer seltener als die kompetitive Strategie angewandt, weil die meisten Leute die Feinheiten nicht verstehen und weil sie weniger bekannt ist. Viele Verhandlungen basieren auf dem kompetitiven Modell, nach dem sich die meisten Menschen eine Verhandlung vorstellen – als eine konkurrenzorientierte Situation, in der einer dem anderen mißtraut und es das Hauptziel ist, alle Vorteile für sich einzuheimsen.

Engagement ist der Schlüssel zur kooperativen Strategie. Beide Parteien müssen sich verpflichten,

1. die Bedürfnisse und Ziele der anderen Partei zu verstehen,
2. einen freien Informationsfluß zu gewährleisten und
3. die besten Lösungen zu finden, die den Anforderungen beider Parteien genügen.[5]

Erstens ist das **Verständnis für die Ziele und Bedürfnisse der anderen Partei** entscheidend für die kooperative Strategie. Wir hatten gesagt, daß dies auch in einer kompetitiven Strategie wichtig sei, allerdings aus völlig anderen Gründen. Bei einer kompetitiven Strategie wissen Sie – oder Sie glauben zumindest zu wissen –, was die andere Partei möchte. Sie wollen allerdings erfahren, wie Sie die Entwicklung Ihrer Strategie erleichtern können und wie Sie die andere Seite strategisch schlagen können, indem Sie besser sind oder sich nicht dafür interessieren, was diese erreichen möchte. Bei einer kooperativen Strategie wollen Sie die Ziele und Bedürfnisse der anderen Seite verstehen, so daß Sie beide in gemeinsamer Anstrengung ihre Ziele erreichen. Gute Zusammenarbeit bedarf häufig nicht nur der Kenntnis der genannten Ziele der anderen Partei, sondern auch der zugrundeliegenden Bedürfnisse: **Warum** will sie, was sie will? Beide Parteien müssen bereit sein, Fragen zu stellen und sich aufmerksam **die Antworten anzuhören,** um so etwas über die Bedürfnisse des anderen zu erfahren.

Zweitens müssen beide Seiten **freiwillig** ihre Informationen offenlegen, um so einen freien Informationsfluß zu gewährleisten. Die Informationen sollten dabei so genau und so verständlich wie möglich sein. Beide Parteien müssen die Themen, Probleme, Prioritäten und Ziele des anderen verstehen. Sie müssen den **Kontext** einer Verhandlung begreifen (siehe Kapitel 4). Vergleichen Sie dies mit der kompetitiven Strategie, bei der Informationen genau kontrolliert oder, falls man sie überhaupt austauscht, oft verzerrt werden.

Wenn die beiden Parteien sich schließlich genau zugehört haben, können sie darauf hinarbeiten, zur Zufriedenheit beider **wechselseitig die Ziele zu erreichen.** Dazu müssen die Parteien ihre Differenzen minimieren und ihre Gemeinsamkeiten hervorheben. Sie werden sich auf die Themen konzentrieren und ihre Persönlichkeiten aus der Diskussion heraushalten müssen. Die kooperative Strategie verfolgt ganz andere Ziele als die kompetitive. Bei der letzteren geht es darum, um jeden Preis das «größte Stück vom Kuchen» zu bekommen, ohne daß man irgendeine Information preisgibt oder in irgendeinem Punkt nachgibt. Bei der kooperativen Strategie muß jede Seite dazu bereit sein, ihre Perspektive im Hinblick auf die Zusammenarbeit zu überdenken, und wissen, daß das Ganze mehr sein kann als die Summe der einzelnen Teile. In dieser Hinsicht ist es ein absoluter Vorteil, sich in dem Problembereich sehr gut auszukennen. Auch wenn ein Informationsdefizit behoben werden kann: es ist ganz bestimmt ein Pluspunkt, gut vorbereitet in die Verhandlung zu gehen.

In Kapitel 7 werden wir über die Umsetzung der kooperativen Strategie sprechen. Um Erfolg zu haben, muß jede Partei der anderen **von Anfang an** Signale senden, die helfen, daß unter den Beteiligten Vertrauen entsteht.

5.5.2 Probleme bei der kooperativen Strategie

Wenn diese Strategie erfolgreich sein soll, müssen beide Verhandlungsparteien zur Zusammenarbeit bereit sein. Unter den folgenden Umständen könnte es schwierig, vielleicht sogar unmöglich sein, die kooperative Strategie anzuwenden:

- Eine Partei erkennt nicht das Potential für Zusammenarbeit in der aktuellen Situation.
- Eine Partei möchte nur ihre eigenen Ziele erreichen.
- Eine Partei hat sich in der Vergangenheit konkurrenzorientiert verhalten, und dieses Verhalten dürfte nur schwer zu verändern sein.
- Eine Partei erwartet von der anderen, daß sie sich konkurrenzorientiert verhält und bereitet sich aufgrund dieser Erwartung auf die Verhandlung vor.
- Eine Partei setzt auf Konkurrieren und rationalisiert dieses Verhalten.
- Eine Partei könnte einem Auftraggeber gegenüber verpflichtet sein, der die kompetitive Strategie präferiert.
- Eine Partei ist nicht bereit, sich die Zeit zu nehmen, um nach Möglichkeiten für eine Zusammenarbeit zu suchen.
- Die Verhandlung könnte aus einer Mischung aus kompetitiven und kooperativen Aspekten bestehen. (Manchmal können die beiden Parteien zwischen den beiden Strategien wechseln. Unsere Erfahrung ist jedoch, daß kompetitive Prozesse die kooperativen eher ausschließen und eine Zusammenarbeit erschweren.)

Die meisten der beschriebenen Hindernisse spiegeln einen Konflikt zwischen den bevorzugten Strategien der beiden Parteien wider. Es könnte möglich sein, die andere Partei zu einer anderen Haltung zu bewegen, wenn dies angesichts der Informationen wünschenswert erscheint (siehe die Diskussion über den Aufbau einer Kooperation in Kapitel 9). Wenn Sie eine kooperative Beziehung herstellen möchten, dann ist Kommunikation das A und O. In Kapitel 12 gehen wir auf das Thema «Kommunikation» näher ein.

5.6 Kompromißstrategie

Letztlich bestehen die meisten Verhandlungen aus einer Mischung. Manche Verhandlungselemente sind von Natur aus kompetitiv orientiert und anderen kann man sich eher in kooperativer Weise zuwenden. Gelegentlich kommt es nicht so sehr auf die Beziehung an, und in anderen Fällen sind die Resultate nicht so wichtig. Hier greift die fünfte Strategie.

Die Kompromißstrategie kann als «adäquates Vorgehen für die meisten Gelegenheiten» angesehen werden. Bei dieser Strategie müssen beide Parteien ihre Prioritäten an die Beziehung und an das gewünschte Ergebnis anpassen. In beiden Fällen entscheiden sich die Parteien für einen Kompromiß, da einerseits *beide* etwas bekommen (Vorteil gegenüber Anpassungs- und kompetitiver Strategie), und andererseits beide *etwas* bekommen (anstelle von nichts – ein Vorteil gegenüber der Vermeidungsstrategie). Außerdem sind bei Kompromissen nicht die Anstrengungen wie bei einer Kooperation erforderlich. Wenn zum Beispiel ein Herstellerbetrieb den Auftrag hat, die Kosten einzudämmen, dann versuchen die Gewerkschafts- und Fabrikvertreter (die oft in einem konkurrierenden Verhältnis zueinander stehen), eine akzeptable Lösung finden. Die Gewerkschaft wird Entlassungen vermeiden wollen. Die Firma könnte einen Lohnstop vorschlagen. Die beiden Parteien könnten sich schließlich darauf einigen, daß es eine kleine Lohnerhöhung und als Ausgleich dafür eine Frühverrentung und keine Entlassungen gibt. Das wäre dann ein Kompromiß.

Obwohl die Verhandlungspartner für gewöhnlich einen Kompromiß nicht von Anfang planen (besonders dann nicht, wenn eine kompetitive oder eine kooperative Strategie möglich ist), wird der Kompromiß oft als eine akzeptable «zweite Wahl» gesehen.

Es gibt drei Hauptgründe, eine Kompromißstrategie (besonders als eine Alternative zu anderen Strategien) zu wählen:

1. **Eine wirkliche kooperative Strategie scheint nicht möglich zu sein.** Eine oder beide Parteien glauben nicht, daß wirklich beide profitieren können, weil dies einfach zu kompliziert oder zu schwierig wäre. Oder die Beziehung ist schon zu belastet, so daß beide sich nicht gegenseitig so unterstützen und helfen können, wie es für eine gute Zusammenarbeit notwendig ist.

2. **Beide Parteien haben nicht viel Zeit oder es fehlen andere entscheidende Mittel, die für eine Zusammenarbeit notwendig sind.** Ein Kompromiß ist meist schnell und effizient. Obwohl es der Qualität der Ergebnisse eher abträg-

lich sein kann, könnte der Ausgleich zwischen einem guten Ergebnis und der dafür erforderlichen Zeit jemanden dazu zwingen, Zeit über die Qualität zu stellen.

3. **Beide Parteien gewinnen in jeder Hinsicht etwas (und verlieren nichts).** Im Gegensatz zu einer kompetitiven Strategie (bei der die Ergebnisse auf Kosten der Beziehung maximiert werden) oder einer Anpassungsstrategie (bei der die Ergebnisse für die Beziehung «geopfert» werden), sichert der Kompromiß für beide Parteien sowohl in der Ergebnis- als auch in der Beziehungsdimension einen Gewinn.

5.7 Wann wählt man welche Strategie?

Nachdem wir nun die fünf Basisstrategien untersucht haben, kommen wir zu einem wichtigen Teil dieses Kapitels: Wie entscheidet man, welche Strategie für eine Verhandlung angemessen ist? Es sind dabei zwei Schlüsselfaktoren zu berücksichtigen:

1. Wie wichtig ist das Verhandlungsergebnis?
2. Wie wichtig ist die vergangene, gegenwärtige und zukünftige Beziehung mit der Gegenseite?

Die folgenden Abschnitte beschreiben, wie man sich in bezug auf die beiden Fragen und andere Faktoren entscheidet und wie man sie beantwortet.

5.7.1 Situation

Sehen Sie sich die Situation an und versuchen Sie sich vorzustellen, welche Strategie unter diesen Umständen die beste ist. Sind mir die Ergebnisse in dieser Situation sehr wichtig? Wenn sie es sind: Bin ich bereit, meine Beziehung zur anderen Person zu opfern? Oder umgekehrt: Ist mir die Beziehung so wichtig, daß ich sie wegen meiner Ziele nicht aufs Spiel setze? Betrachten Sie die Bedingungen, unter denen jede Strategie am effektivsten ist (siehe Abbildung 5.1). Welche dieser Bedingungen passen zur gegenwärtigen Situation?

Denken Sie daran, daß jede Strategie ihre Vor- und Nachteile hat. Es hängt von der Art des Konflikts oder der Situation ab, ob eine Strategie mehr oder weniger angemessen ist.

5.7.2 Präferenzen

Analysieren Sie Ihre persönlichen Präferenzen für die verschiedenen Strategien. Sie werden mit einer Strategie, die Ihnen zusagt, wahrscheinlich mehr Erfolg haben. Untersuchungen haben ergeben, daß Menschen in Konfliktsituationen eindeutige Präferenzen für bestimmte Strategien haben.[6] Diese führen zu bestimmten **Stilen**, die auf viele Situationen angewandt werden. Manche Menschen haben aufgrund von Erfahrungen starke Neigungen zu entweder einem konkurrierenden, kooperativen, kompromißbereiten, anpassenden oder vermeidenden Verhalten. Je stärker Ihre Präferenz für eine bestimmte Konfliktbewältigungsstrategie ist, desto öfter werden Sie diese Strategie anwenden, und je mehr Sie sich darauf versteifen, daß diese Strategie Ihnen Vorteile bringt, um so mehr werden sie diese Strategie in vielen Situationen für passend halten. Wenn Sie also normalerweise auf Konfliktsituationen (und Verhandlungen) in einer kompetitiven Weise reagieren, dann werden Sie dieses Verhalten auch als das weitgehend angemessene ansehen – selbst wenn dies nicht der Fall ist. Je weniger Sie auf eine Konfliktvermeidung setzen, um so wahrscheinlicher ist es, daß Sie nicht auf die Vermeidungsstrategie zurückgreifen – auch wenn es das Beste wäre. Deshalb müssen Sie Ihre Präferenzen und «Neigungen» kennen, weil diese die richtige Strategiewahl beeinflussen.

Ihre Präferenz für eine bestimmte Strategie wird auch auf subtile Weise, wie etwa durch Ihre **Werte und Prinzipien**, beeinflußt. Manchmal könnte es schwieriger sein, diese Werte und Prinzipien zu definieren, als Ihre Ziele, Prioritäten und Grenzen. Aber wie Sie die folgenden Fragen beantworten, wird großen Einfluß auf Ihre Bereitschaft haben, bestimmte Strategien anzuwenden oder auszuschließen:

- Wie hoch schätzen Sie Ehrlichkeit, Integrität, Benehmen und Höflichkeit?
- Ist Respekt ein wichtiges Thema für Sie?
- Wie wichtig ist Ihnen «Fair play»? (Und wie definieren sie «fair»?)
- Wie sehr ist Ihr Ego dabei involviert – Ihre Reputation, Ihr Image? Wie besorgt sind Sie über Ihr Selbstbild? Oder darüber, wie die anderen Sie sehen, wenn Sie das Gewollte bekommen oder eben nicht bekommen?

5.7.3 Erfahrung

Als nächstes müssen Sie Ihre Erfahrung im Umgang mit den verschiedenen Strategien berücksichtigen. Je mehr Erfahrung Sie damit haben, desto erfolgreicher können Sie sie einsetzen – und wahrscheinlich auch eher anwenden.

5.7.4 Stil

Überlegen Sie, wie Ihr Stil mit dem Stil der anderen Partei korreliert, und bedenken Sie die möglichen Konsequenzen. Welchen Effekt hat eine solche Kombination? Zwei konkurrierende Parteien werden beispielsweise mehr Konflikte in ihrer Verhandlung haben als eine konkurrenzorientierte Partei, deren Gegenseite normalerweise nachgibt.

5.7.5 Wahrnehmungen und vergangene Erfahrungen

Vergleichen Sie Ihre Wahrnehmungen und früheren Erfahrungen mit denen der anderen Partei. Wie Sie über Ihren Gegner denken und was Sie von der Beziehung in der Zukunft erwarten, wird Ihre Strategiewahl beeinflussen. Wie gerne mögen Sie sich? Wie oft kommunizieren Sie miteinander? Wie oft müssen Sie mit dem anderen in Zukunft zusammenarbeiten, weil Sie von dem, was er für Sie tun kann, abhängig sind? Wie stark können Sie ihm vertrauen? Ihr Vertrauen basiert auf Ihrer früheren Erfahrung mit dem Betreffenden und auf der Geschichte und den Ergebnissen der Verhandlungen, die er mit Ihnen oder anderen in der Vergangenheit geführt hat.

5.7.6 Andere Faktoren

Auch andere Faktoren können die Wahl einer Strategie beeinflussen, sind aber weniger kontrollierbar. Dennoch sollten sie Teil Ihres Planungsprozesses sein. Die folgenden situations- oder kontextgebundenen Faktoren (die wir in Kapitel 4 bereits eingehend besprochen haben) spiegeln dies wider:

- Findet diese Verhandlung **freiwillig** statt, oder wurde sie auferlegt? Gehen beide Teile bereitwillig in diese Verhandlung, oder wurden Sie von einem Manager oder irgendeinem anderen Auftraggeber, dessen Stimme und Unterstützung wichtig ist, dazu angewiesen?
- Ist die Situation stark **strukturiert**? Gibt es Regeln, Gesetze und Mandate des Managements, die die Verhandlungsrichtung vorgeben?
- Gibt es eine **Tagesordnung**? Kann diese gegebenenfalls geändert werden?
- Schließlich sollten Sie sich klar machen, daß das **Setting** eine wichtige Rolle während des Verfahrens und für die Ergebnisse spielt. Beachten Sie nicht nur die physikalische Umgebung, sondern auch das psychologische Setting der Teilnehmer, und zwar in Bezug auf einzelne Personen sowie Gruppen, auf deren Kultur und Verhalten. Stellen Sie Normen, Standards und Verfahren auf.

	Kompromiß	Kooperation
Vermeidung	Der Kompromiß-Suchende zeigt Interesse sowohl an Resultaten als auch an der Beziehung; der «Vermeider» versucht zu flüchten. Der Kompromiß-Suchende könnte aufgeben oder ihm entgegenkommen.	Der Kooperierende bemüht sich sehr um den Ausgang der Verhandlung wie um die Beziehung, während der «Vermeider» versucht zu fliehen. Der Kooperierende könnte aufgeben.
Anpassung	Kompromiß-Suchender zeigt Interesse sowohl an Ergebnissen als auch an der Beziehung. Anpassender versucht, Kompromiß-Suchenden zufriedenzustellen. Die Beziehung wird sich verbessern. Kompromiß-Suchender könnte Anpassenden dazu bringen, sich auf bestimmte Punkte zu konzentrieren.	Der Kooperierende interessiert sich sehr für beide Ziele: den Verhandlungsausgang und die Beziehung; der Anpassende versucht, den Kooperierenden zufriedenzustellen. Die Beziehung sollte sehr stark sein, aber der Kooperierende könnte bessere Ziele erreichen.
Konkurrenz	Kompromiß-Suchender zeigt Interesse an Ergebnissen und der Beziehung, während der Konkurrent nur die Ziele verfolgt. Konkurrent «gewinnt» gewöhnlich, und die beiden Parteien treten in Wettbewerb.	Der Kooperierende interessiert sich für Ergebnisse und die Beziehung, während der Konkurrent nur die Ergebnisse verfolgt. Der Konkurrent «gewinnt» meistens, und beide Parteien treten in Wettbewerb.
Kooperation	Kompromiß-Suchender zeigt etwas Interesse; Kooperierender zeigt starkes Interesse an Ergebnissen und Beziehung. Mindestens ein guter Kompromiß – wenn nicht sogar mehr – ist möglich.	Beide Parteien verfolgen ihre Ziele, zeigen viel Interesse an den Zielen des anderen und daran, Vertrauen, Offenheit und eine gute Beziehung aufrecht zu erhalten.
Kompromiß	Beide Parteien verfolgen ihre Ziele hinsichtlich des Verhandlungsausgangs in begrenztem Maß und versuchen, die Beziehung nicht zu gefährden.	

Abbildung 5.2: **Mögliche Interaktion zwischen verschiedenen Verhandlungsstilen**

5.7 Wann wählt man welche Strategie?

Konkurrenz	Anpassung	Vermeidung
Der Konkurrent wird dominieren, oder der «Vermeider» wird die Flucht ergreifen. Der «Vermeider» versucht, die Interaktionen zu minimieren, während der Konkurrent versucht, seine Ansprüche zu verwirklichen.	Der Anpassende achtet stark auf den «Vermeider», besonders aber auf die Beziehung. Der «Vermeider» versucht, Interaktionen zu minimieren.	Beide Parteien vermeiden es, ihre Punkte und Ziele zu verfolgen, und sind nicht aktiv – aus Angst, die Beziehung zu gefährden.
Der Konkurrent versucht, seine Ziele und den gewünschten Verhandlungsausgang zu erreichen, während der Anpassende versucht, den Konkurrenten zufriedenzustellen. Der Konkurrent gewinnt meist.	Beide Parteien vermeiden es, ihre Punkte und Ziele zu verfolgen; sie geben dem anderen nach und versuchen, Beziehungs-Interessen feinfühlig zu behandeln.	
Beide Parteien verfolgen ihre Punkte und Ziele und ignorieren die Beziehung völlig; sie schaffen Konflikte, Mißtrauen und Feindschaft.		

5.8 Verhandeln ohne Strategie

Manche sind der Meinung, daß es möglich ist, **keine Strategie** zu wählen: Sie lehnen es ab, sich für eine explizite Strategie zu entscheiden und überlassen es dem Zufall, was Sie als nächstes tun. Dies, so behaupten sie, erlaube ihnen eine «maximale Flexibilität».

Dieses Vorgehen hat einige entscheidende Vorteile: Sie haben die Chance, herauszufinden, wie Ihr Verhandlungspartner zunächst verhandeln möchte, wodurch Sie viel über ihn in Erfahrung bringen können. Es hält Sie auch davon ab, sich einer Strategie zu verpflichten, die nicht funktioniert oder zu keinem Abschluß führen könnte, also beispielsweise sich anzupassen, während der andere auf Konkurrieren setzt. Sich für keine Strategie zu entscheiden ist oft der Ausweg eines bequemen Verhandlungsführers: einem Hauptbestandteil des Planungs- und Vorbereitungsprozesses aus dem Weg zu gehen. Wir halten dies für keine gute Entscheidung! Obwohl eine Verhandlung ohne Strategie Ihnen einen gewissen Spielraum läßt, könnten sie dadurch aber auch in eine gefährliche Position geraten, wenn Sie Ihre Planungsaufgaben nicht richtig durchgeführt haben. Im Endeffekt wird Ihr Verhandlungspartner Sie übervorteilen, bevor Sie überhaupt wissen, was los ist!

Wenn Sie wissen, daß Ihnen die Beziehung, das Ergebnis oder beides (oder keines von beiden) am Herzen liegt, wählen Sie eine Strategie aus und beginnen Sie mit den entsprechenden Planungen. Wenn Sie die Strategie im voraus wählen, werden Sie wohl eher an Ihr Ziel kommen, als wenn Sie warten, bis der andere die Initiative ergreift. Wie wir schon erwähnt haben, können Sie, falls erforderlich, Ihre Strategie später immer noch adaptieren.

5.9 Ausblick

Wenn Sie erst einmal entschieden haben, welche Strategie am besten ist, wird es Zeit, daß Sie sich alle gesammelten Informationen vornehmen und sich an die Umsetzung der Strategie machen. In den beiden folgenden Kapiteln behandeln wir die Implementierung der beiden bekanntesten Strategien: kompetitive und kooperative Strategie. In Kapitel 6 beleuchten wir die Umsetzungsmöglichkeiten der kompetitiven Strategie, in Kapitel 7 prüfen wir verschiedene Schritte einer kooperativen Strategie. Komponenten der Kompromiß-, Anpassungs- und Vermeidungsstrategie werden wir in Kapitel 8 besprechen. Wir schlagen vor, daß Sie jedes Kapitel lesen, um sich mit den Strategiemerkmalen vertraut zu machen.

KAPITEL 6 Umsetzung einer kompetitiven Strategie

Wie wir im vorangegangenen Kapitel dargestellt haben, ist das kompetitive Vorgehen unter den richtigen Rahmenbedingungen äußerst wirkungsvoll – wenn Ihnen das Ergebnis wichtiger ist als Ihr Verhältnis zur anderen Partei und/oder wenn zu erwarten ist, daß Ihr Gegenüber sich wahrscheinlich kompetitiv zeigt. Genauso bewähren sich die anderen Strategien am besten unter ganz bestimmten Umständen. Daher kann der strategische Verhandlungsführer alle Möglichkeiten ausschöpfen, indem er die richtige Strategie für die jeweilige Situation bewußt plant, anstatt bei allen Verhandlungen nur auf eine einzige Strategie zu setzen (oder, was noch problematischer ist, nicht einmal eine Strategie zu haben und die Wahl den Opponenten zu überlassen).

Bevor wir uns näher mit der kompetitiven Strategie befassen, wollen wir Ihnen zwei fiktive Personen[1] vorstellen, an denen wir die verschiedenen Strategien veranschaulichen und ihre praktische Umsetzung üben wollen. Bei der Beschreibung dieser Personen werden wir ihre Geschichte auf fünf verschiedene Arten erzählen, um die fünf verschiedenen Verläufe zu veranschaulichen, die sich aus fünf verschiedenen Strategien ergeben. Ihre Namen sind Sara und Felice, und Sie werden ihre Verhandlungen auch in den folgenden Kapiteln verfolgen können.

> Sara und Felice sind seit Jahren befreundet, seit sie damals an der High School den gleichen Kunstkurs belegt hatten. Nach dem Abschluß besuchte Sara zunächst eine Kunstschule und nahm dann eine Stelle bei einer renommierten Innendekorationsfirma an. Felice erbte so viel Geld von einer reichen Großtante, daß sie ernsthafter Arbeit aus dem Weg gehen konnte, und verbrachte den Großteil ihrer Zeit mit Reisen und versuchte sich in Kunst. Sie sitzt im Verwaltungsrat des Kunstmuseums und der Oper ihrer Heimatstadt und hat ihr Haus und ihr Ferienhäuschen mit den Stücken bekannter Künstler und Möbeldesigner eingerichtet. Felice bewundert Saras Arbeiten und zeigt sich sehr interessiert, als Sara vorschlägt, gemeinsam eine eigene Einrichtungsfirma zu gründen. Sara verfügt über Talent und zunehmendes Ansehen bei ihren Kunden, aber ihr hlen die nötigen finanziellen Mittel, um ihr eigenes Geschäft zu eröffnen.

Wir werden Sara und Felice in regelmäßigen Abständen belauschen, wenn sie über diese Partnerschaft diskutieren und sie jede der fünf Verhandlungsstrategien anwenden. In diesem Kapitel werden Sara und Felice die kompetitive Strategie anwenden.

6.1 Anwendungssituationen

Bevor wir im Detail erörtern, wie eine kompetitive Strategie einzusetzen ist, wollen wir die passenden Rahmenbedingungen dafür noch einmal zusammenfassen:

1. Die Ziele der Beteiligten sind **kurzfristig**. Es besteht kein Verlangen danach, eine langfristige Beziehung aufzubauen oder zu pflegen.

2. Die Parteien gehen davon aus, daß ihre Ziele **inkompatibel** sind. Die Diskussionsthemen werden als ein ganzer «Kuchen» angesehen; was der eine gewinnt, verliert der andere, und es gibt nur eine begrenzte Anzahl von Möglichkeiten, den Kuchen zu teilen. Ihre Zielvorgabe ist es, von dem Kuchen das größte Stück abzubekommen. Was Sie mehr bekommen, bekommt der andere weniger. Und umgekehrt. Es kommt einzig darauf an, soviel wie möglich zu bekommen.

3. Die **greifbaren** oder quantifizierbaren, objektiven Vorteile sind für Sie das Wichtigste – Faktoren wie Preis, Zinssatz, Stückzahlen, Lieferbedingungen und Wortlaut des Vertrages. Der Preis ist in kompetitiven Verhandlungen der greifbarste Nutzen. Immaterielle oder psychologische Faktoren wie Wertschätzung, Prinzipien, Prioritäten oder das Wohl beider Parteien insgesamt (jetzt und in Zukunft) sind in kompetitiven Verhandlungen weniger wichtig, obwohl auch sie berücksichtigt werden müssen.

4. Schließlich wenden Sie wahrscheinlich eine kompetitive Strategie an, wenn Sie erwarten, daß **auch die andere Partei eine kompetitive Haltung** einnehmen wird. Aufgrund Ihrer Recherchen, die Sie in Kapitel 3 über die andere Partei angestellt haben, haben Sie sicher eine klare Vorstellung davon, welche Strategie sie verfolgen wird. Wenn Sie wissen, daß sie sich kompetitiv verhalten wird, dann mag eine kompetitive Strategie die richtige sein (siehe Abbildung 5.2). Wenn Ihr Gegenüber aber eine völlig andere Strategie verfolgt, werden Ihre Pläne nicht aufgehen. Und selbst wenn sich die andere Seite wahrscheinlich für eine kompetitive Strategie ent-

scheidet, könnten Sie es für erstrebenswert halten, auf einen kooperativen Verhandlungsstil umzuschwenken, um die möglichen Ergebnisse für beide Seiten zu verbessern. Wir erörtern dies in den Kapiteln 9 und 10.

Sara und Felice sitzen am Küchentisch in Felices Luxusappartment und diskutieren bei einer Tasse Kaffee darüber, wie die Anteile der geplanten Firma aufzuteilen seien. Sie werden sich vielleicht fragen, wenn Sie dies lesen, warum Sara die Verhandlungen ohne sorgfältige Analyse und Planung aufgenommen hat: Warum sollte Felice beispielsweise den doppelten Vorteil von Zeitdruck und Ortswahl haben? Das genau ist unser Punkt – kompetitive Verhandlungen resultieren oft gerade aus fehlender Planung und Voraussicht!

> «Es läuft alles darauf hinaus», sagte Sara, «daß ich die Erfahrung habe und Du das Geld. Die Leute in der Innendekorationsbranche kennen meinen Namen und meine Arbeit; wir werden unsere ersten Aufträge aufgrund meines guten Rufes bekommen. Niemand kennt Deine Arbeit, wenn er nicht in Deinem Wohnzimmer gewesen ist; doch ich glaube, daß Du ganz talentiert bist. Mit meiner Erfahrung und Deiner finanziellen Unterstützung denke ich, daß wir es weit bringen können… und ich denke, wir sollten den Gewinn 50/50 teilen.»
> «Was habe ich von diesem Handel?»
> «Nun, Du wirst die Gelegenheit haben, von mir zu lernen», erwiderte Sara, «und natürlich wirst Du ein Viertel der Geschäftsanteile kontrollieren.»
> «Wenn ich schon das ganze Geld aufbringe, muß ich auch den größten Anteil am Gewinn bekommen, oder Du mußt die Hälfte der Investition an mich zurückzahlen», verlangte Felice.
> Sara war wütend. «Was bist Du nur für eine Freundin? Du weißt ganz genau, daß ich unmöglich soviel Geld zurückzahlen kann, und von einem winzigen Anteil am Gewinn kann ich nicht leben. Außerdem, wenn du mehr Anteile hältst als ich, kontrollierst du die Firma, und das ist mir gegenüber nicht fair.»
> «Ich sehe das Ganze so», antwortete Felice, «Dir bleibt keine andere Wahl. Niemand sonst wird Dir das Geld geben, und ich weiß, wie gern Du das realisieren möchtest. Wir teilen 80/20, oder du zahlst Deine Hälfte mit Zinsen zurück, oder es gibt keinen Abschluß. Ich gebe Dir bis kommenden Freitag Zeit, dich zu entscheiden.»
> «Aber, Felice, Du weißt, daß ich mit dem Start nicht so lange warten kann! Wenn ich mehr Zeit hätte, könnte ich ein Dutzend Geldgeber auftreiben, aber wir müssen übermorgen mit dem ersten Auftrag anfangen. Du hast mich wirklich mit dem Rücken an der Wand! Hier ist mein letztes Angebot: Wir teilen 60/40 und schließen den Vertrag jetzt gleich!»
> «70/30 und ich akzeptiere», konterte Felice.
> Sara dachte lange nach. «In Ordnung», sagte sie, «aber nur, weil ich keine andere Wahl habe.»

Für gewöhnlich lassen sich die meisten Leute auf eine kompetitive Strategie ein, wenn sie die Gelegenheit dazu haben, weil sie am besten mit ihr vertraut sind. Felice und Sara gerieten in ihre kompetitive Verhandlung, ohne groß darüber nachzudenken. Für Felice ergab sich daraus ein sehr günstiges Resultat. Ob jedoch die Beziehung zwischen beiden langfristig überleben wird, ist fragwürdig. Die Einstellung, mit der Sara Felices Angebot angenommen hat, macht es wahrscheinlich, daß sie die Abmachung als einseitig und unfair ansieht. Sie bedauert es wahrscheinlich auch, daß sie nicht mit dem Vorschlag von 80 Prozent für sich selbst und 20 Prozent für Felice begonnen hat, wenn man berücksichtigt, wohin die Verhandlungen führten! Es ist sehr unwahrscheinlich, daß Felice diesen Aspekt der Verhandlung berücksichtigt hat, da ihr ganzes Augenmerk auf den wirtschaftlichen Aspekt der Partnerschaft gerichtet war.

Also, auch wenn Sie glauben zu wissen, wie die kompetitive Strategie funktioniert, müssen Sie gründlich darauf vorbereitet sein, selbst wenn der einzige Grund dafür ist, daß man nur allzu leicht in einem kompetitiven Prozeß landet. Und das ist sehr viel wahrscheinlicher, wenn die Beteiligten ihre Strategien nicht von Anfang an geplant haben. Wirkungsvolles Planen bringt uns zu einigen Elementen der «Checkliste» zurück, die wir an früherer Stelle erörtert haben – wir werden nun die Teile erörtern, die Sie vorausplanen müssen.

6.2 Verhandlungsspielraum

Der Fokus in einer kompetitiven Situation liegt auf dem Verhandlungsspielraum, der aus vier Punkten besteht: dem Ausgangspunkt, dem Zielpunkt, dem Abbruchpunkt und einer Alternative. Der Verhandlungsspielraum jeder Seite unterscheidet sich von dem der anderen. Ein wichtiger Teil bei der Planung Ihrer Schritte für eine kompetitive Verhandlung besteht darin, diese obengenannten Punkte für Ihre Seite zu definieren und, so gut sie können, diejenigen der anderen Seite herzuleiten (siehe Abbildung 6.1).

Der **Ausgangspunkt** liegt dort, wo Sie mit den Verhandlungen beginnen. Er entspricht Ihrem Eröffnungsangebot an die andere Seite. Sie müssen eine Menge Untersuchungsarbeit durchführen, um diesen Ausgangspunkt festzulegen. Er wird abhängig sein von der Marktsituation, der Dringlichkeit der Situation – sowohl für Sie als auch für die andere Seite –, dem mutmaßlichen Spielraum der anderen Seite (Ausgangspunkt und Abbruchpunkt), der Anzahl und dem Wert der Zugeständnisse, die Sie bereit sind zu machen, sowie dem Zeitrahmen für die Verhandlungen.

6.2 Verhandlungsspielraum

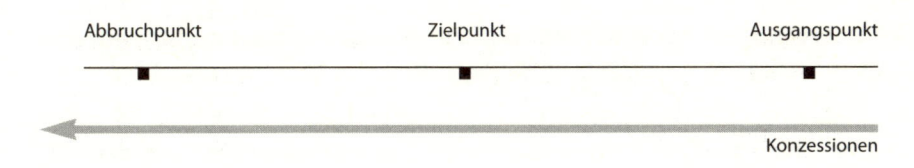

```
Abbruchpunkt          Zielpunkt          Ausgangspunkt
     ■                   ■                    ■
◄─────────────────────────────────────────────────
                                           Konzessionen
```

Abbildung 6.1: **Schlüsselpunkte kompetitiver Verhandlungen** (eine Partei)

Für ein Auto, das mit 15 000 Mark ausgezeichnet ist, könnten Sie zum Beispiel 12 000 Mark als Ausgangsbasis anbieten. Bei Lohnverhandlungen könnte ein Betrieb den Arbeitnehmern ein Ausgangsangebot von 3 Prozent Lohnerhöhung machen, wenn zu erwarten ist, daß die Gewerkschaft 8 Prozent fordern wird. Beim Kauf eines Hauses mag es üblich sein, in Verhandlungen 80 Prozent des Verkaufspreises zu bieten.

Vielleicht kennen Sie den Ausgangspunkt der anderen Seite, vielleicht auch nicht. Autos haben gewöhnlich Preisschilder, bei Häusern stehen die Preise in den Annoncen. In Tarifverhandlungen haben die Arbeitnehmer normalerweise feste Ziele und die Beteiligten kennen oft die jeweiligen Taktiken. In vielen Fällen hat man bei der Festlegung der Verkaufspreise bereits eingerechnet, daß es zu Preisverhandlungen kommen wird, und deshalb wurde der Preis vielleicht sogar um einen gewissen Prozentsatz hochgesetzt, weil man mit einem Angebot der Gegenseite rechnete, welches unter den 100 Prozent des Preises liegt. Doch oft sind die Ausgangspunkte der anderen Seite nicht so offensichtlich. Möglicherweise wissen Sie nicht und können auch nicht herauszufinden, um wieviel Ihr Vorgesetzter Ihr Gehalt erhöhen darf.

Selbst wenn Sie den Ausgangspunkt der anderen Seite vorerst nicht kennen: Sie werden ihn erfahren, nachdem Sie Ihr Eröffnungsangebot oder Gebot gemacht haben. Wenn die andere Partei Ihr Gegenangebot macht, dann ist das ihr Ausgangspunkt. Die Ausgangspunkte beider Parteien stimmen selten überein – wäre es so, bestünde keine Notwendigkeit für Verhandlungen.

Das **Ziel** ist der Einigungspunkt, den sie erreichen wollen. Es ist Ihr erhofftes Ergebnis. Das Ziel kann in monetären Begriffen definiert werden oder in anderen greifbaren Dingen wie Vorteile, kürzere Arbeitszeiten und dergleichen. Es können auch «immaterielle» Dinge – psychologische Faktoren wie Wertschätzung, Achtung, Ansehen – mit dem Ziel verknüpft sein. Wie schon früher erwähnt, sind solche immateriellen Faktoren schwieriger zu definieren und erscheinen deshalb vielleicht schon als weniger wichtig, weil sie so wenig konkret sind. Dennoch sollten Sie sie im Laufe Ihrer Planung definieren.

Der **Abbruchpunkt** ist der Punkt, an dem Sie die Verhandlungen entweder vorübergehend oder endgültig abbrechen. Er liegt vielleicht etwas jenseits Ihres Ziels, aber er wird das absolute Maximum sein, das Sie als Käufer bereit sind zu zahlen (oder das Minimum, das Sie akzeptieren, wenn Sie der Verkäufer sind). Im Falle des Autokaufs ist es der höchste Betrag, den der Käufer bereit ist zu zahlen, oder der niedrigste Betrag, den der Verkäufer akzeptiert.

Manchmal können Sie den Zielpunkt der anderen Partei abschätzen. Wenn zum Beispiel die Gegenpartei nicht mit Verhandlungen rechnet, dann ist ihr Zielpunkt das Preisschild am Auto oder der in der Anzeige genannte Preis des Hauses. Erwartet sie dagegen Verhandlungen, so liegt das Ziel wahrscheinlich um einige Prozentpunkte unter dem angegebenen Preis. Sie werden diesen Punkt unter Umständen nie erfahren. Er ist normalerweise nicht mit dem Zielpunkt identisch. Werden die Verhandlungen abgebrochen, dann können Sie vermuten, daß Sie in der Nähe des Abbruchpunktes der Gegenpartei waren, aber sicher können Sie nicht sein (siehe Abbildung 6.2).

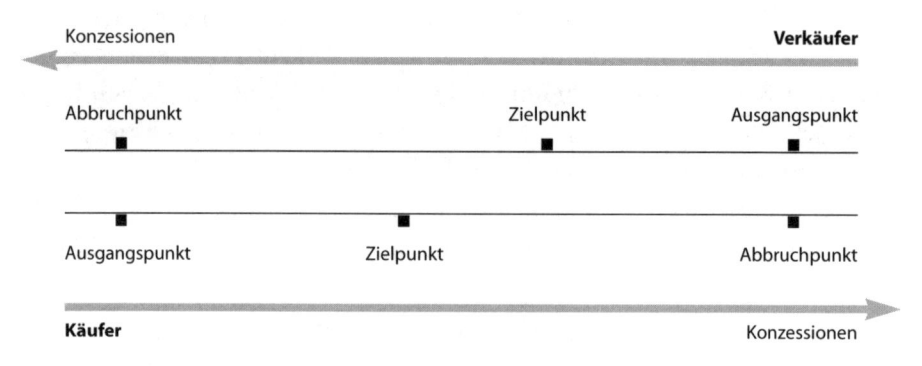

Konzessionen			Verkäufer
Abbruchpunkt		Zielpunkt	Ausgangspunkt
Ausgangspunkt	Zielpunkt		Abbruchpunkt
Käufer			Konzessionen

Abbildung 6.2: **Schlüsselpunkte kompetitiver Verhandlungen** (zwei Parteien)

Obwohl jede Seite einen Ausgangspunkt, einen Zielpunkt und einen Abbruchpunkt hat, kann es sein, daß sich die beiden Verhandlungsspielräume überhaupt nicht überlappen. Ist dies der Fall, können keine Verhandlungen stattfinden, wenn nicht wenigstens eine Seite ihren Verhandlungsrahmen anpaßt. Um zu illustrieren, was mit Überlappung gemeint ist, folgendes: Wenn das Maximum, das ich bereit bin für ein gebrauchtes Auto zu bezahlen, bei 13 000 Mark liegt und der Händler nicht unter 14 000 geht, dann sind unsere Verhandlungsspielräume nicht kongruent. In diesem Fall müssen wir sie neu überprüfen, vor allem unsere Abbruchpunkte, und diese entweder anpassen oder die Verhandlungen als gescheitert erklären (siehe Abbildung 6.3).

6.2 Verhandlungsspielraum

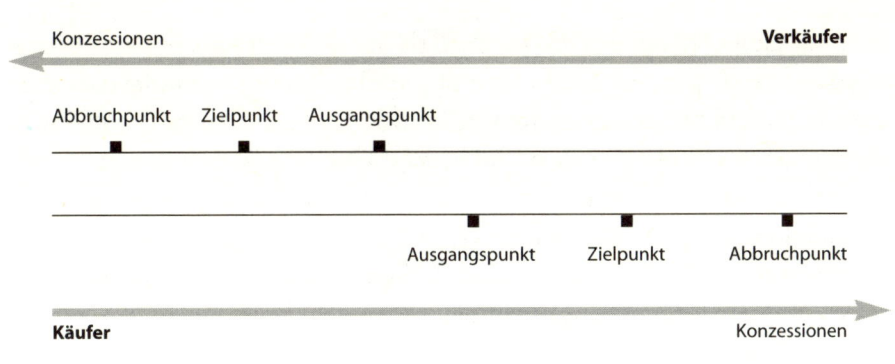

Abbildung 6.3: **Kompetitive Verhandlungen – keine Überlappung im Verhandlungsspielraum** (zwei Parteien)

Diagramm: Verkäufer mit Abbruchpunkt, Zielpunkt, Ausgangspunkt (Konzessionen nach links); Käufer mit Ausgangspunkt, Zielpunkt, Abbruchpunkt (Konzessionen nach rechts).

Nach diesem Schema können wir auch die Verhandlung zwischen Sara und Felice analysieren (siehe Abbildung 6.4).

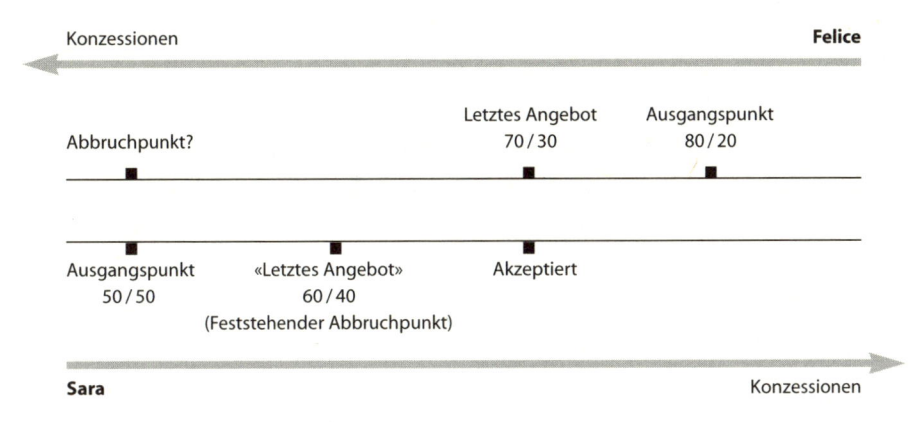

Diagramm: Felice mit Abbruchpunkt?, Letztes Angebot 70/30, Ausgangspunkt 80/20 (Konzessionen nach links); Sara mit Ausgangspunkt 50/50, «Letztes Angebot» 60/40 (Feststehender Abbruchpunkt), Akzeptiert (Konzessionen nach rechts).

Abbildung 6.4: **Kompetitive Verhandlung – Felice und Sara**

Sara glaubte, daß jede Partei einen gleichermaßen wertvollen Beitrag in die Partnerschaft einbrächte – Fachkenntnis/Erfahrung und Kapital – und demnach auch jede zu gleichen Teilen am Gewinn beteiligt werden sollte. Felice dagegen glaubte, daß ihr Kapitalrisiko weitaus größer sei – insbesondere, falls das Unternehmen scheitern sollte – und daß sie einen weit größeren Gewinnanteil bekommen sollte. Die Verhandlung begann daher damit, daß jede Seite ihr «Eröffnungsangebot» auf den Tisch legte. Sara erhöhte dann auf 60/40 und gab bekannt, daß dies ihr «letztes Angebot» sei – ein Versuch, Felice glauben zu machen, daß es nun an ihr sei, Zugeständnisse zu machen. Aber Felice konterte auf dieses Pokern mit 70/30. Sara, die keine Alternative in petto hatte – niemand sonst, mit dem sie ein Geschäft machen konnte –, mußte daraufhin eine Entscheidung zwischen folgenden Möglichkeiten treffen: von ihrem «letzten Angebot» abzuweichen und Felices Angebot anzunehmen, nochmals zu kontern oder die Verhandlungen zu beenden. Sara nahm das Angebot an, aber fühlte sich sicher gleichermaßen verärgert darüber, wie sich Felice verhalten hatte, und unglücklich mit der Einigung, mit der sie nun leben muß, bis sie ihr finanzielles Arrangement neu verhandeln kann.

6.2.1 Alternativen – eine wichtige Überlegung beim Verhandeln

Ihr Plan sollte – wenn möglich – eine Alternative oder BATNA enthalten.[2] Die Rolle einer BATNA, die beste Alternative zu einem Verhandlungsergebnis, wurde in Kapitel 3 diskutiert. Eine Alternative ist eine unerläßliche Option zur gegenwärtigen Einigung oder Übereinkunft in bezug auf die zu verhandelnden Punkte und kann Ihnen Einfluß im Verhandlungsprozeß vermitteln. Ohne Alternativen ist Ihre Verhandlungsposition wesentlich schwächer. Wie wir gerade herausgestellt haben, mußte Sara, weil sie keine Alternative hatte, sich dafür entscheiden, Felices unattraktives Angebot anzunehmen. Sie war gezwungen, eine unglückliche, aber notwendige Wahl zu treffen. Oder, wenn wir auf das Beispiel mit dem Auto zurückkommen, es könnte sein, daß es ein zweites Auto für 12 000 Mark zu kaufen gibt, das Sie als gleichwertig ansehen. Wenn Sie sich auf keinen Preis für das Auto einigen können, können Sie die Verhandlung abbrechen und auf Ihre Alternativmöglichkeit, Auto Nr. 2, zurückgreifen.

6.2.2 Vorschläge für die Festlegung Ihres Verhandlungsspielraums

Legen Sie Ihren Abbruchpunkt im voraus fest. Sie sollten im voraus wissen, bis zu welchem Punkt Sie bei den Verhandlungen gehen wollen. Wenn Sie dies nicht tun, müssen Sie unter Umständen aussteigen, wenn der Preis zu hoch wird, oder am Ende mehr ausgeben, als Sie beabsichtigt hatten.

Halten Sie eine gute Alternative bereit. Mit einer guten Alternative haben Sie in Verhandlungen einen Trumpf in der Hand. Ohne sie sind Sie in einer schwächeren Verhandlungsposition. Wenn Sie keine gute Alternative haben, dann denken Sie während Ihrer Verhandlung daran (aber stellen Sie sicher, daß der Gegner dies nicht erfährt!). Es wird dabei helfen, die Eckwerte Ihres Verhandlungsspielraums festzulegen.

Konzentrieren Sie sich nur auf diesen Abschluß. Um das Ergebnis dieses Abschlusses zu maximieren, müssen Sie Ihre Beziehung zur anderen Person sowie periphere Themen oder solche von geringerer Priorität ignorieren. Wenn Sie auf den Verhandlungspunkt konzentriert bleiben, dann können Sie die Kontrolle behalten, und das gibt Ihnen mehr Einfluß in der Verhandlung. Beachten Sie wiederum, daß dies möglicherweise kein gutes Vorgehen ist, wenn Sie mit einer Partei verhandeln, mit der Sie in Zukunft weiterarbeiten oder eine Beziehung pflegen müssen. Und es bedeutet auch, daß es nicht wert ist, einen Handel zu akzeptieren, wenn er nicht an Ihre Alternative herankommt.

Sammeln Sie möglichst viele Informationen, ohne selbst viele preiszugeben. Je mehr Informationen Sie haben, um so besser. Das gilt auch für die andere Partei. Nehmen Sie die andere Seite genau unter die Lupe, sprechen Sie mit ihr, stellen Sie Fragen. Versuchen Sie, keine Informationen über Ihre eigene Position preiszugeben. Wenn Sie alle Ihnen zugänglichen Informationen über die Position der anderen Partei und ihren Verhandlungsspielraum haben, dann hilft Ihnen das, Ihre eigene Position zu bestimmen. Wir werden gleich mehr über solche Recherchen der anderen Partei sagen.

Setzen Sie Ihr Eröffnungsangebot so hoch oder tief wie möglich an. Wenn Sie Verkäufer sind, setzen Sie Ihr Angebot so hoch wie möglich, wenn Sie Käufer sind, so niedrig wie möglich fest. Ihr Eröffnungsangebot wird bis zu einem gewissen Grad darauf basieren, wie wichtig dieser Abschluß für die andere Seite ist. Steht die andere Seite unter Verkaufsdruck, dann beginnen Sie mit einem viel niedrigeren Preis, als wenn die Verkaufsverhandlungen für den Verkäufer nicht so wichtig sind oder wenn es viele andere potentielle Käufer gibt.

Das Eröffnungsangebot festzulegen ist eine diffizile Angelegenheit. Was wir hier mit hoch oder niedrig genug meinen, ist eine vernünftige Übereinkunft. Setzen Sie nicht so hoch oder so niedrig an, daß die andere Seite einfach lacht, sich umdreht oder erklärt, daß Sie unaufrichtig und unglaubwürdig sind! (Warnung: Sie werden dies vielleicht sogar erleben, auch wenn Ihr Eröffnungsangebot annehmbar ist, nur um Sie glauben zu machen, daß man Ihr Eröffnungsangebot niemals annehmen werde.)

Zudem legen die Eröffnungsangebote in gewisser Weise den Verhandlungsspielraum fest. Haben beide Seiten erst einmal ihre Eröffnungsangebote abgegeben, dann diktieren psychologische Prinzipien, daß sich beide auf die Mitte des Verhandlungsspielraums als den Bereich konzentrieren, wo eine Einigung am wahrscheinlichsten ist. Wenn Ihr Preis also 15 000 Mark ist und ich 12 000 Mark biete, dann halten wir beide den Bereich um 13 500 Mark für angemessen. Wenn wir niedriger abschließen wollen, müssen wir ein niedrigeres Eröffnungsangebot abgeben (zum Beispiel 11 000 Mark), und die andere Seite wird dies immer noch für ein glaubwürdiges Angebot halten. Darum sollten Eröffnungsangebote immer so hoch (oder niedrig) wie möglich sein, ohne dadurch an Glaubwürdigkeit bei der anderen Seite zu verlieren.

6.3 Andere Planungselemente

6.3.1 Mehrere Verhandlungsaspekte

Wir haben bis jetzt eine einfache Verhandlung beschrieben, bei der es ein Problem gibt und zwei Parteien eine Lösung suchen. Die Planung wird komplexer, wenn Sie eine «Sammlung» von Problemen lösen müssen. Bei der Planung einer Verhandlung mit mehreren Dimensionen müssen Sie alle Punkte, die diskutiert werden müssen, auflisten und dann in eine Rangfolge bringen. Es kann sein, daß Sie sich nur auf ein Hauptproblem konzentrieren und die weniger wichtigen Punkte auf eine spätere Sitzung verschieben müssen. Die geringfügigeren Probleme können oft als «Einwürfe» während der Endphase der Verhandlung eingesetzt werden.

6.3.2 Kosten

Bei der Verhandlungsplanung schätzen wir oft nur die Gewinne, die wir durch eine erfolgreiche Verhandlung erzielen können. Aber Kosten spielen eine wichtige Rolle, besonders wenn es zu Verzögerungen kommt.

9

Gehen Sie nicht auf Konkurrenzkurs, außer Sie sind darauf vorbereitet zu verlieren!

Ebenso entstehen bei einem Verhandlungsabbruch Kosten. Sie verlieren sowohl Zeit als auch Geld. Sie sollten, wie unsere neunte Regel der strategischen Verhandlung besagt, keine kompetitive Strategie anwenden, wenn Sie nicht darauf vorbereitet sind, zu verlieren und die geschätzten Kosten dafür zu übernehmen. Viele denken, daß sie automatisch gewinnen werden, wenn sie sich in einen Wettbewerb begeben. Das stimmt nicht! Auf jeden Fall ist es wichtig, die Kosten nicht nur für Ihre, sondern auch für die andere Seite zu kennen. Wenn sie für die andere Seite aufgrund einer Verzögerung hoch sind, können Sie eine Verzögerungstaktik anwenden, um Druck auf eine Lösung auszuüben. Auf diese Art der Manipulation wird weiter unten im Abschnitt über «Taktiken» ausführlicher eingegangen.

6.3.3 Recherchen über die andere Partei

Wenn Sie eine kompetitive Strategie planen, dann kommt es darauf an, Recherchen über die andere Partei anzustellen. Obwohl Sie unter Umständen im Verhandlungsprozeß viel erfahren, ist es wichtig, vor Verhandlungsbeginn so viele Informationen wie möglich zu beschaffen. In den Kapiteln 2 bis 4, besonders in Kapitel 3, haben Sie die andere Partei genau unter die Lupe genommen und Informationen über sie zusammengetragen. Wir haben bereits darauf hingewiesen, daß Sie anhand dieser Informationen Ihre Verhandlungseckpunkte sowie auch andere Strategieaspekte bestimmen können. Sie müssen wissen, welchen **Wert** die andere Partei dem Ergebnis beimißt; sie müssen die Grenzen ihres **Verhandlungsspielraums** und ihr **Maß an Vertrauen und Motivation** kennen. Auf der Basis dieser Informationen können Sie Ihre eigene Position und Verhandlungsstrategie planen.

Es ist nicht immer leicht, in einer kompetitiven Situation Informationen über die andere Seite zu bekommen. Obwohl ein Auto vielleicht ein Preisschild hat und Sie damit das Eröffnungsangebot des Händlers kennen, werden vielleicht in anderen kompetitiven Verhandlungssituationen solche Informationen nicht so offen gehandelt. Eine Recherchemethode sind offene Fragen an die andere Partei. Das mag nicht sehr ergiebig sein, wenn die andere Partei nur zögernd mit Informationen herausrückt. Sie können ein indirektes Vorgehen wählen und Akten einsehen, öffentliche Informationsquellen befragen, andere Personen konsultieren, die die andere Seite und ihre Verhandlungsgeschichte kennen, oder mit Experten sprechen, die in den anstehenden Verhandlungsbereichen Erfahrung haben.

Manchmal wenden konkurrenzorientierte Personen solche fragwürdigen Methoden wie Wanzen, Spezialcodes, die Durchsuchung von Papierkörben oder Computerdateien an, um an Informationen zu kommen. Diese Methoden können heikel sein, weil sie zu stagnierenden Verhandlungen oder zum Abbruch führen können, wenn die andere Seite es herausbekommt. Wir werden diese Punkte gesondert in Kapitel 12 erörtern.

Denken Sie daran, daß eine «indirekte» Informationsbeschaffung einer Interpretation Tür und Tor öffnet. Es handelt sich dann eben nicht um Fakten, sondern um Deutungen. Bei Verhandlungsbeginn sollten Sie darauf vorbereitet sein, Ihre Informationen zu verifizieren.

Und denken Sie auch daran, daß die andere Seite Informationen über Sie ausgräbt, während Sie noch dabei sind, Ihre Hausaufgaben zu machen. Es ist wichtig, der anderen Seite keine Informationen preiszugeben, die in den Verhandlungen gegen Sie verwendet werden können. Das wird gegenüber einem versierten, erfahrenen Verhandlungspartner schwierig sein, denn ein solcher versteht es, Informationen aus Ihnen herauszuholen, und das oft auf ganz subtile Weise.

6.3.4 Die Rolle der Auftraggeber

Bei einfachen Verhandlungen sind normalerweise zwei Personen beteiligt: Sie selbst und die andere Partei. Aber dabei kann es vorkommen, daß die Auftraggeber auf beide Parteien Einfluß nehmen. Auf einem einfachen Verhandlungsniveau, wie etwa bei einem Haus- oder Autokauf, kann es sich um ein Familienmitglied handeln, das den Prozeß beeinflußt, wenn auch nur hinter den Kulissen. Auch wenn es Ihnen beim Autohändler so vorkommt, als würden Sie nur mit dem Verkäufer verhandeln: Warten Sie nur, was passiert, wenn Sie ein Angebot machen. Es muß erst «mit dem Boß besprochen werden», hinter verschlossenen Türen. Ein perfektes Beispiel für den Einfluß Dritter – und oft eine manipulative Taktik!

Wenn eine Firma mit der Gewerkschaft verhandelt, sind die Auftraggeber viel einflußreicher. Der Unterhändler auf seiten der Arbeitgeber hat eine Menge Leute im Rücken (verschiedene Ebenen des Managements, Aktionäre und andere), die eigene Ziele und Interessen am Vertragsergebnis haben. Für einige steht in der Verhandlung mehr auf dem Spiel als für andere. Ebenso steht der Verhandlungsführer der Gewerkschaften nicht alleine da. Er vertritt nicht nur die Mitglieder, sondern auch das Management der Gewerkschaft. In komplexen Verhandlungen kann es eine ganze Gruppe von Verhandlungsführern geben, von denen jede einen oder mehrere Auftraggeber hat.

Wenn man also davon ausgeht, daß es Auftraggeber gibt (sichtbar oder hinter den Kulissen): Welche Rolle spielen sie? Wir haben in Kapitel 5 dargelegt, daß der Einfluß der Auftraggeber von der Art der gewählten Strategie abhängig ist. Ihr Einfluß ist wahrscheinlich bei der kompetitiven Strategie am größten, wo sie übertriebenen Einfluß und Druck auf den Verhandlungsführer ausüben. Wenn sie sehr viel Macht haben, können Einfluß und Autorität des Verhandlungsführers eingeschränkt werden. Das kann von Vor- oder Nachteil sein. Wenn Ihre Auftraggeber sehr einflußreich sind, dann sind Ihnen dabei Grenzen gesetzt, was Sie selbständig aus den Verhandlungen herausholen können. Jeder Schritt oder jede Konzession muß erst durch die Auftraggeber abgesegnet werden. Das kann sich als Vorteil erweisen, wenn Sie sich nicht von den kompetitiven Strategien der anderen Seite unter Druck setzen lassen wollen, aber es kann von Nachteil sein, wenn Sie einen Handel schnell abschließen oder wenn Sie mit Ihren Auftraggebern nicht übereinstimmen und schneller zu einer Übereinkunft gelangen wollen als diese. Das gleiche gilt, wenn wir über die Auftraggeber Ihres Gegners sprechen. Wenn sie unnachgiebig sind und Ihrem Gegner wenig Einfluß lassen, wird es schwierig sein, ein schnelles Übereinkommen zu erzielen oder Druck auf den Gegner auszuüben. Wenn sie sich dagegen nachgiebig zeigen und Ihrem Gegner mehr Spielraum einräumen, können Übereinkommen, die im Verhandlungsrahmen liegen, schneller getroffen werden.

6.4 Ereignissequenz in kompetitiven Verhandlungen

Die Formulierung des Eröffnungsangebots ist wahrscheinlich der kritischste Punkt, weil er auf Informationen über die andere Seite basiert, die richtig oder falsch sein können. Wenn Sie die Verhandlungen erst einmal aufgenommen haben und die ersten Karten schon einmal auf dem Tisch liegen, wissen Sie eher, was als nächstes zu tun ist. Ob Sie zu Anfang eine **extreme Position** beziehen sollen, ist schwierig zu entscheiden, da diese Haltung sowohl Nachteile als auch Vorteile mit sich bringt.

Erstens bestimmt eine extreme Position die Verhandlungsatmosphäre. Sie suggeriert, daß Sie ein zäher Verhandler sind, der keinen Spaß versteht, und daß die andere Seite wahrscheinlich einige Zugeständnisse machen muß (siehe den Abschnitt über «Konzessionen» weiter unten).[3] Zweitens eröffnet Ihnen ein extremes Angebot viel Raum für Anpassungen, die Ihnen wiederum viel Zeit lassen, die andere Partei abzuschätzen. Dies kann aber auch langwierige Verhandlungen nach sich ziehen. Dagegen ist einer der Gefahrenpunkte, daß das Angebot direkt abgelehnt werden und damit die Verhandlung zum Stillstand kommen kann. In vielen Situationen wird der Gegner schlichtweg weitere Verhandlungen ablehnen und Sie stehen lassen – besonders wenn er eine gute Alternative hat. Gerade wenn Sie Härte zeigen wollen, kann sich dies nachteilig auf zukünftige Beziehungen zur anderen Seite auswirken. Prämisse in der kompetitiven Strategie ist, daß Ihr Interesse an der Beziehung gering und kurzfristig ist. Da das extreme Angebot sich als problematisch erweisen kann, sollten Sie es nur einsetzen, wenn Sie (auch) eine gute Alternative haben.

Ihr Eröffnungsangebot bestimmt das Klima für die Verhandlung. Die andere Partei wird Ihnen mit ihrem Verhalten häufig nur den Spiegel vorhalten. Wenn Sie also zu Beginn eine offensive Haltung einnehmen, wird die andere Seite davon ausgehen, daß sie um jeden einzelnen Verhandlungspunkt kämpfen muß, und es gibt nur Krieg zwischen Ihnen beiden. Eine weniger extreme Haltung zu Anfang dagegen verleitet die andere Partei vielleicht zu gemäßigteren Erwartungen, die zu vernünftigen Konzessionen und Kompromissen führen können. Die andere Seite ist vielleicht verwirrt, wenn Sie mit einem vernünftigen Angebot anfangen und sich dann unnachgiebig zeigen oder wenn Sie zuerst ein dreistes Angebot machen und sich später als kompromißbereit und zugänglich erweisen.

Es ist schwierig abzuschätzen, was hier wichtiger ist: **Härte** oder **Konsequenz**. Wenn Sie die Wahl haben, bleiben Sie in Ihren Botschaften besser konsequent hart (oder nachgiebig) als sprunghaft. Härte kann zu besseren Ergebnissen führen, aber eine konsequente Strategie unterstützt Ihre Glaubwürdigkeit anderen gegenüber. Wenn Sie zu Beginn unnachgiebig sind, müssen Sie es wahrscheinlich bleiben, es sei denn, Ihr Verhalten löst bei der anderen Partei eine solche negative Resonanz aus, daß Sie sich für mehr Flexibilität entscheiden müssen – aber auch Konsequenz und eine gewisse Glaubwürdigkeit opfern müssen.

6.5 Konzessionen

Eine Reihe von Konzessionen wird auf die Eröffnungsangebote jeder Seite folgen. Konzessionen sind Abstriche, zu denen eine Seite bereit ist in der Erwartung, daß die andere Seite entsprechend entgegenkommt. Wenn Sie zum Beispiel Ihr Angebot für einen Gebrauchtwagen um 1000 Mark erhöhen, ist der Händler vielleicht bereit, um genau diesen Betrag vom Verkaufspreis herunterzugehen. Wenn Sie aber nur um 100 Mark erhöhen, ist es unwahrscheinlich, daß er um 1000 Mark heruntergehen wird.

Aufgrund der Differenz zwischen Ihren Ausgangs- und Endpunkten und denen der anderen Seite gehören Konzessionen zu Verhandlungssituationen dazu. Ist genug Spielraum zwischen Ihrem Angebot und dem der anderen Seite, kann jede Seite genügend Abstriche von ihrem Angebot machen.

Konzessionen beeinflussen nicht nur die greifbaren Ergebnisse, sondern auch die nicht greifbaren wie Achtung und Reputation. Mit einem Zugeständnis erkennen Sie die andere Seite als achtbaren Gegner an. Wenn Sie jedoch eine Konzession machen und die andere Seite keine oder nur minimale, können Sie Ihr Gesicht verlieren und dadurch als die schwächere Partei erscheinen, vor allem gegenüber Ihren Auftraggebern. Das Ungreifbare – Ihre Reputation und Ihr Image – fällt in der Verhandlung besonders auf, vor allem wenn die Auftraggeber anwesend sind.

Wenn Sie das Gefühl haben, daß Ihnen die Konzessionen der anderen Seite nicht passen, dann wollen Sie vielleicht über Konzessionen verhandeln. Sie könnten zum Beispiel sagen: «Sie müssen mir zeigen, daß Sie in vollem Vertrauen verhandeln wollen und mir Hinweise darauf geben, in welchen Bereichen Konzessionen möglich sind.» Oder Sie verknüpfen Konzessionen miteinander: «Wenn Sie sich bereit erklären, den Dachgepäckträger zuzugeben, bin ich bereit, 200 Mark mehr zu zahlen.» Ein anderer Ansatz ist eine Art «Konzessionspaket»: «Ich mache A und B, wenn Sie C und D übernehmen.»

Ein kompetitiver Stratege kann viel über den Verhandlungsfortschritt erfahren, wenn er auf die **Muster** der Konzessionen achtet. Als wir über Konsequenz sprachen, gingen wir davon aus, daß das Muster der Konzessionen große Bedeutung hat. Und so ist es tatsächlich! Generell beginnen die Verhandlungsteilnehmer mit großen Zugeständnissen, und je näher sie ihrem Zielpunkt kommen, desto kleiner werden diese, und noch kleiner, wenn sich die Verhandlung dem jeweiligen Abbruchpunkt nähert. Je härter der Verhandlungspartner ist, desto weniger Konzessionen wird er machen und um so geringer werden sie auf allen Verhandlungsstufen ausfallen.

Wenn die Konzessionen der anderen Partei mit jeder Verhandlungsrunde bescheidener werden, kann es wahrscheinlich daran liegen, daß sie sich ihrem Abbruchpunkt nähern und nur noch wenig Spielraum im Hinblick auf eine Lösung lassen. Dazu kann es auch kommen, wenn die Verhandlung mit einem Angebot beginnt, das sehr nahe am Ziel- oder Abbruchpunkt liegt, so daß wenig Raum für Konzessionen bleibt. Um diese Situation zu vermeiden, sollten Sie sich – wenn Sie zu Konzessionen bereit sind – ein kleineres Zugeständnis für die letzte Runde bewahren.

Wenn das Ausmaß der Konzessionen der anderen Partei sich unterschiedlich gestaltet, wenn sie zuerst große, dann kleine und schließlich wieder große macht, dann ist es schwer einzuschätzen, was als nächstes geschieht. Achten Sie auf Anhaltspunkte im Verhalten der anderen Partei. Oder fragen Sie, was sie im Schilde führt, wenn ihr Verhalten Sie verwirrt. (Manchmal will man vielleicht den Gegner gezielt verwirren, und das ist sicherlich eine Möglichkeit!)

Eine Warnung in bezug auf Konzessionen: Sie können die andere Partei in einem frühen Verhandlungsstadium vielleicht zu Zugeständnissen drängen, aber seien Sie vorsichtig damit, wie oft und wie intensiv Sie das tun. Es könnte einen «Point of no return» geben, an dem die andere Partei nicht mehr nachgeben kann, so daß Sie den Abbruch der Verhandlungen riskieren, wenn Sie sie zu sehr in die Ecke drängen. Dies ist ein weiteres Dilemma der kompetitiven Verhandlungsstrategie. Die andere Partei versucht vielleicht, Sie davon zu überzeugen, daß sie keine Zugeständnisse mehr machen kann, obwohl sie es noch könnte. Sie müssen entscheiden, ob das wirklich stimmt oder nur eine List ist, um ihnen Zugeständnisse abzuringen.

6.6 Allgemeiner Leitfaden für erfolgreiche kompetitive Verhandlungen

Wenn erst einmal die Eröffnungsangebote (oder -forderungen) beider Seiten vorliegen und Zugeständnisse gemacht werden, können verschiedene Dinge passieren. Von nun an ist es schwierig, genau abzuschätzen, was als nächstes geschehen wird. Deshalb geben wir Ihnen einige generelle Ratschläge, wie eine kompetitive Strategie «durchzuziehen» ist, und erörtern dann eine Reihe von Taktiken, die normalerweise dazu gehören.

1. **Halten Sie an Ihren geplanten Ziel- und Abbruchpunkten fest.** Lassen Sie sich nicht von der anderen Partei manipulieren. Lassen Sie sich nicht auf schnelle Kompromisse zwischen dem Angebot der anderen Partei und Ihrem Eröffnungsangebot ein. Haben Sie beide Ihre Eröffnungsangebote gemacht, besteht nämlich die Tendenz, sich in der Mitte davon treffen und das Geschäft abwickeln zu wollen. Wir kennen das: «Zum ersten, zum zweiten, zum dritten und zum…letzten». Man setzt bei 15 000 Mark an, Sie bieten 12 000 Mark, und man fragt Sie: «Warum treffen wir uns nicht einfach bei 13 500 Mark?» Gehen Sie nicht darauf ein, wenn dieser Betrag nicht Ihr Ziel ist. Halten Sie an Ihren geplanten Zielen fest. Erinnern Sie sich, daß Sie in der Lage sind, ein besseres Geschäft abzuschließen, wenn Sie kleinere Schritte machen.

2. **Geben Sie Ihren Zielpunkt nicht zu früh preis.** Geben Sie der anderen Partei nur minimale Informationen. Wenn Sie Ihren Zielpunkt offenlegen, sind Sie manipulierbar, besonders wenn Sie glauben, ein noch besseres Ergebnis zu erzielen. Lassen Sie die andere Seite Ihren Zielpunkt nur dann wissen, wenn wahrscheinlich kein besserer Abschluß möglich ist.

3. **Geben Sie niemals Ihren Abbruchpunkt preis.** Informieren Sie die andere Partei niemals über Ihre Grenzen. Wenn Sie das tun, wird sie versuchen, so nahe wie möglich an Ihren Abbruchpunkt heranzukommen. Sagen Sie so wenig wie möglich – selbst wenn Sie gefragt werden, wie weit zu gehen Sie bereit sind.

4. **Ringen Sie der anderen Partei große Zugeständnisse ab.** Wenn Sie glauben, daß die Größe des «Kuchens» begrenzt ist, werden Sie soviel wie möglich davon haben wollen und der anderen Seite nur den kleinsten Teil davon zugestehen. Überzeugen Sie sie davon, daß es an ihr ist, von ihrer Position abzurücken. Das ist die zehnte Regel der strategischen Verhandlung.

5. **Halten Sie sich bei Konzessionen zurück.** Wenn Sie schon welche machen müssen, dann in kleinen Schritten – einen Punkt nach dem anderen. Seien Sie geduldig. Denken Sie daran, daß die Zeit für Sie arbeitet.

6. **Bringen Sie das Interesse am Ergebnis und die Kosten eines Verhandlungsabbruchs bei der anderen Partei in Erfahrung.** Das können Sie durch direkte Informationen herausfinden – zum Beispiel, wenn ein Unternehmen behauptet, daß es keinen Streik übersteht, oder wenn auf eine schnelle Einigung gedrängt wird. Wenn Sie die Interessen der anderen Seite in Erfahrung bringen und Ihre eigenen aber im Dunkeln halten möchten, dann fragen Sie, aber wimmeln Sie Fragen an Sie selbst ab. Diese Information kann nützlich bei der Planung der Taktiken sein.

⑩ Drängen Sie auf Zugeständnisse!

6.7 Taktiken

In der kompetitiven Strategie kommt es häufig zu Rangeleien um die Position und zu einem «Zermürben» der anderen Partei. Im tatsächlichen Verhandlungsverlauf verändern sich wahrscheinlich die Positionen der Parteien immer wieder. Wenn sich die Wogen wieder geglättet haben, ist es unter Umständen leichter, ein klareres Bild über den Verhandlungsverlauf zu bekommen. Wenn die andere Seite einen Schritt macht, haben Sie die Chance, Ihre Position entsprechend neu zu überprüfen.

Manchmal wird bei der kompetitiven Strategie taktiert, um die eigene Position zu verbessern und die des anderen zu verschlechtern. Da diese Strategie dazu dienen soll, einen einzelnen Geschäftsabschluß zu maximieren und das größte Stück vom Kuchen abzubekommen, will der Konkurrent so nahe wie möglich an den Abbruchpunkt der anderen Seite kommen, oder er wird versuchen, die andere Partei zu einer Änderung ihres Abbruchpunktes zu bringen, damit sich der Verhandlungsspielraum erweitert.

Solche Taktiken dienen dazu, die andere Partei so zu manipulieren, daß sie diese Einigung für die beste hält. Taktiken können aber fehlschlagen mit dem Ergebnis, daß es zu Gefühlsausbrüchen kommt oder die Verhandlung abrupt abgebrochen wird. Auch wenn wir sie nicht empfehlen, möchten wir sie hier dennoch untersuchen, damit Sie vorbereitet sind, wenn Sie mit solchen Taktiken konfrontiert werden.

6.7.1 Verpflichtungen

Wie können Sie der anderen Partei zeigen, daß Sie sich dieser Verhandlung verpflichtet fühlen und Ihre Ziele verfolgen? Es gibt viele Möglichkeiten, Ihr Engagement zu zeigen. Dazu gehören Erklärungen, Drohungen und der Gebrauch von öffentlichen und politischen Mitteln, um Ihr Engagement noch zu unterstreichen. Falls Sie allerdings fest auf einer Sache bestehen und drohen, müssen Sie das auch durchhalten. Je öffentlicher die Drohung ausgesprochen wird – auch wenn dies nur dem Verhandlungspartner gegenüber direkt geschieht –, desto größer ist der Druck, auch zu Ihrem Wort zu stehen.

Es gibt zwei Arten von Verpflichtungen: verbindliche Aussagen über das, was Sie tun werden (Drohungen und Versprechungen) und «letzte Angebote». Lassen Sie uns zuerst über Drohungen und Versprechungen reden.

Drohungen und Versprechungen. Eine verbindliche Aussage könnte wie folgt aussehen: «Wenn Sie..., dann werde ich...» Es gibt zwei Arten von verbindlichen Aussagen: Drohungen und Versprechen. Eine Drohung beschreibt genau, was passiert, wenn der andere *nicht* das tut, was Sie möchten. Demnach sieht eine Drohung wie folgt aus: «Wenn sie... nicht tun, werde ich...» Diese Art von Aussage bringt die andere Partei in die Defensive, während sie Ihre eigene Verpflichtung erhöht. Ihr eigenes Ansehen und Ihr Bedürfnis, Ihre Glaubwürdigkeit aufrechtzuerhalten (daß Sie das, was Sie versprechen, auch halten), gekoppelt mit öffentlichem Druck, ist Grund genug, sich auch daran zu halten. Ein Versprechen dagegen ist: «Wenn Sie... tun, werde ich...» Da Sie der Gegenseite normalerweise etwas Positives anbieten, ist sie eher bereit, sich zu öffnen und sich weniger defensiv zu verhalten.

Versprechen können Ihnen allerdings, genau wie Drohungen, Probleme bereiten, besonders in bezug auf Ihre Glaubwürdigkeit. Und genau wie mit einer Drohung können Sie mit einem «Versprechen» in eine Sackgasse geraten und müssen es tatsächlich auch halten. Wenn Sie Ihrem Sohn ein neues Computerspiel versprechen, wenn er den Rasen mäht, werden Sie ihm dann wohl auch eines kaufen müssen!

Beide Arten von Verpflichtungen – Drohungen und Versprechungen – schränken zwar Ihre Flexibilität ein, erhöhen aber die Wahrscheinlichkeit, daß die andere Partei Ihnen gibt, was Sie möchten. Wenn Sie glauben, daß eine verbindliche Aussage gut für Ihre Position ist, dann gehen Sie diesen Weg! Um Ihrer Aussage mehr Gewicht zu verleihen, sollten Sie sie öffentlich machen: Tragen Sie sie vor einigen Leuten oder einer Gruppe vor. Gehen Sie an die Medien, um es noch öffentlicher zu machen, oder lassen Sie es in einer Zeitung drucken. Suchen Sie Verbündete, die Sie dabei unterstützen. Seien Sie sich dabei aber sicher, daß sie das alles auch durchführen können.

Die andere Partei könnte sich mit einer eigenen Verpflichtung zu rächen versuchen, was man vermeiden sollte. In solchen Situationen erklären beide Seiten, daß sie zu ihren Aussagen stehen und ihre Absichten nicht ändern möchten. Wenn sich die beiden Parteien jedoch hinter ihren Verpflichtungen verschanzen, könnte die Verhandlung vorzeitig enden, weil keiner der beiden nachgeben möchte.

«Letzte Angebote». Ein letztes Angebot ist eine weitere Form von Verpflichtung. Dabei erklärt eine Partei, daß sie alle ihr möglichen Konzessionen gemacht hat und es nun an der anderen Partei liegt, den letzten Schritt zu tun und die Lücke dazwischen zu schließen. Wenn beide Parteien bereits einige Konzessionen gemacht haben, dann werden sie sich dazu entschließen, daß es nun genügt. Dazu kann es kommen, wenn sich beide ihrem Zielpunkt genähert (oder ihn überschritten) haben oder wenn die eine Seite meint, daß die andere noch mehr Entgegenkommen zeigen muß und dazu gezwungen werden kann.

Normalerweise ist es ganz offensichtlich, wenn eine Partei ihr letztes Angebot gemacht hat. Meistens sagt sie es deutlich: «Das ist unser letztes Angebot.» Das kann faire Zugeständnisse enthalten, da es üblich ist, mit Konzessionen bis zum Schluß zu warten. Sie können jetzt entweder darauf eingehen oder selbst ein letztes Angebot machen und darauf hoffen, daß die andere Partei weitere Zugeständnisse machen wird. Es ist nicht ungewöhnlich, daß zwei verhandelnde Parteien zu Konzessionen gelangen, die 95 % der Differenz zwischen Ihren Eröffnungsangeboten abdecken, daß sich aber wegen der verbleibenden 5 % die Verhandlungen festfahren.

Sich von Verpflichtungen distanzieren. Da Verpflichtungen Ihre Flexibilität einschränken, brauchen Sie vielleicht eine Art Fluchtweg oder einen Alternativplan, um gegenüber Ihrer Verpflichtung auf Distanz gehen zu können. Was tun Sie, wenn Sie sich zu etwas verpflichtet haben und sich aus dieser Verpflichtung befreien wollen? Eine Möglichkeit ist, einzuwenden, daß sich die Situation verändert hat oder daß Sie neue Informationen haben. Sie können auch versuchen, sich einfach ruhig zu verhalten und die Sache langsam «einschlafen» zu lassen. Oder Sie formulieren Ihre Aussage allgemeiner. Verhandlungsführer greifen oft zu diesem Schritt und formulieren ihre Verpflichtungen sehr vorsichtig, so daß immer noch «Rückzugsmöglichkeiten» in ihren Formulierungen stecken, nach dem Motto: «Ich habe niemals gesagt, daß ich Dir *diese Woche* ein Videospiel kaufen würde.»

Wenn die *andere Partei* sich zu etwas verpflichtet, das sie dann nicht einhalten kann, ist es meist ein kluger Zug von Ihrer Seite, wenn Sie ihr helfen, das Gesicht zu bewahren. An diesem Punkt müssen Sie sich weniger konkurrenzorientiert verhalten, als es die Strategie vielleicht vorschreibt. Wenn Sie die andere Seite unter Druck setzen, wird sie eher auf ihrer unvernünftigen Position verharren und jede Bewegung verweigern oder sich in eine derart peinliche Situation gebracht fühlen, daß sie sich vornimmt, es Ihnen später heimzuzahlen. Um dies zu vermeiden, könnten Sie zulassen, daß sie ihr Angebot ändert, einen Weg findet, flexibel zu sein, ohne «blöd dazustehen», und ihr sagen, daß dies alles «dem Gemeinwohl» dient. Oder Sie können andere großzügige und unterstützende Stellungnahmen abgeben. Wenn Auftraggeber involviert sind, könnten Sie der anderen Partei bewußt Komplimente machen, so daß die Auftraggeber nichts von den Differenzen erfahren.

Hardball. Den starken Mann spielen, mit einem extremen Angebot beginnen, Konzessionen verweigern, hohe Forderungen stellen und letzte Angebote machen – all dies sind Beispiele für Taktiken, bei denen mit harten Bandagen vorgegangen wird. Mit ihnen soll die andere Partei unter Druck gesetzt werden, und sie können jemandem, der sich nicht sehr gut vorbereitet hat, wirklich schaden. Doch die andere Partei könnte auch zu einer Revanche provoziert werden. Dann wird aus der Verhandlung eine Reihe von Zügen und Gegenzügen, die alle miteinander unproduktiv und zeitraubend sind. Wenn man mit harten Bandagen kämpft, spielt man unter Umständen mit seinem Ruf, geht das Risiko einer negativen Publicity, einer verlorenen Verhandlung sowie die Gefahr ein, den ganzen Ärger der anderen Partei über das Geschehen abzubekommen.

Good Guy / Bad Guy. Sie haben diese Taktik bestimmt schon einmal in Polizeifilmen gesehen, in denen zwei Untersuchungsbeamte einen Verdächtigen verhören. Zuerst bedrängt der schlechte Typ den Verdächtigen und drängt ihn in die Ecke. Dann wird der schlechte Kerl wütend, stürmt aus dem Raum und der Gute versucht, den Verdächtigen zum Geständnis zu bewegen, bevor der andere zurückkommt. In Verhandlungen ist es die Aufgabe des Guten, gerade noch eine Einigung zu erlangen, bevor der Schlechte zurückkommt. Eine Variation dieses Themas kann darin bestehen, daß der schlechte Kerl nur dann redet, wenn die Verhandlung ins Schwanken gerät – um den anderen «weichzukochen» –, und daß der Gute übernimmt, wenn die Dinge wieder laufen. Es gibt folgende Nachteile bei dieser Taktik:

1. Sie ist für jeden durchschaubar.
2. Sie befremdet die andere Partei.
3. Man verbraucht bei dieser Taktik mehr Energie als für die Verhandlung selbst.

Highball / Lowball. Bei dieser Taktik macht man zu Beginn der Verhandlung ein lächerliches Angebot, das, abhängig von der Situation, entweder sehr hoch oder sehr niedrig ist. Man will damit die andere Partei dazu zu bringen, ihre Position neu zu überdenken. Wenn jemand einen Computer verkaufen möchte und der Käufer die Hälfte von dem bietet, was er kosten soll, wird der Verkäufer, der seine Hausaufgaben nicht gemacht hat, denken, daß dies ein faires Angebot ist, und es annehmen. Andererseits könnte der Verkäufer auch die Verhandlung beenden, weil er denkt, daß es keine möglichen Überschneidungen gibt. Ein erfahrener Verhandlungsführer könnte die Situation umdrehen und die Verhandlung wieder in Bewegung bringen, aber es bleibt möglicherweise ein schlechter Eindruck zurück, den man kaum wieder überwinden kann.

Bogey. Bei dieser Taktik tun Sie so, als ob ein Aspekt für Sie wichtig wäre, auch wenn er das nicht ist, und später in der Verhandlung werden Sie diesen gegen etwas wirklich Wichtiges eintauschen. Dazu müssen Sie über die Prioritäten der anderen Seite Bescheid wissen. Außerdem müssen Sie so tun, als ob etwas sehr wichtig ist, wenn es unwichtig ist; und das kann sehr schwierig und verwirrend sein. Wenn die andere Partei dieselbe Taktik anwendet, kann es sein, daß beide Seiten nicht mehr wissen, worüber Sie eigentlich verhandeln. Wenn bei einem Verkauf beispielsweise der Preis das wichtigste Element und eine gute Garantie zweitrangig ist, könnten Sie einige unmögliche Forderungen bezüglich der Garantie aufstellen (von denen Sie wissen, daß die andere Partei sie Ihnen nicht zugestehen wird) und dann dafür größere Zugeständnisse hinsichtlich des Preises machen.

Nicht richtig anbeißen. Hier warten Sie bis zum Ende der Verhandlung, wenn alles schon so gut wie beschlossen ist, und verlangen dann etwas, was nie zuvor in der bisherigen Verhandlung erwähnt wurde. Kurz bevor das Geschäft soweit ist, daß es nur noch unterschrieben werden muß, versuchen Sie, noch ein weiteres Zugeständnis zu erlangen: «Oh! Ich habe ganz vergessen, Sie zu fragen, ob Sie das in drei Stunden für mich fertig machen können!» Das funktioniert oft, es sei denn, die andere Partei weiß, daß Sie «nicht richtig anbeißen wollen».

Kneifen. Dies ist ein anderes bekanntes «Spiel». Das klassische Beispiel dafür sind zwei Teenager, die mit ihren Autos direkt aufeinanderzurasen und wo jeder Fahrer darauf wartet, daß der andere ausweicht und umdreht. Man benutzt diese Taktik, wenn es sich um eine kompetitive Verhandlung handelt und man mit Bluffen und Drohen versucht, seine Ziele zu erreichen. Das Ziel ist, die Position beizubehalten und die andere Partei so einzuschüchtern, daß sie Ihnen den Weg freimacht. Bei dieser Strategie treten folgende Probleme auf:

1. Es steht viel auf dem Spiel.
2. Sie müssen bereit sein, Ihre Drohung wahr zu machen.

Diese Probleme werden bei den Kriegsdrohungen zweier Länder deutlich, vor allem wenn Nuklearwaffen im Spiel sind.

Einschüchterung und Aggressivität. Es gibt viele Tricks, wie man eine Einigung in einer kompetitiven Verhandlung erzwingen kann. Einer davon ist Verärgerung, sei sie nun echt oder vorgetäuscht. Ein anderer Trick ist der Einsatz von formalen Dokumenten und Verträgen, die bestimmte Reaktionen oder Haltungen erzwingen. Einer muß den anderen zu etwas zwingen, indem er an das Gewissen des anderen appelliert. Aggressives Verhalten, wie beispielsweise Drängen oder das Angreifen der Meinung des anderen oder die Forderung nach Erklärungen für die Positionen, kann dazu genutzt werden, die andere Partei zu etwas zu zwingen.

Termine, Zeitpläne und Verzögerungen. Zeitpläne können das Verhandlungsergebnis beeinflussen: beim Wochentag (Montag im Gegensatz zu Freitag) angefangen über die Tageszeit (frühmorgens, spät nachmittags) bis hin zur «letzten Stunde» eines Zeitplans. Wenn eine Partei eine lange Anreise an den Verhandlungsort hat, können Faktoren wie Jetlag den Lauf der Verhandlung beeinflussen. Wenn die letzte Verhandlungssitzung eine Stunde vor dem Abflug der anderen Partei geplant ist, könnte dies starke Auswirkungen auf das Ergebnis haben; falls Sie anreisen mußten, dann sollten Sie Ihre Flüge und Termine genau planen. In Arbeitsverhandlungen könnte es einen «Zeitdruck» geben, weil die Beschäftigten zu einer bestimmten Zeit in den Streik treten oder eine Fabrik geschlossen werden soll. Sie können solche Situationen ausnutzen und den Zeitplan so manipulieren, daß Verlauf und Ergebnis der Verhandlung beeinflußt werden.

Verzögerungen können als guter Trick dienen, wenn man eine Konzession oder eine Lösung erzwingen möchte, besonders, wenn für Sie Zeit keine Rolle spielt, für die andere Partei aber von großer Bedeutung ist. Eine Verhandlung abzuwürgen oder unnötig in die Länge zu ziehen ist ein Mittel zur Manipulation der anderen Partei. Verspätungen, die Bitte, die Verhandlung noch einmal aufzunehmen oder ein Treffen zu verschieben, endlose Diskussionen und andere derartige Manöver können als Vorteile genutzt werden, solange sie die Resultate nicht beeinflussen oder zum Abbruch der Verhandlung führen.

6.7.2 Andere kompetitive Taktiken

Einige der folgenden kompetitiven Taktiken fallen in den Bereich der moralischen Bedenklichkeit. Zum Thema Ethik werden wir in Kapitel 13 noch mehr sagen. Obwohl diese eher aggressiven Tricks erfolgreich sein können, ist es auch möglich, daß die andere Seite sie durchschaut. Wenn eine kompetitive Taktik scheitert, können Verhandlungen abbrechen, weil die andere Partei verärgert ist, sich getäuscht und ausgetrickst fühlt und sich weigert, mit Ihnen weiter zu verhandeln. Wenn Sie nicht überzeugend genug sind, um die andere Partei zum Weitermachen zu bewegen, oder keine gute Alternative haben, können diese Taktiken zu einem kompletten Zusammenbruch der Verhandlung führen.

Manipulieren Sie den Eindruck der anderen Partei bezüglich Ihrer Ergebnisinteressen. Sie können nicht nur die Informationen, die die andere Partei über Sie erhält, manipulieren, sondern auch ihre Meinung bezüglich Ihrer Position:

- Setzen Sie die Körpersprache ein oder verhalten Sie sich emotional, wenn Sie Ihre Einstellung übermitteln, egal ob echt oder gespielt. Bringen Sie die andere Partei dazu zu denken, Sie wären verärgert, auch wenn Sie es eigentlich nicht sind.
- Vermitteln Sie den Eindruck, als ob Sie nicht autorisiert wären, eine Entscheidung zu treffen. Ernennen Sie eine andere Person zum Teamsprecher, oder nehmen Sie sich einen Anwalt oder Vertreter. Die andere Partei könnte denken, daß das Ergebnis unwichtiger ist, als es wirklich ist.
- Bringen Sie viele unwichtige Punkte in die Verhandlung ein. Steigern Sie den «Nebelindex» und die Verwirrung in der Verhandlung. Vermeiden Sie, daß die andere Partei herausfindet, was wirklich wichtig ist. Dies ist oft einfach, wenn Sie über technische oder komplexe Informationen verhan-

deln. Oder involvieren Sie «Experten» – Wirtschaftsprüfer, Rechtsanwälte, Ingenieure –, die technische Einzelheiten einem Laien nicht sehr gut erklären können.
- Präsentieren Sie nur selektiv. Stellen Sie der anderen Partei nur die nötigsten Fakten hinsichtlich Ihres Standpunktes zur Verfügung. So können Sie sie gezielt zu einer bestimmten Schlußfolgerung manipulieren.
- Stellen Sie Ihre Informationen falsch dar. In einigen Fällen können Übertreibung und Argumentation zur direkten Verzerrung der Fakten oder falschen Darstellung der Themen führen. Im Extremfall führt dies direkt zu Täuschung oder Lüge.

Wie wir in Kapitel 13 noch einmal deutlich machen, befürworten wir dies nicht. Dennoch kommt es manchmal dazu, wenn die Parteien von der kompetitiven Verhandlung völlig vereinnahmt werden.

Erhöhen Sie die scheinbaren Verhandlungskosten. Manipulieren Sie Fakten und Verhalten, damit die andere Partei die Verhandlungen kostspieliger einschätzt, als sie es in Wirklichkeit sind.

Manipulieren Sie die tatsächlichen Kosten durch Verzögerung oder Abbrechen der Verhandlung. Das kann man tun, indem man die Verhandlungen verlängert, andere Themen auf den Tisch bringt oder andere Parteien mit in die Verhandlung einbringt.

Halten Sie Informationen zurück. Das Zurückhalten relevanter Informationen kann zwar das Ergebnis manipulieren, aber auch zu furchtbaren Resultaten führen.

Wenden Sie emotionale Taktiken an. In Verhandlungen wird oft versucht, die Gefühle der anderen Partei zu verwirren und sie dazu zu bewegen, sich weniger rational zu verhalten. Bringen Sie die andere Seite dazu, verärgert, fassungslos, schwankend zu werden oder auch gelöst, heiter und entspannt, und versuchen Sie dann in einem unbedachten Moment, Zugeständnisse zu bekommen. Sehr emotionale Tricks wie die Androhung des Endes der Verhandlung verhelfen Ihnen manchmal zum Erfolg. Eine andere Taktik ist es, wütend zu scheinen, wenn Sie es gar nicht sind, um bei der anderen Partei Zerknirschung und Schuldgefühle hervorzurufen. Taktische Unterbrechungen können zwar den erwünschten Effekt haben, jedoch eine Eskalation der emotionalen Atmosphäre zur Folge haben und so Ihre Bemühungen blockieren. Wenn man sich weigert nachzugeben, dann legt das die weitere Verhandlungsatmosphäre fest. Dasselbe erreicht man durch hartnäckiges Schweigen.

Verbünden Sie sich mit Außenstehenden. Politische Aktionsgruppen, Protestgruppen und andere Außenstehende könnten Ihnen dabei behilflich sein, die andere Partei unter Druck zu setzen, um zu einer Lösung zu kommen. Meist reicht schon die Androhung, daß man mit solchen Gruppen Kontakt aufnehmen wird, um die andere Partei unter Druck zu setzen.

6.8 Umgang mit kompetitiven Taktiken

Der beste Umgang mit kompetitiven Taktiken besteht darin, darauf vorbereitet zu sein. Lernen Sie die verschiedenen Taktiken kennen, und seien Sie sich genau darüber im Klaren, warum und wie man sie anwendet. Bleiben Sie genau informiert über die Position der anderen Partei und behalten Sie Ihre eigenen Alternativen im Kopf.

Es gibt eine Reihe von Möglichkeiten, mit den taktischen Zügen der anderen Partei umzugehen:[4]

- **Ignorieren Sie sie einfach.** Tun Sie, als ob Sie das Gesagte nicht gehört hätten. Wechseln Sie das Thema. Verlangen Sie eine Verhandlungspause, und wechseln Sie danach das Thema.
- **Halten Sie dagegen.** Diskutieren Sie über den Verlauf und wie Sie ihn erleben. Verhandeln Sie darüber, *wie* Sie verhandeln werden. Schlagen Sie Veränderungen vor. Achten Sie aber darauf, nicht persönlich zu werden und die Sache pragmatisch anzugehen.
- **Rächen Sie sich.** Antworten Sie entsprechend. Das kann zwar die Emotionen hochkochen lassen und die Gefühle verhärten. Es könnte allerdings nützlich sein, wenn Sie von der anderen Partei getestet werden.
- **Lenken Sie ab,** bevor es dazu kommt. Beginnen Sie beispielsweise die Verhandlung mit einer Diskussion darüber, wie sie durchgeführt werden soll. Bieten Sie an, sich anders zu verhalten, und verlangen Sie, daß man sich nach Ihrer Forderung richtet.

Zusammenfassung

In diesem Kapitel haben wir die kompetitive Strategie erörtert und die Taktiken, die mit ihr zusammenhängen. Wenn Sie eine kompetitive Strategie anwenden, ist Ihre Absicht, ein maximales Ergebnis zu erzielen, ohne einen Gedanken an die Beziehung zu verschwenden. Der Knackpunkt bei dieser Strategie ist, daß sie einen negativen Nachgeschmack hinterläßt und zukünftige Verhandlungen beeinträchtigt oder ausschließt. Wenn Sie also doch Interesse an der Beziehung haben, ist dies die falsche Strategie. Zusätzlich haben wir noch einige Dinge vorgeschlagen, die Sie vor einem Partner schützen, der diese Taktiken anwendet. Sollte Ihr Verhandlungspartner kompetitive Taktiken einschlagen, sind Sie mit den von uns vorgeschlagenen Gegenmaßnahmen gewappnet.

KAPITEL 7 **Umsetzung einer Kooperationsstrategie**

Dieses Kapitel befaßt sich mit der Verwendung der Kooperationsstrategie. Der Begriff «Kooperation» mag vielleicht in den Ohren derjenigen etwas merkwürdig klingen, die Verhandlungen normalerweise als Wettbewerbssituation interpretieren. Aber Verhandeln muß nicht unbedingt eine Sache von Gewinnen oder Verlieren sein. In vielen Fällen führen Konflikte und Konkurrenz zwischen den Beteiligten dazu, daß sie *glauben*, daß es nur begrenzte Mittel zwischen ihnen zu verteilen gibt. Man kann oft befriedigende Problemlösungen für alle Beteiligten finden, wenn man die Größe des Kuchens verändert, statt sich um ihn zu streiten. Dieser Vergleich konfrontiert uns allerdings mit den prinzipiellen Herausforderungen einer kooperativen Strategie: Alle Beteiligten müssen irgendwie lernen, zusammenzuarbeiten. Kooperation ist ein offener, wechselseitiger und kreativer Prozeß, zu dem es nicht automatisch kommt, wenn man in einer Konfliktsituation steht oder der anderen Partei mißtraut. Deshalb haben viele Verhandlungsteilnehmer Probleme mit dieser Strategie.

Manche halten sich für kooperativ, obwohl sie in Wirklichkeit ihre Konkurrenzstrategie nur freundlich verpackt haben. Sie wollen von dem «Image» der Kooperation profitieren, nur um am Ende der Verhandlung zu einem Konkurrenz-«Schlag» auszuholen. Das ist keine Zusammenarbeit – es ist Konkurrenz in einer kooperativen Verkleidung. Wahre Kooperation verlangt von den Parteien, ihre ursprünglichen Interessen und Positionen aufzugeben und gemeinsam nach neuen kreativen Wegen zur Maximierung der einzelnen und gemeinsamen Resultate zu suchen. Bevor wir uns der Frage zuwenden, wie die Kooperationsstrategie funktioniert, sehen wir uns näher an, wie sich diese Strategie in unserem Fallbeispiel macht. Felice und Sara wählen dieses Mal ein kooperatives Vorgehen, eine Win-Win-Strategie als Basis für ihre Partnerschaft, um ihr Innendekorationsgeschäft zu gründen:

«Zunächst einmal brauchen wir direkt 50 000 Mark in bar, wenn wir es richtig anpacken wollen. Ich weiß, daß Du über das Geld verfügst – warum zögerst Du immer noch, wo wir das Geld doch offensichtlich brauchen?»

«Was soll die Eile? Die Entscheidung ist für mich sehr wichtig. Was, wenn die Sache schiefgeht? Ich trage dann das gesamte finanzielle Risiko und muß am meisten unter den Verlusten leiden. Was spricht gegen einen Bankkredit?»

«Ich habe bereits bei einigen Banken vorgesprochen, aber ohne Erfolg – die haben Zweifel an meiner Kreditwürdigkeit.» Sara bot Felice von ihrem selbstgebackenen Kuchen an. «Entschuldige, daß ich so forsch bin. Ich weiß, daß Du darüber nachdenken mußt, und ich bin dabei keine große Hilfe. Es ist nur so, daß ich bereits einige interessante Kontakte geknüpft und bereits ein vielversprechendes Büro gefunden habe. Ich habe Angst, daß wir nie zu Potte kommen, wenn wir nicht bald anfangen.»

Während Felice ihren Kuchen aß, dachte sie eine Minute lang nach. «Ich verstehe Deine Ungeduld. Auch ich bin nervös. Ich freue mich auf unsere Zusammenarbeit und möchte keine Zeit mehr verschwenden. Vielleicht gehen wir falsch an die Sache heran. Laß' uns unsere Situation nochmals rekapitulieren: Wir wollen zusammen ein Innendekorationsgeschäft aufmachen. Du hast große Erfahrungen, kannst aber nichts investieren. Ich habe zwar keine Erfahrung, kann aber möglicherweise das Geld beisteuern. Dennoch widerstrebt es mir, meine ganzen Ersparnisse in etwas zu investieren, was dann am Ende vielleicht nicht funktioniert, und zwar zum Teil deswegen, weil ich dann alles verloren habe, was ich besitze, aber vor allem weil ich nicht unsere Freundschaft aufs Spiel setzen möchte, wenn wir keinen Erfolg haben. Ich bekomme wahrscheinlich einen Bankkredit, aber dann hafte ich für unsere Finanzen. Deshalb scheint es mir sinnvoll, wenn wir uns noch einen Dritten suchen.»

«Gar keine schlechte Idee. Aber wir bräuchten jemanden, der uns nur finanziell unterstützt – wir müssen auf jeden Fall die Kontrolle über das Geschäft behalten. Weißt Du, mir fällt gerade ein: ein alter Freund meines Vaters ist Architekt in einem sehr renommierten Büro. Ich frage mich, ob wir uns mit ihm nicht irgendwie arrangieren können, vielleicht daß wir für die Büromiete in seinem Gebäude eine bestimmte prozentuale Beteiligung an unserem Geschäft anbieten. Wir könnten uns gegenseitig die Kunden vermitteln. Es wäre ein idealer Ort für unsere Arbeit. Soll ich ihn mal anrufen?»

«Welchen Anteil wollen wir ihm anbieten? Was hältst Du von 20 Prozent? Das würde sich für ihn lohnen, ohne daß wir die Kontrolle abgeben müßten. Dann könnte ich 20 000 Mark Startkapital einbringen, und jeder von uns hätte einen Anteil von 40 Prozent.»

«Das hört sich gut an! Ich will es versuchen – ich rufe sofort meinen Vater an und frage ihn nach der Telefonnummer des Architekten.»

Als Sara und Felice ihren Vorschlag dem Architekten vorlegten, war er von ihrem Projekt ganz angetan und auch davon, daß es zu seinem Geschäft paßte. Er bot ihnen Büroraum an, und in der folgenden Woche zogen sie ein. Innerhalb eines Monats hatten sie mehrere Aufträge gelandet, wodurch einerseits Geld in die Kasse kam und mit denen sie sich andererseits einen Namen als kreative und zuverlässige Dekorateurinnen machen konnten. Mit der Zeit florierte das Geschäft. Schließlich kauften sie die 20 Prozent von dem Architekten zurück (der noch einen stattlichen Gewinn machte), und ihre gute Freundschaft blieb bestehen.

7.1 Merkmale der Kooperationsstrategie

Bei der Kooperationsstrategie sind die Beziehung und das Ergebnis für beide Parteien wichtig. Beide sind normalerweise an einer langfristigen Zusammenarbeit interessiert. Beide verpflichten sich dazu, sich für ein wechselseitig akzeptables Übereinkommen einzusetzen, das die Beziehung bewahrt oder festigt. Deshalb werden sich beide auch um eine für alle befriedigende Lösung bemühen. Die Kooperation im Verhandlungsprozeß kann selbst dazu beitragen, die Qualität der Beziehung zu verbessern. Dieser Ansatz unterscheidet sich von einer kompetitiven Strategie, bei der beide Seiten auf jeden Fall gewinnen wollen und ihre Ziele um jeden Preis verfolgen und dabei alle Faktoren ignorieren, auf die es bei einer Kooperationsstrategie ankommt.

Außerdem kommt es im Kooperationsmodell ganz entscheidend auf immaterielle Werte an. Dazu gehören auf beiden Seiten etwa Reputation, Stolz, Prinzipien und ein Gespür für Fairneß. Deswegen müssen sich die Beteiligten rational und fair verhalten. Wenn die Parteien sich übereinander ärgern, dann degeneriert die Atmosphäre zu einer kompetitiven Verhandlung. Lassen Sie sich genügend Zeit, um alles aufzuklären, wenn eine Partei irritiert ist, und seien Sie offen für Kritik an Ihrem Verhalten, um Konflikte zu vermeiden, die zum Entgleisen der Zusammenarbeit führen können. Eine erfolgreiche Problemlösung braucht ein hohes Maß an Vertrauen, Kooperation, Offenheit und Kommunikation zwischen den Parteien.

Schließlich müssen die Beteiligten auch zu Konzessionen bereit sein, um ihre Ziele erreichen zu können. Diese sollten zu kreativen Win-Win-Lösungen führen, bergen aber für jede Partei ein Risiko.

Bei der Kooperationsstrategie spielt der Auftraggeber (sofern es einen gibt) eine ganz andere Rolle als in kompetitiven Verhandlungen. Im allgemeinen verhalten sich die Mitglieder des Auftraggebers unterstützend und fördern die Beziehung zwischen beiden Parteien.

Die Kooperationsstrategie verläßt sich auf Termine, die gemeinsam festgelegt und kontrolliert werden. Sie werden nicht wie in der kompetitiven Strategie manipulativ eingesetzt. Es gibt einen freien Informationsaustausch, der nicht zur Kontrolle der Situation oder zur Aufrechterhaltung von Macht eingesetzt wird. Die beste Lösung *für beide Seiten* ist das Ziel. Es werden Ähnlichkeiten und nicht Unterschiede betont.

Es gibt vier Hauptschritte bei der Durchführung einer Kooperationsstrategie, die wir im folgenden einzeln untersuchen werden:

1. Identifikation des Problems,
2. Verstehen des Problems,
3. Generierung alternativer Lösungen,
4. Auswahl einer Lösung.

7.2 Schritte bei der Kooperationsstrategie

7.2.1 Identifikation des Problems

Das klingt vielleicht einfach, aber beim Kooperationsmodell sind beide Seiten in gleicher Weise in den Prozeß involviert und beide müssen sich einig darüber sein, wo das Problem liegt. Bei der Informationssammlung (Kapitel 1-4) konzentrierten Sie sich auf Ihre eigene Perspektive, aber bei einer funktionierenden Kooperationsstrategie müssen Sie eng mit der anderen Seite zusammenarbeiten, um zu einer gemeinsamen Problemsicht zu gelangen.[1]

Versuchen Sie, bei der Problemdefinition neutrale Formulierungen zu verwenden und sie unpersönlich zu halten. Sagen Sie beispielsweise: «Wir sind nicht dazu in der Lage, unsere Arbeit rechtzeitig fertigzustellen», statt «Sie hindern uns daran, unsere Arbeit rechtzeitig fertigzustellen.» Es ist entscheidend, daß Sie die Hindernisse zu Ihren Zielen erklären, ohne andere Personen anzugreifen.

Versuchen Sie, das Problem als ein gemeinsames Ziel zu definieren. Beispielsweise könnten Sara und Felice in ihrer Situation sagen: «Unser Ziel ist es, einen Weg für die Gründung unseres Geschäfts zu finden, ohne daß Felice ein zu großes finanzielles Risiko übernehmen muß.» Halten Sie die Zieldefinition so einfach wie möglich. Versuchen Sie nicht, die Situation mit Nebensächlichkeiten zu belasten, die nichts mit dem zentralen Problem zu tun haben. Denken Sie daran, wie Sie in den ersten Kapiteln die Themen nach ihrer Vordringlichkeit geordnet haben. Bleiben Sie beim primären Thema.

Jede Partei muß entschlossen und kooperativ zugleich sein: Sie müssen sich klar darüber sein, was Sie erreichen wollen, allerdings ohne die andere Seite zu dominieren. Weil die Beziehung entscheidend ist, müssen Sie das Problem aus der Perspektive der anderen Partei sehen – Verständnis und Empathie[2] sind für eine gemeinsame Problemsicht notwendig.

Hüten Sie sich davor, Lösungen zu definieren, bevor Sie das Problem überhaupt vollständig erfaßt haben. Und denken Sie daran, daß Sie um so eher zu einer neuen und vorteilhaften Win-Win-Lösung kommen, je kreativer Ihre Problemdefinition ausfällt. Achten Sie auf Verwicklungen, setzen Sie auf ein intensives Brainstorming und hoffen Sie auf eine kreative Einsicht, mit der die Problemlösung Spaß macht und sich vereinfacht.

7.2.2 Verstehen des Problems

Bei diesem Schritt versuchen Sie, hinter die Kulissen zu blicken und die zugrundeliegenden Bedürfnisse und Interessen[3] zu erkennen, was wir bereits in den Kapiteln 2 und 3 diskutiert haben. Wie bereits erwähnt ist ein Interesse eine größere Perspektive, die normalerweise «hinter» der Position beider Parteien liegt. In unserem Beispiel ist es die Position von Felice, nicht die volle finanzielle Verantwortung für das neue Geschäft übernehmen zu wollen. Ihr Interesse ist, das finanzielle Risiko zu minimieren und gleichzeitig beim Aufbau des Geschäfts zu helfen und es zu einem gewinnbringenden Erfolg zu führen. Sie müssen nicht nur die Bedürfnisse und Interessen jeder Partei kennenlernen, sondern auch deren Sorgen und Ängste. Die Angst von Felice ist, einen Großteil ihrer Investitionen (und Ersparnisse) verlieren zu können, wenn das Unternehmen schiefgeht. Eine Positionsveränderung verlangt von den Parteien eine Konzessionsbereitschaft, und zwar entweder auf den Zielpunkt zu oder von ihm weg. Im Gegensatz dazu definieren die Interessen, worüber sich die Parteien im großen und ganzen Sorgen machen, und meistens gibt es mehrere Wege, um den Konflikt zwischen diesen konkurrierenden Interessen zu lösen. Wenn man sich auf die Interessen konzentriert, führt dies eher dazu, einen Teil der persönlichen Dimension[4] aus der Verhandlung herauszunehmen und auf die zugrundeliegenden Interessen zu schieben. Da die Menschen unterschiedliche Denkstile pflegen, gehen sie ähnliche Themen unterschiedlich an. Positionen bieten nur eine Möglichkeit, um über ein Thema nachzudenken. Interessen eröffnen mehrere Möglichkeiten. Deshalb können Sie mehr über die andere Seite erfahren, wenn Sie über Interessen diskutieren, statt Positionen festzustellen.

Interessen reflektieren vielleicht die gegenwärtigen oder langfristigen Belange. Über die «Warum»-Fragen, die wir in den Kapiteln 2 und 3 diskutiert haben, können Sie tiefer in die Gründe für die Positionen jeder Partei eindringen. Ein Interesse ist sozusagen das Warum einer Position.

Interessen[5] spielen eine Rolle dabei, wie wir eine konkrete Verhandlung durchführen wollen. Das hängt unter Umständen damit zusammen, wie der Verhandlungsprozeß in der Vergangenheit abgelaufen ist oder wie wir ihn in

Zukunft ändern und verbessern wollen. Die Aufmerksamkeit richtet sich vielleicht auch auf die Aufrechterhaltung und Freude an der Beziehung. Oder eine Partei macht sich viele Gedanken um Prinzipien. Sie macht sich darüber Sorgen, was fair oder moralisch vertretbar, richtig oder akzeptabel ist.

Denken Sie daran, daß sich sogar bei sorgfältiger Definition die Interessen verändern können. Da eine Verhandlung ein Entwicklungsprozeß ist, muß man von Zeit zu Zeit die Interessen neu überdenken. Wenn sich die Gespräche im Tonfall oder das Gesprächsthema allmählich ändern, kann dies ein Hinweis auf eine veränderte Interessenlage sein. Da die Kooperationsstrategie ein offener Prozeß ist, sollten sich die Parteien ruhig über die veränderten Interessen verständigen und über die gewandelten Bedürfnisse austauschen. Die Gegenseite kann hierbei vielleicht dadurch entgegenkommen, daß sie bereitwillig mehr Ressourcen zur Verfügung stellt,[6] den Zeitrahmen ausdehnt oder Verhandlungsdetails ändert, um die veränderten Interessen zu integrieren.

7.2.3 Generierung alternativer Lösungen

Wenn Sie einmal die anstehenden Themen zur Zufriedenheit aller Beteiligten definiert haben, können Sie nach Lösungen suchen. Denken Sie daran, daß es sich um den Plural handelt und Lösung*en* heißt. Sie suchen nach mehreren möglichen Lösungen und wählen dann die für beide Parteien beste aus.

Man gelangt auf zwei Hauptwegen zu Lösungen. Einer ist die Neudefinition des Problems, so daß Sie Win-Win-Alternativen finden können für etwas, das zunächst wie eine Sache von Gewinnen und Verlieren aussah. Der zweite besteht darin, sich das vorliegende Problem vorzunehmen und eine lange Liste von Lösungsmöglichkeiten zu erstellen.

1. Neudefinition eines Problems

Zur Illustration der unterschiedlichen Vorgehensweisen wählen wir ein von Dean Pruitt verwendetes Beispiel eines Ehepaars, das zu einer Entscheidung darüber zu kommen versucht, wo es seinen zweiwöchigen Urlaub verbringen soll.[7] Er möchte in die Berge zum Wandern, Fischen und zur Erholung. Sie möchte an den Strand und in die Sonne, zum Baden und das Nachtleben genießen. Sie sind sich einig darüber, daß jeweils eine Woche an zwei verschiedenen Orten für keinen eine Lösung ist, weil zuviel Zeit für das Packen, Auspacken und die Anreise verlorengeht.

- **Ein größerer Kuchen.** Sind knappe Ressourcen das Problem, dann könnte das Ziel darin bestehen, einen Weg zu suchen, um die Ressourcen zu erweitern oder neu zu verteilen, so daß jede Partei ihren angestrebten Zweck erreicht. Wenn man die zugrundeliegenden Interessen kennt, dann ist das sehr hilfreich. Beispielsweise könnten die Parteien einen vierwöchigen Urlaub machen und zwei Wochen an jedem Ort verbringen. Obwohl dazu mehr Zeit und Geld erforderlich wäre, könnte jeder am gewünschten Ort einen zweiwöchigen Urlaub verbringen.

- **Gegenseitige Unterstützung.** Wenn es in einer Verhandlung um zwei Themen geht und jede Partei unterschiedliche Prioritäten setzt, dann kann vielleicht ein Tauschhandel angebracht sein. Wenn beispielsweise die Probleme A und B für beide gemeinsam gelten, sich aber Partei 1 mehr um Problem A und Partei 2 mehr um Problem B Sorgen macht, dann kann es für jede Partei eine Lösung geben. «Du bekommst das und ich das.» Wenn es mehrere Themen gibt, dann muß man per Versuch und Irrtum herausfinden, welche Lösung jeden zufriedenstellt. Bezogen auf unser Beispiel heißt das: Wenn der Ehemann wirklich in eine einfache urige Berghütte und seine Frau wirklich in ein schickes Hotel will, dann besteht eine Lösung darin, in die Berge zu fahren, sich aber in einem schicken Hotel einzumieten, oder aber den Urlaub in einem einfachen Strandhaus am Meer zu verbringen.

- **Anbieten einer unspezifischen Entschädigung.** Eine andere Methode besteht darin, den anderen dafür «auszubezahlen», daß er bei einem Problempunkt nachgibt. Das «Auszahlen» muß nicht monetärer Natur sein und steht vielleicht noch nicht einmal im Zusammenhang mit der Verhandlung. Die auszahlende Partei muß wissen, was die andere Seite so zufriedenstellt, daß sie sich keine Gedanken mehr über das Verhandlungsergebnis macht. In unserem Urlaubsbeispiel könnte die Frau ihrem Mann eine Golfausrüstung kaufen, mit der er so glücklich ist, daß er mit ihr überall hinfährt (weil es überall Golfplätze gibt).

- **Kostensenkung.** Bei dieser Methode verwirklicht eine Partei bestimmte Ziele, und die Kosten der anderen im Zusammenhang mit der Einigung werden minimiert. Das unterscheidet sie von der unspezifischen Entschädigung, weil hier Kosten und Leidensdruck minimiert werden, wohingegen bei der anderen Methode einer Partei Kosten und Leid bleiben, sie aber dafür entschädigt wird. Diese Methode verlangt genaue Kenntnisse der Bedürfnisse, Präferenzen und Kosten der anderen Seite. In unserem Urlaubsbeispiel sagte die Frau zu ihrem Mann: «Was kann ich tun, damit ein Strandurlaub so schmerzlos wie möglich für Dich ist?» Er teilt ihr mit, daß er gern in einem Strandhaus abseits von den großen Hotels wohnen und sich erholen möchte, in der Nähe eines Golfplatzes und in der Nähe von guten Angelplätzen.

- **Überbrücken.** Dabei denken sich die Parteien neue Möglichkeiten aus, die zu den Bedürfnissen des jeweils anderen passen. Auch hier müssen beide mit den Interessen und Bedürfnissen des anderen sehr vertraut sein. In unserem Urlaubsbeispiel geht unser Ehepaar in ein Reisebüro und findet einen Ort, wo man wandern, angeln, am Strand liegen, schwimmen, Golf spielen, faulenzen und das Nachtleben genießen kann.

2. Generierung einer Liste mit Lösungen

Die zweite Möglichkeit, um Lösungen zu finden, besteht darin, von einem definierten Problem ausgehend eine Liste möglicher Lösungen aufzustellen. Hier geht es darum, wertfrei so viele Lösungen wie möglich zu generieren. Die Lösungen sollten allgemein gehalten und nicht auf eine bestimmte Partei bezogen sein – sie sollten keinen begünstigen. Auf einer späteren Stufe kann jede Lösung bewertet werden, um festzustellen, ob sie in angemessener Weise zu den Bedürfnissen und Interessen beider Parteien paßt.

Interessant bei diesem Vorgehen ist, daß beide Parteien sich an dem Versuch beteiligen, das Problem des jeweils anderen zu lösen.[8] Es ist ein kooperatives Bemühen. Und wie man weiß, sehen vier Augen mehr als zwei.

Hat man diese Stufe erreicht, ist das Problem aber immer noch unklar, dann müssen Sie unter Umständen auf die Stufe der Problemdefinition zurückgehen und diesen Schritt neu bearbeiten. Es sollte keine Schwierigkeit sein, Lösungen zu finden, wenn das Problem präzise formuliert ist.

Es gibt viele Wege, Lösungsideen zu generieren. Denken Sie daran, daß Sie auf dieser Stufe Lösungen nur *generieren*, nicht bewerten oder darüber entscheiden, ob Sie sie überhaupt verwenden. Das geschieht auf der nächsten Stufe.

- **Brainstorming.** Diese bekannte Methode zur Ideengenerierung funktioniert normalerweise in Kleingruppen besser als in Großgruppen und ist abhängig von der Zahl der Beteiligten. Notieren Sie ohne Kommentar so viele Lösungen wie möglich. Am besten schreibt man die Ideen auf ein Flipchart, eine Tafel oder ähnliches, so daß jeder sie lesen und im Auge behalten kann. Oberste Grundregel ist, daß kein Vorschlag bewertet wird. Keiner sollte sagen: «Oh Gott, ist das eine dumme Idee!» Oder: «Das funktioniert nicht!» Sorgen Sie für einen Ideenfluß, für eine Konzentration auf das Problem und seine Lösung und lassen Sie sich nicht von Personen beeinflussen.

Oft fallen den Beteiligten schnell einige Möglichkeiten ein, und dann gehen ihnen die Ideen aus. Machen Sie hier noch nicht sofort Schluß – bleiben Sie noch etwas am Ball. Anderenfalls gehen einige wirklich gute Ideen verloren, vor allem kreative Vorschläge, an die niemand vorher gedacht hat. Fragen Sie auch Außenstehende nach Ideen. Manchmal bringen diese eine neue Problemperspektive ins Spiel.

- **Huckepacknehmen**[9] kann zusammen mit Brainstorming eingesetzt werden. Diese Technik besteht einfach darin, im Anschluß an die Ideen anderer eine eigene zu entwickeln. Das geschieht in Sequenzen. Einer macht einen Vorschlag, danach muß der nächste daran anschließen, ihn «Huckepack nehmen», bis alle möglichen Variationen der Idee erschöpft sind.

- **Formale Gruppendiskussion.** Bei dieser Methode arbeitet jeder Verhandlungsteilnehmer mit einer kleinen Gruppe zusammen – vielleicht seinen Auftraggebern – und erstellt eine Liste möglicher Lösungen. Diese werden zuerst in der Kleingruppe und dann in der Gesamtgruppe diskutiert. Sie können nach Präferenz- oder wahrscheinlichen Effektivitätskriterien in eine Reihenfolge gebracht werden. Der Nachteil dieser Methode ist, daß alle an der Sitzung Abwesenden nichts zur Lösung beitragen können.

- **Fragebögen.** Eine weitere nützliche Methode ist, einen Fragebogen über das Problem zu verteilen mit der Bitte, mögliche Lösungen aufzulisten. In diesem Fall arbeitet jeder allein, wodurch der Synergieeffekt der Zusammenarbeit verlorengeht. Der Vorteil ist allerdings, daß viele, die sich normalerweise in Gruppen zurückhalten, ihre Gedanken und Vorstellungen äußern können, ohne angegriffen oder kritisiert zu werden. Ein weiterer Vorteil ist, daß dadurch die Ideen von Leuten eingebracht werden, die sich nicht um die Verhandlung kümmern oder formal daran teilnehmen können.

3. Prioritäten der Optionen und Reduktion der Liste

Den Umfang der Liste kann man über eine Rangfolge reduzieren. Wenn Sie Ihre Prioritäten und Präferenzen der anderen Partei mitteilen, kommt es darauf an, daß Sie eine «feste Flexibilität»[10] demonstrieren. Halten Sie an der Durchsetzung Ihrer Interessen fest, aber zeigen Sie sich flexibel bei der Frage, wie diese Interessen befriedigt werden. Es gibt eine Reihe von Strategien, mit denen man für einen kooperativen Diskussionsverlauf sorgen kann, obwohl man seine Präferenzen klar und deutlich macht:

- Denken Sie daran, daß Sie nur eine Prioritätenliste erstellen, aber noch keine Entscheidung über die faktische Lösung treffen.
- Machen Sie Ihre Basisinteressen deutlich und verteidigen Sie sie energisch, ohne auf einer speziellen Lösung zu bestehen.
- Signalisieren Sie der anderen Partei Ihre Flexibilität und Bereitschaft, sich ihre Themen anzuhören, indem Sie Ihre Kompetenz des Zuhörens einsetzen (siehe Kapitel 12).
- Zeigen Sie Ihre Bereitschaft, von einer Position abzurücken oder sich auf einen alternativen Weg einzulassen. Das demonstriert Ihre Offenheit für Vorschläge und Ihre Bereitschaft zur Zusammenarbeit.
- Stellen Sie Ihr Können und Ihre Bereitschaft zur Problemlösung unter Beweis. Hier kommt es auf die Problemlösungskompetenz an, vor allem wenn Sie mit einem speziellen Punkt nicht weiterkommen und einen Weg finden müssen, der alle zufriedenstellt. Wenn Sie keine Einigung erzielen können, dann ist es vielleicht hilfreich, sich auf die nächste Stufe zu begeben und tatsächlich eine Entscheidung über die Lösung treffen.
- Halten Sie die Kommunikation offen. Wenn sich die Gemüter erhitzen, machen Sie eine Pause und sprechen Sie wenn nötig darüber. Unterhalten Sie sich auch mit der anderen Seite darüber, wie man an dem Problem weiterarbeiten kann, ohne wütend zu werden oder die Kontrolle zu verlieren. Stellen Sie sicher, daß beide Seiten das Gefühl haben, daß man ihnen zuhört. Lenken Sie die Diskussion weg von den Personen und konzentrieren Sie sich auf die Themen – «trennen Sie die Personen von den Themen».[11]
- Unterstreichen Sie, was für Sie am wichtigsten ist, indem Sie sagen: «Das muß ich erreichen» oder «Solange ich... erreiche, bin ich ganz zufrieden.» Widerstehen Sie der Versuchung nachzugeben, nur um eine Lösung zu erzielen. Nachgeben ist eine Gefälligkeitsstrategie, die nicht zum besten Ergebnis für beide Seiten führt.
- Überdenken Sie alle Punkte, in denen Sie sich nicht einig werden. Vergewissern Sie sich, daß beide Parteien mit der adaptierten Prioritätenliste zurechtkommen.
- Wenn die Diskussion kompetitive Züge bekommt, weisen Sie sofort darauf hin. Versuchen Sie dann, das Problem zu lösen, bevor die gesamte Verhandlung in eine Konkurrenzsituation umschlägt.

7.2.4 Auswahl einer Lösung[12]

Die Verwendung Ihrer Prioritätenliste potentieller Lösungen engt die Bandbreite der Möglichkeiten ein, weil man sich nun auf die positiven Vorschläge konzentrieren kann, denen die meisten zustimmen. Eine Möglichkeit, Prioritäten zu setzen, besteht in der gegenseitigen Unterstützung (fassen Sie die erste Priorität von allen zusammen). Haben alle dieselbe erste Wahl getroffen, verknüpfen aber ganz verschiedene Präferenzen damit, dann suchen Sie einen Weg, damit beide Seiten in dieser Frage als Gewinner hervorgehen können.

Versuchen Sie, negative Vorschläge in positive[13] zu verwandeln, oder streichen Sie sie andernfalls von der Liste. Wenn man die Alternativen als positiv herausstellt, bleibt die Verhandlung optimistisch und erhält eine positive Konnotation. Vermeiden Sie es, negative Ideen irgendeiner Person oder Partei zuzuschreiben.

Bewerten Sie die Lösungen auf der Basis von Qualität und Akzeptabilität. Ziehen Sie die Meinungen beider Parteien in Betracht. Verlangen Sie von niemandem eine Rechtfertigung für seine Präferenzen. Viele wissen oft nicht, warum sie eine bestimmte Präferenz haben – sie haben sie einfach.

Wenn Sie die Auswahl einer Lösung vorbereiten und irgendein potentielles Problem dabei vorhersehen, dann wollen Sie vielleicht vorher objektive Bewertungskriterien einführen.[14] Mit anderen Worten: bevor Sie sich an eine Auswahl aus den hierarchisierten Optionen machen, stellen Sie einen Vergleich mit einer Reihe objektiver Fakten, Zahlen, Daten und Kriterien an, die unabhängig von den Optionen entwickelt wurden. In unserem Beispiel von Sara und Felice könnten sich die beiden an eine kleine Unternehmensberatung wenden, um herauszufinden, wie andere Firmen mit einer ähnlichen Situation umgegangen sind. Wenn ein Unternehmen versucht, unter mehreren Bewerbern für eine Stelle den geeigneten auszuwählen, dann kann es sich seine Arbeit dadurch beträchtlich vereinfachen, wenn es sich vor den Bewerbungsgesprächen die Zeit für die Entwicklung von Beurteilungskriterien für die Kandidaten nimmt.

Wenn Sie keine objektiven Kriterien finden, können Sie die Hilfe Dritter in Anspruch nehmen (mehr dazu in Kapitel 11) oder einfach Untergruppen bilden. Letzteres ist bei komplizierten Problemen hilfreich oder wenn das Ergebnis eine größere Gruppe beeinflußt. Es ist vielleicht effizienter, mehrere kleinere Gruppen als eine Großgruppe zu bilden. Stellen Sie sicher, daß in jeder Untergruppe Vertreter von jeder Partei sitzen.

Fairneß und andere immaterielle Werte. In Entscheidungsprozessen spielen immaterielle Werte oft eine Rolle. Anerkennung oder eine starke Orientierung an den Auftraggebern können beispielsweise zentrale Faktoren bei der Wahl einer Lösung sein. Erkennen Sie ihre Bedeutung an und bauen Sie sie in die Entscheidungen ein. Wenn die andere Partei beispielsweise ihr Ansehen bei ihrem Auftraggeber wahren muß, wird es ihr sehr viel helfen, wenn Sie mit ihr daran arbeiten, wie sie gegenüber ihrem Auftraggeber positiv und kompetent erscheint.

Fairneß ist normalerweise der wichtigste immaterielle Wert. In einer Win-Win-Verhandlung wollen beide Parteien ein faires Ergebnis erzielen und nicht ihr eigenes Ergebnis maximieren – was zu einer kompetitiven Verhandlung führen würde. Es gibt eine Reihe von Möglichkeiten zu entscheiden, was fair ist, aber drei Kriterien werden häufig angelegt:[15]

- Ein Ergebnis, das für jede Seite **gleich** ist. Deshalb ist es nicht überraschend, daß sich beide Parteien bei der Lösung von Verhandlungsproblemen – besonders in kompetitiven Situationen – am häufigsten «in der Mitte treffen» (dazu mehr in Kapitel 8).
- Ein Ergebnis, nach dem die **Anteile** für jede Partei aufgeteilt werden (je nachdem was sie auf der Basis investierter Zeit und Energie eingebracht oder verdient hat). In diesem Fall sollte die Seite mehr profitieren, die auch mehr investiert hat. Gerechtigkeit basiert normalerweise auf dem Verhältnis von Ergebnis und Input, so daß derjenige, der härter arbeitet, mehr leidet etc., einen verhältnismäßig größeren Anteil verdient.
- Ein Ergebnis, nach dem die Anteile in Abhängigkeit davon aufgeteilt werden, was jede Seite **braucht.** Wenn also eine Seite legitimerweise beanspruchen kann, ein besseres Ergebnis zu brauchen oder zu verdienen, dann sollten die Ressourcen so aufgeteilt werden, daß diejenige mit größerem Bedarf tatsächlich auch mehr bekommt.

Wir sahen, wie schnell die Diskussion um Anteile und Gleichheit bei Sara und Felice eine zentrale Rolle bekam. Sara – die kein Geld, aber große kreative Fähigkeiten hat – könnte argumentieren, daß der Gewinn aus der Firma gleich verteilt werden sollte. Im Kern behauptet sie, daß der kreative und der finanzielle Beitrag gleich bewertet sein sollten. Im Gegensatz dazu könnte Felice – die kaum kreative Fähigkeiten hat, aber über das Geld verfügt, um das Unternehmen auf die Beine zu stellen – den Standpunkt vertreten, daß der Gewinn im Verhältnis zum eingebrachten Kapital zur Firmengründung verteilt werden müßte. Wenn beide an diesen Positionen energisch festhalten, dann könnte dies zu einem schweren Konflikt über die Bewertung des finanziellen und des kreativen Beitrags führen, was ihre Diskussion blockieren würde.

Emotionale Eskalation. Wenn Emotionen auftauchen oder jemand wütend wird, unterbrechen Sie. Geben Sie den Beteiligten Gelegenheit dazu, die Gründe ihrer Unzufriedenheit zu diskutieren. Stellen Sie sicher, daß sich vor dem Weitermachen alle wieder beruhigt haben, und versuchen Sie, Persönliches aus dem Spiel zu halten. Wenn eine Unterbrechung zu keinem Ergebnis führt, suchen Sie Hilfe bei einem Dritten (siehe Kapitel 11).

Weitere Vorschläge zur Kontrolle des Entscheidungsprozesses. Sie können auch eine Kombination aus Optionen wählen. Oder Sie ziehen Nutzen aus unterschiedlicher Risikobereitschaft, unterschiedlichen Erwartungen und Zeitrahmen. Vielleicht präferiert eine Partei eine Option mit geringem Risiko, während die andere eine mit hohem akzeptiert. Sie können beide so kombinieren, daß jede Partei zu ihrem gewünschten Ergebnis kommt. Vielleicht stellen einige Optionen nur die kurzfristigen Interessen zufrieden, sind aber für eine Partei wichtiger als die langfristigen.

Es ist sehr wichtig, den Prozeß der Auswahl von Lösungen nicht zu überstürzen. Wenn Sie zu schnell ein Fazit ziehen, gehen Ihnen unter Umständen gute Optionen durch die Lappen und Sie können vielleicht nicht dafür sorgen, daß beide Seiten gleichberechtigt teilnehmen.[16] Kooperation verlangt die Teilnahme beider Seiten. Es ist vielleicht auch Zeit erforderlich, um über Alternativen nachzudenken und alle Konsequenzen abzuwägen.

Denken Sie daran, daß bis zum Schluß alles vorläufig ist. Während der Lösungssuche verfolgen vielleicht einige das Ziel, alles mitzuschreiben, weil sie nervös sind. Anders als in Ihren «Arbeitsunterlagen», die Sie für die Problemdefinition und die Auflistung von Optionen erstellen, wollen Sie vielleicht die Entscheidungen erst dann dokumentieren, wenn die Gruppe kurz vor einem Konsens steht. Dadurch wird bis zum Schluß nichts festgeschrieben. Bei diesem offenen, fließenden Vorgehen kann man kreative Ideen und Vorschläge austauschen. In dem Moment aber, wo eine Seite sagt: «Aber gestern haben Sie noch gesagt, Sie wären bereit zu ...», löst sich die Kooperation auf. Die Beteiligten befürchten, für «Positionen» verantwortlich gemacht zu werden. Diese schwierige und entscheidende Regel wird zu oft verletzt, wenn die Menschen instinktiv in einen kompetitiven Stil zurückfallen, ohne die Auswirkungen auf die Entwicklung und den Austausch von Ideen zu erkennen.

Haben die Parteien einer Lösung einmal zugestimmt und einen Vertragsentwurf vorbereitet, dann sollte ihn jeder lesen. Fangen Sie mit einem vorläufigen Entwurf an, auf den sich die Leute einigen können; reichen Sie ihn dann herum, verbessern Sie Inhalt und Stil, schreiben Sie die Vereinbarungen auf, so daß alle damit einverstanden sind und sich alle dazu verpflichten, sich daran zu halten. Legen Sie vielleicht einen Plan zur Umsetzung der Vereinbarung und einen Zeitrahmen fest, in dem die Parteien die Lösung ausprobieren können.[17] Dadurch können alle voll integriert und auf den Plan verpflichtet werden.

7.3 Erfolgreich mit kooperativen Verhandlungen

Wissenschaftler haben einige Schlüsselfaktoren für eine erfolgreiche Kooperation entdeckt.[18] Sie sind als Checkliste bei der Planung und Umsetzung einer Kooperationsstrategie von entscheidendem Wert.

7.3.1 Formulieren Sie gemeinsame Ziele

Es gibt drei verschiedene Wege: Alle Parteien haben an den Ergebnissen gleichen Anteil, die Parteien verfolgen einen gemeinsamen Zweck, haben aber unterschiedliche Vorteile davon, oder die Parteien haben verschiedene Ziele, engagieren sich aber in einer kollektiven Anstrengung für deren Erreichen. In allen Fällen sind beide Parteien davon überzeugt, daß sie von der Zusammenarbeit mehr profitieren und daß bessere Ergebnisse erzielt werden, als wenn jede Partei für sich alleine arbeiten würde.

7.3.2 Vertrauen Sie der eigenen Problemlösungsfähigkeit

Das ist mehr oder weniger eine Frage nach dem Motto: «Wenn Sie glauben, daß Sie es können, dann können Sie es.» Wir haben bereits früher erwähnt, daß profunde Kenntnisse des Problembereichs sehr nützlich sind. Aber Wissenslücken kann man auch schließen. Am wichtigsten ist wahrscheinlich die Entwicklung von kooperativen Verhandlungskompetenzen. Je mehr Übung Sie darin haben, desto erfolgreicher werden Sie sein.

7.3.3 Bewerten Sie die Meinung der anderen Partei

Eine Bewertung des Standpunkts der anderen Partei ist schwierig, wenn Sie in der Vergangenheit gewohnt waren, sich nur auf Ihre eigene Position zu konzentrieren und diese durchzuhalten. Bei der Kooperationsstrategie setzen Sie die Position der anderen Partei mit Ihrer gleich.[19] Sie müssen gut zuhören können und auch offen für die Meinung der anderen Partei sein.

7.3.4 Zeigen Sie Motivation und Engagement zur Zusammenarbeit

Bei der Kooperationsstrategie engagieren Sie sich nicht nur für die Idee der Zusammenarbeit mit der anderen Partei, sondern Sie handeln auch entsprechend. Sie berücksichtigen sowohl Ihre eigenen Bedürfnisse wie die der anderen. Deshalb muß sich jede Partei über ihre Bedürfnisse im klaren sein.

In kooperativen Verhandlungen bemühen sich die Parteien darum, ihre Ähnlichkeiten festzustellen und die Unterschiede herunterzuspielen. Letztere werden nicht ignoriert, sondern einfach nur zur Kenntnis genommen und als solche akzeptiert.

Die Parteien sind sich bewußt, daß ihnen ein gemeinsames Schicksal bevorsteht, vor allem wenn sie erwarten, daß sie auch nach abgeschlossener Verhandlung weiter zusammenarbeiten. Sie wissen, daß sie mehr gewinnen können, wenn sie gemeinsam arbeiten und nicht getrennt. Und dazu konzentrieren sie sich auf die Ergebnisse.[20]

Motivierte, engagierte Parteien kontrollieren ihr Verhalten in mehrfacher Weise. Die einzelnen Teilnehmer werden es vermeiden, sich kompetitiv, streitsüchtig, ausweichend, defensiv oder störrisch zu verhalten. Sie werden sich offen, vertrauensvoll und flexibel zeigen und bereitwillig Informationen weitergeben und sie nicht für eigene Zwecke horten.

Passen Sie aber auf: Ob Sie es glauben oder nicht, es gibt so etwas wie zu viel Zusammenarbeit! Beide Parteien müssen sich nicht einander derart verpflichtet fühlen, daß sie ihre eigenen Bedürfnisse vergessen. Wenn man die eigenen Bedürfnisse denen anderer unterordnet, dann bewegt man sich in Richtung Anpassungsstrategie oder Lose-Win-Strategie und verliert die Vorteile, die die Kooperationsstrategie zu bieten hat.

7.3.5 Bauen Sie Vertrauen auf

Vertrauen schafft Vertrauen – und das ist für den Beginn der Zusammenarbeit und ihrer Aufrechterhaltung notwendig. Deshalb ist es wichtig, die ersten Schritte in einer kooperativen Verhandlung so zu gestalten, daß Vertrauen entsteht.[21] Es kann sogar vor der Aufnahme der formalen Verhandlungen erste Gespräche geben, wenn sich die Parteien gerade miteinander bekannt gemacht haben. Findet eine Partei zu diesem Zeitpunkt einen Grund für Mißtrauen, kann dies alle zukünftigen Kooperationsbemühungen zunichte machen.

Wenn sich die Parteien noch nicht kennen, oder wenn sie sich in der Vergangenheit streitsüchtig oder kompetitiv verhalten haben, müssen sie zuerst wieder Vertrauen aufbauen. Jede Partei geht mit Erwartungen in die Verhandlung, die auf der Erforschung des jeweils anderen (Kapitel 3) oder früheren Erfahrungen basieren. Im allgemeinen vertrauen wir anderen, wenn sie uns ähnlich sind, eine positive Einstellung uns gegenüber haben oder kooperationsbereit und vertrauenswürdig erscheinen. Wir vertrauen ihnen auch eher, wenn sie von uns abhängig sind.

> **11**
> **Vertrauen ist leichter zerstört als aufgebaut!**

Im Gegensatz dazu ist es sehr leicht, Mißtrauen zu wecken. Das geht meistens mit einer kompetitiven, feindseligen Handlung einher oder mit Hinweisen darauf, daß man dem anderen nicht traut. Wenn das Mißtrauen einmal anfängt, dann schaukelt sich die Situation sehr schnell hoch, und es ist äußerst schwer, ihr noch eine kooperative Wende zu geben. Das Vertrauensproblem wurde oft mit «Rutsche und Leiter» verglichen. Nach dieser Analogie «rutscht» man auf dem Mißtrauen schnell in die Tiefe, aber es ist sehr schwierig, die «Leiter» wieder hinaufzuklettern, die ein Vertrauensverhältnis zwischen den Parteien herstellt und aufrechterhält.[22]

7.3.6 Kommunizieren Sie klar und eindeutig

Kapitel 12 dieses Buches ist ganz der Kommunikation gewidmet. Eine erfolgreiche Kommunikation ist das Fundament einer Verhandlung, und zwar unabhängig davon, welche Form die Verhandlungsstrategien annehmen. Bei der Kooperationsstrategie ist eine präzise und genaue Kommunikation von allerhöchster Wichtigkeit. Man muß sehr genau zuhören, so daß man weiß, was die andere Seite will und aus welchem Grund.

In der Kommunikation werden Informationen ausgetauscht.[23] Diese Kommunikation muß ganz konkret sein, so daß es keine Konfusion oder Fehlinterpretation gibt. Feedback und Fragen können nötigenfalls die Mitteilung klären.

Ein Teil der Verhandlungskommunikation kann formal ablaufen und auf Verfahrens- oder anderen Regeln basieren, wie etwa auf einer Geschäftsordnung. Der Ablauf kann auch informell und von den persönlichen Eigenschaften und Stilen der Teilnehmer abhängig sein.

7.4 Hindernisse auf dem Weg zur guten Zusammenarbeit

Eine kooperative Verhandlung bedeutet sehr viel Arbeit. Aber sie kann sich sehr lohnen. Manchmal allerdings hindern gewisse Dinge Sie daran, mit einer kooperativen Strategie voranzukommen: eine Partei (oder auch beide)

- kann nicht die notwendige Arbeit leisten,
- hat eine Win-Lose-Einstellung,
- kann nicht das Potential für eine Zusammenarbeit erkennen,
- ist nur motiviert, ihre eigenen Ziele zu erreichen,
- kann keine konstruktive Arbeitsbeziehung aufbauen oder aufrechterhalten,
- hat Vorurteile,
- hat Auftraggeber, die auf ein kompetitives Verhalten oder schnelle Ergebnisse drängen.

Darüber hinaus kann die Situation so beschaffen sein, daß ein Strategiemix erforderlich ist. Dann müssen Sie die Probleme in ihre einzelnen Bestandteile zerlegen und sich ihnen einzeln zuwenden.

Manchmal haben Sie vielleicht das Gefühl, nicht über die Zeit und Energie zu verfügen, um eine kooperative Strategie zu verfolgen, vor allem wenn Sie mit einer oder mehreren der obigen Situationen konfrontiert werden.

7.4.1 Und wenn sich die andere Partei kompetitiv verhalten will?

Wenn die andere Partei auf Konkurrenz setzen will, Sie aber nicht, dann lesen Sie Kapitel 9. Dort diskutieren wir Fallen und Probleme einer Kooperationsbeziehung.

7.4.2 Und wenn es zu einem Abbruch kommt?

Kommt es zum Konflikt, versuchen Sie die Diskussion auf einen neutralen Punkt zu fokussieren und fassen Sie Ihren Standpunkt zusammen.[24] Ist die Kommunikation vollständig zusammengebrochen und können Sie die Verhandlung einfach nicht mehr aufnehmen, müssen Sie vielleicht auf Konfliktlösungsstrategien oder die Intervention einer dritten Partei zurückgreifen. Konfliktlösungen werden in Kapitel 10, die Verhandlungshilfe einer dritten Partei in Kapitel 11 diskutiert. Und denken Sie auch daran, daß Sie sich zu jedem Zeitpunkt mit der anderen Partei darüber einigen können, ihre Zusammenarbeit aufzugeben und einen anderen Verhandlungsstil zu wählen. Sie haben es beispielsweise mit einer Zusammenarbeit versucht, sind aber zu dem Schluß gekommen, daß Ihnen das nicht gefällt. Sie wollen ein klares «Ja oder Nein» hören, also eine konventionelle kompetitive Strategie anwenden – oder zu einem zweckmäßigen und einfachen Ergebnis per Kompromiß kommen. Denken Sie allerdings daran, daß Sie damit die Vorteile einer Beziehung aufgeben – außer Sie kommen zu dem Schluß, daß Sie anfangs die Beziehung zu wichtig genommen haben. Da Sie aber während der kooperativen Phase viele Informationen preisgegeben haben, können diese jetzt in einer kompetitiven Verhandlung gegen Sie eingesetzt werden. Deshalb ist das Abgleiten von Kooperation in Konkurrenz nicht generell als positiv oder nützlich anzusehen.

7.5 Verhandlungen über strategische Allianzen

Ein Verhandlungsbeispiel aus der Unternehmenspraxis sind strategische Allianzen, die weltweit an Bedeutung gewonnen haben, vor allem in Europa. Der globale Wettbewerb hat das Wettrennen um den Zugang zu Märkten, Produkten und Technologien verschärft. Strategische Allianzen sind ein Mittel, das Unternehmen als Überlebenstechnik einsetzen, um mit den neuen Entwicklungen in ihrer Branche mithalten zu können.

Eine Verhandlung über eine strategische Allianz stellt eine echte Herausforderung dar. «Eine schlechte Verhandlungstaktik kann anhaltenden Schaden anrichten. Erfolgreiche Verhandlungstaktiken müssen mehrere Male wiederholt werden, bevor die Partner sie als Muster akzeptieren.»[25] In einer strategischen Allianz spielt die Beziehung eine entscheidende Rolle.

1985 gründeten Corning und Ciba-Geigy die Ciba Corning Diagnostics. Ciba-Geigy ist ein weltweiter Pharma- und Chemiekonzern aus der Schweiz. Corning sitzt in New York und ist Weltführer in der Glas- und Keramiktechnologie. Ihre Allianz mit Sitz in den Vereinigten Staaten sollte die Stärken beider Partner zur Entwicklung innovativer Systeme der medizinischen Diagnostik nutzen.

Jeder Partner konnte zu einem Synergieeffekt in der Allianz beitragen. Die Verhandlungen verliefen reibungslos, da besonders Ciba sich dazu bereit erklärte, Corning am Anfang mehr Verantwortung zu übertragen. Die Manager von Corning waren zu Konzessionen in entscheidenden Fragen bereit, und man konnte sich auf einen Zeitrahmen einigen. Jeder Partner schickte seinen Direktor für Forschung und Entwicklung in den Vorstand der neuen Allianz, was der anderen Partei die Bereitschaft signalisierte, die Technologien auszutauschen, während gleichzeitig die Allianz intern unterstützt wurde.

Am Aufbau des Konsenses waren Vertreter von beiden Seiten beteiligt, die sich für die Verbesserung der Kommunikation und die Unterstützung der Muttergesellschaft einsetzten. Ciba und Corning waren aktiv darum bemüht, daß jeder Partner von dem gemeinsamen Projekt profitierte, indem beide Möglichkeiten zur Erweiterung der Produktlinie, von Marketing, Technologie und Wachstum eröffneten. Über jedes auftretende Problem konnte verhandelt werden, weil man sich zunehmend gegenseitig vertraute und dazu bereit war, die Probleme deutlich und offen zu diskutieren.

Eine strategische Allianz wird keinen Erfolg haben, wenn die potentiellen Partner entgegengesetzte Grundmotive haben. Wenn beide Branchenführer sind, wird ihnen eine Kooperation schwerfallen. Wenn sie deutlich unterschiedliche Meinungen darüber haben, welche Aktivitäten Priorität haben und wie die Zeitabläufe aussehen sollten, dann steht der Erfolg einer solchen Allianz in Frage. Voraussetzung für einen Erfolg ist, daß jedes Unternehmen die Bemühungen des anderen um eine Einigung unterstützt. Das heißt, die politische Unterstützung in den Organisationen der potentiellen Partner muß ausgebaut werden.

7.6 Verhandeln mit dem Vorgesetzten (Teil 1)

Da jeder über gewisse Erfahrungen im Umgang mit seinem Vorgesetzten verfügt, wollen wir uns an dieser Stelle kurz mit der kooperativen Verhandlung mit einem Manager befassen.[26] Obwohl es bei Konflikten mit dem eigenen Vorgesetzten normalerweise um Leistungsbeurteilung, Gehalt und Vergünstigungen geht, spielen oft auch noch andere Aspekte eine Rolle. Was geschieht beispielsweise, wenn Ihr Chef Sie mit einem Projekt beauftragt, von dem Sie wissen, daß Sie sehr wahrscheinlich dafür Überstunden machen müssen? Wenn Ihnen das nichts ausmacht, dann machen Sie sich an die Arbeit. Wenn das aber öfter vorkommt und Sie sich darüber ärgern, müssen Sie vielleicht einmal daran denken, das nächste Mal darüber zu verhandeln.

Verhandlungen mit dem Vorgesetzten werden oft als eine kompetitive, d.h. Win-Lose-Situation oder als eine feststehende Situation angesehen. Man kann auch Entgegenkommen zeigen und den Chef immer gewinnen lassen, statt sich für eigene Interessen einzusetzen und den Chef durch «Bestimmtheit» zu verärgern. Aber wenn man etwas darüber nachdenkt, dann können beide Parteien von einer kooperativen Verhandlung profitieren.

Achten Sie auf Ihre eigenen Bedürfnisse ebenso wie auf die Ihres Chefs. Denken Sie daran, daß der Schlüssel für eine kooperative Verhandlung darin liegt, einen Weg dafür zu finden, das Problem der anderen Person zu lösen.

In unserer hypothetischen Situation wurde Ihr Vorgesetzter vielleicht von seinem eigenen Chef damit beauftragt, alles stehen und liegen zu lassen und das Projekt um jeden Preis durchzuziehen. Und Sie haben keine Möglichkeit, es aufgrund Ihrer anderen Arbeiten und der Projekttermine in Ihrer normalen Arbeitszeit zu bewältigen. Ihr Vorgesetzter könnte einen anderen damit beauftragen, weiß aber vielleicht, daß Sie es besser und schneller machen.

Klären Sie als erstes die Situation. Klären Sie ab, wie die Situation für Ihren Chef aussieht. Stellen Sie sicher, daß Sie die Details des Projekts verstanden haben. Sammeln Sie die notwendigen Information darüber, woran Sie gerade arbeiten. Die Recherche ähnelt dem Vorgehen in den Kapiteln 2 und 3.

Wenn das Projekt erneut diskutiert werden muß, sind Sie vorbereitet. Vergewissern Sie sich, daß Ihr Chef die Situation aus Ihrer Sicht kennt und versteht. Stellen Sie eine Liste Ihrer derzeitigen Arbeiten zusammen. Versichern Sie sich, daß er damit einverstanden ist, daß Sie diese Dinge liegen lassen und sich ganz dem vorrangigen Projekt widmen können. Oder zieht er es vor, daß Sie sich eingeschränkt damit befassen? Wir kennen eine Frau, die eine Liste aller gegenwärtigen Projekte erstellt, an denen sie momentan arbeitet, wenn ihre Chefin ihr neue Arbeit auf den Tisch legt. Dann übergibt sie diese Liste mit der Bitte, die dort aufgeführten Punkte in der gewünschten Reihenfolge durchzunumerieren und dadurch die Priorität festzulegen.

Sie können Vorschläge machen, wie unter den gegenwärtigen Bedingungen das Projekt fertiggestellt werden kann. (Das heißt, Sie müssen vorher Ideen gesammelt haben.) Ihr Chef könnte (mit Ihrer Hilfe) vielleicht mehr Mittel freigeben. Zwei Mitarbeiter könnten an dem Projekt mitarbeiten, wodurch die für die Projektarbeit benötigte Zeit halbiert würde. Ihr Vorgesetzter könnte auch mehr Zeit für das Projekt zur Verfügung stellen. Dazu wird er aber zuerst mit seinem eigenen Vorgesetzten verhandeln müssen.

Eine weitere Möglichkeit ist, das Projekt durch eine andere «Brille» zu sehen (zum Beispiel weniger Details einzubauen oder es abzuspecken), wodurch es in kürzerer Zeit machbar wäre.

Sie können auch folgende Vorschläge machen: «Wenn ich jetzt für dieses Projekt öfter abends länger arbeite, dann hätte ich gerne dafür Urlaub» oder: «Wenn ich das Projekt übernehme, dann brauche ich Hilfe bei meinem anderen Projekt oder mehr Zeit.» Das sind Kompromißstrategien, die wir im nächsten Kapitel aufgreifen werden.

Dieses Beispiel zeigt, daß sogar eine anscheinend einfache Verhandlung komplexer sein kann, als wir normalerweise annehmen. In diesem Beispiel sind nicht nur Sie und Ihr Vorgesetzter involviert, sondern auch dessen Vorgesetzter (und wer weiß wer sonst noch?). In jeder Situation ist es hilfreich, ein Problem in seine Einzelbestandteile zu zerlegen und zu versuchen, die zugrundeliegenden Bedürfnisse offenzulegen.

Zusammenfassung

In diesem Kapitel haben wir die kooperative Strategie behandelt. Bei dieser Strategie kommt es darauf an, daß Sie Ihr Ergebnis in den wesentlichen Punkten maximieren und erreichen oder die Qualität der Beziehung zwischen Ihnen und der anderen Partei verbessern. Dazu müssen Sie sicherstellen, daß Ihre Bedürfnisse und die der anderen Partei zufriedengestellt werden, und zwar in einer Weise, die Vertrauen, Gemeinsamkeit und konstruktive Problemlösung in der Beziehung stärkt.

Wenn man eine erfolgreiche Kooperation erreichen und aufrechterhalten kann, dann ist das eine wunderbare Sache. Aber sie ist kein Allheilmittel und erfordert oft viel Zeit und Energie. Deshalb mag es für die Parteien manchmal sinnvoller sein, Kompromisse einzugehen, Entgegenkommen zu zeigen oder Konflikten aus dem Weg zu gehen. Im nächsten Kapitel wenden wir uns diesen Verhandlungsstrategien zu.

KAPITEL 8 Alternativstrategien – Anpassung, Vermeidung und Kompromiß

Die meisten Menschen sind bei Verhandlungen nur am Ergebnis interessiert und greifen deshalb eher zu Strategien, die vor allem auf das Resultat gerichtet sind – kompetitive und kooperative Strategien. Wir haben es allerdings oft mit Verhandlungen zu tun, die von anderen initiiert wurden und für die wir eine relativ rasche Lösung wollen oder in denen es uns primär darauf ankommt, unsere Beziehung mit der anderen Partei aufrechtzuerhalten oder zu stärken. In diesem Fall sind die anderen drei in Kapitel 5 vorgestellten Strategien – nämlich Anpassung, Vermeidung und Kompromiß – vielleicht angemessener.

Sie sollten wissen, wie Sie sie einsetzen können, wenn sich Ihr kooperatives und kompetitives Vorgehen als ungeeignet herausstellen sollte. Sie werden bestimmt mit vielen Verhandlungssituationen konfrontiert, in denen sich alternative Strategien als nützlich erweisen. Im großen und ganzen wird es dabei wahrscheinlich nicht um sehr gewichtige Verhandlungen gehen, aber weniger bedeutende kann man am besten mit einer dieser Strategien führen. Wenn Sie mehrere Strategien beherrschen, wollen oder müssen Sie unter Umständen die Methoden ändern und gelegentlich während des Verhandlungsprozesses auf diese Alternativen zurückgreifen. Wir werden diesen Fragen im letzten Kapitel wieder begegnen, da der Verlauf multipler Strategien während einer Verhandlung ein kompliziertes Thema ist und Kenntnisse in den Verhandlungsgrundlagen verlangt.

Wir sprechen von «alternativen Strategien», weil die meisten Verhandlungsführer nicht an sie denken, wenn sie sich für eine Strategie entscheiden. Ein strategischer Verhandlungsführer hat deshalb einen Vorteil, weil er sie als realisierbare Alternativen erkennt und nicht ständig auf die weit verbreiteten kompetitiven und kooperativen Strategien und Stile zurückgreift. Warum sollte man nicht einfach generell diese beiden Strategien einsetzen? Erstens sollten **unabhängige** Entscheidungen über die Bedeutung des Ergebnisses und der Beziehung Ihre Strategie bestimmen. Eine kompetitive Orientierung ist, wie wir jetzt wissen, dort angemessen, wo das Ergebnis wichtig ist, nicht aber die Beziehung. Kooperieren ist dann angemessen, wenn es sowohl auf das Ergebnis als auch auf die Beziehung ankommt. Ist allerdings in bestimmten Situationen eine dieser Bedingungen nicht erfüllt, dann sind diese Strategien wahrscheinlich weniger geeignet als andere. Dies sind sie unter Umständen auch dann, wenn Sie die beabsichtigte Strategie Ihres Gegenübers durchschauen und ihm einen Spiegel vorhalten wollen.

Denken Sie daran, daß der strategische Verhandlungsführer sich an einem normalen Tag mit Dutzenden von Verhandlungssituationen konfrontiert weiß. Aber viele davon haben kaum direkte Folgen. Ein strategischer Ansatz zwingt den Verhandlungsführer dazu, ein **Portfolio von Verhandlungen zu managen** und die wenigen zu identifizieren, die langfristig die größte Bedeutung haben, und sich dann auch auf diese zu konzentrieren. Das kann dazu führen, daß einige vernachlässigt werden, um die Leistung des Gesamtportfolios zu optimieren. Wir schlagen keinen Verhandlungsansatz als Alternative zur strategischen Bewertung der Bedeutung von Ergebnis und Beziehung vor. Vielmehr schlagen wir dem strategischen Verhandlungsteilnehmer vor, **die Bedeutung von Ergebnissen und Beziehungen jeder einzelnen Verhandlung in Relation zur Bedeutung anderer Verhandlungen im derzeitigen Portfolio zu prüfen** sowie in Relation zu der erforderlichen Zeit, Energie und den benötigten Mitteln, um diese Strategie erfolgreich umzusetzen. Wenn es im Moment nur wenige Verhandlungssituationen gibt, dann kann man vielleicht alle so behandeln, als ob nur eine oder beide Dimensionen wichtig wäre.

Aber für jeden Verhandlungsführer gibt es praktische Grenzen, die ihm diktieren, von Alternativen Gebrauch zu machen, wenn er mit vielen Verhandlungssituationen konfrontiert ist. Denn auch dieser Aspekt ist für einen Strategen offensichtlich, wird aber von Verhandlungsführern oft übersehen. Kenichi Ohmae stellt in seinem klassischen Buch über die japanische Managementstrategie fest, daß erfolgreiche Strategen «darauf achten, ihre kostbaren Managementressourcen wie Zeit, Geld und Personal nicht über zu viele Bereiche zu streuen. Eher erobern sie normalerweise einen zentralen Erfolgsfaktor nach dem anderen.»[1] Dasselbe strategische Prinzip sollte man auf Verhandlungen anwenden, weswegen die zwölfte Regel der strategischen Verhandlung auch besagt, daß man in Verhandlungen mit Bedacht und planvoll investieren soll. Gesetzt den Fall, Sie sind in eine kooperative Verhandlung mit Ihrem Vorgesetzten involviert, die größere Auswirkungen auf Ihre

Karriere hat. Zugleich befinden Sie sich in einer kompetitiven Verhandlung mit einer Versicherungsgesellschaft, die einen Schadensfall an Ihrem Auto übernehmen soll. Unter diesen Umständen werden Sie wahrscheinlich in die Verhandlung über einen Kostenvoranschlag etwa für die Reparatur Ihres Garagendaches weniger Zeit investieren, als wenn Sie sich nur mit diesem Kostenvoranschlag beschäftigen müßten. Oft genug sind wir auch gleichzeitig in mehrere Verhandlungen mit ein und derselben Person involviert. Beispielsweise können meine Frau und ich darüber diskutieren, wohin wir abends zum Essen gehen und wo wir uns einen Film ansehen. Ich will beides und weiß, daß dies auch für sie gilt – insofern muß ich entscheiden, in welcher Frage ich mich bei ihr auf einen «Wettbewerb» einlasse, und wo ich mich «kooperativ» oder sogar «anpassend» verhalten möchte. Wenn diese Planungen außerdem noch dann stattfinden, wenn wir uns noch über unseren Urlaub im nächsten Monat unterhalten und ich davon bestimmte Vorstellungen habe – dann mache ich vielleicht bei der gesamten Diskussion Zugeständnisse, um meine Frau in bezug auf den Urlaub wohlgesonnen zu stimmen. Sie sehen also, daß eine alternative Strategie bei unwichtigeren Verhandlungen oft angemessen ist, weil sie alternative Kriterien erfüllt und unterschiedliche Ziele erreicht.

12 — Investieren Sie gezielt und mit Vernunft in Ihre Verhandlungen!

Das Verhandlungsstrategiegitter aus Kapitel 5 zeigt, daß eine Anpassungsstrategie dann am besten ist, wenn es vor allem auf die Beziehung ankommt, die Ergebnisse aber keine direkten Konsequenzen haben. Wenn Sie Ergebnis und Beziehung als unwichtig einstufen (oder unwichtiger in Relation zu anderen Verhandlungen in Ihrem Portfolio), dann sollten Sie eine Vermeidungsstrategie wählen. Rangieren allerdings beide ziemlich hoch und läßt die Situation keine «ausgereifte» kompetitive oder kooperative Strategie zu, dann ist die ökonomischere Kompromißstrategie die beste.

8.1 Anpassungsstrategie

Diese Strategie wird von einer Partei eingesetzt, die mehr an der Beziehung und weniger an den Ergebnissen interessiert ist. Man kann diese Strategie auch mit «Verlieren, um zu gewinnen» umschreiben oder als Opfern des Ergebnisses zugunsten der Beziehung.

Sie zielt primär darauf, daß die andere Seite weiterhin zufrieden ist, und dient dazu, die Beziehung aufzubauen beziehungsweise zu verbessern. Sie ist normalerweise passiv[2] und wird von einer Partei verwendet, die nicht dominieren möchte. Sehen wir uns die Anpassungsstrategie einmal konkret an, und verfolgen wir die Verhandlungen von Sara und Felice über die Gründung einer neuen Geschäftspartnerschaft.

«Ich möchte wirklich dieses Geschäft mit Dir zusammen aufbauen, aber ich habe schon bei vier Banken vorgesprochen und bekomme keinen Kredit. Ich weiß nicht mehr, was ich sonst noch tun soll», meinte Sara verzweifelt.

«Sara», sagte Felice, «Du bist meine beste Freundin. Ich weiß, daß Du nicht viel Geld hast, und ich möchte nicht, daß Du Dich darüber sorgst. Ich habe etwas Geld geerbt und könnte es beisteuern. Was hältst Du davon?»

Die beiden Frauen sprachen beim Mittagessen in einem chinesischen Restaurant in der Nähe von Saras Wohnung darüber. Sara war einverstanden, aber die beiden konnten sich nicht über die Details des Plans einigen.

«Felice, ich mache mir wirklich Gedanken darüber, was passiert, wenn das Geschäft scheitert! Ich glaube zwar nicht, daß es dazu kommt, aber wir müssen diese Möglichkeit in Erwägung ziehen», sagte Sara.

«Ich habe auch schon darüber nachgedacht», antwortete Felice. «Vielleicht sollte ich zu Beginn einen größeren Gewinnanteil bekommen, zumindest bis sich die Firma selbst trägt und schwarze Zahlen schreibt.»

Als sie beim Dessert angelangt waren, öffnete Sara einen Glückskeks. Auf dem kleinen weißen Papierstreifen war zu lesen: «Sie erhalten großzügige Hilfe von einem Freund.» Sie holte tief Luft und sagte: «Schau mal Felice, ich will ganz offen zu Dir sein. Ich glaube, daß unsere Zusammenarbeit großartig sein könnte, aber Du hast keine professionellen Dekorationserfahrungen! Obwohl Du große Geschäftsfähigkeiten hast, werde ich Dich die ersten ein, zwei Jahre einarbeiten müssen. Aber ich denke, daß es sich bei jemandem lohnt, den ich mag und dem ich vertraue. In diesem Geschäft macht ein professionelles Arbeiten langfristig das Rennen, und das ist mit Geld nicht zu bezahlen. Ich bin sicher, daß ich mit etwas Zeit das Geld selbst auftreiben kann, aber der Punkt ist, daß wir schneller loslegen können, wenn Du jetzt Dein Geld investierst. Meiner Meinung nach ist es ein Viertel der Anteile wert, wenn wir nicht warten müssen, aber auch nicht mehr. Und wenn wir uns jetzt nicht auf einen vernünftigen Weg einigen können, dann kann ich ebenso darauf warten, bis ich eine andere Finanzierungsmöglichkeit gefunden habe.»

«Puh», seufzte Felice. «Das waren deutliche Worte. In Ordnung. Ich sehe, daß Du die Sache ernst nimmst, und ich möchte Dir helfen. Ich bringe soviel ein, wie Du denkst, daß wir für die ersten drei Monate brauchen. Die übrigen Details können wir später klären, und in drei Monaten sehen wir, wie weit wir gekommen sind, und können dann alles weitere entscheiden.»

Sara war begeistert. «Ich bin so froh, daß Du das mit mir zusammen machen willst! Es wird großartig! Ich muß mich beeilen, weil ich mit einem Kunden verabredet bin. Aber wir reden später weiter!»

Sara rannte hinaus und überließ es Felice, die Rechnung zu bezahlen. Felice öffnete ihren eigenen Glückskeks. Darauf stand: «Seien Sie vorsichtig mit schnellen Entscheidungen bei Freunden und im Geschäft.»

In dieser Situation paßt sich Felice an die Interessen von Sara an. Sie ist mit einem 25prozentigen Geschäftsanteil einverstanden, obwohl sie ein beachtliches Kapital in die Geschäftsgründung investiert. Bei ihr überschattet ihre Beziehung zu ihrer besten Freundin Sara die Relevanz des finanziellen Geschäftsrisikos, das sie übernimmt. Nicht jeder würde dieselbe Entscheidung treffen. Manchen wäre die Beziehung nicht so wichtig oder das finanzielle Risiko zu groß.

Da diese Strategie immer dann gewählt wird, wenn ein großes Interesse an der Beziehung besteht, können wir auch genauer angeben, wann Sie die Anpassungsstrategie einsetzen sollten:

- In Kapitel 4 haben wir einige der Hauptaspekte der Beziehung diskutiert, die wir aufrechterhalten oder verbessern wollen. Eine Anpassungsstrategie sollte einige dieser Faktoren aufbauen oder stärken und deshalb folgende Ziele haben:

  1. **Vertrauen** zwischen den Parteien aufzubauen, es jedenfalls nicht dadurch zerstören, daß man die eigenen Ergebnisinteressen durchsetzt.

  2. Deutlicheren **Respekt** vor den Fähigkeiten, Beiträgen oder Aktivposten des anderen zu zeigen. In unserem Beispiel zeigt Felice, daß sie Saras Innendekorationsfähigkeiten schätzt.

  3. Die **Intensität** der Beziehung zu beeinflussen – durch die verschiedenen Wege, über die wir mit den Schlüsselpersonen interagieren. Wenn wir noch über andere Aspekte unserer Beziehung verhandeln, bei denen wir stark am Ergebnis interessiert sind, passen wir uns vielleicht in dieser Verhandlung an.

  4. Damit es **dem anderen einfach gut geht**, wollen wir ihm eine Freude machen, ihn glücklich wissen, Einfühlungsvermögen zeigen oder einen Anlaß feiern. Wenn etwa der andere heute Geburtstag hat, dann passen wir uns vielleicht an Forderungen an, die wir morgen ablehnen würden.

- Ein zweiter Hauptgrund für die Verwendung der Anpassungsstrategie ist, daß in komplexen Beziehungen, in denen es eine Vielzahl laufender Verhandlungen gibt, die Parteien zum «**Bilanzieren**» neigen. Mit der Zeit erwarten die Menschen generell, daß es für jede Seite einen Ausgleich von Gewinn und Verlust gibt – dieses Mal gewinnst Du, und das nächste Mal ist es umgekehrt. Wenn wir also in der Vergangenheit gewonnen haben oder in Zukunft gewinnen wollen, ist vielleicht jetzt eine Anpassungsstrategie angesagt.

- Eine Partei, die einen **heimlichen Plan** verfolgt, greift vielleicht zu einer Anpassungsstrategie. Ein Beispiel dafür ist ein Mitarbeiter, der seinen Chef in einem halben Jahr nach einer Gehaltserhöhung fragen möchte. Bis dahin erledigt er Aufgaben über das normale Maß hinaus und macht kein großes Aufheben darum, weil er erwartet, daß er dann über eine Gehaltserhöhung verhandeln kann. In gewisser Weise ist die Anpassung dann eine gute Strategie, wenn Sie dem anderen einen «Vorschuß» geben, den Sie sich zu einem bestimmten Zeitpunkt auszahlen lassen wollen.

- Und schließlich ist es manchmal für die Partei A angemessen, die Partei B gewinnen zu lassen. Dadurch können die Parteien **Frieden bewahren**, weil die Beziehung wichtig oder das Ergebnis relativ unwichtig ist. Wenn wir also den Konflikt gering und den anderen bei guter Laune halten wollen, dann ist der Versuch, ein triviales Ergebnis anzustreben, nicht die Mühe wert. Die Anpassungsstrategie kann in diesem Fall eine gute Entscheidung sein.

Der größte Nachteil der Anpassungsstrategie ist, daß die Partei, die sie verwendet, die andere Seite vielleicht von oben herab behandelt oder diese sich nicht wohl bei einem «einfachen Gewinn» fühlt. Außerdem muß man die Verwendung dieser Strategie genau dosieren. Man sollte aus ihr kein generelles Muster machen und ständig nachgeben. Die Partei, die sich immer an andere anpaßt, gerät in Gefahr, ständig ausgenutzt zu werden. Wenn die andere Partei nicht auf das Geben und Nehmen in der Beziehung achtet, dann wird für sie vielleicht das Gewinnen zum Normalfall. Wenn das in einer wichtigen Beziehung zum Problem wird, sollte die benachteiligte Partei offen mit der anderen darüber sprechen.

8.2 Vermeidungsstrategie

Eine Vermeidungsstrategie ist eine passive Strategie. Sie dient dazu, eine Verhandlung zu blockieren, zu vertagen oder vollständig zu umgehen. Zwei verschiedene Gründe sprechen für diese Strategie. Erstens sind sowohl Ergebnis wie Beziehung unwichtig, und deshalb steht bei einem Umgehen der Verhandlung wenig auf dem Spiel. Der zweite Grund ist, daß der Zeitpunkt falsch ist. Auch wenn Ergebnis oder Beziehung möglicherweise relevant sind, ist es nicht sinnvoll, unter dieser Bedingung zu verhandeln.

Sun Tzu war der erste und ist wahrscheinlich immer noch der wichtigste Militärstratege; er lebte um 500 v. Chr. in China. Seine Abhandlung beginnt mit der Erklärung: «Wenn der Schlag eines Falken seine Beute tötet, dann liegt es am Zeitpunkt.»[3] Der Zeitpunkt ist wichtig, auch wenn es vollkommen un-

8.2 Vermeidungsstrategie

angemessen ist, eine Kooperationssituation mit dem Beutefang zu vergleichen. Wenn Sie nicht über den Einfluß und die Position verfügen, um sofort eine gewünschte Beziehung oder ein gewolltes Ergebnis zu erzielen, dann ist ein temporärer Rückzug die beste Alternative. Die Verhandlungsteilnehmer sind nur selten in einer derart überwältigend starken Position, daß sie die Risiken einer Verhandlung für selbstverständlich halten können.

Beim Management Ihres Verhandlungsportfolios wollen Sie vielleicht die Verhandlungen der Priorität nach ordnen, und zwar auf der Basis ihres jeweils wahrscheinlichen Erfolgs. Und wo ein Erfolg im Moment unwahrscheinlich ist, ist ein temporärer Rückzug die beste Alternative. Schlimmstenfalls verwandelt sich «temporär» in «permanent» und Sie verlieren das Ergebnis und die Beziehung, von denen Sie sowieso dachten, daß Sie sie überhaupt nicht erreichen konnten. Aber in vielen Fällen wird die andere Partei der Verhandlung immer noch einen potentiellen Wert beimessen und es Ihnen ermöglichen, die Verhandlung wieder aufzunehmen – wenn *Sie* entscheiden, daß die Zeit dafür gekommen ist.

Wie sieht eine Vermeidungsstrategie aus? Noch einmal zeigen wir am Beispiel von Sara und Felice die Strategie in Aktion. Dieses Mal zieht sich eine von ihnen aus den Verhandlungen zurück:

«Hallo Felice! Hier ist Sara am Telefon! Ich bin so froh, Dich endlich zu erreichen. Ich habe es ständig versucht und glaubte schon, daß Du mir aus dem Weg gehen möchtest. Ich hoffe, daß ich Dich nicht geweckt habe!»

«Oh nein, wie kannst Du so etwas denken. Es ist doch schon halb sieben – und der Tag ist schon halb vorbei! Ich halte bereits mein Nachmittagsschläfchen! Nein, ich bin Dir nicht aus dem Weg gegangen – ich mußte aus der Stadt, um meinen Vater für ein paar Tage zu sehen, und bin gestern abend zurückgekommen.»

«Gut, jetzt wo ich Dich gerade am Apparat habe, möchte ich Dir sagen, daß ich darüber nachgedacht habe, wie wir unser Geschäft am besten anpacken, und ich denke, daß wir mit dem Geld, das Du von Deinem Großvater geerbt hast, wirklich große Dinge bewegen können! Ich habe bereits mit einem Finanzberater gesprochen. Sein Name ist Todd Danport, aber er möchte sich mit uns beiden unterhalten. Deshalb habe ich einen Termin für zwei Uhr heute Nachmittag ausgemacht. Ich wußte nicht, daß Du nicht in der Stadt warst. Paßt Dir zwei Uhr?»

«Ich weiß nicht», sagte Felice. «Ich muß in meinen Terminkalender schauen und die anderen Anrufe abhören, die während meiner Abwesenheit ankamen. Ich bin nicht sicher, ob ich mich überhaupt schon mit Todd über diese Idee unterhalten möchte. Wir müssen uns zuerst noch über andere geschäftliche Dinge unterhalten, bevor wir zu einem Finanzberater gehen. Kann ich Dich später zurückrufen?»

«Oh, mach Dir keine Sorgen! Das Treffen mit Todd verpflichtet Dich zu nichts. Es wird nur ein kurzes Treffen. Wie wär's, wenn Du mich gegen 11 Uhr zurückrufst, wenn Du kannst, damit ich den Termin verlegen kann. Andernfalls treffen wir uns bei ihm vor 2 Uhr. Sein Büro ist in dem neuen Bürokomplex unten in der Hauptstraße.»

«Sieh mal, ich möchte wirklich zuerst etwas darüber nachdenken.»
«Oh Felice, bitte! Es dauert wirklich nicht lange! Bitte...»
«Hm, sicher. Ich spreche später mit Dir darüber.»
«Großartig. Einen schönen Vormittag für Dich, Fe...» Sara hörte einen Wählton.
An dem Nachmittag unterhielten sich Sara und Todd ungefähr eine halbe Stunde lang, bevor ihnen klar wurde, daß Felice nicht kommen würde. Sie versuchte abends mehrere Male, Felice anzurufen, hatte aber immer nur den Anrufbeantworter dran. Langsam dämmerte ihr, daß sie vielleicht einen Fehler gemacht hatte.

Für die Partei, die eine Vermeidungsstrategie verwendet, ist weder das Ergebnis noch die Beziehung von Bedeutung. Es gibt zwei Verwendungsweisen der Strategie, nämlich die **aktive** und die **passive Vermeidung**. Bei der aktiven Vermeidung lehnt es die Partei ab, überhaupt zu verhandeln, ähnlich wie Felice in dem vorangegangenen Beispiel. Sie wird im Schlaf gestört, und ihr ist klar, daß es Sara vor lauter Begeisterung egal ist, daß sie Felice zu einer unmöglichen Zeit geweckt hat und sie unglaublich aufdringlich zu überreden versucht, zu dem Treffen mit Todd Danport zu kommen. Statt sich mit Sara in ein Gespräch darüber einzulassen, zeigt Felice einfach kein Engagement – und taucht auch nicht in dem Büro von Todd auf oder sagt Sara ab. Das ist der aktivere oder «aggressivere» Vermeidungsansatz.

Bei der passiven Vermeidung erscheint die Partei einfach nicht bei der Verhandlung oder zeigt sich zwar, macht aber keine Einwände. Der Konflikt kann damit auf einen zukünftigen Zeitpunkt vertagt oder Beziehung und Konflikt können auf Dauer beendet werden. In beiden Fällen führt dies bei der anderen Seite vielleicht zu Frustrationen, weil alle Bemühungen um eine ernsthafte Verhandlungsaufnahme blockiert oder vertagt werden. Deshalb ist diese Strategie dort am geeignetsten, wo die Beziehung nicht wichtig ist. Wenn es sich um eine langfristige Beziehung handelt, dann wird der strategische Verhandlungsführer nur auf Vermeidung als kurzfristige Strategie setzen und seine Energie darauf konzentrieren, die Frustrationen der anderen Partei zu überwinden und die Beziehung neu aufzubauen, bevor die Verhandlung mit einem anderen Stil neu aufgenommen wird.

Eine Vermeidungsstrategie kann aus den folgenden Gründen effektiv sein:

- Sie können vielleicht Ihre Bedürfnisse auch *ohne* Verhandlung befriedigen. Wenn Sie eigentlich nicht verhandeln müssen, dann macht es keinen Sinn, Zeit damit zu verschwenden.
- Sie verfügen über starke Alternativen oder BATNAs, die Sie verfolgen können. Wenn Sie starke BATNAs haben, müssen Sie vielleicht gar nicht ver-

handeln. Eine starke Alternative ist eine Trumpfkarte, die Sie spielen können, um Einfluß und Kontrolle in der Verhandlung zu behalten.
- Sie haben kein Interesse an einer Verhandlung über das Ergebnis und machen sich keine Sorgen darüber, daß eine Verhandlung der Beziehung schaden könnte. Deshalb ist wahrscheinlich Felice auch der Meinung, daß es weniger schädlich ist, wenn sie einfach nicht bei dem Treffen erscheint, als Sara zu sagen, daß sie sie für unhöflich und aufdringlich hält.
- Ein letzter Grund dafür, daß Sie selbst die Verhandlung nicht weiterführen, kann darin bestehen, daß jemand anderer aus Ihrer Partei Erfahrungen sammeln will. Sie lassen also jemand anderem den Vortritt. Es steht Ihnen aber frei, dieser Person gegebenenfalls bei den Verhandlungen unter die Arme zu greifen. Allerdings müssen Sie sich darüber im klaren sein, daß die andere Partei Ihr fehlendes persönliches Engagement unter Umständen als Affront betrachtet.

8.3 Kompromißstrategie

Der Kompromiß[4] steht im Zentrum unseres Diagramms der Verhandlungsstrategien in Kapitel 5. Bei der Umsetzung handelt es sich wahrscheinlich eher um einen Strategiemix. Das Vorgehen bei der Kompromißstrategie besteht darin, etwas in der Ergebnisdimension zu erreichen, aber nicht vollständig auf seinen Zielen oder Bedürfnissen zu beharren. Man trifft sich «in der Mitte», versucht aber nicht, das Maximum herauszupressen, weil jeder profitieren soll. Es handelt sich vielleicht noch nicht einmal um die Mitte. Aber weil es sich um eine Art symmetrische oder logische Mitte handelt, ist es einfacher, damit eine Übereinstimmung mit der anderen Seite zu erzielen als mit kompetitiver oder Kooperationsstrategie. Außerdem ist das Resultat wahrscheinlich positiver als bei einer Vermeidungs- oder Anpassungsstrategie. Mit der Kompromißstrategie signalisieren Sie Interesse an der Beziehung, weil Sie nicht auf einem vollständigen «Sieg» insistieren (was sie bei der kompetitiven Strategie tun). Sie zeigen sich auch einfühlsam, weil Sie dafür sorgen, daß die andere Partei ebenfalls «etwas» in der Ergebnisdimension bekommt. Sie demonstrieren, daß Sie in gewisser Weise darauf achten, daß die andere Partei bei der Verhandlung auf ihre Kosten kommt, weil Sie auf ihre Interessen Rücksicht nehmen. Dadurch verbessern Sie Ihr Image bei dem anderen und erweisen sich als jemand, der vernünftig, fair und dazu bereit ist mitzuhelfen, daß beide Seiten etwas gewinnen – zentrale immaterielle Werte, die wir in Kapitel 2 diskutiert haben.

Die niedrigen Verhandlungskosten einer Einigung aufgrund eines Kompromisses sind zwar von Vorteil, ihnen stehen jedoch höhere **Opportunitätskosten** der Strategie gegenüber. Mit einem Kompromiß kann jede Partei einige Ziele erreichen; man optimiert aber die Situation nicht so, wie es mit einer Kooperation möglich wäre. Im Grunde bedeutet ein Kompromiß oft Verhandlungskonzessionen. Obwohl beide Seiten weniger erreichen, als sie wollten, («50 Prozent von etwas ist besser als 100 Prozent von nichts»[5]), erzielen Sie auch keine Maximierung. Verhandlungsziel ist, daß beide Parteien in einem gewissen Maß profitieren, damit sich auch beide dem Übereinkommen verpflichtet fühlen.[6]

Sehen wir uns die Kompromißstrategie einmal konkret an. Hier hat der Kompromiß zwischen Sara und Felice das Ziel, ihre Verhandlungen abzukürzen, die persönlichen Verhandlungskosten zu minimieren und sich direkt um die Gründung ihres Unternehmens zu kümmern.

> Sara und Felice versuchten, ein entspanntes Geschäftsmeeting abzuhalten, aber die Sache ging schnell schief.
>
> «Eine tolle Idee, in dieses feine Teehaus zugehen», erklärte Felice. «Ich bin vorher noch nie hier gewesen.»
>
> «Ich auch nicht, aber meine Mutter sagte immer, daß man am besten in einer zivilisierten Umgebung und mit etwas Süßem verhandelt, und ich dachte, daß ich mich an ihren Rat halten sollte. Aber ernsthaft, wir müssen unsere Finanzierungsstrategie diskutieren. Ich möchte Dich an diesem Projekt eigentlich als stillen Teilhaber beteiligen, weil ich vor allem finanzielle Rückendeckung brauche. Ich schlage vor, daß Du die Anfangskosten des Geschäfts finanzierst und dafür 30 Prozent des Gewinns bekommst.»
>
> Felice verschluckte sich an ihrem Tee. «Das ist doch nicht Dein Ernst. Du erwartest von mir, daß ich das ganze Projekt finanziere, keine Mitsprache dabei habe, was Du tust oder wie das Geld investiert wird, und nur 30 Prozent zurückbekomme? Es geht um sehr viel Geld für mich, Sara. Wenn ich so viel einbringe, dann muß ich mehr Kontrolle darüber haben, was damit gemacht wird. Ich will 70 Prozent der Anteile und Gewinne und außerdem eine aktive Rolle bei den Tagesgeschäften.»
>
> «Mach Dich nicht lächerlich», fauchte Sara. «Dieses Geschäft ist meine Idee und basiert auf meinen Talenten, Erfahrungen und meinem professionellen Ruf. Du kannst keinen größeren Einfluß auf das Geschäft als ich haben. Sieh mal, warum können wir nicht folgenden Kompromiß finden: Du kannst 40 Prozent der Anteile haben und Dich in gewisser Weise am Alltagsgeschäft beteiligen.»
>
> «Ich denke, wir sollten es 50/50 aufteilen, um ganz fair zu sein», entgegnete Felice. «Nebenbei bemerkt dachte ich, daß wir Freundinnen sind. Warum streiten wir darüber?»
>
> Sara trank ihren Tee und versuchte, sich zu beruhigen. «Du hast recht, Felice. Am wichtigsten ist, daß wir gute Freundinnen bleiben. Laß uns Nägel mit Köpfen machen und die Anteile in der Mitte teilen, so daß wir anfangen können. Sollen wir uns die Hand darauf geben?»
>
> «Klingt gut», sagte Felice, als sie ihre Hand hinstreckte. In Wahrheit hatte sie immer noch Zweifel, daß der Deal fair war, aber sie wollte die Diskussion nicht weiter in die Länge ziehen und Sara und sich selbst verrückt machen.

Das Geschäft lief ziemlich gut. Felice war allerdings mehr und mehr beleidigt. Sie hatte das Gefühl, daß sie über den Tisch gezogen worden war, weil Sara kein Kapital eingebracht hatte, während sie den größten Teil ihrer Ersparnisse riskierte. Da beide anfingen, sobald wie möglich ihre Gewinne aus dem Unternehmen zu ziehen, mußte Felice ihren Gewinnanteil zur Erneuerung ihrer ursprünglichen Investition verwenden, während es für Sara direkte Gewinne waren. Nachdem sich Felice einige Monate lang über diesen Vertrag geärgert hatte, sprach sie Sara darauf an, ob sie den Vertrag nicht ändern könnten – in der Hoffnung, Sara wäre damit einverstanden, Felice die Hälfte des Anfangskapitals zurückzuzahlen. Sara reagierte allerdings verärgert und beschuldigte Felice, ihre Partnerschaft in Frage zu stellen, und das führte schließlich zu einer großen Auseinandersetzung und am Ende zur Auflösung der Firma.

Bei einer Kompromißstrategie bemühen Sie sich gemäßigt darum, Ihr eigenes Ziel zu erreichen und unterstützen die andere Partei auf moderate Weise, ihre Resultate zu erzielen. Eine solche Strategie sieht vielleicht wie eine abgespeckte Version von Kooperation aus. Das ist in vielerlei Hinsicht auch richtig – einige sehen sie tatsächlich als einen «trägen» oder unterwürfigen Verhandlungsansatz an.[7] Aber eine Kompromißstrategie kann aus verschiedenen Gründen positiv sein:

1. **Die Ressourcen sind begrenzt** und können nicht erweitert oder kreativ aufgeteilt werden. Statt sich auf große Diskussionen einzulassen, bei der beide Seiten versuchen, allein über die Ressourcen zu verfügen, oder zu kooperieren, aber keinen Weg zu finden, um entweder die Ziele oder die Interessen zufriedenzustellen, kann ein Kompromiß eine befriedigende Lösung darstellen.

2. **Die Zeit ist begrenzt**. Eine Konkurrenz- und Kooperationsstrategie erfolgreich anzustreben kann sehr zeitaufwendig sein – bei der kompetitiven Strategie deshalb, weil es lange dauern kann, bis die andere Seite mürbe ist, und bei der kooperativen, weil es vergleichbar lange dauert, eine zufriedenstellende Lösung zu finden und die Beziehung zu sichern. Ein Kompromiß ist «quick and dirty», wobei die Betonung zunächst einmal auf dem «quick» liegt.

3. **Die Beziehung wird aufrechterhalten** und in gewisser Weise bewahrt. Zu dieser Strategie greift vielleicht eine Partei, deren Position schwächer als die der anderen Partei ist. Sie wird unter Umständen auch von demjenigen benutzt, der ein gewisses Interesse am anderen zeigen möchte und ihn für schwächer hält – aber auch dem anderen nicht alles überlassen möchte. Mit ihr kann man einen lang anhaltenden Konflikt vermeiden.

4. **Um Konzessionen bei einem wichtigen Ziel zu erreichen**,[8] könnte eine Partei einen Kompromiß vorschlagen – insbesondere wenn jeder Partei gute

Optionen zu Verfügung stehen. Das funktioniert zum Beispiel gut, wenn Sie wissen, daß die andere Partei sich nur ungern auf eine bestimmte Konzession einlassen will, Sie aber in einer Position sind, einen Tauschhandel anbieten zu können. Wenn es zwischen den Parteien um mehrere Probleme geht, dann führt ein Kompromiß oft zu einem schnellen und zweckmäßigen gegenseitigen Unterstützungsprozeß (der in Kapitel 7 beschrieben ist).

8.3.1 Einige Prinzipien für die Kompromißstrategie

Im folgenden unterbreiten wir einige Vorschläge dafür, wie eine Kompromißstrategie[9] in die Tat umgesetzt werden kann, so daß jeder etwas gewinnt, ohne daß eine Seite zu viel verliert:

Machen Sie Ihre Hausarbeiten. Sie müssen wissen, was Sie wollen. Sorgen Sie für klare Ziele. Wir haben uns damit in Kapitel 2 befaßt, und dieser Punkt ist sehr wichtig, wenn Sie einen Kompromiß eingehen müssen, weil Sie dann nämlich wissen müssen, wofür Sie kämpfen wollen und was Sie aufzugeben bereit sind. Sie müssen sich stark für Ihre Ziele einsetzen, oder Sie werden in die Position gedrängt, «Haus und Hof» verlassen zu müssen – alles zu verlieren oder zumindest die Dinge, an denen Ihnen am meisten liegt.

Bringen Sie Ihre Ziele in eine Rangfolge. Wenn Sie auf einen Kompromiß zusteuern, sollten Sie wissen, was Sie erreichen müssen, und nicht nur, was Sie unter Umständen vielleicht gerne haben würden. Was man gerne hätte, muß man vielleicht aufgeben, um das zu bekommen, was man haben muß.

Lernen Sie Ihren Abbruchpunkt und Ihre Alternativen kennen. Damit können Sie Ihren Einfluß in den Verhandlungen stärken, weil Sie ab einem bestimmten Zeitpunkt vielleicht besser damit fahren, sich an Ihrer Alternative zu orientieren, als sich auf ein suboptimales Ergebnis zu einigen. Sie müssen auch wissen, wann Sie abbrechen sollten.

Bringen Sie in Erfahrung, wer die Entscheidung trifft. Wenn die Person, mit der Sie verhandeln, nicht dazu autorisiert ist, eine Übereinkunft zu treffen, müssen Sie unter Umständen lange warten, weil sich die andere Person mit demjenigen berät, der eigentlich die Entscheidung trifft. Es ist vielleicht besser und effizienter für Sie, Ihren Vorschlag dem Entscheidungsträger vorzulegen.

Zeigen Sie Verhandlungsbereitschaft. Gehen Sie gegebenenfalls auf den anderen zu, um sein Zögern oder Mißtrauen zu überwinden. Achten Sie auf die

Interessen der anderen Partei und versuchen Sie sicherzustellen, daß Ihr Vorschlag einige ihrer Hauptprobleme löst. Dadurch können Sie sich den Ruf erwerben, einfühlsam und fair zu sein.

Versuchen Sie nie, als erster eine größere Konzession anzubieten. Da Konzessionen als Zeichen von Schwäche interpretiert werden können, versucht die andere Partei vielleicht, daraus Vorteile zu ziehen, aggressiver vorzugehen und Sie weiter zu treiben, als Sie gehen wollen. Das führt zu einer Spirale, das heißt, je mehr Sie nachgeben, desto mehr werden die anderen fordern. Sie finden sich dann in einer Anpassungsstrategie wieder, nicht in einer Kompromißstrategie.

Warten Sie auf keinen Fall bis zum letzten Termin, bis Sie einen Kompromiß vorschlagen. Kompromisse sollten aus einer Position der Stärke heraus vorgeschlagen werden, nicht wenn man in die Enge getrieben ist und die andere Partei denkt, daß Sie in einer schwächeren Position sind. Wenn der Termin ansteht und Sie ein Kompromißangebot machen wollen, dann machen Sie es früh genug, damit Ihr Vorschlag auch wirklich geprüft werden kann. Wenn Sie zu lange warten, ist vielleicht die Frist der anderen Partei abgelaufen. Sie ist dann sehr verärgert, hat alle Möglichkeiten eines Vorteils verloren und will jetzt den Verhandlungsprozeß einfach sabotieren.

Fangen Sie mit kleinen Kompromissen an. Ein graduelles oder stufenweises Vorgehen kann dazu dienen, einen Kompromiß zu erzielen. Wenn Sie in kleinen Schritten vorgehen, kann sich jede Partei auf eine vernünftige Lösung zubewegen. Ein zu schnelles Vorgehen kann zu einer Eskalation der Forderungen führen.

Setzen Sie Ihre Zugeständnisse zu Ihrem eigenen Vorteil ein. Wenn Sie Konzessionen machen, vergewissern Sie sich, daß die Botschaft bei der anderen Partei ankommt, daß Sie an einem positiven Ergebnis interessiert sind und mit ihr verhandeln wollen. Verlangen Sie eine Konzession als Gegenleistung.

Machen Sie mit Ihrem Angebot Ihren Standpunkt klar. Wenn Sie sich Ihren letzten Angeboten nähern, dann sollten diese kleiner und weniger häufig dimensioniert werden, um der anderen Partei zu signalisieren, daß Sie kurz vor dem Ende stehen. Wenn die andere Partei wachsam ist, wird sie verstehen, daß sie Sie nicht zu weiteren Angeboten treiben kann. Dasselbe gilt für Sie. Achten Sie auf die Angebote der Gegenseite und achten Sie auf Anzeichen von Besorgnis. Wenn die andere Seite ihr Limit erreicht hat, dann sollten Sie nicht weiter auf Konzessionen bestehen. Sie riskieren damit, daß die Verhandlungen endgültig scheitern.

Drängen Sie nicht zu hart. Versuchen Sie, nicht der traditionellen Meinung über Verhandlungen zum Opfer zu fallen, daß Sie nämlich alles gewinnen müssen, was Sie auch gewinnen können. Ein zu forsches Drängen kann dazu führen, daß die Verhandlungen abrupt zum Stillstand kommen.

Denken Sie daran, daß es keine gleiche Aufteilung geben muß. Bei Kompromissen kann es manchmal weder möglich noch wünschenswert sein, «sich auf die Mitte zu einigen» – obwohl dies der häufigste Fall ist. Ein Kompromiß basiert auf den gegenwärtigen Standpunkten beider Parteien, aber das heißt nicht, daß sie die gleichen Konzessionen machen, um an diesen Punkt zu gelangen. Wenn eine Partei 2000 Mark von ihrem Ausgangspunkt abgerückt ist und die andere 5000 Mark, und man ist immer noch 4000 Mark auseinander, dann ist die «Mitte» ein Kompromiß, kann aber bedeuten, daß eine Partei nur 4000 Mark und die andere 7000 Mark zugeben muß.

Kompromisse können auch eine Win-Win-Lösung darstellen. Dazu ein Beispiel: Zwei Mädchen wollen eine Orange teilen. Sie könnten sie in der Hälfte teilen, um «fair zu sein». Aber jedes möchte etwas anderes (unterschiedliche zugrundeliegende Interessen). Ein Mädchen möchte die Schale, das andere das Fruchtfleisch. Ein fairer Weg zur Teilung der Orange wäre es, jedem zu geben, was er möchte – eine Win-Win-Lösung.

Versuchen Sie, nicht zu schnell abzuschließen. Obwohl Zeitknappheit einer der Hauptmotive für eine Kompromißstrategie ist, müssen Sie deshalb noch nicht mit Lichtgeschwindigkeit vorgehen! Sie wollen das Geschäft vielleicht unbedingt abschließen, aber wenn eine Verhandlung «zu schnell» abläuft, fragen sich viele im nachhinein, ob sie nicht ein besseres Ergebnis hätten erzielen können. Wenn Sie etwas verkaufen, machen Sie mindestens ein Gegenangebot, so daß der Käufer das sichere Gefühl hat, den besten Preis erzielt zu haben. Wenn Sie etwas kaufen, bieten Sie zunächst wenig und erhöhen Sie dann Ihr Gebot. Die Menschen lieben das Gefühl, sich etwas erkämpft zu haben.

Stellen Sie die langfristigen Vorteile heraus. Weisen Sie darauf hin, daß es eine längerfristige Beziehung zwischen den Parteien geben kann (wenn dies auch wahr ist). Der Vorteil eines erfolgreichen Kompromisses ist bestenfalls, daß die Zukunft nicht gefährdet wird (wie es bei dem Kompromiß von Sara und Felice der Fall war) und gemeinsame Geschäfte weiterhin möglich sind. Tatsächlich kann ein Kompromiß von heute die Grundlage für eine zukünftige Kooperation darstellen. Dagegen sind negative Verhandlungsverläufe zukünftigen Geschäften abträglich.

Konzentrieren Sie sich ganz auf die Themen. Die andere Seite verwendet vielleicht schmutzige Tricks bei ihrem Versuch, mehr Konzessionen zu erreichen. Ignorieren Sie das, wenn möglich, und halten Sie an Ihren Grundprinzipien fest. Mit anderen Worten: zeigen Sie Entschlossenheit, besonders wenn die andere Seite zu einer kompetitiven Strategie überwechselt.

Man kann nicht immer gewinnen. Manchmal ist ein Kompromiß das beste, was man in einer verfahrenen Situation tun kann. Gelegentlich ist ein guter Test für einen erfolgreichen Kompromiß die Frage, ob beide Seiten «unter den gegebenen Umständen ihr Bestes geben».

Weitere Vorschläge. Zum Schluß noch einige Vorschläge, die sich vor allem auf Verhandlungen mit Firmen und Organisationen beziehen:

- Verhandlungen mit **kleinen Firmen** sind oft einfacher. Mit ihnen sind wahrscheinlich bessere Geschäfte möglich, weil sie darauf angewiesen sind. Große Firmen (insbesondere Bürokratien) scheinen sich oft darüber keine weiteren Gedanken darüber zu machen, ob sie mit Ihnen ins Geschäft kommen oder nicht. Das Problem ist hier oft die «Legitimation» (siehe Kapitel 4). Die Organisationsvertreter sind eventuell gar nicht dazu autorisiert, von festgelegten Preisen oder Verfahrensabläufen abzuweichen.

- **Achten Sie darauf, nicht unter Druck zu kaufen.** Dazu kommt es eher, wenn Sie einen Artikel unbedingt haben müssen (Sie befinden sich in einer verzweifelten Lage, und Ihr Opponent weiß das). Ohne Zeitdruck sind Sie in einer besseren Verhandlungsposition und können eher Kompromisse eingehen. Wenn möglich, dann vermitteln Sie wenigstens den Eindruck, nicht unter Zeitdruck zu stehen. Vermeiden Sie auch den Kauf von etwas, das morgen «vielleicht nicht mehr zu haben ist» – nur sehr wenige Dinge sind dermaßen knapp!

- Und wenn Sie den anderen nicht genau kennen, dann dokumentieren Sie **alles schriftlich.** Und machen Sie klar, daß Sie zu Ihrem Wort stehen.

8.3.2 Maßnahmen, wenn sich die Kompromißverhandlungen festgefahren haben

Wenn eine Sitzung, in der Sie einen Kompromiß auszuhandeln versuchen, ins Stocken gerät, dann können Sie manchmal ein «abgestuftes» oder «inkrementales» Vorgehen anwenden, das sich über die Kompromißstrategie hinaus zu einer wirklichen Kooperationsstrategie entwickelt. Auf der ersten Stufe oder beim ersten Schritt treffen die Parteien eine vorläufige oder Interimsübereinkunft (die einen Kompromiß einschließen kann). Auf der Grundlage dieses Kompromisses kommen beide Parteien überein, daß dies die Basis für weitere Verhandlungen darstellt. Dann beginnen sie mit der Untersuchung einiger der in Kapitel 7 ausgearbeiteten Verfahren über die kooperative Verhandlung. Dadurch kann die Einigung für beide Seiten ausgeweitet, gestärkt oder verbessert werden.

8.4 Vermeiden Sie Einwilligungsstrategien [10]

Wir warnen an dieser Stelle vor einer Einwilligung, weil Sie in eine solche hineinmanövriert werden könnten – und das ist nicht dasselbe wie ein Kompromiß! Bei einer Einwilligung erklärt man sich mit etwas einverstanden, das man eigentlich nicht möchte.

Manchmal geben die Menschen Forderungen nach, obwohl sie es eigentlich nicht wollen. Warum sie das tun, ist ihnen vielleicht selbst nicht einmal klar. Trotz der vielen anderslautenden persönlichen und öffentlichen Beteuerungen kaufen die Menschen angebliche Superangebote oder spenden an der Haustür oder reagieren auf Telefonmarketing. Oft tun sie das, weil sie einfach nicht «Nein» sagen können. Wenn beispielsweise jemand von einem Wohltätigkeitsverein anruft und um eine Spende von 50 Mark bittet, spenden viele oft 25 Mark, statt «Nein» zu sagen, nur um einen «Kompromiß einzugehen» und den Anrufer los zu werden. Das ist kein Kompromiß – das ist eine Einwilligung. Sie müssen sich dieser Möglichkeit bewußt sein und sich die Zeit nehmen, um zu prüfen, was sie in einer solchen Situation wirklich wollen. Wenn Sie die Überlegungen und Prüfungen in Kapitel 2 sorgfältig durchgeführt haben, sollte dies keine Schwierigkeit für Sie darstellen. Aber oft zielen Verkäufer und Marketingleute auf Ihr Unbewußtes und lassen Ihnen so keine Chance zum Überdenken. Und deshalb willigen Sie zumindest teilweise ein.

Es kann Strategien in Verhandlungen und anderen Situationen geben, die einfach dazu dienen sollen, Sie zu überreden. Hier sind ein paar Gründe, warum viele auf die Forderungen eingehen, und Vorschläge, wie Sie sich erfolgreich wehren können.

8.4 Vermeiden Sie Einwilligungsstrategien

8.4.1 Gegenseitigkeit

Das Thema der Kompromißstrategie ist: Geben und Nehmen – wie Du mir, so ich Dir. Menschen machen vielleicht sogar Komplimente und verhalten sich wohlwollend, um im Gegenzug etwas dafür zu bekommen. Wenn der Austausch fair und angemessen erscheint und Sie damit einverstanden sind, nehmen Sie das Angebot an – vorausgesetzt, es sind keine Bedingungen daran geknüpft. Wenn es sich aber um einen Gefallen handelt, der in der Erwartung gemacht wurde, etwas zurückzubekommen, dann stellen Sie sicher, daß Sie *vollkommen* verstanden haben, was man von Ihnen erwartet. Gerade als wir dieses Kapitel schrieben, erhielt einer unserer Autoren einen Anruf von einer Marketingfirma. Die Firma bot eine Auswahl «kostenloser» Videos an. Als der Autor sich für ein Video entschieden hatte, teilte man ihm mit, daß es wirklich nichts kostet, man allerdings andere Videos kaufen müsse, und zwar 12 Monate lang jeweils ein Video. Implizit ging es darum, daß die Marketingfirma darauf setzte – ohne daß es jemals ausgesprochen worden wäre –, daß der andere es als seine «Verpflichtung» ansieht, auf das Angebot einzugehen, eben weil der Anrufer ein Angebot gemacht hat. Das ist eine sehr verbreitete Verkaufstaktik. Wie hätten Sie an der Stelle dieses Autors reagiert?

Wenn Sie sich dazu entscheiden, ein Angebot abzulehnen, dann achten Sie auf das Wie. Jemand, der ein ernsthaftes Angebot macht, «das an keine Bedingungen geknüpft ist», ist vielleicht beleidigt, wenn Sie zum Angriff übergehen oder das Angebot in Zweifel ziehen (oder die Motive des Anbieters). In einigen Kulturen sind Geschenke vielleicht selbstverständlicher als in anderen. Im öffentlichen Sektor in Amerika sind Geschenke verpönt, aber in Japan gehören Präsente zum Aufbau einer Beziehung von Anfang an dazu (siehe Kapitel 15).

8.4.2 Engagement

Wenn Sie sich sehr dafür einsetzen, etwas zu erreichen, das unglaublich attraktiv erscheint (zumindest oberflächlich betrachtet), dann werden Sie vielleicht geködert und schließlich in eine andere Richtung manövriert. Ein klassisches Beispiel dafür ist eine Schnäppchenwerbung, etwa für einen Toaster. Wenn Sie nun in den Laden kommen und den Toaster kaufen wollen, teilt Ihnen ein Verkäufer mit, daß die beworbenen Toaster bereits «ausverkauft» sind, daß Sie allerdings einen anderen Toaster von «vergleichbarer Qualität» haben können – aber der ist nicht im Angebot und kostet 10 Mark mehr. Wenn Sie wirklich einen Toaster brauchen, dann fallen Sie wahrscheinlich auf diese Taktik herein. Sie bekommen am Ende zwar einen guten Toaster, bezahlen aber schließlich 10 Mark mehr, als Sie erwartet hatten. Vielleicht ist er sogar noch schlechter als der aus der Werbung.

Diese Taktik wird vielleicht in Verhandlungen eingesetzt, wenn eine Partei etwas verspricht, sich dann aber plötzlich für etwas anderes engagiert und sagt, daß es «genau dasselbe» sei. Um dieses Problem zu vermeiden, schreiben Sie sich auf, was angeboten wurde. Das steigert und «bindet» vielleicht die Verpflichtung gegenüber dem ursprünglichen Angebot und verhindert einen taktischen Wechsel. Es ist auch klug, keine allzu große Verpflichtung einzugehen, weil Sie dadurch in eine Position geraten könnten, in der Sie Ihre Einstellung nicht mehr ändern können, ohne Ihr Gesicht zu verlieren.

8.4.3 Sozialer Beweis

Zustimmung und Unterstützung von anderen, vor allem von Leuten, die Sie als «Experten» ansehen, können eine Hilfe sein, wenn Sie sich zu etwas verpflichten. Wenn jemand mit anerkannten Fachkenntnissen sagt, daß etwas sich so und so verhält, dann glauben wir, daß das stimmt. Hüten Sie sich vor dieser Taktik. Sie müssen solche Behauptungen selbst prüfen – sogar wenn Sie das Zeit, Mühe und oft einige Nachforschungen kostet. Lassen Sie sich nicht durch etwas verleiten, das wie ein starker «Experten»-Beweis aussieht. Außerdem sind sich auch Experten untereinander oft nicht einig. Alle Informationen sind offen für Interpretationen. Wenn Sie sich Gedanken über die Qualifikation einer Informationsquelle machen, verlangen Sie Nachweise über das Wissen und Zeugnisse oder holen Sie eine zweite Meinung ein. Verlangen Sie mehr Zeit, um das Angebot prüfen zu können. Fragen Sie eine «objektive» Person, die Sie kennen und schätzen und der Sie vertrauen und die die Sache aus der Distanz genau überprüft.

8.4.4 Sympathie

Wir sind auch schneller von jemandem zu beeinflussen, den wir mögen oder persönlich attraktiv finden. Aufgrund dessen wird vielleicht ein Verhandlungsteam wegen seiner «geschätzten» Qualitäten ausgewählt – Freundlichkeit, Geistesverwandtschaft und sympathisches Auftreten. In vielen Verhandlungen verbringen die Parteien viel Zeit damit, «sich gegenseitig kennenzulernen», bevor sie sich den geschäftlichen Dingen zuwenden. Und in dieser Phase kann Sympathie entscheidend für das «Warming Up» sein. Darin kann man eine Variante vom «Good Guy/Bad Guy» (siehe Kapitel 6) sehen. Es ist wichtig, sich der persönlichen Gefühle über die andere Partei bewußt zu sein und die Personen von den Verhandlungsgegenständen trennen zu können.

8.4.5 Autorität

Seit unserer Schulzeit neigen wir dazu, vor Menschen mit einer «formalen» Autorität Respekt zu haben – gegenüber Lehrern, Rektoren, Polizisten und dem Klerus. Andere «Autoritäten» in unserem Leben sind diejenigen, die Regeln aufstellen und durchsetzen, und Menschen mit Titeln (Doktor, Rechtsanwalt, Vizepräsident, Pfarrer, Richter). Man erwartet von uns, daß wir diese Autoritäten anerkennen. Wir müssen allerdings darauf achten, daß wir nicht zu leicht Glauben schenken und zuviel Respekt haben, vor allem wenn sie uns zu etwas überreden wollen.

Obwohl manche aufgrund ihres Titels, ihrer Position oder Fachkenntnisse «Autorität» haben, neigen wir dazu, ihre Kenntnisse zu generalisieren und zu überschätzen – manchmal tun dies die Autoritätspersonen auch selbst. In unserer Kultur tendieren wir beispielsweise dazu, Rechtsanwälte als kluge Menschen anzusehen, die die Gesetze und ihre Auslegungen beherrschen. Oft werden Anwälte für Jobs eingestellt, die nur wenig oder nichts mit ihrer juristischen Ausbildung zu tun haben, aber sie verhalten sich dann trotzdem so, als ob sie eine beachtliche Autorität und große Fachkenntnisse hätten. Beispielsweise kennen sich auf Immobilien spezialisierte Anwälte nicht ebenso gut auch im Strafrecht aus – und verstehen vielleicht nicht viel von Geschäftsverhandlungen, obwohl sie gerade auf diesem Gebiet Beratung anbieten wollen!

8.4.6 Begrenztheit

Knappe Ressourcen beeinflussen unsere Einstellung. Wenn Sie etwas wollen und Sie hören, daß es Lieferengpässe gibt oder daß es nur noch einen Artikel gibt oder es sich um ein «Exklusivgut» handelt, sind Sie dann eher dazu geneigt, es zu erwerben? Freut es Sie mehr, wenn es Ihnen gelingt, es zu bekommen? Sind Sie gekränkt, wenn man Ihnen mitteilt, daß etwas limitiert wurde? Manche sind dazu bereit, viel für ein Einzelstück oder eine limitierte Auflage zu bezahlen. Um gegen diesen Typ von Einwilligung gefeit zu sein, achten Sie sehr genau auf Ihre zugrundeliegenden Motive, einen bestimmten Artikel oder eine Option zu wollen. Seien Sie sich der Versuchung bewußt, die von einer begrenzten Verfügbarkeit ausgeht.

8.5 Verhandeln mit dem Vorgesetzten (Teil 2)

Verhandlungen mit dem Vorgesetzten sind nicht immer einfach oder erfreulich, aber die meisten von uns müssen sie gelegentlich über sich ergehen lassen. Häufig geht es dabei um das Gehalt, häufiger allerdings um zusätzliche Arbeiten außerhalb Ihres Dienstrahmens – mit anderen Worten also um mehr, als in Ihrer Arbeitsplatzbeschreibung steht oder Ihre Zeit zuläßt.

In Kapitel 7 haben wir uns die Kooperationsstrategie einem Manager gegenüber angesehen, aber diese ist nicht immer einfach. Häufiger sehen sich Angestellte dazu veranlaßt, Anpassungs-, Vermeidungs- und Kompromißstrategien in Erwägung zu ziehen. Dafür gibt es zwei primäre Gründe. Erstens glauben wir meistens, daß die Ressourcen festgelegt sind (das heißt, sie können nicht aufgestockt werden). Die Gelder sind vielleicht schon budgetiert, die Zahl der Mitarbeiter ist aufgrund eines Einstellungsstops begrenzt, die Maschine kann nur eine bestimmte Anzahl von Stunden pro Tag laufen, und so weiter. Deshalb muß man abwägen. Zweitens wollen wir den Vorgesetzten nicht dadurch verärgern, daß wir aktiv eine kompetitive oder kooperative Strategie verfolgen, die ganz oben auf der Ergebnisskala rangieren (um unser eigenes Ergebnis zu maximieren). Weil der Vorgesetzte eine starke Kontrolle über uns hat, wollen wir ihn positiv stimmen, und deshalb verfolgen wir meist die drei anderen Strategien.

8.5.1 Die drei Grundelemente

Verhandlungen zwischen Angestellten und Managern, vor allem Diskussionen über die Arbeit und Arbeitserledigung, konzentrieren sich meistens auf drei Grundelemente:[11] Spezifikationen, Zeit und Ressourcen. Wenn Sie mit einem Projekt beauftragt werden (bevor Sie irgendeine Verhandlung mit Ihrem Vorgesetzten geführt haben), sollten Sie es hinsichtlich dieser Faktoren prüfen.

1. **Spezifikationen** beziehen sich auf die Details eines Projekts, also auf die eigentliche Aufgabe, wie etwa die Herstellung eines Produkts, die Bereitstellung einer Dienstleistung oder das Verfassen eines Berichts. Bei der Prüfung eines Projekts und der Klärung der Frage, ob Sie es übernehmen können, müssen Sie über die genaue Art des Projekts Bescheid wissen. Ihre gesamten Schätzungen und Planungen hängen von der genauen Spezifikation der Arbeit ab. Wenn Sie unsicher sind, fragen Sie nach weiteren Details.

2. **Zeit** ist ebenfalls von großer Bedeutung bei der Prüfung einer Aufgabe. Ihre Schätzung sollte sich nicht nur auf die benötigte Zeit für die vollständige Erledigung der Aufgabe beziehen, sondern auch auf die Zeit für die administrativen Aufgaben, wie beispielsweise das Verfassen eines Berichts bei Projektabschluß, oder die Überwachung der Produktion oder des Drucks eines Berichts. Schätzen Sie so exakt wie möglich, wie lange das Projekt dauern wird. Ihre Schätzung sollte genügend Zeit vorsehen, damit Sie die Aufgabe sorgfältig erledigen können. Stellen Sie auch sicher, daß Sie einen «Sicherheitsplan» eingebaut haben oder einen Zeitpuffer im Falle von Schwierigkeiten. Denken sie an Murphys Gesetz: «Wenn etwas schiefgehen kann, wird es auch schiefgehen.» Wenn Ihr Zeitrahmen zu eng gesteckt ist, müssen Sie plötzlich mitten drin das Projekt neu verhandeln.

3. **Ressourcen** sind der dritte Bestandteil eines Projekts oder einer Aufgabe. Sie sind die Arbeitsmittel, aus denen ein Projekt besteht, wie beispielsweise menschliche Arbeitskraft, Materialien (wie das Papier für einen Bericht), Rechnerzeit oder Rohmaterial für die Herstellung eines Produkts. Man muß alle Ressourcen berücksichtigen, die man für das Projekt braucht. Wenn etwa die Planung plötzlich enger wird, können Sie dann einen Berater oder eine zeitweilige Hilfe engagieren, die Ihnen bei der planmäßigen Fertigstellung des Projekts zur Seite geht? Teil Ihrer eigenen Strategie sollte es sein, sicherzustellen, daß Sie über ausreichende Ressourcen verfügen, um das Projekt auch wirklich zu Ende bringen zu können.

Wenn Sie sich über diese drei Faktoren Rechenschaft abgelegt haben, dann können Sie sie nötigenfalls gegeneinander abwägen. Wenn Ihr Vorgesetzter von Ihnen erwartet, daß Sie ein Projekt in 5 statt in 10 Tagen abwickeln, dann brauchen Sie mehr Ressourcen als Ausgleich für die kürzere Zeit. Sie müssen unter Umständen auch darauf hinweisen, welche Arbeiten liegenbleiben, wenn Sie ihre volle Aufmerksamkeit dem Projekt widmen, und sich zusätzliche Ressourcen beschaffen, um sicherzustellen, daß Sie Ihrer Verpflichtung auch nachkommen können. Wenn sich eventuell die Spezifikationen ändern, brauchen Sie unter Umständen auch mehr Zeit. Oder Sie brauchen verschiedene Mitarbeiter mit unterschiedlichen Fähigkeiten.

Sie müssen auch wissen, wenn einer der Faktoren bereits feststeht und deswegen nicht geändert werden kann. Das hat starke Auswirkungen auf das Projekt, vor allem wenn sich ein anderer Faktor ändert. Denken Sie darüber nach, welcher Ersatz und Ausgleich Ihnen zur Verfügung steht und welcher nicht.

8.5.2 Wie reagiert man auf eine «unmögliche» Forderung?

Wenn Ihr Vorgesetzter Ihnen eine nahezu unmöglich zu bewältigende Aufgabe erteilt, dann sind Sie versucht, direkt mit «Nein» zu antworten. Diese Antwort sollte man allerdings tunlichst vermeiden. Sie vermittelt nämlich den Eindruck, daß Sie faul, illoyal oder unkooperativ sind.[12] Verschaffen Sie sich etwas Luft und gewinnen Sie Zeit, indem Sie sagen, daß Sie darüber nachdenken möchten (benutzen Sie die Vermeidungsstrategie, um sich vorübergehend der Einladung Ihres Vorgesetzten zu einer Verhandlung zu entziehen, weil Sie wissen, daß Sie im Moment keine Antwort auf sein Eröffnungsangebot parat haben). Es ist möglich, daß sich das ganze Problem erledigt, der Sturm vorüberzieht und Sie die Situation nie mehr in Erwägung ziehen müssen.

Aber Sie können auch erneut mit dieser Forderung konfrontiert werden, und für den Fall ist es gut, wenn Sie vorbereitet sind. Wenn Sie sich eine gewisse Zeit ausbitten, dann haben Sie Gelegenheit, sich die Situation genauer anzusehen und zu klären, was Sie tun wollen. Sie können die Situation neu zu definieren versuchen und eine Kooperation initiieren, oder – was bei einem direktivem Vorgesetzten wahrscheinlicher ist – die Situation ergründen und das Problem so lange diskutieren, bis eine Kompromißstrategie erfolgreich angewendet werden kann.

Wenn Sie die Situation wie beschrieben geprüft haben und eine Antwort an Ihren Chef nicht mehr länger hinausschieben können, dann empfehlen wir Ihnen den Einsatz einer Kompromißstrategie mit einer Antwort, die sorgfältig formuliert ist, um einer zufälligen kompetitiven Verhandlung und einem Konflikt aus dem Weg zu gehen. Wählen Sie die Formulierung «Ja, und» statt «Ja, aber», was eher wie «Nein» klingt. Eine andere gute Formulierung für ein Kompromißangebot lautet: «Wenn..., dann...» Zum Beispiel: «Wenn ich dies tue, dann müssen Sie das für mich erledigen.» oder: «Wenn ich dies für Sie tue, können Sie mir dann bei... helfen?»

«Ja, und ...» teilt Ihrem Vorgesetzten mit, daß Sie bei der Aufgabe mithelfen wollen. Diese Formulierung enthält auch Hinweise darauf, was Sie brauchen – die fehlenden Ressourcen –, wenn Sie dazu in der Lage sein sollen, Ihren Auftrag zu erfüllen. Sie stimmen der Übernahme der Aufgabe zu, machen aber die Grenzen des Möglichen deutlich. Zum Beispiel: «Ja, ich werde es tun, und ich werde einen Assistenten für fünf Tage brauchen.» oder: «Ja, ich kann das übernehmen, und es kostet 1000 Mark mehr als ursprünglich geplant.»

Wenn sich Ihr Vorgesetzter in demselben Sinne an der Verhandlung beteiligt, können Sie eine Kompromißstrategie einsetzen. Sie und Ihr Chef werden einen Punkt nach dem anderen verhandeln müssen. Vergewissern Sie sich, daß Sie auch genau verstanden haben, was er will, wie der Zeitrahmen aussieht, welche Ressourcen verfügbar sind, welche Punkte feststehen und welche verändert werden können. Wenn Sie abwägen, können Sie einer Win-Win-Situation sehr nahe kommen – vorausgesetzt, daß Sie sorgfältig planen.

8.6 Feilschen

Wir wenden uns nun einer Strategie zu, die heute wieder an Verbreitung gewinnt: dem Feilschen[13], meist einfach «Handeln» genannt. Es handelt sich um eine abgewandelte Form der Kompromißstrategie, die oft kompetitive und kooperative Taktiken enthält.

Bei der Bereitschaft zum Feilschen gibt es Unterschiede zwischen den Kulturen. Die Menschen aus den Ländern Lateinamerikas, Asiens und dem Mittleren Osten haben keine Probleme mit dem Feilschen als einer Methode der Preisbildung, bei der Verhandeln mehr als nur eine «Zustimmung zum Preis» ist. Es hat einen sozialen Wert. Es schließt den Aufbau einer Beziehung mit ein. Im Gegensatz dazu handeln wir im Westen bei den meisten Artikeln eher nicht, mit Ausnahme bei sehr hohen Preisen. Insofern hängt das Handeln mit dem relativen Preis eines Artikels zusammen. Es gibt zum Beispiel internationale Unterschiede bei dem, worüber gefeilscht wird. In den westlichen Ländern bezahlen wir normalerweise bei billigen Artikeln den verlangten Preis (beispielsweise ein frisches Hühnchen für das Abendessen), handeln aber bei teuren Gegenständen (Autos, Häuser, Boote). In anderen Ländern ist es umgekehrt – die Menschen bezahlen den ausgezeichneten Preis für ein hochpreisiges Produkt, feilschen aber eine Stunde lang über den Preis für ein Hühnchen. Die Ladengröße ist oft ebenfalls entscheidend. Obwohl man auch in einigen Supermärkten bei manchen Artikeln handeln kann, ist es mit dem Inhaber eines kleinen Ladens normalerweise erfolgreicher. Manchmal geht der Inhaber eines kleinen Ladens nicht mit dem Preis herunter, bietet aber ein Geschenk oder einen Rabatt für einen treuen Kunden an. Oft wird über den Preis für Sportausrüstungen, Schmuck, Anzüge und Schuhe gehandelt. Auch über den Preis für Dienstleistungen läßt sich reden: angefangen beim Rasenmähen, über das Autowaschen bis hin zum Preis für den Partyservice bei einer Hochzeit. Oft wird auch über die Preise für Wohnungen, Mietwagen und Hypothekenzinsen diskutiert.

Halten Sie sich bei Preisverhandlungen an die folgenden Richtlinien:

- Man kann nach einem Preisnachlaß fragen, muß aber auf die Möglichkeit vorbereitet sein, ein «Nein» zu hören.
- Versuchen Sie nur dann zu handeln, wenn Sie auch kaufen wollen. Wenn Sie zu handeln anfangen, bauen Sie normalerweise die Erwartung auf, daß Sie das Geschäft auch wirklich abschließen, wenn Sie einverstanden sein können.
- Verhalten Sie sich höflich, aber entschlossen. Man sollte keine Arroganz zeigen.
- Bei «Ausverkäufen» kann man gut handeln. Die Artikel werden ausverkauft, weil der Händler sie loswerden möchte. Manchmal will er nur sein Lager räumen, um die Lagerkosten zu sparen – dann können Sie den Preis unter Umständen noch mehr drücken.
- Handeln Sie in Läden, in denen Sie ständiger Kunde sind – nicht dort, wo niemand Sie kennt.
- In einem kleinen Laden kann man viel besser handeln, weil man direkt mit dem Inhaber sprechen kann. In größeren Läden kann der Verkäufer wahrscheinlich nicht darüber entscheiden, ob ein Preis oder eine Dienstleistung variabel ist (die meisten Angestellten dürfen das aus genau diesem Grund nicht).
- Bezahlen Sie bar und nicht mit Kreditkarte, was dem Inhaber zusätzliche Kosten verursacht.

Zusammenfassung

In diesem Kapitel haben wir die drei Verhandlungsstrategien betrachtet: Vermeidung, Anpassung und Kompromiß. Jede ist unter den richtigen Bedingungen erfolgreich. Ziehen Sie Abbildung 5.2 zu Rate, wenn Sie wissen wollen, welche Strategie unter den richtigen Bedingungen die nützlichste ist. Halten Sie diese Tabelle bereit und richten Sie sich bei Bedarf danach.

KAPITEL 9 Verhandlungsfallen und -fehler erkennen und meistern

Sie haben bei Ihrer bisherigen Lektüre wahrscheinlich festgestellt, daß man sich in Verhandlungen wenn immer möglich für die kooperative Strategie entscheiden sollte. Eine Kooperation hat das Potential für den bestmöglichen Ausgang für alle Beteiligten, weil sie eine Win-Win-Strategie und ein kreativer Ansatz ist. Dieser Ansatz hält die Beziehung zwischen den Parteien nicht nur aufrecht, sondern kann sie sogar verbessern. Wie wir allerdings gesehen haben, geht mit einer kooperativ erzielten Einigung ziemlich viel Arbeit, Kompetenz und Vertrauen einher. Auch die andere Partei muß sich darauf verpflichten, sich an diese Strategie zu halten. Deshalb funktionieren auch nicht alle Kooperationsversuche. Sogar unter den günstigsten Umständen und der Bereitschaft zur Zusammenarbeit aller Parteien ist eine erfolgreiche Verhandlung immer eine Herausforderung. Und ideale Bedingungen hat man nur selten.

In der Realität erkennen die Verhandlungsteilnehmer oft die Vorteile eines kooperativen Ansatzes, sehen aber, daß sich die andere Partei nicht der Notwendigkeit oder der Methoden vollkommen bewußt ist. Unter diesen Umständen ist die erste und natürlichste Reaktion der meisten Verhandlungsteilnehmer, über die Notwendigkeit einer kooperativen Strategie zu diskutieren. Sie versuchen, die unwillige Partei von einer Änderung ihrer Strategie zu überzeugen, damit eine Kooperation möglich wird. Wenn das nur so einfach wäre! Oft nimmt die andere Partei diese Einladung nur oberflächlich an und vermutet, daß eigentlich eine hinterhältige kompetitive Taktik dahintersteckt. Oder sie stimmt vielleicht dem Kooperationskonzept prinzipiell zu, fällt aber in der Praxis auf die kompetitiven oder kompromißorientierten Verhandlungsstile zurück. Der strategische Verhandlungsführer ist deshalb gefordert, die andere Partei in dieser Strategie zu unterweisen. Die Aufrechterhaltung einer Kooperation verlangt eine gewisse missionarische Hingabe, vor allem in einem gesellschaftlichen oder geschäftlichen Kontext, in dem Konkurrenz die vorherrschende Verhandlungsstrategie ist.

Dieses Kapitel gibt Ratschläge, wie man viele der Probleme («Fallen») und Fehler entdeckt, die aus Verhandlungen eher eine kompetitive Veranstaltung machen, sogar wenn man eine wirkliche Kooperation anstrebt. Viele dieser Faktoren können Sie an Ihrem eigenen Verhalten kontrollieren oder das Verhalten der anderen Partei daraufhin beobachten. Wir führen Strategiediskussionen, um der Verhandlung eine andere Richtung zu geben. Wir suchen auch Wege zur Vermeidung «eskalierender» Verhandlungen in einer unproduktiven Konfliktsituation. Je mehr sich nämlich der Konflikt verschärft, desto wahrscheinlicher wird auch kompetitives Verhalten. Gerät der Konflikt außer Kontrolle, müssen Sie eine oder mehrere Konfliktlösungen in Erwägung ziehen, die wir in den Kapiteln 10 und 11 diskutieren werden.

9.1 Potentielle Konfliktursachen

Wir müssen uns zunächst mit einigen grundsätzlichen Ursachen beschäftigen, die den Konflikt während einer Verhandlung verstärken. Wir wollen Ihr Bewußtsein für mögliche Fallen stärken und Ihnen gleichzeitig Lösungsvorschläge anbieten.

9.1.1 Irrationales Engagement

Manchmal engagieren wir uns aus ganz irrationalen Gründen für etwas. Unser Engagement hat vielleicht Ursachen in einer persönlichen Neigung oder weil wir der Meinung sind, daß wir keine andere Möglichkeit haben, unser Gesicht zu wahren. Wir suchen nach Gründen, um dieses irrationale Engagement zu rechtfertigen und ignorieren vollkommen alle vernünftigen Gegenargumente. Wenn wir unsere Position einmal festgelegt haben, sind wir der Meinung, unser Engagement nicht mehr ändern zu können. Beispielsweise erwartet die Gewerkschaft, daß das Management bei einem Streik nachgibt, und deshalb bleibt sie hartnäckig. Oder die Menschen sprechen Drohungen aus, weil sie glauben, damit das Handeln beeinflussen zu können. Auch wenn diese nichts bewirken, halten sie weiterhin an ihnen fest, um ihre eigene Glaubwürdigkeit zu bewahren.

Wie Sie dieser Falle entgehen: Ein erfolgreicher Weg zur Vermeidung eines übermäßigen Engagements ist ein Berater, der für Sie eine «Realitätsprüfung» durchführt. Diese Person kann Ihnen sagen, ob Sie sich auf irrationale Weise verrannt haben. Der beste Berater ist jemand, der nichts mit dem Ergebnis oder

der Beziehung zu tun hat. Wenn Sie niemanden finden, dann überlegen Sie, ob Sie nicht einen Spezialisten hinzuziehen sollten – einen neutralen und unparteiischen Anwalt, Wirtschaftsprüfer oder professionellen Berater. Viele Unternehmen haben Ombudsmänner, die diese Rolle übernehmen können. Kommunen bieten oft Vermittlungsdienste an, die man normalerweise im Telefonbuch findet oder über die örtliche Anwalts- oder Handelskammer erfragen kann. Es gibt auch Bundesorganisationen, über die man an Konfliktlösungsspezialisten gelangt.

Wenn viele Konflikte in Ihrem Team auftauchen, dann ziehen Sie zwei Strategien in Betracht: Erstens, versuchen Sie, sich die Meinungen der anderen Seite «genau anzuhören», damit alle wirklich verstehen, was die andere Seite sagt. Versuchen Sie zweitens, Wege zu finden, wie Ihre Leute aus ihrem irrationalen Engagement herauskommen, ohne ihr Gesicht zu verlieren und dumm dazustehen, wenn sie einen Rückzieher machen. Teamausbildung und Erfahrung verbessern die Kommunikation und die Kompetenz zur Problemlösung in der Gruppe.

9.1.2 Vermeintlich begrenzte Ressourcen

Obwohl die Ressourcen in einigen Verhandlungen feststehen – es gibt also nur eine endliche Menge, die unter die Konfliktparteien aufgeteilt werden kann –, können Sie nicht davon ausgehen, daß alle Situationen ähnlich sind. Wir glauben aufgrund unseres Konkurrenzdenkens oft, daß die Ressourcen begrenzt sind und es keinen Weg gibt, daß beide Seiten ihre Ziele erreichen. Oft kann man aber den Kuchen vergrößern oder andere Optionen finden, um den Ausgang der Verhandlung optimaler und die Verhandlung selbst kooperativer zu gestalten.

Wie Sie dieser Falle entgehen: Diese Denkweise kann eine kompetitive Dynamik entfalten. Stellen Sie sicher, daß Sie jemanden haben, der die Realität für Sie überprüft. Lesen Sie nochmals in Kapitel 7 die Vorschläge nach, wie man den zu verteilenden Kuchen vergrößert – beispielsweise indem Sie sich gegenseitig unterstützen oder nach anderen Optionen suchen. Oder informieren Sie sich über die anderen Strategien in Kapitel 10.

9.1.3 Verankerung und Anpassung

Wir benutzen häufig einen «Anker» – vielleicht ein Anfangsangebot oder ein beabsichtigtes Ziel – als Meßlatte, an der wir alles andere in der Verhandlung ausrichten und beurteilen. Obwohl ein solcher Anker möglicherweise nützlich ist, vor allem wenn er angemessen gewählt wurde, kann er der Sache doch schaden, wenn man ihn zufällig wählt und dann alles andere an ihm mißt. Wir tendieren dazu, unser erstes Angebot oder das der anderen Seite als Maßstab zu benutzen. Ist aber das erste Angebot des anderen extrem oder gar irrational, ist es ein schlechter Maßstab, um vernünftigere Angebote zu prüfen.

Wie Sie dieser Falle entgehen: Hier ist es wieder hilfreich, jemanden zu haben, der als Realitätsprüfer fungieren kann, damit Sie auf dem richtigen Weg bleiben. Stellen Sie auch sicher, daß Sie Ihre Ziele sehr sorgfältig formuliert haben. Falls Ihre Planung effektiv war, wissen Sie, was ein vernünftiges Kriterium ist, und können daran das Angebot der anderen Seite beurteilen.

9.1.4 Framing

Ein Frame oder «Rahmen» ist eine Perspektive, von der aus wir etwas sehen oder überprüfen. Wir richten unser Verhalten nach unserer Problemrahmung aus. Der Frame kann positiv oder negativ sein. Er kann uns dazu verleiten, ein Risiko einzugehen oder nicht. Wenn wir keines eingehen wollen, dann akzeptieren wir vielleicht schnell jedes vernünftige Angebot der anderen Partei, und zwar aus Angst, daß das ganze Geschäft platzen könnte.

Die Beteiligten haben verschiedene Frames. Sie können an Gewinnen oder Verlusten ausgerichtet sein (Suche nach einem positiven Ergebnis oder Minimierung eigener Verluste an den derzeitigen Ressourcen), an Interessen oder Positionen, an der Charakterisierung der anderen Partei, am Ergebnis des Konfliktes selbst oder am Verfahren, das beide Seiten zur Konfliktlösung einsetzen. Legen die Parteien im Konfliktfall verschiedene Frames zugrunde, dann kann es zu vielen Mißverständnissen kommen und die Parteien haben vielleicht das Gefühl, aneinander *vorbeizureden*, statt sich *aufeinander zuzubewegen*. Dazu kommt es, weil jede Seite über einen anderen Rahmen oder eine andere Definition darüber verfügt, worum sich der Konflikt dreht, und alle Informationen und Argumente aus dieser Perspektive heraus formuliert.

Bei negativem Framing wird die Verhandlung wahrscheinlich schwieriger.[1] Nehmen wir beispielsweise die folgende Situation. Ihr derzeitiges Gehalt beträgt 55 000 Mark pro Jahr. Man bietet Ihnen nun für eine neue Position 60 000 Mark. Ihre Mindestforderung beträgt 62 000 Mark, und Sie sind der Meinung, daß das Angebot mit Erfolg auf 65 000 Mark hochgetrieben werden kann, und deshalb verlangen Sie 67 000 Mark. Wenn Sie sich die Verhandlung aus der Perspektive Ihrer ersten Forderung anschauen (67 000 Mark), dann sieht das erste Angebot der anderen Seite (60 000 Mark) sehr negativ aus. Wenn Sie die Situation allerdings von Ihrer derzeitigen Situation betrachten

9.1 Potentielle Konfliktursachen

(55 000 Mark), dann sieht die Sache sehr positiv aus. Ein Angebot von 65 000 Mark sähe im Vergleich zu Ihrer ersten Forderung von 67 000 Mark negativ aus, ist aber besser als Ihr Ausgangspunkt von 62 000 Mark.

Wie Sie dieser Falle entgehen: Stellen Sie zur Vermeidung einer unscharfen Rahmung eines Themas sicher, daß Sie gut informiert sind, gehen Sie bei der Analyse sorgfältig und mit Bedacht vor, und helfen Sie sich dadurch weiter, daß jemand für Sie als Realitätsprüfer fungiert. Der Psychologe Scott Sindelar berät Verhandlungsteilnehmer, um «aus dem REF herauszukommen». REF steht für **R**egeln, **E**rwartungen und **F**orderungen, die wir als Faktoren und Kriterien unserem Rahmen zugrundelegen. Diese REFs werden nicht immer von den anderen verstanden, noch haben notwendigerweise alle dieselben REFs. Bevor Sie an jemandem verzweifeln, der Ihre REFs durcheinandergebracht hat, fragen Sie sich besser, ob diese REFs überhaupt vernünftig und es wert sind, um jeden Preis verteidigt zu werden. Sie könnten unangemessen sein und als falsche Framing des Problems fungieren, das sich zu einem unproduktiven Konflikt ausweiten kann.[2]

9.1.5 Verfügbarkeit von Informationen

Exakte Informationen sind in Verhandlungen ganz entscheidend. Aber achten Sie darauf, wie Ihnen die Informationen präsentiert werden. Wenn jemand eine bunte, ansprechende Grafik vorlegt, dann widmen Sie der mehr Aufmerksamkeit als einer einfachen Tabelle in Schwarzweiß, sogar wenn diese genauere und detailliertere Informationen enthält. Eine schlechte Präsentation spricht uns oft überhaupt nicht an. Dagegen überschätzen wir oft den Wert attraktiv präsentierter Informationen und hinterfragen die Genauigkeit der Daten nicht mehr. Sogar teure, farbige Bilder, Plakate oder Videos können auf verfälschten Informationen basieren.

Wie Sie dieser Falle entgehen: Seien Sie sich Ihrer Neigung zu attraktiven Informationspräsentationen bewußt. Versuchen Sie, diese zu überwinden oder durch sorgfältige Prüfung aller Informationen auszugleichen, und zwar unabhängig davon, wie einzigartig und attraktiv sie präsentiert werden. Achten Sie darauf, wie die andere Partei die Informationen präsentiert, was ihre Motive sind und was ihre Präsentation vielleicht absichtlich herausstellt oder ausläßt.

9.1.6 Gewinn mit Reue

Wenn Sie einen «leichten Gewinn» erzielen – das heißt, das Verhandlungsproblem wurde schneller gelöst, als Sie erwartet hatten –, dann haben Sie vielleicht das Gefühl, daß Sie erfolgreicher hätten sein können oder daß etwas mit dem Produkt nicht in Ordnung ist. Sogar wenn Sie gewinnen, machen Sie sich noch Gedanken über das Ergebnis. Das nennt man «kognitive Dissonanz» und ist auch dann zu beobachten, wenn Sie bei einem Produktkauf unsicher sind oder mehr bezahlt haben, als Sie vorher dachten. Nach dem Kauf glauben Sie, vielleicht einen Fehler gemacht zu haben, und mögen nicht mehr, was Sie gerade erworben haben.

Wie Sie dieser Falle entgehen: Stellen Sie sicher, daß Sie gründlich mit dem Verhandlungsgegenstand vertraut sind und daß Sie den objektiven Wert und den Wert für Sie persönlich kennen. Sie wollen vielleicht auch von der anderen Partei eine Art Qualitäts- oder Leistungsgarantie. Und denken Sie daran, daß Planung und Auswahl der geeigneten Strategie Ihr Vertrauen in das Ergebnis stärken. Reue im nachhinein tangiert den erfahrenen Strategen nicht, weil er einen großen Teil der Unsicherheit bereits während der Verhandlung eliminiert hat.

9.1.7 Übersteigertes Selbstvertrauen

Obwohl es bei Verhandlungen auch auf Selbstvertrauen ankommt, kann daraus ein Fallstrick werden. Wenn Sie ein übersteigertes Selbstvertrauen haben, nehmen Sie vielleicht eine unangemessene Haltung oder einen falschen Standpunkt ein. Sie ignorieren dann unter Umständen die Meinung oder Information der anderen Partei, auf die es allerdings bei einer kooperativen Verhandlung wesentlich ankommt.

Wie Sie dieser Falle entgehen: Achten Sie auf Ihr Selbstvertrauen. Schenken Sie offenes Vertrauen. Planen Sie sorgfältig. Befragen Sie andere, und prüfen Sie, ob Sie Ihre Einschätzung eines wahrscheinlichen Verhandlungserfolgs einhalten können.

9.1.8 Zukunftsvorhersagen auf der Basis bisheriger Erfolge

Wenn man in der Vergangenheit ein paar Erfolge hatte, glaubt man schnell, daß es in der Zukunft genauso sein wird. Und obwohl Selbstvertrauen nichts Negatives ist, müssen Sie vermeiden, bisherige Erfolge als Vorhersagekriterien zu verwenden. Einerseits sind die Bedingungen in Vergleichssituationen niemals genau identisch. Andererseits ist es nicht klug, ein Ereignis aus einer kleinen Stichprobe herzuleiten. Wenn Sie nur über eine begrenzte Erfahrung verfügen, dann können Sie wirklich nicht vorhersagen, wie sich irgendeine zukünftige Verhandlung entwickeln wird. Sie sollten nicht annehmen, daß zurückliegende Erfolge automatisch auch zukünftige Erfolge bedeuten oder daß in der Vergangenheit gemachte Fehler die gegenwärtige Verhandlung zum Scheitern verurteilen.

Wie Sie dieser Falle entgehen: Vermeiden Sie es, Ihre Erwartungen in bezug auf gegenwärtige oder zukünftige Verhandlungen vollkommen auf Ihre bisherigen Erfahrung zu gründen. Holen Sie sich Unterstützung bei erfahrenen Verhandlungsführern – und lernen Sie von ihnen. Legen Sie außerdem den strategischen Verhandlungsprozeß bei der Auswahl zugrunde, und versuchen Sie eine andere Strategie als die, mit der Sie gescheitert sind.

9.1.9 Rationalisierung

Wir machen häufig Annahmen über die Ursachen eines Ereignisses. Diese Annahmen können auf genauen, spezifischen Informationen oder auf generalisierteren Eindrücken basieren – die dann den Tatsachen entsprechen oder auch nicht. Sie können unsere Vorgehensweise, den Inhalt und unsere Lösungen in den Verhandlungen beeinflussen. Wir müssen uns deshalb sicher sein, daß wir mit exakten Informationen arbeiten und nicht nur mit den «gefühlsmäßig» richtigen oder gar nur auf der Basis von Annahmen.

Wie Sie dieser Falle entgehen: Vergewissern Sie sich, daß Sie sich auf die richtigen Informationen stützen. Achten Sie auf Neigungen. Wenn nötig, prüfen Sie Ihre Fakten und Quellen doppelt. Vermeiden Sie alle vagen Annahmen.

9.1.10 Die Tendenz, die Ideen anderer zu überschätzen oder zu ignorieren

Wenn Sie keine Fragen stellen, erfahren Sie auch nichts. Es gibt eine Tendenz, die Meinung der anderen Partei zu überschätzen oder zu übergehen. Zum Beispiel vereinfachen wir unter Umständen deshalb ein Thema, weil wir nicht genügend Fragen gestellt haben, um die Meinung der anderen Seite auch vollkommen richtig zu verstehen.

Wie Sie dieser Falle entgehen: Achten Sie auf Neigungen und Vorurteile. Versuchen Sie die Interessen und Ziele der anderen Seite herauszufinden und zu verstehen. Wir haben entsprechende Methoden bereits in früheren Kapiteln diskutiert, vor allem in Kapitel 3. Sie brauchen vielleicht auch ein Training, damit Sie die Position der anderen Partei besser verstehen lernen.

9.1.11 Herunterspielen

Oft ist unser Verhalten eine Reaktion auf das Verhalten eines anderen. Diese Reaktionen werden oft durch unsere Gefühle und Eindrücke geleitet. Wenn wir die andere Partei nicht mögen oder ihr nicht vertrauen, spielen wir wahrscheinlich ihre Konzessionsbereitschaft herunter und werten sie dadurch ab.

Wie Sie dieser Falle entgehen: Versuchen Sie, gegenüber der anderen Partei objektiv zu bleiben. Sehen Sie zu, daß jemand Sie warnt, wenn Sie in diesem Bereich vom Weg abkommen. Bevor Sie irgendwelche Konzessionen machen, vergewissern Sie sich, daß Sie die Präferenzen bei den Optionen und Konzessionen auf jeder Seite geklärt haben. Wenn notwendig, schalten Sie einen Vermittler ein, der Ihnen bei der Klärung Ihrer Reaktionen und der potentiellen Konzessionen zur Seite steht.

Ingesamt gibt es eine Reihe von Fallen, denen die Verhandlungsteilnehmer zum Opfer fallen können. Es ist unmöglich, sich gegen alle zu schützen oder sie auch nur alle zu bemerken. Aber gleichzeitig kann die Kenntnis ihres Wirkungsprinzips Sie dafür sensibilisieren und in die Lage versetzen, korrigierend einzugreifen, wenn Sie sie entdeckt haben.

9.2 Umgang mit Vorurteilen und Aufbau einer Kooperation

Jetzt, da Sie einige Fallen kennen, können wir uns den Problemen zuwenden, die es in jeder Verhandlungsphase geben kann, und zwar in der Anfangs-, der mittleren und der Endphase des Verhandlungsprozesses.[3] Wenn Sie sich der möglichen Probleme bewußt sind, dann können Sie sich entweder um ihre Vermeidung bemühen oder sie im Sinne der kooperativen Verhandlung einsetzen.

9.2.1 Anfangsphase des Verhandlungsprozesses

Diese Phase ist voller Schlaglöcher, in die Sie fallen und damit der Verhandlung schaden können. Die Probleme betreffen die anfänglichen Aktivitäten, die sich um das Kennenlernen der anderen Partei, dem Vorfühlen und Abschätzen des Verhandlungspotentials drehen. In dieser Phase formuliert jede Seite ihre Ausgangspunkte, legt ihren Fall dar und demonstriert ihre Macht. Es werden Themen, Tagesordnungen und Verhandlungsumfang diskutiert.

9.2 Umgang mit Vorurteilen und Aufbau einer Kooperation

Vor allem haben die Parteien zunächst eine Reihe von Annahmen und Vorurteile über die Gegenseite, die sie in die Verhandlung einbringen. Wenn sie Erwartungen über die andere Seite haben oder von ihrem «Ruf» gehört oder bereits Erfahrungen mit ihr gemacht haben, dann ist es schwierig, ihr «aufgeschlossen» zu begegnen. Solche Vorurteile bestimmen nämlich schon vorher, wie sich die Parteien verhalten, und verhindern oft, daß diese wirklich zusammenkommen und eine Übereinkunft treffen. In Wirklichkeit sind sie vielleicht offen für eine Zusammenarbeit, aber ihre Vorurteile verbauen die Möglichkeit, das auch herauszufinden. Zu diesen Problemen kommt es häufig in den frühen Verhandlungsphasen, wenn es bereits eine Konfliktgeschichte gibt und bereits «böses Blut» zwischen den Verhandlungsgruppen geflossen ist.

Hier einige **Wahrnehmungsfallen** auf der frühen Stufe:

1. Seien Sie in der Anfangsphase, wenn jede Seite sich noch auf ihrem Weg vortastet, **vorsichtig mit Urteilen oder Annahmen über die andere Partei.** Vor allem wenn Sie bereits mit der anderen Partei früher verhandelt und schlechte Erfahrungen gemacht haben, sind Sie anfällig für hohe Erwartungen, die zu «selbsterfüllenden Prophezeiungen» darüber werden können, was die andere Seite vorhat. Weil Sie erwarten, daß Sie schlecht behandelt werden, begegnen Sie ihr defensiv und mißtrauisch, was die andere Partei als Feindseligkeit interpretiert und Sie daraufhin schlecht behandelt (was wiederum Sie in Ihrem ursprünglichen Urteil bestätigt). Begegnen Sie dem anderen aufgeschlossen – die andere Partei verhält sich in der momentanen Verhandlung vielleicht anders als früher. Versuchen Sie, Stereotypen und Vorurteile zu vermeiden. Diese können eine Kooperation rasch zum Entgleisen bringen. Sie müssen sich offen zeigen, um eine Vielzahl von Problemlösungen generieren zu können.

2. Der **Halo-Effekt** kann Ihr Urteil positiv oder negativ beeinflussen. Beispielsweise mögen wir eine Person auch weiterhin, die wir schon immer mochten, sogar wenn sie etwas falsch gemacht hat. Wenn Sie ein Negativbild vom Verhalten des anderen haben, dann erwarten Sie das gleiche Verhalten wieder. Der Halo-Effekt bedeutet, daß man an einer Vorstellung festhält, sogar wenn sie nicht mehr länger aufrechtzuerhalten ist. Für eine erfolgreiche Kooperationsstrategie ist aber ein absolut aufgeschlossenes Verhalten notwendig.

3. Ein anderes schwieriges Problem ist die **selektive Wahrnehmung**, die Ihre Aufmerksamkeit auf bestimmte Situationsaspekte richtet und andere ausblendet. In komplexeren Situationen fehlen Ihnen vielleicht einige Verhandlungsaspekte, die eine Kooperation ermöglichen würden. Der selektiven Wahrnehmung kann man durch genaues Zuhören abhelfen, und dazu zählt auch der Versuch, die zugrundeliegende Bedeutung der Kommunikation für die andere Partei zu verstehen. Zuhören heißt auch Aufmerksamkeit gegenüber den nonverbalen Zeichen – Körpersprache, Emotionen und die Hervorhebung bestimmter Wörter oder Themen.

4. Achten Sie darauf, ob Sie eigene Eigenschaften auf die andere Partei **projizieren**. Ein gutes Beispiel für Projektion ist die Annahme, daß die andere Partei kooperieren möchte (weil Sie es tun), wenn sie es faktisch nicht tut.

Außer der selektiven Wahrnehmung beeinflussen noch viele **Vorurteile** unser Denken in den ersten Verhandlungsphasen. Hier sind einige der wichtigsten:

1. Wenn Sie jemanden zur Zusammenarbeit bewegen wollen, versuchen Sie **negatives Denken** zu vermeiden. «Reframing» ist eine Technik, die Sie benutzen können, um von negativ auf positiv umzustellen. Bei dieser Methode versuchen Sie, eine positive Meinung zu finden, indem Sie die vorliegende Situation neu betrachten, sie als «anders», als «anderes Problem» und so weiter definieren.

2. **Ihre eigenen Bedürfnisse und Wünsche beeinflussen das Ziel.** Dabei handelt es auch um eine Projektion, die Einfluß darauf nimmt, wie Sie über die Wünsche des anderen denken und ob Sie sie verstehen. Vergewissern Sie sich, daß Sie in Ihren Überlegungen die Bedürfnisse der anderen Partei auch wirklich berücksichtigen. Wenn Sie sich nur auf ihre eigenen konzentrieren, dann setzen Sie die Chance für eine Kooperation aufs Spiel.

3. **Hüten Sie sich vor Generalisierungen**, entweder über die andere Partei oder bei den anstehenden Themen und Problemen. Wenn Sie Annahmen treffen, ohne den Gesamtzusammenhang zu kennen, dann werden Sie keine Gelegenheiten für eine Zusammenarbeit finden. Wenn Sie aus kleinen Informationen große Schlüsse ziehen, liegen Sie unter Umständen völlig daneben. Stellen Sie sicher, daß Sie ausreichend informiert sind, um vernünftige Schlußfolgerungen ziehen zu können.

4. Wenn die Verhandlung eine kompetitive Form annimmt, dann treten die Unterschiede zwischen den Parteien zutage. In einer Kooperationssituation dagegen vernachlässigen die Beteiligten die Unterschiede und betonen die Gemeinsamkeiten. Wenn Sie Ihr Gegenüber zu einer Zusammenarbeit motivieren wollen, dann **suchen Sie Gemeinsamkeiten und betonen sie**. Denken Sie daran, daß Sie die Unterschiede verringern wollen. Vermeiden Sie ebenfalls Vergleiche nach dem Motto von «wir» und «die anderen».

Aber manchmal ist es unmöglich, die Verhandlung in Richtung einer Zusammenarbeit zu verändern. In solchen Fällen brauchen die Parteien bei ihrer Konfliktlösung vielleicht die Hilfe Dritter (siehe Kapitel 10 und 11).

9.2.2 Mittlere Phase des Verhandlungsprozesses

In der mittleren Verhandlungsphase geht es vor allem um Problemlösung. Die Parteien sehen sich nach potentiellen Lösungen um. Es gibt Angebote und Gegenangebote. Themen und Interessen können sich mit den Angeboten verändern. Es ist wichtig, **sich auf die Bereiche zu konzentrieren, in denen die Parteien übereinstimmen**, und einen Vertrag zu schnüren, der für beide Parteien akzeptabel ist.[4] Die Forschung zeigt[5], daß es häufiger zu kooperativen Lösungen kommt, wenn sich die Parteien Gedanken über die Beziehung und das Ergebnis machen, als wenn sie nur einen Aspekt im Auge haben. Das würde bedeuten, daß Sie in dieser mittleren Phase die Beziehung pflegen müssen, während Sie sich gleichzeitig auf die Themen konzentrieren. Diskussionen sind sehr hilfreich, um kooperative Lösungen zu finden. Hier zwei spezielle Vorschläge:

1. **Stellen Sie sicher, daß Ihr Angebot für die andere Partei attraktiv ist.**[6] Wenn Sie in der vorangegangenen Phase die Bedürfnisse der anderen Partei verstanden haben, dann werden Sie in dieser Verhandlungsphase mehr Erfolg haben. Wenn Sie sich nicht sicher sind, wie die Gegenseite auf Ihr Angebot reagiert, fragen Sie nach Kommentaren und Kritiken, und hören Sie genau zu, bringen Sie einen Freund mit, der ebenfalls mithört, und unterhalten Sie sich danach mit ihm über diese Diskussion.

2. Wenn Sie das Gefühl haben, daß sich die andere Seite nach Ihrem Angebot kompetitiv verhält, **denken Sie nochmals über Ihr Angebot nach**: Ba-

sierte es auf einem ausreichenden Verständnis der Bedürfnisse der anderen Partei? Haben Sie die attraktiven Seiten Ihres Angebots klar genug herausgestellt? Wenn Ihr Angebot negative Seiten hatte, könnten Sie es dann attraktiver machen? Denken Sie daran, daß der Empfänger eines Angebots häufig nur auf die negativen Aspekte achtet.[7] Das könnte Ihnen dabei helfen, Ihre Angebote neu zu rahmen.

9.2.3 Endphase des Verhandlungsprozesses

Die letzte und abschließende Verhandlungsphase ist durch eine gemeinsame Lösungssuche oder eine Einigung charakterisiert, mit der alle Beteiligten leben können. Aber in einer kooperativen Verhandlung kann es natürlich noch in dieser Phase ein Umkippen geben, und deshalb sollte man auf der Hut sein und fatale Fehler vermeiden, wenn man zum Abschluß kommen will.

Es gibt eine Reihe von Fallen[8], auf die man während der Abschlußphase achten muß. Diese können daraus resultieren, daß Sie die Verhandlung zum Abschluß bringen wollen, zu energisch vorgehen und deshalb wichtige Dinge übersehen, daß man mit den Menschen und Problemen sensibel umgehen muß:

1. Wenn Sie kurz vor Vertragsabschluß stehen und die Verhandlungen ins Stocken zu geraten scheinen, versuchen Sie, in einem Punkt ein «Ja» der anderen Partei zu erzielen.[9] Das schafft eine positive Atmosphäre, und Sie können vielleicht weitermachen und den Vertrag abschließen.

2. Kommen Sie nicht zu schnell zum Abschluß, und nehmen Sie keine Abkürzungen. Sie könnten wichtige Dinge übersehen. Vergewissern Sie sich, daß alle Themen abgedeckt wurden und alle Parteien genau wissen, wem sie zugestimmt haben. Prüfen Sie, ob Sie verstanden haben, was gesagt und beschlossen wurde. Wenn Zweifel bestehen, arbeiten Sie eine «Einverständniserklärung» über Ihre Einigung aus (siehe Kapitel 12 für weitere Kommunikationsvorschläge).

3. Hüten Sie sich vor übersteigertem Selbstvertrauen. Der Vertrag ist nicht gültig, bis beide Parteien unterschrieben haben. Vor allem wenn es so aussieht, daß der Geschäftsabschluß für Sie von großem Vorteil ist, besteht die Gefahr, überheblich und sogar arrogant zu werden!

4. Vereinfachen Sie die Situation nicht zu sehr, um zu einer schnellen Lösung zu gelangen. Wenn Sie für die andere Partei wichtige Punkte vernachlässigen, kann die Verhandlung zum Stillstand kommen.

9.2 Umgang mit Vorurteilen und Aufbau einer Kooperation

5. Lassen Sie sich nicht dazu zwingen, etwas zu akzeptieren oder zu tun, das Sie nicht wollen, nur weil der Abschluß kurz bevorsteht. Gehen Sie davon aus, daß es gegen Ende Kritteleien geben wird. Eine Verhandlung kann sich wegen eines kleinen Problems verzetteln, weil die Beteiligten ermüdet sind oder ihre Emotionen mit ihnen durchgehen. Seien Sie sich über Ihre eigenen Ziele im klaren, und gehen Sie keine Kompromisse in der letzten Minute ein! Wenn Sie sehr müde sind – auch wenn ein Ende in Sicht ist –, zögern Sie nicht, eine kurze Pause zu verlangen.

6. Achten Sie auf Ihre Sprache, und machen Sie keine unvorsichtigen Bemerkungen. Wenn sich die Verhandlungen ihrem Ende zuneigen, werden die Menschen auch unvorsichtiger und achten nicht mehr darauf, was sie sagen. Sie sabotieren unter Umständen Ihre eigene Arbeit, wenn Sie Unüberlegtes von sich geben. Möglicherweise macht auch die andere Partei dumme Bemerkungen. In dem Fall ignorieren Sie sie am besten.

7. Wenn Sie leicht in Verwirrung geraten, kann die Aufregung und die Emotionalität gegen Ende zu einem mittleren Chaos führen. Bleiben Sie bei Ihren Entscheidungen und Themen, so daß Ihnen nichts entgeht. Zögern Sie nicht zu unterbrechen, um sich Notizen zu machen.

8. Vergewissern Sie sich, daß jeder involviert wird, der auch etwas beitragen will. Sogar gegen Ende der Verhandlung kann es noch zu Mißmut kommen. Seien Sie darauf bedacht, daß alle Beteiligten zufrieden sind.

9. Wenn Sie zum Verhandlungsende gelangen und es immer noch offene Fragen gibt, dann wollen Sie vielleicht, daß die Parteien einen Vertrag auf der Basis der übereinstimmenden Aspekte schließen, und die strittigen Punkt übergehen. Die Themen, die Sie jetzt ausklammern, können später in separaten Verhandlungen wieder aufgegriffen werden. Eine andere Möglichkeit besteht darin, die andere Partei dazu zu bewegen, einen «prinzipiellen» Vertrag zu schließen. Dann haben alle das Gefühl einer erfolgreichen Verhandlung, sogar wenn noch Details aus dem Weg geräumt werden müssen.

10. Stellen Sie sicher, daß Ihr Vertrag einen Handlungsplan enthält, den jeder verstanden hat. Formulieren Sie den Vertrag aus, und sorgen Sie dafür, daß alle ihn gelesen haben. Klären Sie, wer was übernimmt und bis wann und wie alle erfahren, welche Sachen wie erledigt wurden. Viele gute Verträge sind auch so abgesichert, daß die Parteien sich auch wieder zusammensetzen können, um aufgetretene Probleme zu klären. Hier können Dritte sehr hilfreich sein (siehe Kapitel 11).

Viele der in diesem Kapitel aufgelisteten Fallen können vermieden werden, wenn Sie einen «Realitätsprüfer» dabei haben – einen Freund, Kollegen oder Partner, der einfach nur den Vorgängen zuhört und sich mit Ihnen über seine Wahrnehmungen austauscht, wenn die Verhandlungen sich aufheizen oder zusammenbrechen. Diese Person kann Ihnen sagen, ob Sie vom Weg abweichen, und Sie hoffentlich davor bewahren, bevor es zu spät ist. Generell sollten Sie Ihren Gefühlen vertrauen. Wenn Sie bei etwas unsicher sind, lassen Sie sich von Ihrem unparteiischen Beobachter oder Berater Feedback geben.

KAPITEL 10   Konfliktreduktion – Von der Konfrontation zur Zusammenarbeit

Jackie Martin und Mimi Ovanessof besitzen zusammen einen Laden für Kinderbekleidung. Martin meint, daß es wie bei allen Partnerschaften in ihrer Geschäftsbeziehung manchmal zu Konflikten kommt. Um Ärger zu vermeiden, verfolgen die Partner einen systematischen Konfliktlösungsansatz. Ihre Methode besteht darin, daß zunächst jeder seine Klagen vortragen kann. Die Grundregeln besagen, daß jeder erst einmal seinem Ärger Luft verschaffen kann, statt einfach nur den jeweils anderen zu kritisieren. Als nächstes kommt eine Abkühlungsphase, um die ganze Wut zu entschärfen. Während eines feststehenden Zeitraums denkt jeder über den Konflikt nach, versucht aber, nicht darüber zu sprechen. Schließlich kommen beide zusammen, um nach einer Lösung zu suchen. Dieser dreistufige Prozeß verhindert, daß sich eine Verärgerung zu einem Konflikt hochschaukelt, und ermöglicht es beiden, die Position des jeweils anderen zu sehen – eine zentrale Voraussetzung jeder kooperativen Lösung.[1]

Verhandeln heißt immer Konflikt und Konfliktmanagement. Manchmal «entarten» diese Konflikte, und es kommt zum Abbruch des Verhandlungsprozesses. Meistens kommt es dazu infolge der Vorurteile, die wir in Kapitel 9 identifiziert haben. Wenn die Wahrnehmung aufgrund von schlechter Kommunikation gestört ist, kommt es zu Frustrationen und Verdruß. Es schleicht sich Ärger in das Gespräch ein. Die Vorurteile kommen verstärkt zum Vorschein und entwickeln sich zu selbsterfüllenden Prophezeiungen. Wenn die Kommunikation seltener wird, beharren die Seiten auf ihren Positionen. Jede Seite gibt der anderen die Schuld an den Schwierigkeiten. Die Verhandlung kommt am Ende vielleicht zum Stillstand. Warum passiert das?

Zu Konflikten kommt es, wenn kein offener Informationsfluß herrscht. Wenn die Kommunikationskanäle blockiert sind, suchen die Beteiligten nach Gründen, und es ist einfach, der anderen Seite die Schuld in die Schuhe zu schieben: «Sie haben uns nicht gesagt, daß ...», «Das haben Sie aber vorher nicht gesagt» und so weiter. Wenn sich die Konzentration von den Problemen wegverlagert und jeder seinen Willen durchsetzen möchte, dann werden unter Umständen die ursprünglichen Themen vergessen oder verwischt und es kommen neue Punkte auf den Tisch.

Wenn die Beteiligten ihre Fähigkeit einbüßen, sich auf die Sache zu konzentrieren, dann suchen sie sich vielleicht statt dessen die Personen als Zielscheibe aus. Verhandlungen werden polarisiert geführt («wir» gegen «die»), die Differenzen betont und die Gemeinsamkeiten übersehen. Wenn es dazu kommt, dann dominieren die emotionalen über die rationalen Reaktionen. Pläne und Strategien werden vergessen oder niemals entwickelt. In konfliktorientierten Verhandlungssituationen macht sich immer eine starke Verärgerung breit.

Scott Sindelar, ein Psychologe, der Seminare für Mitarbeiter von Unternehmen wie Motorola und US West durchführt, meint dazu: «Wenn wir unserem Ärger Ausdruck geben, können die anderen zeitweise abgeschreckt werden – aber sie können auch dauerhaft abgeschreckt werden. Das Ergebnis ist das klassische Win-Lose-Szenario, das sich in eine Lose-Lose-Situation verwandelt.»[2]

Bei heftigen Konflikten beharrt jede Seite auf ihrer eigenen Position und kann die Meinung der anderen nicht verstehen. Lügen und Verzerrungen sind an der Tagesordnung; es werden gegenseitig Drohungen ausgesprochen. Die Menschen auf der einen Seite rücken vielleicht näher zusammen und betonen ihre eigenen Gemeinsamkeiten (sogar wenn sie diese vorher nicht zur Kenntnis genommen oder sich eingestanden haben), um eine vereinte Front gegen die andere Partei aufzubauen.[3]

Ihre ganzen Anstrengungen bei dem Versuch, eine kooperative Beziehung aufzubauen, scheinen den Bach hinunterzugehen. Was können Sie also tun, wenn Sie bei Ihrer Verhandlung merken, daß es so weit gekommen ist? Seien Sie sich vor allem bewußt darüber, daß es dazu kommen kann – und wird. Treffen Sie aber Vorsorge, und lernen Sie, wie Konflikte erfolgreich gelöst werden können.

10.1 Strategien zur Konfliktreduktion[4]

Manchmal geht einfach alles schief, sogar wenn Sie Ihr Verhalten genau kontrolliert und versucht haben, eine ganz offene, kooperative Verhandlung zu führen. Was können Sie in diesem Fall tun? Es gibt einige Techniken, mit denen Sie die Verhandlung wieder in Gang bringen können. Von den hier vorgeschlagenen Methoden passen einige eher zu harmloseren Konflikten, andere zu sehr heftigen. Welche Methode Sie wählen, hängt von dem jeweiligen Konfliktniveau ab.

Wenn sich zeigt, daß mit diesen Methoden keine Konfliktlösung möglich ist, dann sollten Sie unter Umständen die Hilfe einer dritten Partei hinzuziehen. Wir diskutieren dieses Konfliktmanagement im nächsten Kapitel. Dieses Kapitel handelt von den Techniken, mit denen Sie selbst eine Konfliktreduzierung versuchen oder von einem kompetitiven auf einen kooperativen Prozeß umstellen können.

Es gibt fünf verschiedene Strategien oder Ansätze der Konfliktreduktion, die wir im einzelnen ausführlich darstellen:

1. Nehmen Sie die Ladung aus dem emotionalen Klima, indem Sie **Spannungen** und Feindseligkeiten **reduzieren.**

2. Arbeiten Sie an Ihren **kommunikativen Kompetenzen**, um das Kommunikationsniveau zu verbessern.

3. Reduzieren Sie **Zahl und Umfang der anstehenden Themen,** wenn diese zu kompliziert geworden sind und Schwierigkeiten verursachen.

4. Stärken oder verbessern Sie die **Optionen und Alternativen** selbst.

5. Finden Sie eine gewisse **gemeinsame Grundlage** für das Übereinkommen, indem Sie normalerweise an die Beziehung appellieren.

10.2 Abbau von Spannungen

Es gibt drei Haupttechniken zur Verringerung der emotionalen Spannung zwischen den beiden Parteien – Entladung der Spannung, Separieren der Parteien und GRIT:

1. **Entladung der Spannung.** Ab und zu ein Scherz oder eine humorvolle Bemerkung können zur Auflockerung der Atmosphäre beitragen. Natürlich muß alles angemessen und harmlos sein, oder es trägt nur zu zusätzlicher Spannung bei. Wenn die andere Seite eine verärgerte und spitze Bemerkung macht, ignoriert man diese am besten. Wenn Sie nicht gleich zurückschießen, dann können Sie normalerweise einen Anstieg der Spannung vermeiden.

2. **Separieren der Parteien.** Das kann eine nützliche Technik sein, wenn sich die Emotionen hochschaukeln. Das einfachste Mittel ist eine Pause. Dabei kann es sich um 15 Minuten, eine Stunde oder Tage und Wochen handeln, je nach Grad des emotionalen Stresses und der Dringlichkeit eines

Vertragsabschlusses. Wir empfehlen, daß Sie den Grund für die Unterbrechung klar aussprechen. Dadurch hat jeder die Möglichkeit, sich abzuregen, darüber nachzudenken, was passiert ist, und sich bei seiner Rückkehr mehr zu bemühen. Das ist der zweite Schritt der am Anfang dieses Kapitels erwähnten Methode von Jackie Martin und Mimi Ovanessof für den Umgang mit Konflikten in Ihrer Geschäftspartnerschaft.

3. **GRIT.**[5] Dieser Begriff steht für **G**raduated **R**eciprocation **I**n **T**ension Reduction. Diese Methode der Spannungsreduktion wurde im Kontext der Diplomatie entwickelt, wo während Verhandlungen die Spannung eher eskaliert statt abnimmt. GRIT funktioniert so, daß eine Partei einen kleinen, normalerweise öffentlich vorgetragenen Konzessionsvorschlag macht und die andere Partei dazu einlädt, das Angebot zu erwidern. Das Zugeständnis ist nicht so groß, daß die Partei ihr Gesicht verliert, und nicht so klein, daß es für die andere Seite bedeutungslos ist. Die Konzession ist vielleicht eine einfache Entschuldigung – etwas, das als Versuch gedacht ist, die Beziehung zum Besseren zu verändern. Die andere Partei reagiert dann ebenfalls mit einem kleinen Zugeständnis, und dieser Prozeß verläuft nötigenfalls hin und her, bis sich das Verhandlungsklima abgekühlt hat und die beiden Parteien fortfahren können. Der gesamte Prozeß soll das Vertrauen wiederherstellen, indem man einem vereinbarten Verfahrensablauf für die Entschärfung des Konflikts folgt und der anderen Seite zeigt, daß man wirklich eine wechselseitig akzeptierbare Lösung finden möchte.

10.3 Entwicklung kommunikativer Kompetenzen

Wie wir immer wieder in diesem Buch betont haben, ist eine erfolgreiche Kommunikation der Schlüssel zum Verhandlungserfolg. Wenn sich die Kommunikation festgefahren hat, steht auch die Verhandlung still. In Kapitel 12 befassen wir uns ausführlicher mit den Kommunikationstechniken und ihrer Handhabung. Hier wollen wir kurz auf einige Bereiche hinweisen, in denen die Kommunikation schwierig werden kann, und Techniken zur Verbesserung der Kommunikation vorschlagen.

10.3 Entwicklung kommunikativer Kompetenzen

10.3.1 Aktives Zuhören

Aktives Zuhören wurde zum ersten Mal von Carl Rogers[6] in der Psychotherapie eingeführt. Mit dieser Technik soll sichergestellt werden, daß jede Partei weiß, daß die andere auch zuhört (und daß die andere auch richtig und genau zuhört). Aktives Zuhören ist dann entscheidend, wenn sich das emotionale Klima bis zu einem Punkt hochgeschaukelt hat, an dem die Verhandlung in Gefahr ist.

Die Kommunikation kann aufgrund einer unzureichenden Information sehr leicht emotionale Züge annehmen. Dies passiert auch, wenn der Empfänger die Aussage falsch interpretiert. Insofern kann es sowohl auf der Sender- wie auf der Empfängerseite zu Verzerrungen kommen. Das emotionsgeladene Klima wird schnell eskalieren, wenn sich die Kommunikation vom Ziel entfernt. Aktives Zuhören kann Fehlinterpretationen verhindern.

Beim aktiven Zuhören informieren Sie die andere Partei darüber, daß Sie gehört haben, was gesagt wurde. Sie wiederholen es vielleicht, um sicherzustellen, daß es keine Mißverständnisse gibt. Um zurückzuspiegeln, was der Sender gesagt hat, benutzen Sie Formulierungen wie: «Lassen Sie mich sichergehen, daß ich Sie richtig verstanden habe. Ich denke, Sie sehen das Problem so ...» oder: «Es hört sich an, als ob Sie sich Sorgen machen über ...» Diese Rückspiegelung der Aussage bedeutet nicht notwendigerweise, daß Sie mit der anderen Partei einer Meinung sind, sondern nur, daß Sie zuhören, was gesagt wird, und es auch gehört haben. Wenn Sie die Aussage falsch verstanden haben, hat die andere Partei die Chance, sie zu wiederholen. Dadurch wird sichergestellt, daß sie korrigiert werden kann, bevor es zu weiteren Mißverständnissen kommt.

10.3.2 Rollentausch

Ein anderes hilfreiches Mittel zur Verbesserung der Kommunikation ist der Rollentausch. Wir haben diese Technik in Kapitel 3 erwähnt und beschreiben sie im Detail in Kapitel 12. Ziel beim Rollentausch ist es, die Themen aus der Sichtweise der anderen Partei zu verstehen und zu vertreten. Er kann aufschlußreiche Einblicke in die Einstellung der anderen Partei vermitteln. Wenn Sie die Rollen tauschen, nehmen Sie normalerweise an, daß Sie etwas mit der anderen Partei gemeinsam haben. Sie versuchen herauszufinden, in welchen Bereichen sich Interessen und Ziele überlappen. Wenn es keine Gemeinsamkeiten gibt, verdeutlicht der Rollentausch die Unterschiede zwischen den Parteien. Wenn es mehr Unterschiede als Ähnlichkeiten gibt, wissen Sie, daß eine Kooperation wahrscheinlich nicht möglich sein wird, und können sich darauf einstellen. Oft passiert es aber, daß der Rollentausch Ähnlichkeiten enthüllt, von denen die Parteien vorher nichts wußten – was dann aber die Grundlage für eine Übereinkunft legt.

10.3.3 Imaging

Eine weitere Technik zur Kommunikationsverbesserung ist das Imaging. Dieser Prozeß besteht aus vier Schritten:

1. Jede Partei beschreibt sich selbst.
2. Jede Partei beschreibt die andere.
3. Jede Partei beschreibt, wie die andere sie vermutlich sieht.
4. Jede Partei beschreibt, wie die andere sich selbst vermutlich sieht.

Beide Parteien tauschen dann diese Informationen aus und analysieren sie, um Einblicke in ihr Verhalten zu gewinnen.

Das Ziel von Imaging ist, die ausgetauschten Wahrnehmungen zu diskutieren und zu korrigieren. Dadurch können normalerweise wichtige und weniger wichtige Konflikte in der Situation identifiziert werden. Wenn die Emotionen sich hochschaukeln, bleiben die Sachthemen schnell auf der Strecke. Und hier kann das Imaging helfen,[7]

- falsche Vorstellungen und Fehlinterpretationen zu klären und zu korrigieren;
- Wünsche, Ziele und Prioritäten aufzudecken, um sie bei der Problemlösung einzusetzen;
- Verständnis für die wahren Bedürfnisse der anderen Partei zu gewinnen;
- eine positive Atmosphäre aufzubauen;
- dafür zu sorgen, daß den Wünschen und Interessen jeder Partei ohne Unterbrechung zugehört wird;
- defensives Verhalten zu reduzieren;
- das Zuhören zu verbessern.

Wie bei vielen Konfliktlösungsmethoden kann man damit die Verärgerung entschärfen und die Perspektiven am Anfang des Verhandlungsprozesses austauschen.

10.4 Reduktion der Problempunkte

Ein anderer Ansatz zur Reduktion der Spannung zwischen beiden Parteien besteht darin, das Konfliktausmaß zu managen. Dazu müssen Sie sich Größe und Zahl der vorliegenden Themen anschauen. Wenn sich der Konflikt verschärft, dann sind die Parteien nicht nur davon überzeugt, daß sie weiter voneinander entfernt sind, als sie es eigentlich sind, sondern auch die Zahl der anstehenden Probleme schnellt oft in die Höhe. Wenn die Teilnehmer frustriert sind, legen sie immer mehr Fragen auf den Verhandlungstisch.

Es gibt verschiedene Methoden, um die Problempunkte zu reduzieren.[8] Diese Methoden, die je nach Situation einzeln oder in Kombination eingesetzt werden können, schließen folgende Dimensionen ein: Verringerung der Zahl der Beteiligten auf jeder Seite, Verringerung der Diskussionsthemen, Wiederaufnahme der konkreten Themen und Abkehr von Prinzipienreiterei (man schreitet von den allgemeinen Interessen und Prinzipien zu den spezifischen fort), Einschränkung des Gebrauchs von Präzedenzfällen (nur dieser Konflikt wird gelöst, statt sich mit jedem ähnlichen Konflikt zu befassen, der in der Zukunft möglich ist), Suche nach Möglichkeiten, um größere Fragen aufzuteilen, und Depersonalisierung der Themen (also der Versuch, «Personen und Probleme zu trennen»).

10.4.1 Verringerung der Zahl der Beteiligten

Kommt es in Diskussionen zu Eskalationen, dann zieht unter Umständen jede Seite Experten, Autoritäten, Rechtsanwälte, Wirtschaftsprüfer, «Zeugen» und andere Personen hinzu, um ihre eigenen Standpunkte und Forderungen zu untermauern und ganz allgemein die Position ihrer Seite zu unterstützen. Je mehr Teilnehmer involviert sind, desto mehr Perspektiven und mehr Uneinigkeit gibt es. Die Parteien tendieren dann dazu, sich mit den anderen aus der eigenen Reihe zu solidarisieren, sich von der anderen Seite bewußt abzusetzen und alle anderen negativer zu bewerten. Sie brauchen mehr Zeit, um mit mehr Leuten zu sprechen, und mehr Zeit zur Diskussion aller Themen.

Wenn Sie die Zahl der Personen auf einer Seite verringern können (am besten bis auf die Hauptperson auf jeder Seite), haben Sie eine bessere Chance für eine Lösung. Wenn Sie die Zahl der Akteure nicht auf zwei verringern können, dann führen Sie Grundregeln ein, um den Anstieg von Zeit, Perspektiven und anderen Faktoren zu minimieren. Sie müssen vielleicht genau festlegen, wer sprechen darf und wie lange, und so weiter. Wir erleben dies oft bei entscheidenden formalen Verhandlungen wie etwa in der internationalen Diplomatie und bei Streiks. In den meisten formalen Verhandlungen sitzen auf jeder Seite des Tisches mehrere Personen. Haben sich aber die Verhandlungen festgefahren, dann arbeiten letzten Endes nur die beiden Hauptverhandlungsführer das Vertragsrahmenwerk aus.

10.4.2 Verringerung der Themenzahl

Wird die Verhandlung emotionaler, nimmt auch die Zahl der Fragen und Probleme zu. Wenn eine Verhandlung aber zu viele Themen hat, dann kann es ebenso schwierig sein, allem nachzugehen, wie zu einem Abschluß zu gelangen. Sie können jedoch auch auf Schwierigkeiten stoßen, wenn es zu wenige Themen gibt, weil es dann zu wenige Konzessionsmöglichkeiten für jede Seite gibt.

Die Zahl der Themen können Sie reduzieren, indem Sie sie in eine Rangfolge bringen, wie wir es in Kapitel 2 angeschnitten haben. Damit können Sie die wichtigsten Fragen aussortieren. Wenn Sie mehr Themen aufnehmen müssen, dann können Sie ein spezielles Thema weiter fassen oder verwandte Themen aufnehmen. Aber sorgen Sie unbedingt dafür, daß zu jedem Zeitpunkt immer nur wenige Hauptthemen auf dem Tisch liegen.

10.4.3 Weg von Prinzipienreiterei hin zu konkreten Problemen

Wenn ein Thema auf einem Grundsatz oder einem Prinzip basiert, kann man es nur schwer ändern. Wenn zum Beispiel festgelegt ist, daß die Büroöffnungszeiten von 8 bis 17 Uhr sind, und ein Mitarbeiter von 7 bis 16 Uhr arbeiten möchte, dann ist darüber kaum zu verhandeln, weil es auf einem «Grundsatz» beruht. Die Themen müssen konkret vorgetragen werden, und zwar getrennt von Grundsätzen oder Prinzipien. Der Idealfall für den Betreffenden in diesem Beispiel wäre, über die Arbeitszeiten zu verhandeln, ohne an dem Grundsatz zu rühren. Das Management will allerdings nicht mit jedem Mitarbeiter einzeln über die Zeiten verhandeln (eine Frage von Zeit und Energie). Wenn das Management außerdem den Status quo bevorzugt, kann der Grundsatz als eine Entschuldigung dafür benutzt werden, daß der Verhandlung Grenzen gesetzt werden. Der Trick besteht darin, einen Weg zu finden, um diese Einzelentscheidung über die Arbeitszeiten dieses Mitarbeiters so von dem allgemeinen Grundsatz abzutrennen, daß danach nicht jeder dieselbe Ausnahme verlangen kann. In das Zentrum rückt deshalb vielleicht die Zahl der Arbeitsstunden, die in jedem Fall acht beträgt (oder neun, die Mittagspause eingerechnet).

Ein anderes Vorgehen wäre die Überprüfung, ob das zur Debatte stehende Problem zu einer Ausnahme der Regel erklärt werden kann. In dem obigen Beispiel wäre es eine Möglichkeit, 7 bis 16 Uhr als Ausnahme auszuhandeln. Anderseits könnte auch der Grundsatz abgeändert werden auf den Wortlaut «liegt im Ermessen des Managers» – was Ausnahmen zulassen würde.

10.4.4 Einschränkung des Gebrauchs von Präzedenzfällen

Wenn eine Partei Angst davor hat, daß die Behandlung eines speziellen Themas einen Präzedenzfall schafft, nach dem man sich in der Zukunft richten muß, dann müssen Sie die Parteien dazu motivieren, sich auf das Thema statt auf den Präzedenzfall zu konzentrieren. Die Partei, die in dem erwähnten Beispiel andere Arbeitszeiten möchte, argumentiert vielleicht, daß dies nicht notwendigerweise einen Präzedenzfall schafft. Diese Regelung gilt nur für diesen Angestellten an bestimmten Tagen und muß nicht auf andere Angestellte übertragen werden. Ziel sollte sein, sich nur auf die Frage dieses Angestellten zu konzentrieren, der von 7 bis 16 Uhr arbeiten möchte, ohne zu diesem Zeitpunkt alle anderen zu berücksichtigen, die vielleicht dasselbe Privileg verlangen werden. Über deren Forderungen würde separat verhandelt. Wenn allerdings andere Angestellte das erfahren und dasselbe für sich in Anspruch nehmen, kann die Situation freilich außer Kontrolle geraten.

10.4.5 Suche nach Möglichkeiten, um größere Themenkomplexe aufzubrechen

Wenn es sich um größere Fragenkomplexe handelt, dann zerlegen Sie sie in kleinere Teile.[9] Das ist relativ leicht, wenn es sich um ein quantitatives Problem handelt wie etwa Geld, Stunden oder Quoten. Beispielsweise kann man mittels des Zeitfaktors ein Thema zergliedern, indem man etwa festlegt, wann eine Lösung in Kraft tritt oder wie lange sie gilt. Bei scheinbar nicht zerlegbaren Themen kann der Tauschhandel zwischen den Parteien, die häufig miteinander verhandeln, darin bestehen, daß die eine Partei das gewünschte Ergebnis sofort bekommt und die andere später. Eltern lösen den klassischen Streit unter ihren Kindern über das Fernsehprogramm dadurch, daß ein Kind das Programm für diese Stunde bestimmen kann und das andere das für die nächste.

10.4.6 Depersonalisierung

Da nur Personen verhandeln, sind sie auch diejenigen, die auf den Themen bestehen. Sie hängen an ihren Vorstellungen, auch wenn sie es oft eigentlich gar nicht wollen. Das Problem ist normalerweise: «Wie ziehen wir uns elegant von unserer Position zurück?»

Ebenso nageln wir die anderen auf ihre Ideen fest: «*Er* will das und *sie* will das nicht so und so machen.» Ein Großteil der populären Literatur über Konfliktmanagement betont die Bedeutung einer «Trennung der Personen von den Problemen».[10] Die Parteien müssen sich den Themen zuwenden können, ohne sie mit jemandem in Beziehung zu bringen. Vermeiden Sie etwa die Vorstellung, daß dies *sein* Problem ist, oder daß *sie* diese Option vorgeschlagen hat. Es kommt wirklich nicht darauf an, wessen Problem es ist. Unabhängig davon, was die Parteien voneinander denken, muß die Aufgabe gelöst werden.

10.5 Optionen für die andere Partei attraktiv machen

Wenn Sie die Wünsche der anderen Partei verstanden haben, dann sind Sie in einer besseren Position, um sie davon zu überzeugen, für Ihre Lösung[11] zu plädieren, vor allem wenn Ihr Angebot ihre Wünsche berücksichtigt.

Machen Sie **Angebote**, stellen Sie keine Forderungen, und sprechen Sie keine Drohungen aus. Die Menschen reagieren normalerweise negativ auf Drohungen. Tatsächlich zahlen sie auf Forderungen und Drohungen mit gleicher Münze zurück, und das emotionale Klima eskaliert. Das Geheimnis liegt darin, sich auf sie zu- statt von ihnen wegzubewegen.

Versüßen Sie Ihr Angebot nach dem Motto «Zuckerbrot statt Peitsche». Betonen Sie die attraktiven Seiten Ihres Vorschlags, und spielen Sie die negativen herunter. Demonstrieren Sie, wie er zu den Bedürfnissen der anderen Seite paßt. Räumen Sie die Nachteile einer Annahme Ihres Angebots aus dem Weg. Finden Sie Mittel, um Ihr Angebot überzeugender zu gestalten. Legen Sie Termine dafür fest. Drohen Sie der anderen Seite nicht mit «furchtbaren Konsequenzen», wenn sie sich nicht danach richten.

Wenn die andere Partei mit einem Teil Ihrer Lösung einverstanden ist, dann verfeinern Sie Ihr Angebot mit den früher diskutierten Techniken: spezifizieren sie es, teilen Sie es auf, formulieren Sie es neu. Bieten Sie mehrere Optionen an.

Einige dieser Techniken klingen vielleicht wie Verkaufstechniken (beispielsweise das Versüßen der Verpackung, das Setzen von Terminen für Ihr Angebot). Das stimmt. Versetzen Sie sich in einen Verkäufer, der am Wohlbefinden beider Parteien interessiert ist und nicht nur am eigenen. Sie wollen die andere Seite zum «Kauf» motivieren, und das ist der Job eines Verkäufers!

10.6 Gemeinsamkeiten finden

Wir gehen weiterhin davon aus, daß die Kooperationsanstrengung der bestmögliche Verhandlungsansatz ist und daß sich alle Parteien auf ihre gemeinsamen Ziele konzentrieren. Es gibt vier Hauptwege, auf denen man zu Gemeinsamkeiten gelangt:

1. Formulierung gemeinsamer Ziele;
2. Konzentration auf gemeinsame Gegner;
3. Einigung auf ein gemeinsames Vorgehen;
4. Aufbau eines gemeinsamen Rahmens für das Verhandlungsproblem.

Wir werden jeden Punkt einzeln betrachten. Sie können jeden einzeln oder alle in beliebiger Kombination verwenden – je nachdem, was am besten in der Situation funktioniert.

10.6.1 Formulierung gemeinsamer Ziele

Manchmal, wenn die Emotionen sich hochschaukeln, verlieren wir unseren ursprünglichen Fokus aus dem Auge. Versuchen Sie, die Parteien wieder auf den Auftrag zu verpflichten, gemeinsame Ziele zu finden. Diese bilden die Basis einer kooperativen Verhandlung. Fragen Sie sich, was Sie in Zukunft gemeinsam planen, besitzen, teilen etc. können.

Aber Vorsicht: Achten Sie auf Ziele, die die eine Partei scheinbar mehr als die andere bevorzugt.

10.6.2 Konzentration auf gemeinsame Gegner

Ein anderes Vorgehen für den Aufbau von Solidarität besteht darin, sich gegen eine dritte Partei zusammenzuschließen. Dies kann ein Mitbewerber sein oder jemand, der in den Konflikt eingreifen wird. Unter Umständen ziehen Management und Gewerkschaft eine Zusammenarbeit vor, bevor etwa die Regierung an der Konfliktlösung beteiligt wird. Nichts verbindet auch zwei Kinder mehr, wie wenn ein Elternteil damit droht, sich in ihre Auseinandersetzung einzumischen! Die Parteien können sich oft ebenso gegen einen gemeinsamen Gegner zusammenschließen, wie sie ein gemeinsames Interesse verfolgen.

10.6.3 Einigung auf ein gemeinsames Vorgehen

Manchmal kann ein Konflikt dadurch gelöst werden, daß sich beide Seiten einfach auf denselben Verhandlungsverlauf einigen. Dies geschieht oft, wenn die Parteien gemeinsame Grundregeln für die Verhandlung aufstellen. Dazu gehören folgende Punkte:

- eine formale Tagesordnung, der die Parteien zustimmen und an die sie sich halten;
- eine Liste der Personen, die an der Verhandlung teilnehmen;
- ein Zeitplan für die Verhandlung;
- Regeln für die Sprecher, darunter Anwesenheitspflicht oder Redezeitbeschränkung;
- die Art, wie Themen auf den Tisch gebracht werden;
- welche Fakten vorgebracht werden, und welche nicht;
- wie die Dokumentation aussieht;
- wie eine Einigung erzielt und umgesetzt werden kann;
- welche Büro- und Dienstleistungen in Anspruch genommen werden.

Manchmal ist es hilfreich, der Verhandlung regelmäßig den «Puls zu fühlen». Unterbrechen und fragen Sie, wie es läuft und wie die Parteien mit dem Verhandlungsprozeß zurechtkommen. Wenn es irgendwelche Probleme gibt, dann lösen Sie sie, bevor sie sich auswachsen können.

10.6.4 Aufbau eines gemeinsamen Rahmens

Verschaffen Sie sich einen Überblick darüber, was die Parteien bisher erreicht haben. Haben die Parteien nach Gemeinsamkeiten in ihren (langfristigen) Zielen, Absichten, Interessen und Stilen, in ihrer Philosophie und ihrem Standpunkt gesucht? Wenn die Interessen unterschiedlich und unzusammenhängend zu sein scheinen, versuchen Sie einen roten Faden zu finden, der sie in gewisser Weise verbindet. Dazu muß man oft einen «übergreifenden Rahmen», eine «breitere Definition» oder andere Hilfsmittel entwickeln, die es den Parteien erlauben, die allgemeine Situation identisch zu sehen.

Betrachten Sie das Problem aus verschiedenen Blickwinkeln. Die Parteien sollen sich klar darüber werden, wie eine ideale Situation für beide aussieht, und sollen dann auch davon ausgehen.

Manchmal hängt der Konflikt vielleicht einfach nur mit der Formulierung zusammen. Wenn einer Seite die Formulierung nicht gefällt, dann bemühen Sie sich um eine andere, damit jedem die Bedeutung klar ist.

Wenn eine Partei mit dem vorgeschlagenen Ergebnis unzufrieden ist, dann können Sie vielleicht die Konfliktdimensionen entschärfen, indem zum Beispiel die eine Partei bei einem speziellen Punkt als Gewinner hervorgeht und die andere eben bei einem anderen. Somit können beide sich als Gewinner fühlen.

10.7 Strategien für einen Wechsel von Konkurrenz zu Kooperation

Roger Fisher, William Ury und Bruce Patton diskutieren in ihrem Buch *Getting to Yes*[12] drei Situationen, in denen Sie kompetitiven Verhandlungen eine andere Wende geben können. Die erste Strategie ist für den Fall, daß die andere Partei mehr Macht hat als Sie; die zweite gilt für den Fall, daß sie sich nicht an die Regeln hält; und die dritte für den Fall, daß sie entweder nur «am besten Preis» orientiert ist oder auf schmutzige Tricks zurückgreift. In jeder Situation müssen Sie die Umstände analysieren und entscheiden, was Sie tun müssen und ob Sie überhaupt in der Lage sind, die Dinge zu ändern.

10.7.1 Wenn die andere Partei mehr Macht hat

Die Macht der anderen Partei kann aus den größeren Ressourcen, der Kontrolle über die möglichen Ergebnisse, aus der Autorität oder der Zeit resultieren. Jeder dieser Faktoren allein kann für Sie von Nachteil sein, und eine Kombination kann sehr abschreckend wirken. Wenn die andere Partei scheinbar mehr Macht hat, dann haben Sie mehrere Möglichkeiten:

- Sie können es mit Anpassung versuchen und «die andere Partei weichklopfen», bis sie von ihrer Macht keinen Gebrauch mehr macht. Manchmal kann das funktionieren, aber wenn die andere Partei viel mächtiger ist und zu einer kompetitiven Strategie neigt, dann wird sie ihre Vorteile auch ausspielen.

- Sie können der Transaktion auch ausweichen. Vergewissern Sie sich, daß Sie nicht alles aufgeben. Sorgen Sie auch dafür, daß Sie wenn möglich alle Ihre wunden Punkte verbergen, weil die andere Partei nach Lücken in Ihrer Rechtfertigung suchen wird.
- Halten Sie eine gute Alternative bereit. Das kann Ihnen eine gewisse Macht geben, die als Ausgleich gegenüber der Macht der anderen Partei fungieren kann, weil sie Ihnen etwas Besseres als Ihre Alternative anbieten muß, wenn sie mit Ihnen im Geschäft bleiben will. Wenn Sie verlautbaren lassen, daß Sie eine gute Alternative haben, dann können Sie vielleicht auch die andere Partei dazu zwingen, ihre kompetitive Haltung aufzugeben, vor allem wenn diese selbst über keine gute Alternative verfügt.
- Am besten ist es natürlich, wenn Sie den anderen überzeugen können, auf seine Macht zu verzichten, mit Ihnen zusammenzuarbeiten und einen Kompromiß oder sogar eine Kooperation zu verfolgen.

10.7.2 Wenn Sie mehr Macht haben

Wenn Sie mehr Macht als die andere Partei haben und eine Zusammenarbeit wollen, dann sollte Ihr Ziel entweder sein, **auf den Einsatz Ihrer Macht zu verzichten** oder die Macht **auszubalancieren**, entweder durch ein Aufteilen der Kontrolle, der Ressourcen oder durch Konzentration auf die gemeinsamen Interessen. Wenn Sie über mehr Macht verfügen und die andere Partei sich dessen bewußt ist, dann wird Sie Ihnen wahrscheinlich mißtrauen, außer sie hat frühere Arbeitsbeziehungen mit Ihnen und weiß, daß Sie keinen Gebrauch (oder Mißbrauch) davon machen. Wenn sie irgendeinen Grund zu Mißtrauen hat (wenn Sie es nicht wissen, fragen Sie), wird sie wahrscheinlich davon ausgehen, daß Sie Ihre Macht auch ausnutzen werden. Infolgedessen müssen Sie sich vielleicht selbst symbolisch in einer Weise «entwaffnen», die eindeutig Ihren Wunsch signalisiert, mit ihr zusammenzuarbeiten.

Seien Sie sich darüber im klaren, daß der andere die oben beschriebenen Wahlmöglichkeiten in Erwägung ziehen kann. Er nimmt vielleicht an, daß er kein faires Geschäft mit Ihnen abschließen kann, und plant, von seiner Alternative Gebrauch zu machen. Zusätzlich zu dem Signal, daß Sie auf einer gleichberechtigten Basis zusammenarbeiten wollen, müssen Sie deshalb vielleicht schnell ein Konzessionsangebot machen oder die Umrisse eines Vertrages skizzieren, auf den Sie zielen. Wenn Sie bei diesem Versuch keinen Erfolg haben, dann ist es klug, sich Ihrer eigenen Alternative zu widmen.

Und versuchen Sie schließlich, sich immer auf Ihre eigentlichen Interessen zu konzentrieren. Man verliert sie schnell aus dem Auge, wenn man daran arbeitet, die Verhandlung in eine andere Richtung zu bewegen. Lassen Sie sich nicht beirren, nur weil die Verhandlung schwieriger wurde.

10.7.3 Wenn die andere Partei nicht verhandlungsbereit ist

Sie können zwei grundsätzliche Möglichkeiten verfolgen, wenn die andere Partei nicht verhandlungsbereit ist. Die erste besteht aus dem Versuch, «hinter die Dinge» zu blicken. Darunter verstehen wir, daß Sie dahinterkommen müssen, was passiert, und versuchen müssen, die Situation vom Standpunkt der anderen Partei aus zu verstehen. Versuchen Sie, deren Interessen herauszufinden. Dazu müssen Sie offene Fragen stellen. Setzen Sie die Techniken des aktiven Zuhörens sowie des Rollentausches ein. Dadurch lernen Sie die Perspektive der anderen Partei und die dahinterliegenden Motive kennen.

Suchen Sie nach Revisionsmöglichkeiten für die anstehenden Themen, vielleicht indem Sie sie breiter auslegen, so daß die Sorgen und Interessen der anderen Partei enthalten sind. Stellen Sie andere Optionen in Aussicht. Wenn Sie die Verhandlungen auf diese Weise eröffnen, dann können Sie Gemeinsamkeiten zwischen den Parteien entdecken, die es jedem erleichtern, eine kooperative Strategie zu verfolgen.

Zu dieser Möglichkeit sollten Sie allerdings nicht vor der zweiten greifen. Die zweite besteht darin, den Konflikt an eine dritte Partei zu übergeben. (Wir diskutieren dieses Vorgehen ausführlich in Kapitel 11.)

10.7.4 Wenn die andere Partei nur am «besten Preis» interessiert ist

Wenn Sie der Verkäufer sind und die andere Partei unter allen Umständen den besten Preis erzielen will, dann haben Sie es wahrscheinlich mit einem kompetitiv eingestellten Verhandlungspartner zu tun. Sie können einiges tun, um diese Strategie abzubiegen. Obwohl Sie vielleicht keine vollkommen kooperative Situation erreichen, besteht dennoch die Möglichkeit, daß Sie ein besseres Ergebnis erzielen, als wenn Sie die Verhandlungen von der «Preismühle»[13] bestimmen lassen:

- Fordern Sie eine Gegenleistung – «Wenn ich beim Preis nachlasse, was können Sie dann für mich tun?»

- Suchen Sie nach anderen Interessen als Geld, wie etwa Wertschätzung oder das Gesicht wahren. Sie können diese Aspekte vielleicht zusammen mit Ihrem Produkt anbieten, um es attraktiver zu machen.
- Wenn Sie zu hören bekommen, daß man das Produkt anderswo billiger bekommt (eine Art von Alternative), dann stellen Sie den Wert oder die Einmaligkeit Ihres Angebots heraus.
- Bieten Sie ein Mehrwertpaket an. Es gibt vielleicht Dinge, die wie selbstverständlich zu dem Produkt oder der Dienstleistung dazugehören, wie beispielsweise das Räderauswuchten beim Kauf neuer Reifen oder die Montage von Zubehör.
- Betonen Sie die persönliche Beziehung. Wenn es sich um eine andauernde Beziehung handelt, können Sie unter Umständen den Fokus vom Preis an sich (kompetitiv) auf die Vorstellung von einem guten Geschäft für jeden lenken (kooperativ).
- Vergleichen Sie die eigene Situation mit dem Geschäft der anderen Partei. Stellen Sie die Frage, ob sie ihre eigenen Preise senken kann, wie sie es von Ihnen verlangt, und noch im Geschäft bleiben kann.
- Bestehen Sie auf derselben Anpassungsleistung (Kompromiß): «Ich werde..., wenn Du...»
- Führen Sie eine Realitätsprüfung durch. Wenn die Person einzig an einem niedrigen Preis interessiert ist, handelt es sich dann wirklich um jemanden, mit dem Sie langfristige Geschäftsbeziehungen eingehen wollen? Lohnt sich das Verhandeln überhaupt?
- Setzen Sie auf Wert und Qualität. Wenn das Produkt immer zuverlässig ist, dann kommt die andere Partei zurück. Wenn sich die Verhandlung nur um den Preis dreht und sonst nichts, dann müssen Sie wahrscheinlich immer mit schwierigen Verhandlungen mit dieser Partei rechnen.

10.7.5 Wenn die andere Partei auf schmutzige Tricks zurückgreift

Es ist schwierig, mit einer Partei zusammenzuarbeiten, die sich unnachgiebig kompetitiv verhält, während Sie eine Kooperation suchen. Wenn sie dann noch auf schmutzige Tricks zurückgreift, ist es noch schwerer, «nett» zu sein. Wenn Sie aber die Situation umkehren wollen, dann seien Sie so freundlich wie möglich. Halten Sie Ihre privaten Gefühle gegenüber den Personen zurück, während Sie eine gemeinsame Basis suchen. Ein Ansatz besteht darin, das Positive zu verstärken und das Negative zu ignorieren. Zollen Sie ihren guten Seiten Anerkennung, unterstützen Sie sie, machen Sie Komplimente in

10.7 Strategien für einen Wechsel von Konkurrenz zu Kooperation

bezug auf ihre Sensibilität gegenüber Ihren Wünschen, und begrüßen Sie ihre Konzessionen.

Wenn Sie allerdings das Gefühl haben, daß die andere Seite falsche Informationen liefert, Sie zu täuschen, einzuschüchtern oder Sie in unangemessener Weise unter Druck zu setzen versucht, dann gibt es ein paar Taktiken, mit denen man die Situation umkehren kann:

- **Ignorieren Sie die Tricks.** Damit meinen wir nicht, daß Sie die andere Partei ignorieren sollten – übersehen Sie nur das «schmutzige» Verhalten. Das ist vielleicht leichter gesagt als getan, aber wenn Sie ein bestimmtes Verhalten ignorieren, gibt man es oft auf. Andererseits versteht die andere Partei vielleicht Ihre subtile Botschaft nicht und benutzt weiterhin ihre schmutzigen Tricks. In diesem Fall verschärfen Sie Ihre Reaktionstaktiken.

- **Identifizieren Sie das Verhalten.** Der nächste Schritt besteht darin, auf das lästige Verhalten hinzuweisen. Greifen Sie die Gegenseite nicht persönlich an. Teilen Sie ihr einfach mit, wo Sie ein Problem mit ihrem Verhalten haben. Dadurch weiß sie, daß Sie sich dessen bewußt sind, was gespielt wird. Teilen Sie ihr dies taktvoll mit, und machen Sie eindeutig klar, daß das Verhalten inakzeptabel ist. Wenn Sie die Gegenseite mit dem unangemessenen Verhalten konfrontieren, dann tun Sie das mit so wenig Drohungen wie möglich. Definieren Sie das anstößige Verhalten in wertfreien Begriffen. Listen Sie die greifbaren Wirkungen solcher Handlungen auf und teilen Sie mit, wie Sie sich dabei fühlen.[14]

- **Verhandeln Sie über das Verhandeln.** Ein dritter Ansatz besteht darin, sich eine Auszeit für ein Gespräch darüber zu nehmen, wie sich die Verhandlung entwickelt, und um Grundregeln aufzustellen. (Eigentlich sollte dies ja bereits vor der Aufnahme der Verhandlungen geschehen…). Aber auch wenn die Grundregeln schon zu Beginn aufgestellt wurden, müssen Sie sie unter Umständen überprüfen und an die derzeitigen Bedingungen anpassen.

- **Sprechen Sie eine Warnung aus.** Wenn das Verhalten anhält, dann warnen Sie die andere Partei, daß sie mit ihrem Verhalten die Verhandlung gefährdet. Sie muß wissen, daß Sie sich das Verhalten nicht gefallen lassen und daß jeder viel verlieren wird, wenn die Verhandlungen deswegen zusammenbrechen.

Wir empfehlen Ihnen vor allem, nicht der Neigung nachzugeben, sich zu revanchieren. Obwohl die Versuchung groß ist, es mit gleicher Münze heimzuzahlen, handelt es um keine gute Idee. Das führt in der Regel nur zu noch mehr Taktieren, was dann in einem noch stärkeren kompetitiven Verhalten resultiert. Dadurch verlieren Sie die Chance für eine kooperative Verhandlung mit für beide Seiten positiven Ergebnissen im Rahmen einer positiven Beziehung.

10.8 Strategien bei einem «schwierigen» Verhandlungspartner

Jeder von uns kann problematisches Verhalten erkennen. Wir haben alle Erfahrung damit. Wenn Sie aber mit jemandem umgehen müssen, der nur noch schwierig ist, dann müssen Sie Wege finden, wie Sie damit fertig werden können. Manche ignorieren so ein Verhalten einfach, andere haben ein bißchen mehr Mühe damit.

Es gibt viele Bücher und Artikel über den Umgang mit schwierigen Menschen.[15] Die beste Empfehlung ist hier, zunächst einmal zu verstehen, warum jemand sich so verhält. Wahrscheinlich hat die schwierige Person dieses Verhalten schon früher gezeigt, damit die gewünschten Ergebnisse erzielt und es deshalb beibehalten. Wenn wir dieses unkontrollierte Verhalten durchgehen lassen, wird die betreffende Person es auch in Zukunft zeigen. Wenn wir jemanden bestechen, sich unseren Wünschen anzuschließen, dann wird diese Person immer eine Bestechung erwarten, wenn wir sie um etwas bitten. Obwohl der Umgang mit schwierigem Verhalten eine Herausforderung sein kann, so ist es doch vielleicht etwas einfacher, wenn man einmal die Verhaltensursachen kennt.

Wenn Sie während einer Verhandlung mit schwierigem Verhalten konfrontiert werden, dann wissen Sie unter Umständen nicht, ob sich die betreffende Person immer so verhält oder nicht. Und Sie haben vielleicht nicht die Zeit dazu, die Verhaltensgrundlagen richtig einzuschätzen. Wir gehen zunächst darauf ein, wie man mit einer schwierigen Person in einer formalen Verhandlung umgeht; dann erklären wir, wie man mit einer schwierigen Person im zwischenmenschlichen Kontext umgehen sollte.

10.8 Strategien bei einem «schwierigen» Verhandlungspartner

10.8.1 Fünf grundlegende Schritte

Es gibt fünf Schritte, um ein schwieriges Verhalten zu durchbrechen[16] und eine günstige Verhandlungsumgebung zu schaffen:

1. Sie müssen Ihre eigene Balance wiedergewinnen und Ihr eigenes Verhalten kontrollieren.
2. Sie müssen die andere Partei dabei unterstützen, ihr eigenes Verhalten zu kontrollieren.
3. Verändern Sie die Atmosphäre der Verhandlung von kompetitiv auf kooperativ (siehe die speziellen Techniken für diesen Schritt in Kapitel 9).
4. Helfen Sie der anderen Partei, ihre Skepsis zu überwinden, damit Sie eine gemeinsame Lösung finden können.
5. Kommen Sie zum Abschluß, was ja das ultimative Ziel jeder Verhandlung ist (siehe Abbildung 10.1).

1. Gewinnen Sie Ihre Balance wieder, und kontrollieren Sie das Verhalten der anderen Partei. Revanchieren Sie sich nicht, auch wenn Ihnen danach ist. Versuchen Sie, nicht zu reagieren oder zurückzuschlagen. Geben Sie aber auch nicht nach. Das könnte einem psychologischen Rückzug gleichkommen oder darauf hinauslaufen, tatsächlich für kurze Zeit die Szene zu verlassen. Wenn Sie Zeit zum Durchatmen haben und sich beruhigen können, dann sind Sie besser in der Lage, die Situation im Kontext zu betrachten.

Generell gilt, daß Sie das Gegenteil von dem tun sollten, was Sie gerne tun würden. Nachdem Sie sich wieder beruhigt haben, beurteilen Sie die Situation ruhig und realistisch. Entscheiden Sie, ob dieses Verhalten typisch für diese Person ist oder ob sie einfach nur einen schlechten Tag hat. Beobachten Sie auch Ihre eigene Reaktion. Ist sie angemessen, oder steht sie in keinem Verhältnis zum Verhalten des anderen? Finden Sie heraus, was das Verhalten ausgelöst hat. War es etwas, das Sie gesagt oder getan haben? Entscheiden Sie, ob Sie das Verhalten mit der anderen Person offen diskutieren können oder ob Sie einfach damit leben müssen. Wenn es sich um einen einzelnen Persönlichkeitskonflikt handelt, dann lesen Sie folgenden Abschnitt über «Konfliktmanagement mit einer schwierigen Person».

2. **Helfen Sie der anderen Partei, ihre Balance wiederzufinden – Hören Sie aktiv zu.** Entwaffnen Sie die andere Partei, indem Sie sich auf sie zubewegen. Dazu müssen Sie aktiv zuhören. Respektieren Sie die Punkte der anderen Seite, auch wenn Sie nicht mit ihnen einverstanden sind. Suchen Sie im Gegenzug Aspekte, mit denen Sie sich einverstanden erklären können. Formulieren Sie Ihre Meinung in Ruhe und ohne Drohungen.

3. **Verändern Sie die Atmosphäre – Bewahren Sie Ruhe.** Schaffen Sie bewußt eine ruhige, friedliche Atmosphäre, die sich deutlich von der angespannten, emotionalen, ärgerlichen Atmosphäre unterscheidet, die möglicherweise existiert. Statt Fragen zu stellen, die als aufhetzend interpretiert werden können, versuchen Sie, offene Fragen zu stellen. Versuchen Sie die Taktiken des Reframing, die früher diskutiert wurden. Sie müssen vielleicht auch die Verhandlungsregeln neu verhandeln.

4. **Überwindung der Skepsis.** Machen Sie es der anderen Partei leicht, zu Ihrem Angebot Ja zu sagen. Sie können einiges tun, wenn sie skeptisch ist. Wir haben manche dieser Techniken bereits diskutiert.

5. **Abschluß.** Das Ideal ist, wenn Sie «ein Angebot machen, das man nicht ablehnen kann». Allerdings ist das höchst selten der Fall, so daß es sinnvoll ist, seine Alternative oder BATNA zu stärken und bereit zu sein, gegebenenfalls darauf zurückzugreifen. Machen Sie die Konsequenzen klar, wenn keine Einigung zustandekommt. Regen Sie Entscheidungen an und konzentrieren Sie sich auf die Vorteile der Verhandlung. Wenn Sie eine Einigung erzielen, dann stellen Sie gleichzeitig sicher, daß es sich um eine anhaltende Übereinkunft handelt, indem Sie Pläne für deren Umsetzung machen.

10.8.2 Konfliktmanagement mit einer schwierigen Person

Um die vorhergehende Diskussion nochmals aufzugreifen und die Konfliktlösung auf eine persönlichere Ebene zu beziehen, sehen wir uns jetzt einmal an, wie ein Konflikt in der interpersonellen Kommunikation gelöst werden könnte. Diese Techniken können zwischen Einzelpersonen benutzt werden, die während der Verhandlung Kommunikationsprobleme miteinander haben. So kann zum Beispiel ein Manager sie dazu einsetzen, einen Konflikt zwischen zwei Angestellten beizulegen, oder zwei Angestellte oder Freunde können sie bei ihrem Versuch, einen interpersonellen Disput zu lösen, anwenden.

10.8 Strategien bei einem «schwierigen» Verhandlungspartner

Die Hauptschwierigkeiten im Umgang mit einem schwierigen Menschen bestehen darin, das Verhalten zu erkennen oder zu identifizieren, es zu verstehen und Wege zu finden, damit umzugehen, sei es nun, daß man ihn mit seinem Verhalten direkt konfrontiert oder daß man lernt, sich irgendwie damit zu arrangieren.[17] Bei interpersonellen Konflikten können die kulturellen und ethnischen Unterschiede sowie die daraus resultierenden Grundwerte und Neigungen entscheidend sein.

Wenn Sie in einer Konfliktsituation stecken, dann müssen Sie entscheiden, ob es sich überhaupt lohnt, das Verhalten der anderen Person zu ändern. Fragen Sie sich, wieviel Mühe es machen wird, und ob Sie mit einem positiven Ergebnis rechnen können. Fragen Sie sich, ob irgendwelche Risiken damit verbunden sind. Sie müssen vielleicht einfach akzeptieren, daß manche Menschen sich nicht ändern wollen.

Wenn Sie sich für Veränderungsversuche entscheiden, dann denken Sie daran, daß eine erfolgreiche Konfliktlösung von einer effektiven Kommunikation abhängig ist. Diese hängt wiederum von zwei Faktoren ab:

1. Anerkennung, Verstehen und konstruktive Nutzung der Unterschiede zwischen den Menschen;
2. Entwicklung einer persönlichen Strategie für einen effektiven Umgang mit schwierigen Kandidaten.[18]

Wir schlagen die folgenden Schritte für eine Konfliktlösung vor:[19]

- **Identifizieren Sie genau das Verhalten,** das sie stört, nicht die hinter dem Verhalten liegenden Werte (Menschen wehren sich mit Händen und Füßen gegen eine Veränderung ihrer Werte). Konzentrieren Sie sich auf das Verhalten, nicht auf die Person.

- **Konfrontieren Sie die andere Person mit ihrem Verhalten,** aber wenn möglich ohne irgendwelche Drohungen. Konzentrieren Sie sich ganz auf das Verhalten, und versuchen Sie es zu vermeiden, die Person zu attackieren. Greifen Sie zu Formulierungen wie den folgenden: «Wenn Sie... tun, dann habe ich das Gefühl...» Zum Beispiel könnten Sie sagen: «Wenn Sie mich anschreien, dann habe ich das Gefühl, daß Sie mich für unfähig halten.» Oder: «Ich werde verlegen, wenn Sie eine unanständige Geschichte in meiner Gegenwart erzählen.»

- **Hören Sie sich bereitwillig an, was die andere Person zu sagen hat.** Machen Sie von Ihren Fähigkeiten des Zuhörens Gebrauch (Kapitel 12), um Motive und Gefühle der anderen Person zu identifizieren. Halten Sie die Diskussion so unpersönlich wie möglich. Ermöglichen Sie es, daß die andere Person «Luft ablassen» kann.

- Versuchen Sie den Konflikt dadurch zu lösen, daß Sie versuchen, die **Bedürfnisse jeder Partei zu erfüllen**. Dabei handelt es sich um eine Mini-Verhandlung, die kooperativ ablaufen sollte.

- **Setzen Sie die Lösung um.**

Die Schlüssel zu einer erfolgreichen Konfliktlösung sind:

- Trennen Sie die Personen von den Problemen; denken Sie daran, daß die *Beziehung* das Problem ist – und nicht die Menschen.
- Respektieren und akzeptieren Sie die Differenzen.
- Verhalten Sie sich flexibel gegenüber dem Standpunkt der anderen Person und ihrem Arbeitsstil.
- Akzeptieren Sie eine andere Meinung oder ein anderes Vorgehen einfach als anders, nicht als falsch; denken Sie daran, daß es Unterschiede in den Denkstilen gibt.
- Vermeiden Sie negative Etiketten.
- Konzentrieren Sie sich ganz auf Ergebnisse statt auf Positionen.

Wenn der Opponent...	Wozu Sie neigen...	Was Sie tun sollten...
Sie attackiert	Gegenattacke!	Halten Sie sich zurück!
auf seiner Position beharrt	Sie widerlegen die gegnerische Position und machen die eigene geltend!	Hören Sie aktiv zu!
verärgert wird	Sie ärgern sich auch und brausen auf!	Bleiben Sie ruhig, und verdrängen Sie Ihre Emotionen!
Sagt:	**Wie Sie gerne reagieren würden:**	**Was Sie tun sollten:**
Es ist nicht meine Idee.	Das interessiert mich nicht!	Beziehen Sie Ihren Verhandlungspartner in die Idee ein!
Das stellt mich nicht zufrieden.	Das interessiert mich nicht!	Vergewissern Sie sich, daß Sie die Bedürfnisse des anderen verstanden haben, und finden Sie einen Weg, sie zu erfüllen.
Ich werde mein Gesicht verlieren.	Nein, das werden Sie nicht!	Zeigen Sie sich einfühlsam und verständnisvoll, und helfen Sie dabei, daß Ihr Verhandlungspartner sein Gesicht wahren kann.
Das ist zuviel verlangt.	Nein, ist es nicht!	Machen Sie Vorschläge für langsame, graduelle und allmähliche Veränderugen.

Zusammenfassung: Machen Sie ein Angebot, das man nicht ablehnen kann!

Abbildung 10.1: **Techniken für den Umgang mit schwierigem Verhalten bei einem Opponenten.**

10.9 Vier Vorteile einer erfolgreichen Konfliktlösung[20]

Bei allem, was wir über die Vorteile einer kooperativen Verhandlung gesagt haben, sollten die Gründe für ein Konfliktmanagement ziemlich klar sein:

1. Verhalten, das als negativ wahrgenommen wird, wird thematisiert und aufgelöst. Dadurch können die Parteien eher Stereotypisierungen und die Zuschreibung negativer Eigenschaften aufgrund der Differenzen vermeiden.
2. Die Parteien können die Bedürfnisse und Standpunkte der anderen besser kennenlernen und die Gründe für ihr Verhalten verstehen.
3. Die Problemlösungsfähigkeiten können verbessert werden, und die Beteiligten können lernen, kreative Lösungen zu finden.
4. Alle Parteien können von der Verbesserung ihres Verständnisses für die anderen und ihrer Freundschaft profitieren. Das schafft Vertrauen, das bei zukünftigen Begegnungen hilfreich ist.

KAPITEL 11 Eine dritte Partei einschalten

Vielleicht haben Sie versucht, einige oder alle der in Kapitel 10 diskutierten Techniken anzuwenden, um die Verhandlungsparteien wieder an einen Tisch zu bekommen, aber die Fronten sind immer noch verhärtet und Sie kommen nicht weiter. In einem solchen Fall sollten Sie eine dritte Partei mit einer Intervention beauftragen. Diese ist nicht direkt in Ihre Verhandlung oder Ihren Konflikt involviert, sondern kann von außen eine Problemlösung anbieten. Im Falle einer einfachen Verhandlung kann dieser Unparteiische eine befreundete oder eine neutrale Person sein, die beide Parteien kennen und hinzuziehen, oder es kann jemand mit professionellem Hintergrund sein, dessen Job es ist, in solchen Fällen zu helfen.

Eine dritte Partei setzt wahrscheinlich einige der Konfliktlösungstechniken ein, die im vorigen Kapitel diskutiert wurden, und verwickelt Sie und die andere Partei in Aktivitäten, die dazu dienen, die Spannung abzubauen, die Kommunikation zu verbessern, die Optionen zu ändern, die Zahl der Beteiligten und Themen anzupassen oder eine gemeinsame Basis zu finden. Mit externer Hilfe finden die strittigen Parteien vielleicht wieder an den Tisch, und die Verhandlung kommt doch noch zu einem Ergebnis.

11.1 Wann ist die Intervention einer dritten Partei sinnvoll?

Im allgemeinen versucht man am besten alles, um die Situation zu retten, bevor man sich an einen Dritten wendet. Deshalb sollten Sie zuerst die in Kapitel 10 vorgeschlagenen Techniken anwenden, bevor Sie auf eine externe Intervention zurückgreifen. Wenn der Konflikt in der Verhandlung allerdings eskaliert, werden die Parteien gegenüber den Motiven, Absichten und dem Verhalten der anderen mißtrauisch. Eine der Parteien greift vielleicht zur «Partisanentaktik» und versucht auf Biegen und Brechen, ein bestimmtes Ergebnis zu erreichen. Oder eine Partei sieht die Bemühungen der anderen nicht als ernstgemeint an. Statt dessen sieht sie darin eine List, Masche, Taktik oder ein Mittel, um einen Vorteil zu erlangen. Wenn die Parteien wirklich keinen gemeinsamen Weg finden, dann sollten beide der notwendigen Intervention einer dritten Partei zustimmen. Nur allzu oft widersetzen sich die Verhandlungsteilnehmer einem solchen Einsatz, weil sie befürchten, daß sie dadurch ihr Ziel erst recht nicht erreichen.

Manchmal wird eine solche Intervention durch eine externe Gruppe angeordnet, die über entsprechende Macht oder Autorität verfügt und besorgt über die Lösung ist. Bei einem innerfamiliären Konflikt, wenn zwei Kinder sich streiten, kann ein Elternteil eingreifen. In anderen Fällen wird die Intervention vielleicht durch einen Auftraggeber oder eine höhere Instanz angeordnet, oder sie resultiert aus einer Regel oder einem gesetzlichen Verfahren. Beispielsweise ist in den USA bei einer Reihe von Garantiebestimmungen oder Verträgen geregelt, daß in Haftungsfällen oder bei Mängeln der Streit automatisch an einen Schlichter oder Vermittler weitergeleitet wird.

Ziehen zwei Parteien eine dritte hinzu, die Intervention meistens freundlich und glatt. Wird sie von außen auferlegt, dann muß die Beziehung zwischen den beiden Parteien und der dritten nicht unbedingt freundschaftlich verlaufen und auch die Verhandlungsbedingungen können feindseliger werden.

11.1.1 Was spricht für eine dritte Partei?

Sie sollten die Hilfe einer dritten Partei in Erwägung ziehen, wenn[1]

- das emotionale Niveau zwischen den Parteien hoch ist und sich viel Ärger und Frustration aufgestaut hat,
- die Kommunikation zwischen den Parteien schlecht oder vollkommen zusammengebrochen ist oder die Parteien scheinbar aneinander vorbei reden,
- stereotype Meinungen über die Position und Motive der jeweils anderen Partei eine Lösung verhindern,
- das Verhalten negativ ist (beispielsweise gibt es laute Worte und Beschimpfungen),

11.1 Wann ist die Intervention einer dritten Partei sinnvoll?

- die Parteien sich ernsthaft uneinig darüber sind, welche Informationen notwendig, verfügbar und erforderlich sind,
- die Parteien sich über Zahl, Reihenfolge oder Kombination der Themen uneinig sind,
- die Interessenunterschiede unüberwindbar erscheinen,
- die Werte stark voneinander abweichen und die Parteien sich nicht einig darüber sind, was grundsätzlich richtig ist,
- es keine etablierten Verfahren zur Konfliktlösung gibt oder man diesen Verfahren nicht folgt,
- die Verhandlungen vollständig zusammengebrochen sind und man in einer Sackgasse steckt.

Viele dieser Situationen wurden mit Lösungsvorschlägen in Kapitel 10 diskutiert. Gravierend wird es, wenn die Probleme andauern und die Parteien sie nicht lösen und selbständig effektive Verfahrensweisen entwickeln können.

Es kann mehrere Gründe geben, eine dritte Partei einzubeziehen, um eine Lösung zu erreichen. Erstens, die Parteien wollen den Konflikt lösen; sie sind besorgt über die **Ergebnisdimension**. Ein zweiter Grund besteht darin, den Beziehungskonflikt zwischen den Parteien zu besänftigen, die **Beziehung** wieder herzustellen oder zu verbessern – um das Konfliktausmaß zu senken und den daraus resultierenden Schaden zu begrenzen. Drittens werden dritte Parteien oft einfach deshalb herangezogen, um **dem Streit ein Ende zu bereiten** – um die Parteien davon abzuhalten, sich weiter zu bekämpfen oder um sicherzustellen, daß sie in Zukunft so wenig wie möglich miteinander zu tun haben (wenn beispielsweise die Vereinten Nationen bei weltweiten Konflikten intervenieren, dann besteht das primäre Ziel oft darin, die kriegführenden Gruppen am Weiterkämpfen zu hindern). Je nachdem, welches Ziel am vordringlichsten ist – Lösung des Konflikts, Wiederherstellung der Beziehung oder Trennung der Parteien –, sind verschiedene Arten einer dritten Partei mit unterschiedlichen Kompetenzen angezeigt. Der Typus einer dritten Partei, der ausgewählt wurde, wird sich auf einige oder alle Ziele konzentrieren, und man muß wissen, welche vordringlich sind und zu welchem Zweck sie verfolgt werden sollen.

Jeder Typus einer dritten Partei hat seine Vor- und Nachteile. Welchen Typus Sie auswählen, hängt nicht nur von der Situation ab, sondern auch davon, welche Dienstleistung erbracht werden soll und wer speziell verfügbar ist. Ein weiterer Einflußfaktor sind die Regeln und Regulierungen, die den Konflikt und die Lösung bestimmen (zum Beispiel Gesetze, Verträge, Dokumente, Präzedenzfälle).

Oft findet man den Begriff ADR für eine Konfliktlösung durch eine dritte Partei. ADR steht für **A**lternative **D**ispute **R**esolution, also für Alternative Konfliktlösung. ADR-Verfahren sind eine Alternative dazu, den Konflikt vor Gericht zu bringen, einen Anwalt einzuschalten und einen Rechtsstreit zu verfolgen. Zivilstreitigkeiten werden (sofern es sich nicht um kriminelle Rechtsverstöße handelt) zunehmend nicht mehr vor Gericht ausgefochten, sondern einer dritten Partei übertragen. Dafür gibt es eine Reihe von Gründen: Die Parteien haben mehr Kontrolle darüber, was passiert; die Entscheidung kommt oft schneller zustande und ist kostengünstiger und wirkt der hoffnungslosen Überlastung der Gerichte entgegen, vor allem wenn es nicht um zentrale Rechtsfragen geht.

Es gibt viele ADR-Dienste, darunter formelle Schlichter für Arbeitsstreitigkeiten, Scheidungsvermittler, Vermittler auf kommunaler Ebene und Prozeßberater. Konflikte werden auch von Ombudsmännern informell beigelegt, von Untersuchungsausschüssen, Ministerien, Sozialarbeitern, Lehrern, Managern oder sogar Freunden der zerstrittenen Parteien. Es gibt ebenso einen Quasi-Ersatz für Gerichtsverfahren, wie etwa Schnellgerichtsverfahren, juristische Nachschlagewerke, gerichtlich bestellte Vermittler, Vergleichsverhandlungen, Schiedsgerichte und juristische Ausschüsse.

In diesem Kapitel definieren und diskutieren wir die formellen und informellen Schlichtungsverfahren, die Vermittlung und die Prozeßberatung. Wir befassen uns damit, was diese Institutionen leisten und wie sie die Streitigkeiten beilegen.

11.1.2 Vor- und Nachteile einer dritten Partei

Vorteile einer dritten Partei als Unterstützung bei der Konfliktlösung sind:

- Die Parteien gewinnen Zeit, um sich zu beruhigen, wenn sie ihren Konflikt unterbrechen und der dritten Partei das Problem darstellen.
- Die Kommunikation kann verbessert werden, weil die dritte Partei Kontrolle ausübt, zu mehr Klarheit verhilft und daran arbeitet, daß man einander zuhört.
- Die Parteien müssen bestimmen, welche Themen wirklich wichtig sind, weil die dritte Partei vielleicht eine gewisse Rangordnung verlangt.
- Das emotionale Klima kann verbessert werden, wenn die Parteien weniger verärgert oder feindselig sind und sich wieder zivilisiert verhalten und einander vertrauen.

- Die Parteien können die Beziehung zu kitten versuchen, vor allem wenn dieser Schritt durch eine dritte Partei erleichtert wird.
- Der Zeitrahmen für die Konfliktlösung kann festgelegt oder neu bestimmt werden.
- Die steigenden Kosten eines Dauerkonflikts können begrenzt werden.
- Durch Beobachtung und Teilnahme an dem ADR-Prozeß sind die Parteien vielleicht in der Zukunft in der Lage, ihre Streitigkeiten auch ohne diese Hilfe beizulegen.
- Eine wirkliche Konfliktlösung sowie ein Abschluß sind möglich.

Die Nachteile von ADR sind:

- Die Parteien verlieren unter Umständen ihr Gesicht, wenn Dritte zu Rate gezogen werden, weil der Eindruck entstehen könnte, daß sie in gewisser Hinsicht inkompetent oder unfähig sind, ihren eigenen Streit beizulegen (das trifft vor allem zu, wenn diejenigen, die die Verhandlungsführer beurteilen, diese öffentlich kritisieren oder ihre Ablösung fordern).
- Einbußen an der Kontrolle über den Prozeßverlauf oder das Ergebnis (oder beides) müssen in Kauf genommen werden. Die Parteien müssen sich eventuell mit weniger zufrieden geben, als sie sich als Ziel gesetzt hatten.

Im allgemeinen gilt, daß die beiden rivalisierenden Parteien die Kontrolle über einen oder beide Verhandlungsaspekte aufgeben müssen, wenn Sie eine dritte Partei ins Spiel bringen: nämlich über den **Prozeß** und/oder das **Ergebnis**. Der Prozeß besteht darin, wie die Verhandlung durchgeführt wird, das Ergebnis resultiert aus der Verhandlung. Bei unserer Diskussion aller Interventionstypen einer dritten Partei weisen wir darauf hin, was die Parteien hinsichtlich Prozeß und Ergebnis gewinnen oder verlieren. Abbildung 11.1 stellt die verschiedenen Interventionstypen dritter Parteien dar.

	Kontrollniveau der dritten Partei über das **Ergebnis**	
Kontrollniveau der dritten Partei über den **Prozeß**	hoch	niedrig
hoch	«Inquisition»	Vermittlung Prozeßberatung
niedrig	Schlichtung	Verhandlung

Abbildung 11.1: **Verschiedene Beteiligungsformen von Dritten bei Konflikten**

In **Verhandlungen** ohne eine dritte Partei behalten die opponierenden Parteien die Kontrolle über Prozeß und Ergebnis. Wenn sie aber auf eine **Vermittlung** zurückgreifen, geben sie die Kontrolle über den Prozeß auf, behalten aber die über das Ergebnis. Wenn sie sich dagegen auf eine **Schlichtung** zubewegen, dann behalten sie die Kontrolle über das Ergebnis, aber auch über den Prozeß. Das vierte Feld in dem Diagramm spiegelt eine Situation wider, in der die Parteien weder über Prozeß noch Ergebnis die Kontrolle haben («Inquisition») – und es zu keiner Verhandlung kommt.

11.2 Schlichtung

Eine Schlichtung[2] ist die häufigste Form einer Konfliktlösung durch eine dritte Partei. Wenn ein Schlichter hinzugezogen wird, dann behalten zwar die Verhandlungsteilnehmer die Kontrolle über den Prozeß, aber er kontrolliert Gestalt und Festlegung des Ergebnisses. Jede Partei stellt ihre Position dar, und er macht dann einen Vorschlag für einen einzelnen Punkt oder ein Themenbündel.[3] Das hängt ganz davon ab, ob es bestimmte Regeln für den Schlichtungsprozeß gibt, sowie davon, ob die Forderungen der Parteien darauf anwendbar sind. Der Vorschlag des Schlichters (seine Entscheidung) kann freiwillig angenommen werden oder bindend sein, je nach Gesetzeslage oder vorheriger Verpflichtung der Parteien.

Der Schlichter kann auf verschiedene Weise zu einem Ergebnis gelangen. Normalerweise wählt er die Position einer Seite aus («Regeln» zugunsten einer Partei oder die gewünschte Lösung der anderen). Manchmal macht er auch einen vollkommen anderen Lösungsvorschlag. Ebenso kann er eine «Aufteilung» zwischen den Positionen der beiden Parteien vornehmen, also im wesentlichen einen Kompromiß vorschlagen. Bei formalen Verfahren, die durch Gesetze und vertragliche Bestimmungen geregelt sind, wie etwa Verhandlungen zwischen Arbeitnehmern und Arbeitgebern, gibt es normalerweise klare und strikte Vorschriften dafür, wie ein Schlichtungsvorschlag auszusehen hat.

Zu Schlichtungen kommt es bei geschäftlichen Auseinandersetzungen, bei Konflikten zwischen Unternehmen und Gewerkschaften, zwischen Arbeitgebern und Arbeitnehmern, bei Verträgen (vor allem im öffentlichen Sektor) und bei Arbeitsstreitigkeiten. Im letzteren Fall ist die Entscheidung des Schlichters an feste Regeln gebunden, etwa an den Vertrag zwischen Unternehmen und Belegschaft oder an das geltende Arbeitsrecht.

11.2.1 Vorteile der Schlichtung

Die Hauptvorteile einer Schlichtung sind:

1. Den Parteien wird eine klare Lösung unterbreitet (obwohl sie vielleicht nicht mit der Entscheidung einer der Parteien übereinstimmt).
2. Die Lösung wird verfügt (den Parteien bleibt keine Wahl).
3. Schlichter werden normalerweise danach ausgewählt, ob sie kompetent, fair und unparteiisch sind; deshalb kommt die Lösung aus einer anerkannten und glaubwürdigen Quelle.
4. Die Kosten einer Konfliktausweitung werden vermieden. Es ist interessant festzustellen, daß die Entscheidungen der Schlichter meistens mit vergleichbaren Gerichtsurteilen übereinstimmen.[4] In gewisser Weise sind sie «Richter ohne Robe», und ihre Entscheidungen werden normalerweise vom öffentlichen und Vertragsrecht festgelegt.

11.2.2 Nachteile der Schlichtung

Eine Schlichtung kann auch Nachteile haben:[5]

1. Die Parteien verzichten auf die Kontrolle über die Ergebnisgestaltung. Deshalb fällt die vorgeschlagene Lösung unter Umständen nicht so aus, daß sie mit ihren bevorzugten Ergebnissen übereinstimmt, und sie sind auch weniger dazu bereit, mit ihr zu leben.
2. Die Parteien sind vielleicht nicht mit dem Ergebnis einverstanden, und dies führt unter Umständen zu zusätzlichen Kosten, Opfern und Belastungen.
3. Wenn die Schlichtung auf freiwilliger Grundlage basiert (die Parteien haben die Wahl, ob sie sich der empfohlenen Lösung anschließen oder nicht), können die Parteien ihr Gesicht verlieren, wenn sie sich dazu entschließen, der Empfehlung des Schlichters nicht zu folgen.
4. Es gibt einen **Entscheidungs-Akzeptanz-Effekt**. Aus mindestens zwei Gründen gibt es eine geringe Verpflichtung bei einer Schlichterlösung: Die Parteien sind nicht an dem Prozeß der Ergebnisgestaltung beteiligt, und die empfohlene Einigung fällt vielleicht schlechter aus, als sie es wünschen. Wenn die Parteien weniger am Ergebnis interessiert sind, liegt ihnen auch

weniger an der Umsetzung. (Wie wir bei der Diskussion der Vermittlung sehen werden, ist hier die Verpflichtung auf eine Lösung und ihre Umsetzung höher, weil die Parteien vollständig in den Entscheidungsprozeß einbezogen sind.)

5. Untersuchungen über Schlichtungen haben ergeben, daß sie oft einen **Ernüchterungseffekt** für beide Seiten haben.[6] Während der Verhandlung verhalten sich die Parteien vielleicht anders, wenn sie erwarten, daß der Konflikt vor einen Schlichter geht. Sie halten sich vielleicht mit Kompromissen zurück, damit sie bei der Schlichtung nichts verlieren, vor allem wenn sie vorhersehen, daß der Schlichter «den Unterschied splitten» wird. Im wesentlichen erzielt man eine bessere Einigung, wenn man alle Konzessionen ablehnt, weil man dann im Falle eines Splitting der Unterschiede durch den Schlichter in einer besseren Position ist. Deshalb nehmen die Verhandlungsteilnehmer eine harte Position ein. Um das zu vermeiden, setzen die Parteien, wenn sie mit einer Schlichtung rechnen, oft auf eine Methode, die man «letztes Angebot», nennt. Bei diesem Verfahren fragt der Schlichter die Parteien nach ihrem «besten letzten Angebot», und dann entscheidet er sich für eine Seite. Das zwingt letztlich die Parteien dazu, während der Verhandlung ihre besten Bedingungen zu nennen, was die Distanz zwischen ihnen reduziert, wenn die Sache auf eine Schlichtung zusteuert. Je extremer das Letztangebot ist, desto weniger wahrscheinlich wird sich der Schlichter dafür entscheiden.

6. Beim **Narkotisierungseffekt**[7] verlieren Parteien, die bereits viele Schlichtungen hinter sich haben, das Interesse am Verhandeln, werden passiv und bei der Lösungssuche zunehmend abhängig von der Unterstützung durch eine dritte Partei. Ihre Einstellung ist folgendermaßen: «Wir sehen uns zu einer Einigung außerstande, aber es muß sowieso eine geben. Warum sollte ich mich also anstrengen und zu verhandeln versuchen?» Deshalb werden die Parteien «süchtig» nach Schlichtung und übernehmen weniger Verantwortung für sich selbst und für die selbständige Konfliktlösung. Anderseits wird eine entschlossene, unnachgiebige Partei hinterher dem Schlichter für jeden einzelnen abgerungenen Kompromiß verantwortlich machen.

7. Beim **Halbwertzeit-Effekt**[8] folgt aus immer häufigeren Schlichtungen eine immer geringere Zufriedenheit mit den Ergebnissen. Weil die Parteien passiv geworden sind und auch weniger Kontrolle über die Ergebnisse haben, wird die Schlichtung häufig zu einem Ritual und verliert einfach ihre

Wirksamkeit. Am Ende lehnen die Parteien eine Teilnahme ab, tragen ihren Fall andernorts vor oder ziehen sich ganz zurück.

8. Beim **Befangenheitseffekt** hält man die Schlichter nicht für neutral und unparteiisch, sondern für befangen. Dazu kommt es vor allem dann, wenn ein Schlichter eine ganze Reihe von Entscheidungen trifft, die eine Seite gegenüber der anderen begünstigt. Interessanterweise versuchen die Parteien in schweren Konflikten oft, die dritte Partei für befangen zu erklären. (Beweis sind die Beschimpfungen, die sich die Schiedsrichter bei den meisten Sportveranstaltungen anhören müssen!) Das zeigt, wie heimtückisch und problematisch destruktive Konflikte werden können. Wird ein Schlichter für befangen erklärt, suchen sich die Parteien einen neuen, der neutral ist oder – besser noch – ihre Position unterstützt.

11.3 Vermittlung

Eine formale Vermittlung[9] oder Mediation basiert auf etablierten Regeln und Verfahren. Das Ziel des Vermittlers ist es, den Parteien zu einer erfolgreichen Verhandlung zu verhelfen. Er löst kein Problem und bestimmt auch keine Lösung. Er hilft den zerstrittenen Parteien dabei, selbst eine Lösung zu entwickeln, auf die sie sich dann einigen.[10] Deshalb übernimmt er die Kontrolle über den Prozeß, aber nicht über das Ergebnis.

Eine schwierige Aufgabe des Vermittlers ist, den Parteien bei ihrer Kommunikation beizustehen. Ziel ist eine Verbesserung der Kompetenzen der Parteien, damit sie effektiver verhandeln können. Die Vermittlung geht von zwei Annahmen aus: Erstens, die Parteien können und werden selbst eine bessere Lösung hervorbringen als eine dritte Partei; zweitens, die Beziehung ist entscheidend, und die Parteien wollen ihre Problemlösungskompetenz entwickeln.

11.3.1 Wie funktioniert die Vermittlung?[11]

Es gibt viele unterschiedliche Formen des Vermittlungsprozesses, aber im allgemeinen folgt er einem ziemlich typischen Ablauf. Zuerst muß der Vermittler ausgewählt werden. Es kann sich um ein Mitglied eines professionellen Vermittlungszentrums oder -dienstes handeln, oder er kann als informeller Vermittler tätig sein, während er noch andere Funktionen erfüllt (als Minister, Manager, Sozialarbeiter, Lehrer, Berater etc.).

Der Vermittler übernimmt sogleich eine aktive Rolle. Normalerweise lädt er beide Seiten zu einem Treffen ein. Er legt die Grundregeln fest, nach denen die Vermittlungsgespräche ablaufen werden:

- Die Parteien stimmen zu, die vom Vermittler dargelegten Regeln zu befolgen.
- Sie stimmen zu, einander zuzuhören und einige Grundanstandsregeln zu befolgen sowie einander zu respektieren.
- Die Rolle des Vermittlers ist nicht, den Konflikt der Parteien beizulegen, sondern mit ihnen daran zu arbeiten, ein «ausgehandeltes» Ergebnis zu erzielen.

In der konkreten Vermittlungsphase übernimmt der Vermittler eine passivere Rolle. Er trifft sich mit jeder Partei, hört sich ihren Standpunkt an und erfährt etwas über den Konflikt. In den meisten Fällen sitzt dabei die andere Partei mit im Raum, so daß jeder hören kann, wie der jeweils andere den Konflikt sieht. Wenn sich die Parteien allerdings nicht in Anwesenheit der jeweils anderen offen verhalten können oder der Streit wahrscheinlich neu ausbricht, dann sollte der Vermittler diese Treffen getrennt abhalten. Durch aktives Zuhören und Fragen versucht er, die Probleme herauszufinden und zu verstehen. Er sucht nach den zugrundeliegenden Interessen, Prioritäten und Sorgen und nach Möglichkeiten für potentielle Kooperationen oder Kompromisse.

Auf der nächsten Stufe stimmen die Parteien einer Tagesordnung zu – den Hauptdiskussionspunkten und der Diskussionsordnung. Der Vermittler ist dabei behilflich, nötigenfalls eine Prioritätenliste aufzustellen und die Vorschläge und Gegenvorschläge zu präsentieren.

Er bringt die Parteien zusammen und ermutigt sie zur Suche nach möglichen Lösungen, Tauschgeschäften oder Konzessionen. Die Aktivitäten auf dieser Stufe sollen einer offeneren Kommunikation dienen, die Spannung abbauen und so weiter. Der Vermittler macht vielleicht eigene Vorschläge oder bietet mögliche Lösungen an, setzt aber nichts mit Zwang durch.

Die letzte Stufe ist die Einigung, die auch öffentlich gemacht werden kann. Viele Vermittler drängen dabei auf einen schriftlichen Vertrag, damit die Parteien genau wissen, wer was zu tun hat, und um die gegenseitige Verpflichtung zu betonen.

Der Vermittlungsprozeß kann je nach Konflikt viel Zeit in Anspruch nehmen. Allerdings ist eine Vermittlung immer noch kostengünstiger als ein Gang vor Gericht. Die zeitliche Dauer der einzelnen Stufen kann unterschiedlich sein. Bei Scheidungsvermittlungen ziehen es beide Parteien normalerweise vor, die gemeinsamen Gespräche so schnell wie möglich aufzunehmen, statt vorher lange Einzelgespräche mit dem Vermittler zu führen. Ziel ist es, daß die Parteien miteinander sprechen und ihre Probleme herausfinden; dies jedoch hängt wesentlich von der Kooperationsbereitschaft der Parteien und von den Kompetenzen des Vermittlers ab.

11.3.2 Wie helfen Vermittler?

Vermittler können den Verhandlungsprozeß vereinfachen und dazu beitragen, daß die Parteien ihr Gesicht wahren können, wenn sie Konzessionen machen müssen. Sie können bei der Lösung interner Streitigkeiten zur Seite stehen und den Parteien beim Umgang mit ihren Auftraggebern helfen (zum Beispiel den Auftraggebern die Einigung erklären oder dem Verhandlungsteilnehmer ermöglichen, sein Gesicht nicht zu verlieren, indem sie ihn als kompetenten, fairen und erfolgreichen Verhandlungsführer darstellen). Sie können Anreize für ein Übereinkommen und Konzessionen anbieten und auf Sanktionen verweisen, wenn sich die Parteien unkooperativ zeigen.

Die Vermittler behalten weitgehend die Prozeßkontrolle, wenn die Parteien dazu nicht in der Lage sind (sie achten zum Beispiel darauf, daß der Konflikt nicht eskaliert oder daß eine Seite die andere übermäßig übervorteilt). Sie forcieren nötigenfalls die Sache, halten sich aber zurück, wenn die Verhandlungsteilnehmer scheinbar von selbst Fortschritte machen.

11.3.3 Wann kann eine Vermittlung hilfreich sein?

Vermittlungen sind sinnvoll bei Arbeitsstreitigkeiten oder als Wegbereiter für eine Schlichtung bei Unstimmigkeiten und Vertragsverhandlungen. Sie wurden bereits erfolgreich eingesetzt bei Zivilprozessen, Delikten, Verfahren in der ersten Instanz, Verbraucherklagen, Haftungsklagen, Ehescheidungen,[12] zivilen und kommunalen Streitigkeiten[13], Geschäftskonflikten,[14] Konflikten zwischen Unternehmen und Staat, vor allem in Umweltfragen[15] sowie in internationalen[16] Konflikten. Sie gewinnen zunehmend in Kommunen an Bedeutung, um Konflikte zwischen Vermietern und Mietern, Händlern und Kunden beizulegen.

Die Kunst der Vermittlung kann bereits im frühen Kindesalter eingeübt werden. Man bringt den Kindern bei, wie sie durch Mediationstechniken Konflikte im Klassenzimmer, auf dem Spielplatz und zu Hause lösen können. Auch wenn diese Techniken nicht so ausgefeilt sind wie etwa bei großen internationalen Verhandlungen, so sind die Prinzipien doch identisch und können mit ins Erwachsenenleben hinübergenommen werden.

11.3.4 Notwendige Faktoren für einen Vermittlungserfolg

Auf jeden Fall müssen die Vermittler **von den Disputanten** als neutral, unparteiisch und unbefangen angesehen werden. Das ist entscheidend, weil man sonst ihren Handlungen nicht vertraut, wenn man sie für «befangen» hält oder glaubt, daß sie ein bestimmtes Ergebnis im Auge haben. Es reicht nicht aus, wenn sich die Vermittler selbst für neutral halten und glauben, sich auch unbefangen verhalten zu können – es kommt entscheidend darauf an, daß die Parteien sie als **unbefangen** ansehen.

Außerdem müssen die Vermittler unter Umständen Experten in dem Gebiet sein, in dem der Konflikt aufgetreten ist, obwohl eine Vermittlung weniger Fachkenntnisse als eine Schlichtung erfordert. Ein Schlichter muß die einschlägigen Gesetze oder die Vertragsgrundlagen kennen und normalerweise eine Entscheidung treffen, die mit den vorhergegangenen Entscheidungen in Einklang steht. Im Gegensatz dazu kann ein Vermittler erfolgreich arbeiten, solange er sich neutral und klug genug verhält, um die Hauptthemen und Argumente beider Seiten zu verstehen. Aber gerade Vermittler mit weniger Fachkenntnissen können manchmal unkonventionelle Lösungen finden, für die Fachexperten blind geworden sind. Fachkenntnisse sind dagegen bei Arbeitskonflikten, bei denen es auf ganz spezifische Kenntnisse ankommen kann, unumgänglich. Bei Scheidungsvermittlungen ist eine Kenntnis des Eherechts hilfreich. Es ist für den Vermittler auch nützlich, wenn er über Vermittlungserfahrungen in ähnlichen Konfliktfällen verfügt.

Ein Ausbildungszertifikat als Vermittler stärkt die Glaubwürdigkeit des Vermittlers, obwohl es gesetzlich nicht erforderlich ist. Es gibt lokale Vermittlerdienste und Konflikt-Center, die nach der Teilnahme an einem obligatorischen Ausbildungsprogramm «Zertifikate» vergeben, sowie eine Art Ausbildung bei einem erfahrenen Vermittler. Die Vermittlungs-Center bieten Beratungen bei der Suche nach einem Vermittler an.

Eine erfolgreiche Vermittlung hängt zu einem großen Teil vom richtigen Timing ab. Sie kann nicht als eine Konfliktlösungstechnik eingesetzt werden, wenn die Parteien nicht der Meinung sind, daß sie Hilfe brauchen, oder so verärgert und aufgebracht sind, daß sie noch nicht einmal anständig in einem Raum zusammensitzen können. Voraussetzung ist auch, daß sie Konzessionsbereitschaft zeigen und einen Kompromiß finden wollen. Wenn sie so stur auf ihrem Standpunkt beharren, daß noch nicht einmal ein Kompromiß möglich ist – ein Problem, das wir bei der Vermittlung in wertorientierten Konflikten um Themen wie Abtreibung und Umweltschutz beobachten können –, dann ist die Vermittlung zum Scheitern verurteilt. Wenn beide Parteien nicht dazu bereit sind, die Vermittlung zu akzeptieren, funktionieren wahrscheinlich auch keine anderen Techniken, bis die Parteien ihre Standpunkte lockern.

11.3.5 Erfolgsfaktoren

Laut Statistik ist in 60 bis 80 Prozent der Fälle eine Vermittlung erfolgreich. Eine Vermittlungstechnik wie ADR ist wahrscheinlich dann effektiv, wenn:[17]

- der Konflikt gemäßigt, aber nicht extrem ist;
- der Konflikt sehr emotional und polarisiert ist;
- beide Parteien eine hohe Motivation haben, sich zu einigen;
- die Parteien sich darauf verpflichten, dem Vermittlungsprozeß zu folgen;
- die Ressourcen nicht eng begrenzt sind;
- die Themen keinen grundlegenden Wertkonflikt enthalten;
- die Macht zwischen den Parteien relativ gleich verteilt ist;
- die Vermittlung in Relation zu einer Schlichtung als Vorteil angesehen wird;
- die Verhandlungsteilnehmer erfahren sind und mit dem Prozeß des Gebens und Nehmens sowie den Kosten vertraut sind, die entstehen, wenn es zu keiner Einigung kommt.[18]

Bei einer erfolgreichen Vermittlung fühlen sich die Verhandlungsteilnehmer eher der Einigung verpflichtet.[19] Deshalb wird sie auch so oft angewendet.

11.3.6 Nachteile

Eine Vermittlung ist ineffektiv oder schwieriger, wenn:

- die Verhandlungsteilnehmer unerfahren und der Meinung sind, daß die andere Partei schließlich nachgeben wird, wenn sie einfach nur eine harte Linie verfolgen;
- es viele Themen gibt und die Parteien sich nicht auf die Prioritäten einigen können;
- die Parteien ihren Positionen stark verpflichtet (und aufgrund eines kompromißlosen Auftraggebers daran gebunden) sind;
- es sehr starke Emotionen, Leidenschaften und hitzige Auseinandersetzungen in dem Konflikt gibt;

- eine Partei einen internen Konflikt hat und sich nicht sicher ist, was sie tun soll;
- die Parteien sich hinsichtlich zentraler sozialer Werte unterscheiden;
- die Parteien unterschiedliche Erwartungen darüber haben, wie eine faire und vernünftige Einigung aussieht;
- es kein Entgegenkommen zwischen den Parteien gibt; das Maximum, das eine Partei zu geben bereit ist, immer noch weniger ist als das Minimum, das die andere zu akzeptieren bereit ist.

Eine Vermittlung kann viel zeitaufwendiger als eine Schlichtung sein. Es dauert lange, bis man der dritten Partei den Konflikt erklärt hat und sie sich dann am Prozeß der Lösungssuche beteiligen kann. Da eine Vermittlung nicht bindend ist, sind die Parteien auch nicht motiviert, einer Einigung zuzustimmen oder sich überhaupt zu einigen. Deshalb gibt es immer die Möglichkeit, daß der Konflikt anhält oder wieder ausbricht. Und es ist immer möglich, daß der Konflikt eskaliert.

11.3.7 Kombination aus Vermittlung und Schlichtung

Einige Beobachter von Interventionen seitens Dritter haben vorgeschlagen, daß in manchen Fällen eine Sequenz aus Konfliktlösungsereignissen, wie etwa eine Vermittlung gefolgt von einer Schlichtung, sogar besser als eine reine Vermittlung ist. Solch eine Sequenz scheint die Anfälligkeiten jedes ADR-Typs zu minimieren und zu besseren Kompromissen zu führen.[20] Wenn die Parteien erwarten, daß sie sich einer Schlichtung aussetzen müssen, dann sind sie vielleicht eher dazu bereit, ihre Positionen in der Vermittlung zu modifizieren, um ihre Chancen für eine Entscheidung zu ihren Gunsten zu verbessern. Andererseits kann die Erwartung einer Schlichtung dazu führen, daß die Parteien während der Vermittlung «träge» werden, vor allem wenn sie denken, daß die Schlichtung letztlich zu ihrem Vorteil ausfallen wird.

11.3.8 Unterstützung des Vermittlers

Vermittler haben dann Erfolg, wenn beide Parteien mit einer Vermittlung einverstanden sind. Darüber hinaus gibt es Möglichkeiten, wie man den Prozeß unterstützen kann.

Sie können die Arbeit eines Vermittlers erleichtern, wenn Sie sich ihm gegenüber kooperativ zeigen und ihn genau informieren. Teilen Sie ihm mit, was ihnen wichtig ist und warum. Wenn Sie etwas nicht verstehen, fragen Sie nach.

Bringen Sie Ihre Sorgen zum Ausdruck. Denken Sie daran, daß der Vermittler da ist, um dem Verhandlungsprozeß Unterstützung zu geben, nicht um komplett neue Vereinbarungen zu treffen. Seien Sie schließlich auch zu Konzessionen oder Problemlösungen bereit. Das Ziel einer Vermittlung ist, den Konflikt von einer kompetitiven Lösung zu einer Kompromiß- oder Kooperationslösung zu bewegen, und das erfordert die Mitarbeit aller Parteien. Letztlich liegt der Verhandlungserfolg in Ihrer Verantwortung. Sie und die andere Partei müssen ein realistisches Resultat finden und umsetzen. Der Vermittler unterstützt Sie bei diesem Bemühen, er wird allerdings nicht die Arbeit für Sie machen.

11.4 Prozeßberatung

Eine andere Möglichkeit, um Hilfe bei einer festgefahrenen Verhandlung zu bekommen, ist der Einsatz eines Prozeßberaters. Er konzentriert sich auf den Prozeß der Verhandlung, wie der Name schon sagt. Er steht den Parteien bei der Verbesserung ihrer Kommunikation, beim Abbau von Emotionalität sowie beim Aufbau der Konfliktlösungsfähigkeiten zur Seite. Er will, daß die Parteien in Zukunft ihre eigenen Konflikte lösen können. Ein Prozeßberater ist besonders dann nützlich, wenn es sich um eine langfristige Beziehung zwischen den gegnerischen Parteien handelt.

Ein Prozeßberater ist mit einem Vermittler insofern vergleichbar, als er bei den einzelnen Prozeßschritten hilft. Aber er unterscheidet sich dadurch, daß er nicht über die speziellen Themen oder irgendeinen Lösungsversuch diskutiert. Er ist eher beraterisch tätig und dabei behilflich, daß die Parteien wieder Fortschritte machen, so daß sie sich für eine bessere Verhandlung und Problemlösung einsetzen können.

Prozeßberater befragen zunächst die Parteien einzeln. Dann entwerfen Sie einen Plan für strukturierte Meetings. Bei diesen Meetings wird gemeinsam über die vergangenen Konflikte und ihre wechselseitigen Wahrnehmungen diskutiert. Die Prozeßberater verhalten sich neutral und leiten nur bei Bedarf die Parteien an. Sie behalten die Beteiligten im Auge, verhindern eine Eskalation des emotionalen Klimas und führen die Parteien in Richtung einer Problemlösung. Ihr Ziel ist die Veränderung des Konfliktklimas, die Verbesserung der Kommunikation, die Förderung eines konstruktiven Dialogs. Sie wollen quasi die Beteiligten dazu bringen, selbst als «ihre eigene dritte Partei» fungieren zu können.

Prozeßberater müssen daneben auch eine gewisse Autorität ausüben, um den Prozeß in Gang zu bringen. Sie kontrollieren und organisieren die Tagesordnung – aber nicht, was inhaltlich abläuft.

Die Prozeßberatung wird in der Ehe- und Familientherapie, der Organisationsentwicklung und Teambildung eingesetzt. Sie wird auch bei Arbeitsstreitigkeiten verwendet sowie bei internationalen Konflikten, in denen ethnische, politische und kulturelle Schwierigkeiten überwunden werden müssen.

Unter folgenden Umständen allerdings ist eine Prozeßberatung wenig erfolgreich:

- wenn es heftige, polarisierte Auseinandersetzungen über wichtige Themen gibt;
- wenn es sich um eine kurzfristige Beziehung handelt und die Parteien sich nicht für eine Verbesserung engagieren;
- wenn die Problempunkte feststehen (kompetitive statt kooperative Verhandlung);
- wenn die Auftraggeber der Parteien keine Stütze bei der Verbesserung der Beziehung sind;
- wenn eine oder beide Parteien auf Revanche oder Vergeltung aus sind.

11.5 Weitere, weniger formale Konfliktlösungsmethoden

Ombudsmänner, Untersuchungsausschüsse und Gutachter werden von verschiedenen Organisationen dafür engagiert, sich bestimmter Probleme anzunehmen, bevor sich diese in Konflikte verwandeln. In vielen Fällen besteht ihre Aufgabe darin, sich Konflikte zwischen Angestellten oder zwischen einem einzelnen Angestellten und «dem System» (den Regeln, Praktiken und der Politik einer Organisation) anzuhören und zu untersuchen. Bei NCR[21] etwa werden wie bei anderen Unternehmen auch die Ombudsmänner in Problemlösung, Konfliktvermeidung, Verhandeln und Konfliktlösung geschult.

Ihr Auftrag ist es, Probleme schnell und informell einzudämmen und zu lösen. Sie sind normalerweise kein Teil der Befehlskette in einer Organisation und berichten zumeist eher direkt an den Geschäftsführer als an eine bestimmte Abteilung. Sie haben oft Verbindungen mit der Rechts- und der Personalabteilung, so daß sie Zustimmungs- oder Rechtsfragen diskutieren können. Ombudsmänner müssen vor allem unparteiisch sein, und deswegen sind sie selten an die Organisationshierarchie gebunden.

Wenn ein Angestellter ein Problem vor den Ombudsmann bringt, dann untersucht dieser den Fall vertraulich, informiert beide Seiten über ihre Rechte und die Möglichkeiten einer Konfliktbeilegung. Der Ombudsmann benutzt dabei vielleicht eine Kombination aus Beratung, Schlichtung, Verhandlung und Vermittlung. Wenn die Beschwerde sich auf Unternehmenspolitik, Gehaltserhöhungen, Dauerbeschäftigung, Entlassung, Pflichten, diskriminierende Behandlung oder ähnliches bezieht, empfiehlt er vielleicht eine Einigung, aber normalerweise ist das Management an der endgültigen Entscheidung beteiligt.

Ein Ombudsmann wird hauptsächlich deswegen hinzugezogen, um sicherzustellen, daß das Verfahren fair abläuft und der einzelne Angestellte, der nur wenig Macht hat, eine Chance auf eine faire Untersuchung und Anhörung seiner Probleme hat. Wenn Sie mit einem System oder einer Organisation verhandeln, kann ein Ombudsmann dafür sorgen, daß Sie die Ihnen zur Verfügung stehenden Kanäle kennen, über Ihre Rechte informiert sind und wissen, welche externe Hilfe Sie vielleicht in Anspruch nehmen können. Ombudsmänner können oft als «Change Agents» eine Organisation zu einer Änderung ihrer Regeln und ihrer Politik bewegen, um unfaire Behandlungspraktiken auszumerzen.

Ein Ombudsmann oder ein anderer Berater kann für Sie von Vorteil sein, wenn die Macht zwischen den beiden Parteien aus dem Gleichgewicht geraten ist. Das trifft vor allem dann zu, wenn ein Angestellter aus den unteren Reihen seinen Arbeitgeber zu kritisieren versucht und nicht deswegen entlassen werden möchte, weil er Fragen stellt oder seine Sorgen über «Fairneß» und «Rechte» artikuliert. Aber wie bei anderen Praktiken dritter Parteien kann allerdings das Ergebnis anders ausfallen, als Sie erhofft hatten.

In manchen Organisationen gibt es ein spezielles formelles Verfahren für die Formulierung und Anhörung von Problemen und Konflikten. Hier kann es sich um ein gestuftes Vorgehen handeln, bei dem der erste Schritt das Einschalten eines Ombudsmanns ist, der nächste eine Vermittlung und der letzte eine Schlichtung.

11.6 Manager als dritte Partei

Auch Manager, Supervisoren und andere, deren primäre Aufgabe nicht aus einer Vermittlerrolle bei Konflikten besteht, müssen oft intervenieren, damit die Arbeiten erledigt werden oder um mit unproduktiven Konflikten am Arbeitsplatz fertig zu werden. Manager verbringen schätzungsweise 20 Prozent ihrer Zeit mit Konfliktmanagement.[22] Ihre Methoden sind dabei eher informell, weil es unter den meisten Arbeitsbedingungen keine etablierten Regeln oder Richtlinien dafür gibt, wie eine Vermittlung im Streitfall auszusehen hat. Nur wenige Manager können eine formelle Ausbildung für die Beilegung von Konflikten vorweisen, und vielen sind Konflikte unangenehm. Manager müssen sich aber im klaren sein, daß Konflikte an der Tagesordnung sind[23], und sie müssen wissen, wie sie sich verhalten können, wenn sie eine Schiedsrichterrolle einnehmen müssen.

11.6.1 Stile

Manager tendieren dazu, Konflikte entlang der Linien zu lösen, die wir für andere Interventionstypen diskutiert haben – starke oder schwache Prozeßkontrolle, starke oder schwache Ergebniskontrolle.[24] Der verwendete Stil hängt von der Konflikttoleranz des Managers, dem Zeitrahmen und bis zu einem gewissen Grad von den Persönlichkeiten der beteiligten Parteien ab.

Starke Prozeß- und Ergebniskontrolle. Wenn ein Manager die Kontrolle über Prozeß und Ergebnis aufrechterhalten möchte (leider ein typisches Szenario), dann wird sein Stil inquisitorisch oder autoritär sein. Er verhält sich dann mehr wie ein erhabener Richter. Er macht seine eigenen Untersuchungen und trifft dann eine Entscheidung. Er hört sich die Geschichten beider Parteien an, strukturiert den Prozeß so, wie es ihm gefällt, stellt Fragen, um mehr Informationen zu bekommen, und entscheidet dann über eine Lösung. Diese Methode wird häufig angewandt, wenn die Probleme gering und schnelle Entscheidungen gefordert sind oder das Management eine unpopuläre Aktion durchführen muß.[25]

Starke Ergebnis- und schwache Prozeßkontrolle. Ein Manager, der eine starke Kontrolle über das Ergebnis bewahren, aber den Prozeß nur wenig kontrollieren möchte, wird passiv zuhören und dann eine Entscheidung fällen. Das ähnelt sehr dem weiter oben beschriebenen Schlichtungsstil. Er gibt sich kaum

Mühe, um an Informationen zu kommen, Fragen zu stellen oder den Prozeß anders zu strukturieren; er will nur so weit kommen, daß er nach der Anhörung der Argumente eine Entscheidung treffen kann.

Starke Prozeß-, schwache Ergebniskontrolle. Dieses Vorgehen ist der Vermittlung sehr verwandt. Zwar wird dieser Ansatz immer häufiger umgesetzt, doch in vielen Konflikten halten die Manager das Ergebnis einfach für wichtiger als den Prozeß. Deshalb findet diese Methode noch zu selten Anwendung.

Schwache Prozeß- und Ergebniskontrolle. Wenn sich der Manager nicht darum kümmert, entweder den Prozeß oder das Ergebnis zu kontrollieren, dann ignoriert er entweder den Konflikt und überläßt die Parteien sich selbst, oder er teilt den zerstrittenen Angestellten folgendes mit: «Entweder Sie lösen das Problem selbst, oder ich werde eine Lösung anordnen, die wahrscheinlich keinem von Ihnen gefällt.» Das hört sich so an, wie wenn ein Elternteil bei zwei sich zankenden Kindern eingreift.

11.6.2 Einflußfaktoren bei der Methodenauswahl

Die Wahl der Konfliktlösungsmethode wird oft vom Zeitrahmen abhängen. Weil die dritte Partei die Methoden zur Ergebniskontrolle für schneller hält (und von daher oft eine Reihe von «Nachteilen» der Schlichtung und Ergebniskontrolle ignoriert), werden diese Methoden dann eingesetzt, wenn Effizienz und Zeiteinsparungen hohe Priorität haben. Andere Faktoren, die die Auswahl einer Lösungsmethode beeinflussen, sind:

- die Objektivität (Neutralität) des Managers,
- die Beziehung der Parteien (lang- oder kurzfristig),
- die Auswirkung der Konfliktlösungsart auf zukünftige Verhandlungen,
- die erwartete Kompetenz der Parteien, in der Zukunft Konflikte selbständig zu lösen,
- die Qualifikation des Managers in Konfliktlösungstechniken.

11.6.3 Allgemeine Richtlinien

- Wählen Sie einen neutralen Ort für das Meeting.
- Zeigen Sie Empathie; hören Sie so gut wie möglich zu und machen Sie von Ihren Fähigkeiten des aktiven Zuhörens Gebrauch.

- Treten Sie bestimmt auf, vor allem bei der Aufstellung von Richtlinien dafür, wie die Parteien auf konstruktivere Weise miteinander umgehen sollten.
- Bestehen Sie auf Kooperation, und verhalten Sie sich selbst kooperativ.
- Fragen Sie die Parteien, was sie von Ihnen bei der Problemlösung erwarten.
- Wenn es zu einer Lösung kommt, halten Sie sie schriftlich fest – aber nur, wenn sie angemessen ist.
- Unterstützen Sie die Parteien bei der Planung der Umsetzung. Und vergessen Sie nicht nachzuhaken und die Umsetzung im Auge zu behalten.

11.7 Peer-Group-Lösung

Viele Organisationen folgen bei der Problemlösung einem Ansatz der «Linienhierarchie». Zuerst geht man zu seinem direkten Vorgesetzten, dann zu seinem Abteilungsleiter, dann zu einem Ausschuß von Vorgesetzten, und schließlich wendet man sich ans Topmanagement. Wenn es sich bei einer dieser Parteien um einen Gewerkschaftsangehörigen handelt, dann ist der vierte Schritt eine verbindliche Schlichtung. Aber es gibt andere, effektivere und produktivere Wege, ein Problem zu lösen.

Ein solches Konzept ist **PGR** (**P**eer **G**roup **R**esolution – Peer Group-Lösung[26]), das von der Northern States Power Company verwendet wird. Die Absicht dieses Verfahrens ist, die Konflikte zu untersuchen, zu überprüfen und zu lösen. Peer Groups von Mitarbeitern fungieren als Ausschuß und führen das Verfahren durch. Die Schritte des PGR sind sehr spezifisch:

Schritt 1. Hat ein Angestellter eine Beschwerde, dann füllt er ein PGR-Formular aus und reicht eine Kopie davon innerhalb von 10 Tagen nach dem Vorfall bei der Personalabteilung ein. Der Angestellte übergibt das Original seinem direkten Vorgesetzten, der ein Treffen mit dem Angestellten innerhalb von drei Arbeitstagen arrangiert. Der Vorgesetzte schreibt einen Kommentar zu dem Problem auf das Formular und gibt es innerhalb von zwei Arbeitstagen an den Angestellten zurück. Der Angestellte hat dann zwei Tage Zeit zu entscheiden, ob die Stellungnahme der Beschwerde angemessen ist oder ob Schritt 2 notwendig ist.

Schritt 2. Der nächsthöhere Vorgesetzte des Angestellten plant und arrangiert ein Treffen mit dem Angestellten innerhalb von drei Tagen nach Eingang des Formulars. Er schreibt ebenfalls eine Stellungnahme auf das Formular und gibt es innerhalb von zwei Arbeitstagen vor dem Treffen mit dem Angestellten an diesen zurück. Der Angestellte hat zwei Arbeitstage nach Erhalt der schriftlichen Stellungnahme Zeit, um die entsprechende Rubrik auf dem Formular auszufüllen, und ist entweder mit der Antwort zufrieden und schickt sie an die Personalabteilung oder geht zu Schritt 3 über.

Schritt 3. Bei diesem Schritt kann der Angestellte eine von zwei Möglichkeiten auf dem PGR-Formular auswählen: Treffen mit einem Vorgesetzten der dritten Ebene oder mit einem Peer-Group-Ausschuß. Das Treffen mit dem Vorgesetzten verläuft ähnlich wie bei Schritt 2. Wenn sich der Angestellte für den Peer-Group-Ausschuß entscheidet, koordiniert die Personalabteilung die Zufallsauswahl der Ausschußmitglieder und plant eine Ausschußsitzung. Der Peer-Group-Ausschuß besteht aus fünf Angestellten, die zufällig aus zwei Pools ausgewählt werden. Wenn der Angestellte keine Aufsichtsfunktionen hat, dann werden fünf Ausschußmitglieder aus dem Pool von Mitarbeitern ohne Aufsichtsverantwortung und vier Mitglieder aus dem Pool mit Aufsichtsverantwortung gewählt. Wenn der Angestellte allerdings Aufsichtsfunktion hat, ist das Zahlenverhältnis umgekehrt. In beiden Fällen jedoch hat er das Recht, jeweils zwei gewählte Kandidaten aus dem Pool ohne Verantwortung und aus dem Pool mit Verantwortung abzulehnen. Somit bleibt ein Ausschuß von fünf Mitgliedern übrig.

Innerhalb von 10 Arbeitstagen, nachdem der Angestellte sich für die endgültige Option entschieden hat, trifft sich der Ausschuß mit dem Angestellten und prüft die Unterlagen und Fakten. Der Ausschuß kommt über einen Mehrheitsbeschluß zu einer Entscheidung, um die Forderung des Angestellten zu erfüllen, zu modifizieren oder abzulehnen. Die Ausschußmitglieder unterschreiben das Formular und fügen gegebenenfalls Erklärungen hinzu. Die Personalabteilung verteilt Kopien der Entscheidung an den Angestellten und den Vorgesetzten. Die erreichte Entscheidung ist bindend, und es ist kein Einspruch möglich. Alle Informationen werden vertraulich behandelt.

Das Programm ist zum Teil deshalb so erfolgreich, weil alle freiwilligen Ausschußmitglieder einen ganzen Tag lang für diese Rolle geschult werden. Auf der Grundlage von Rollenspielen werden Beispielfälle überprüft.

Die Ergebnisse der Peer-Group-Lösung bei der Northern States Power Company haben sich bewährt. Viele Konflikte konnten vor Schritt 3 gelöst werden. Die Verantwortung des Managements hat sich gesteigert. Auch die Kommunikations- und Problemlösungsfähigkeiten haben sich verbessert. Probleme können artikuliert werden, und man kann eingreifen, bevor sie eskalieren. Das Vorgehen erlaubt allen einen organisierten Umgang mit Konflikten. Produktivität und Moral sind höher, weil die Angestellten das Gefühl haben, daß man sie anhört. Als Ausschußmitglieder lernen sie auch, besser zu verstehen, was alles in die Managemententscheidungen einfließt, und nehmen an einem Prozeß der Konfliktlösung teil.

Das Unternehmen verlangt von jedem, einen Prüfungsbogen auszufüllen, um den Prozeß zu bewerten; auch das führt zu einem positiven Feedback. Außerdem muß jede Partei mit einer Beschwerde drei Monate nach der Einigung erneut befragt werden, um sicherzugehen, daß es keine Vergeltungsmaßnahmen gegeben hat.

11.8. Wie findet man die Hilfe einer dritten Partei?

Es gibt viele Organisationen mit Vermittlern, Schlichtern und anderen professionellen Beratern. In vielen Kommunen gibt es lokale Beratungsstellen sowie Verbraucherorganisationen, die man über die Bezirksstaatsanwaltschaft erfragen kann. Auch private Organisationen bieten professionelle Dienstleistungen an. Vielfach findet man auch in Branchenbüchern Listen von Einzelpersonen und Organisationen, die solche Dienste anbieten.

Wenn Sie einen potentiellen Kandidaten als dritte Partei ansprechen, dann wollen Sie bestimmt etwas über dessen Verfügbarkeit, Interessen und auch Handicaps wissen. Wählen Sie jemanden mit Kenntnissen in dem Bereich, der im Zentrum Ihres Konfliktes liegt. Wählen Sie auf keinen Fall jemanden, der sich als parteiisch erweisen könnte.[27]

KAPITEL 12 # Kommunikative Kompetenz

Sie sagen, was Sie wollen, und ich sage, was ich will, und so geht es hin und her, bis wir einen Weg gefunden haben, um unsere Differenzen beizulegen. Geht es in Verhandlungen nur darum? Das wäre so, wenn alle Beteiligten effektiv und effizient kommunizieren könnten. In Wirklichkeit ist es schon ein wenig komplizierter.

Wenn es zu einem Abbruch der Verhandlungen kommt, liegt es normalerweise vor allem an der Kommunikation. Was ist letztlich eine Verhandlung anderes als eine Kommunikationsform? Wenn Sie das im Kopf behalten, dann können Sie viele Kommunikationsprobleme vermeiden und den Verhandlungsablauf effektiver als die meisten Verhandlungsteilnehmer meistern. Der strategische Verhandlungspartner versteht das verblüffend einfache Prinzip, daß Verhandeln Kommunikation bedeutet, und kann gegebenenfalls die folgende Frage stellen: «Haben wir ein Verhandlungsproblem, oder ist das nur ein *Kommunikationsproblem*?»

In diesem Kapitel beschäftigen wir uns intensiv mit Kommunikation – nicht nur damit, wie sie abläuft, sondern auch, wie wir unsere Botschaften an andere optimieren können und wie wir anderen dabei helfen können, besser mit uns zu kommunizieren. Wir sehen auch, welche Bedeutung der Kommunikation in den einzelnen Verhandlungsphasen zukommt.

12.1 Was ist Kommunikation?

Die meisten von uns halten Kommunikation für einen zweiseitigen Prozeß. Aber bei genauerem Hinsehen stellen wir fest, daß es um mehr geht. Eine Mitteilung an einen anderen besteht nicht einfach aus dem, **was Sie sagen**. Hinter den Worten verbirgt sich das, **was Sie meinen**. Wenn der andere Ihre Botschaft **empfängt**, dann ist das aber noch längst nicht das Ende. Denn hinter der empfangenen Mitteilung verbirgt sich das, was die Person **denkt**, daß Sie gesagt haben. Insofern haben wir es sogar bei der einfachsten Kommunikation mit vier Aspekten zu tun:

1. was Sie sagen;
2. was Sie meinen;
3. was der andere hört;
4. was der andere denkt, daß Sie gesagt haben.

Wenn wir dieses Bild erweitern wollen, müssen wir die Wege und Methoden betrachten, mit der die Mitteilung übermittelt wird: Handelt es sich um eine schriftliche oder mündliche Mitteilung, ein Telefonat, Fax oder Telegramm, eine Nachricht auf einem Anrufbeantworter, oder wurde sie von einem Dritten übermittelt? Das **Medium**, über das eine Nachricht übertragen wird, wirkt sich auf den Sinn aus. Das schließt persönliche Mitteilungen ein, bei denen die Körpersprache des Senders eine Rolle spielt.

Eine persönlich übermittelte Nachricht hat im allgemeinen gegenüber einigen anderen Medien Vorteile. Wenn Sie eine schlechte Telefonverbindung haben, kann die Mitteilung verzerrt sein. Auch schriftliche Kommunikation kann aufgrund der Mitteilungsmethode falsch interpretiert werden. Ein Faxgerät kann beispielsweise einen fehlerhaften Ausdruck liefern, oder die Übertragung wird unterbrochen, so daß nur ein Teil der Nachricht empfangen wird. Vielleicht kann jemand auch Ihre Handschrift nicht lesen. Oder Sie machen unachtsamerweise die Nachricht aufgrund Ihrer Formulierungen schwer verständlich. Bei dem Versuch, ein Telegramm oder ein Memo kurz zu fassen, lassen Sie unter Umständen wichtige Informationen aus.

Wie Sie Ihre Mitteilung gestalten – Ihre Formulierung, Tonlage und Körpersprache – kann positive oder negative Auswirkung auf die Kommunikation haben. Wenn Sie nicht deutlich sprechen, bleibt die Mitteilung unklar. Die Kommunikation wird auch komplizierter, wenn der Empfänger Hör- oder Sprachschwierigkeiten hat oder durch Lärm gestört wird, unter Zeitdruck steht und so weiter. Auch wenn Sie versuchen, die Mitteilung sehr sorgfältig zu rahmen und zu organisieren, kommt sie unter Umständen nicht so bei dem Empfänger an, wie Sie es beabsichtigt haben.

Angesichts dessen ist es schon erstaunlich, daß Kommunikation überhaupt zustande kommt! Aber irgendwie senden und empfangen wir regelmäßig

Nachrichten, kommunizieren miteinander, verstehen meist den tieferen Sinn und kommen miteinander zurecht.

Eine Möglichkeit der «Erfolgskontrolle» beim Senden einer Mitteilung ist das **Feedback**. Bei einem Feedback sagt der Empfänger vielleicht etwas wie: «Sehen wir einmal, ob ich Sie richtig verstanden habe. Sie wollen von mir, daß ...» Der Sender hat dann die Möglichkeit, die Mitteilung zu korrigieren und sicherzustellen, daß sie eindeutig ist. Wenn es keine Möglichkeiten für ein Feedback gibt, ist eine deutliche Botschaft um so wichtiger. Wir haben in den vorausgehenden Kapiteln immer wieder darauf hingewiesen, daß ein Feedback zur Aufrechterhaltung einer effektiven Verhandlungskommunikation entscheidend ist.

12.2 Einflußfaktoren auf eine erfolgreiche Kommunikation

12.2.1 Struktur der Botschaft

Die Struktur Ihrer Botschaft oder Mitteilung kann die andere Partei und das Ergebnis beeinflussen. Ihre Mitteilung hat generell einen Anfang, eine Mitte und ein Ende. Wie ordnet man die Worte an, damit sie optimal wirken? Nach den meisten Forschungsergebnissen sollten Sie den wichtigsten Punkt *nicht* in der Mitte plazieren.[1] Stellen Sie ihn entweder an den Anfang oder das Ende. Wenn es sich dabei um eine interessante Information handelt, dann nennen Sie sie zuerst, damit sie betont wird. Wenn es sich um etwas Uninteressantes oder um schlechte Neuigkeiten handelt, dann verschieben Sie dies auf das Ende. Wenn Sie sich unsicher sind, ob es sich um gute oder schlechte Neuigkeiten handelt, können sie es sowohl an den Anfang als auch an das Ende setzen.

Wenn Sie ein **Argument** vortragen, ist es normalerweise effektiver, **beide Seiten** der Medaille aufzuführen und nicht nur den favorisierten Standpunkt. Der Vorteil ist, daß Sie damit gleichzeitig demonstrieren können, warum die andere Perspektive schlechter ist.[2] In diesem Fall setzen Sie das bevorzugte Argument ans Ende, als eine Art Zusammenfassung.[3]

Wenn Sie eine komplizierte Mitteilung machen müssen, dann teilen Sie sie in kleinere, verständlichere Teile auf.[4] Verwenden Sie Wiederholungen, um Ihren Standpunkt zu verdeutlichen. Üben Sie aber Zurückhaltung und übertreiben Sie nicht.

Wenn Sie mehrere Punkte vortragen und ein Resümee daraus ziehen wollen, sollten Sie sich dabei an folgende Richtlinien halten: Ist ihr Publikum in der entsprechenden Materie kompetent, halten Sie den Schluß offen und involvieren Sie Ihre Zuhörer beim Resümee. Sollte ihr Publikum aber von sehr konträren Meinungen geprägt oder einfach unerfahren sein, dann tragen Sie Ihre Schlußfolgerungen am besten selbst vor.[5]

12.2.2 Vortragsstil

Ihr Vortragsstil – also wie Sie Ihre Mitteilung abfassen – kann positive oder negative Wirkungen auf deren Akzeptanz haben. In einigen Fällen führt vielleicht sogar ein aggressives Vorgehen zum Erfolg, wenn man beispielsweise die andere Partei für streitsüchtig hält. Eine bemühte und versöhnliche Haltung verhindert allerdings normalerweise eher eine defensive Einstellung der anderen Partei und ebnet den Weg für eine erfolgreiche Kommunikation.

Die folgenden Gesichtspunkte können Ihnen dabei helfen, den geeigneten Vortragsstil zu wählen:

1. **Partizipation** erhöht das Aufnahmevermögen. Beteiligen Sie die Betroffenen körperlich und geistig an dem Prozeß, und sie werden mehr lernen und besser reagieren.

2. **Metaphern**[6] können bei einer Mitteilung sehr nützlich sein. Aber hüten Sie sich vor einem übermäßigen Gebrauch. Symbolische Begriffe oder Formulierungen erleichtern es dem Empfänger, sich ein Bild von Ihrer Aussage zu machen. Aber in der interkulturellen Kommunikation können Metaphern zum Problem werden. Es gibt beispielsweise den bekannten Werbespruch für Pepsi-Cola: «Come alive, you're in the Pepsi generation!» In der Übersetzung für den asiatischen Markt hört sich diese ansprechende Einladung an wie «Es bringt Ihre toten Verwandten zurück.»

3. **Angst machen oder drohen.** Den Menschen Angst zu machen oder ihnen zu drohen erweist sich häufig als Möglichkeit, sie zu Reaktionen zu veranlassen. Auch wenn Sie aufgrund Ihrer Recherchen ein gutes Gespür für die andere Partei haben, können Sie nicht immer sicher sein, wie sie auf Ihre Drohung reagiert. Wenn Sie allerdings eine Drohung aussprechen, dann müssen Sie sie auch durchhalten können. Es kann nämlich passieren, daß die Partei sich zwar die Drohung anhört, aber keine Konsequen-

zen daraus zieht. Wenn Sie eine angsteinflößende Äußerung machen, sollten Sie etwas mitkommunizieren, das «die Wogen wieder glättet» – eine Alternative, die die Angst wieder mildert oder beseitigt.[7]

4. **Ablenkung.**[8] Viele Menschen platzen bereits mit einer Antwort oder einem Kommentar heraus, während ihr Gegenüber noch spricht. Versuchen Sie dem entgegenzuwirken. Sie können dazu während Ihrer Ausführungen Informationsmaterial verteilen und Ihr Publikum damit von vorzeitigen Kommentaren abhalten. Der Nachteil einer solchen Aktion allerdings ist, daß Ihre Zuhörer Ihnen nicht mehr ihre volle Aufmerksamkeit schenken.

5. **Sprachliche Intensität.** Untersuchungen haben gezeigt, daß eine gemäßigte Sprache scheinbar effektiver[9] ist als eine entschiedene Ausdrucksweise.

6. **Erwartungen zerstören.** Die Menschen haben normalerweise Erwartungen darüber, was und wie Sie etwas sagen. Deshalb haben Sie unter Umständen mehr Kommunikationserfolg, wenn Ihre Präsentation nicht den Erwartungen entspricht oder der Inhalt von der Erwartung abweicht. Erfahrene Redner wissen, wie sie die Aufmerksamkeit ihrer Zuhörer durch eine Variation der Intensität ihres Vortrags gewinnen können. Ein einfaches Beispiel ist die Änderung der Lautstärke – zuerst spricht man ruhig und leise, dann steigert man sich zu einem Crescendo, oder umgekehrt. Auf den Tisch klopfen oder auf den Boden stampfen erweckt – dosiert eingesetzt – auch die Aufmerksamkeit.

12.2.3 Wortwahl und Sprache

Ihre **Worte** können das Austauschergebnis zwischen Ihnen und der anderen Person beeinflussen. Die zur Beschreibung verwendeten Adjektive können eine positive oder eine negative Konnotation haben. Vergleichen Sie zum Beispiel «konstruktive», «fruchtbare» oder «sinnvolle» Verhandlung mit «ernster», «pathetischer», «unvollständiger» oder «wertloser» Verhandlung.

Wenn Sie **persönliche** Worte bei der Übermittlung verwenden, dann können Sie den anderen mehr einbeziehen als mit unpersönlichen. Das Ausmaß hängt natürlich von Ihren Zielen ab. Beispielsweise ist die folgende Aussage unpersönlich: «Es wird erwartet, daß die Mitarbeiter am Donnerstag um 15 Uhr zu einem Meeting erscheinen.» Das kann als diktatorisch oder zumindest distanziert aufgefaßt werden. (Vielleicht will man auch absichtlich formal sein.) Besser wäre: «Sie sind zu einem Meeting aller Mitarbeiter am Donnerstag um

15 Uhr eingeladen.» Oder: «Bitte kommen Sie zu dem Meeting ...» Die beiden letzten Aussagen sind zwar persönlicher; es wird allerdings nicht deutlich, daß eine Anwesenheit verlangt wird.

Die **Intensität** der Kommunikation kann die Reaktion beeinflussen. Obwohl in manchen Fällen eine gewisse Respektlosigkeit einige Zuhörer aufwecken kann, wirkt sie auf andere abstoßend. Ebenso können starke Worte unerwartete Reaktionen hervorrufen – einige Zuhörer werden davon mitgerissen, andere wiederum werden abgestoßen.

Während die Wortwahl eines Sprechers bei manchen Empfängern Eindruck hinterläßt, schreckt sie andere möglicherweise ab, weil damit etwa Ausbildungsunterschiede hervorgehoben werden. Der Stil kann entweder Respekt gegenüber der anderen Partei zum Ausdruck bringen oder den Wunsch, sie zu dominieren.

Die vorangegangenen Beispiele illustrieren, daß das Ergebnis der Kommunikation dadurch beeinflußt werden kann, was und wie Sie etwas sagen.[10] Deshalb muß man sich seiner Kommunikationsabsicht bewußt sein. Wollen Sie dem Empfänger sagen, was er tun soll, ihm etwas empfehlen oder vorschlagen, oder wollen Sie die Botschaft übermitteln, daß Sie verhandeln wollen? Sie können sich natürlich auch überhaupt keine Gedanken machen. Wenn Sie allerdings der anderen Partei genau vermitteln wollen, was Sie meinen, dann müssen Sie Ihre Worte sorgfältig wählen. Ihre Botschaft kommt bei den verschiedenen Zuhörern unterschiedlich an – ein Grund mehr für die andere Partei, Ihnen durch ein Feedback zu helfen.

Ein Wort zur Vorsicht in bezug auf die Wortwahl: Gehen Sie vorsichtig mit idiomatischen Ausdrücken um, vor allem in der Kommunikation mit Personen von unterschiedlicher kultureller Herkunft. Ein Ausdruck erscheint Ihnen vielleicht völlig eindeutig, aber Ihr Zuhörer könnte ihn anders interpretieren. Vor allem bei internationalen Verhandlungen können während der Übersetzung Sprachnuancen verloren gehen (siehe Kapitel 15). Deshalb ist es generell besser, Umgangssprache zu vermeiden. Es gibt viele schöne Beispiele von Sätzen und umgangssprachlichen Ausdrücken, die sich nicht gut in andere Sprachen übersetzen lassen, wie in dem vorhin erwähnten Beispiel der Pepsi-Werbung. Solche Vorkommnisse in Verhandlungssituationen können einer effektiven Kommunikation schaden und wirken sich möglicherweise negativ auf die Beziehung aus.

Denken Sie auch daran, daß das, was Sie mit einem speziellen Begriff meinen, um eine Schattierung von dem abweichen kann, was die andere Person denkt, daß es bedeutet. Wenn ich beispielsweise sage: «Nein, ich möchte nicht

12.2 Einflußfaktoren auf eine erfolgreiche Kommunikation

in den Film gehen, den Du vorgeschlagen hast», heißt das dann, daß ich diesen speziellen Film nicht sehen will, oder daß ich überhaupt nicht ins Kino will, oder daß ich den Film deshalb nicht sehen will, weil der andere es will? Vielleicht möchte ich tanzen gehen. Oder ich möchte zu Hause bleiben. Auch hier kann ein Feedback Inhalt und Bedeutung der Kommunikation klären.

12.2.4 Körpersprache

Die konkrete Aussage und die parallelablaufende Körpersprache konfrontieren den Empfänger häufig mit entgegengesetzten Botschaften. Achten Sie darauf, Ihr Gegenüber nicht zu verwirren. Wenn Sie beispielsweise jemandem eine Frage stellen, dann aber Ihren Blick abwenden oder «abschalten», während die Person antwortet, sollte dann Ihr Ansprechpartner denken, daß Sie an einer Antwort interessiert sind oder nicht?

Auch Gesten wie mit den Fingern schnalzen oder mit dem Daumen nach oben oder unten zeigen haben in unterschiedlichen Kulturen andere Bedeutung. Insofern sollte man sehr vorsichtig mit seinen Gesten umgehen.

12.2.5 Eindrücke

Eine Reihe persönlicher Faktoren oder Merkmale haben Einfluß darauf, wie der Empfänger Ihrer Mitteilung wahrscheinlich auf Sie als Sender reagiert. In diesem Abschnitt konzentrieren wir uns auf sichtbare Eindrücke, weil eine Verhandlung in der Regel eine direkte, persönliche Situation ist.

Es kommt sehr viel auf den **ersten Eindruck** an. Obwohl wir es nur ungern zugeben, machen wir uns schon bei der ersten Begegnung ein Bild von einem Menschen. Wenn die Person «anmaßend» zu sein scheint, fühlen wir uns eher abgestoßen von einem solchen Verhalten. Erscheint die Person spontan und locker, dann reagieren wir normalerweise entsprechend darauf. Eine warmherzige und freundliche Person unterscheidet sich sehr von jemandem, der kalt und distanziert ist. Interessant ist, daß der erste Eindruck haften zu bleiben scheint. Aus diesem Grund reagiert der Empfänger häufig so, als ob der Sender sich wie in der Vergangenheit verhält, sogar wenn er sein Verhalten geändert hat – das erste Verhalten war das «echte» Verhalten, und das gegenwärtige scheint weniger authentisch. Deshalb ist es in Verhandlungen von Vorteil, gleich einen guten Eindruck zu machen. Und wenn Ihr erster Eindruck von der anderen Partei gut ist, dann steht sie bei Ihnen normalerweise auch weiterhin in günstigem Licht, sogar wenn sich ihre Taktiken geändert haben.

Achten Sie auf Unterschiede zwischen Verhalten und Sprache. Sie können ein Signal für einen deutlichen Wandel in der Strategie darstellen. Wenn Diskrepanzen zwischen Aussage und Verhalten sichtbar werden, vertraut der Empfänger seltener der Mitteilung. Oft weiß der Empfänger, daß der Sender ein Verhalten vortäuscht. Man verhält sich besser authentisch, statt vorzugeben, jemand zu sein, der man nicht ist.[11]

Auch die **Kleidung** hinterläßt einen Eindruck. Wenn Sie gut und ordentlich gekleidet sind, nimmt man Sie wahrscheinlich ernster, als wenn Sie in Jeans und Turnschuhen erscheinen. Das heißt nicht, daß jemand in Freizeitkleidung nichts zu sagen hat, sondern nur, daß die Menschen dazu neigen, ihre Reaktionen auf der Grundlage des Erscheinungsbildes des anderen zu filtern.

Auch **persönliche Ausstrahlung** ist hilfreich. Wenn die Menschen Sie mögen, dann begegnen sie Ihnen positiv. Wenn sie Gemeinsamkeiten feststellen, kann das vor allem in kooperativen Verhandlungssituationen von Nutzen sein. Der kluge kooperative Verhandlungspartner sucht nach Ähnlichkeiten zwischen beiden Parteien und schenkt den Unterschieden weniger Beachtung.

Mit **Komplimenten** können Sie die positiven Qualitäten der anderen Partei herausstellen. Gegenseitige aufrichtige und ehrliche Komplimente werden zu einer freundlichen Kooperationsatmosphäre beitragen.

Die **Glaubwürdigkeit** des Senders kann sich mit seiner Ausstrahlung verflechten.[12] Deshalb kann jemand mit einer charismatischen Persönlichkeit glaubwürdig wirken, sogar ohne seine Vertrauenswürdigkeit unter Beweis stellen zu müssen oder über die Schlüsselqualifikationen zu verfügen. Dieses «Plus» entsteht meistens, ohne daß man selbst etwas dazu beitragen muß. Dieser «Halo-Effekt», daß sich also die andere Person Ihnen gegenüber aufgrund Ihrer Ausstrahlung positiv verhält, kann in der Verhandlung als Vorteil genutzt werden.

Um sein positives Image zu verbessern, kann man zum Beispiel der anderen Partei einen Gefallen tun, etwa einer Terminverlängerung zustimmen oder ein Zugeständnis machen. Eine andere Möglichkeit besteht darin, ein Gespräch mit dem Auftraggeber der Gegenseite anzubieten, um den Weg zu einem Abschluß zu ebnen und dazu beizutragen, daß der Verhandlungspartner in einem positiven Licht erscheint. Aus diesen positiven Merkmalen Nutzen zu ziehen geht meistens eher mit einer kooperativen als mit einer kompetitiven Strategie einher, obwohl ein kompetitiver Stratege damit manipulativ umgehen kann. Denken Sie daran, daß ein nur vorgetäuschtes Verhalten normalerweise irgendwann entdeckt wird.

12.2.6 Weitere persönliche Merkmale

Der Ruf von **Ehrlichkeit** ist wichtig, wenn man den Sender und damit seine Botschaft prüft. Zumeist nehmen Menschen Unbekannten gegenüber zunächst eine positive Grundhaltung ein.[13] Wenn Sie zu diesem positiven Image noch dadurch beitragen können, daß Sie die Wahrheit sagen, offen und gradlinig sind und Referenzen haben, dann wird die andere Partei Ihre Aussage noch eher akzeptieren.

Auch **Kollegen** können sehr nützlich sein, wenn die andere Partei sie kennt. Sie sollten ruhig deren Namen nennen und Referenzen angeben. Wenn es notwendig ist, sollten Sie auch ein Treffen arrangieren.

Statusunterschiede können ebenfalls den Übertragungserfolg einer Mitteilung beeinflussen. Wenn der Sender angesehen ist oder ein hohes oder positives Image hat, dann kann die Botschaft einen wesentlich stärkeren Effekt haben.

Erfahrung und Fachkenntnisse des Senders sind dann wichtig, wenn ein Empfänger eine Aussage überprüft. Beruf, Ausbildung, frühere Erfahrung und Kompetenz können die Zuverlässigkeit des Senders und der Aussage bekräftigen.[14] Um diesen Aspekt nutzen zu können, muß der Sender seine Fachkenntnisse durch eigene Formulierungen und Zeugnisse anderer unter Beweis stellen.

12.2.7 Weitere Unterschiede

Noch viele andere persönliche Merkmale beeinflussen die Erfolgsrate der Kommunikation: Rasse, ethnische Zugehörigkeit, Religion, Klasse, Alter, Beruf, geographische Lage, Sprache und Kultur. Obwohl wir diese Faktoren zusammen auflisten – weil eine einzelne Person eine Kombination aus solchen Charaktermerkmalen darstellt –, muß man jedes einzelne Charaktermerkmal getrennt betrachten, wenn man die Fähigkeit der anderen Partei für eine erfolgreiche Kommunikation einschätzen will.

12.3 Vorschläge zur Verbesserung der Kommunikation

Wir haben viele Bedingungen untersucht, unter denen eine Verhandlung abbrechen kann, und wir haben auf die entscheidende Rolle von Kommunikationsproblemen im Verhandlungsprozeß hingewiesen. Als strategischer Verhandlungsteilnehmer wissen Sie, wie Sie den Kommunikationsprozeß beurteilen, verfolgen oder gegebenenfalls unterbrechen können, wenn Sie auf Schwierigkeiten stoßen. Wie kann nun der strategische Verhandlungsteilnehmer «die Karten in der Hand behalten», damit die Kommunikation erfolgreich verläuft? Dazu einige allgemeine Prinzipien und nützliche Hinweise:

- **Betonen Sie die Ähnlichkeit der Ziele.** Wenn die beiden Parteien ihre Ziele für ähnlich halten, dann verläuft die Kommunikation besser. Wenn beide auf derselben Wellenlänge liegen, dann haben sie vermutlich einen gemeinsamen Kommunikationsrahmen und sprechen dieselbe Sprache. Wenn sie auf einer gemeinsamen Basis aufbauen können, verläuft die Kommunikation glatter.
  Wenn beide Parteien **persönliche Ähnlichkeiten** haben, dann fällt die Kommunikation leichter. Wenn große Unterschiede zu existieren scheinen, dann kann das der Kommunikation ernsthafte Grenzen setzen. Versuchen Sie als Ausgleich Wege zu finden, um die Unterschiede zu überwinden oder zu minimieren, oder maximieren Sie die Ähnlichkeiten.
- Die **Kommunikationsstile** können das Ergebnis beeinflussen. Die eine Partei redet gerne viel, der andere ist eher schweigsam. Die eine zieht die mündliche, die andere die schriftliche Kommunikation vor. Für eine effektive Zusammenarbeit müssen sich die Parteien an die jeweiligen Stile anpassen.
- **Geschlechtsunterschiede**[15] können einen starken Einfluß auf den Kommunikationserfolg haben. Das kann aus Unterschieden im Wortschatz, in den Gesprächsstilen und Methoden resultieren, die Männer und Frauen in der Kommunikation verwenden. Sie sehen die Situation vielleicht unterschiedlich und das wird ihre Interpretation des Gesagten beeinflussen. Männer sind im allgemeinen auf Wettbewerbsorientierung hin sozialisiert, Frauen hingegen haben eher gelernt, sich kooperativ zu verhalten. Das hat entscheidende Implikationen für Kommunikation und Verhandlung. Sara Westendorf von Hewlett-Packard beispielsweise rechnet bei ihrer Arbeit als Ingenieurin mit einem gewissen Maß an sexistischem Verhalten. Aber sie reagiert darauf mit Humor und erteilt ohne zu zögern eine «Retourkutsche».[16] Ihrer Meinung nach liegt die beste Strategie im Kampf gegen sexistische Verhaltensweisen darin, einfach die bessere fachliche Kompetenz vorweisen zu können. Wenn Ihre Ideen ignoriert werden, dann sollten Sie dies persönlich ansprechen – und bringen Sie Ihre Kollegen dazu, Ihnen zuzuhören.

Die folgenden Vorschläge können Ihnen dabei helfen, die Kommunikation mit anderen während der Verhandlung zu verbessern:

1. **Kennen Sie Ihre Ziele.** Wir haben darüber in den Kapiteln 2 und 3 gesprochen. Wenn Sie sich über Ihre Ziele im klaren sind, dann können Sie sie besser vermitteln.

2. **Lernen Sie die andere Seite kennen.** Je mehr Sie über die andere Seite und deren Position wissen und verstehen, desto besser sind die Möglichkeiten für eine eindeutige Kommunikation über die Verhandlungspunkte, Ziele und Themen. Sie müssen auch die Hintergründe der anderen Seite kennen. Auch Rollentausch kann der Verbesserung der Kommunikation dienen. Rollentausch wird in Kapitel 3 als Möglichkeit, den Verhandlungsstandpunkt der anderen Partei verstehen zu lernen, besprochen.

3. **Denken Sie, bevor Sie sprechen.** Mit dieser Maxime fährt man immer gut. Wenn Sie sorgfältig geplant haben, dann sind Sie gut vorbereitet und fühlen sich mit Ihrer Meinung sicher, und das macht die Kommunikation leichter.

12.4 Tips für erfolgreiche Kommunikation

- Üben Sie vorher, was Sie sagen wollen, vor allem wenn es Ihnen das Gefühl gibt, gut vorbereitet zu sein, oder wenn Sie speziell etwas sehr Wichtiges, eine komplizierte Idee betonen oder auf erwarteten Widerstand reagieren wollen.
- Formulieren Sie Ihre Aussage mit einfachen Worten.
- Drücken Sie sich klar und deutlich aus – außer Sie wollen ambitioniert erscheinen.
- Seien Sie eher positiv als negativ.
- Achten Sie auf die Verwendung von Scherzen und Klischees – obwohl Humor zur Entkrampfung beitragen kann, wird er oft falsch eingesetzt.
- Halten Sie angemessenen Blickkontakt.
- Setzen Sie visuelles Material ein (Bilder, Tabellen, Grafiken), um Ihre Botschaft besser vermitteln zu können.
- Sprechen Sie langsam und deutlich, so daß Sie auch verstanden werden können.
- Achten Sie auf Ihre Gesten.

- Behalten Sie die anderen im Auge, um zu sehen, ob sie Ihre Aussagen verstanden haben.
- Achten Sie auf die Körpersprache des Empfängers als nonverbales Feedback: Stirnrunzeln, ein mürrischer Gesichtsausdruck, abgewandte Augen oder verschränkte Arme können Anzeichen dafür sein, daß der andere mit Ihrer Aussage nicht einverstanden ist.

12.5 Wirksame Kommunikationstechniken in Verhandlungen

Es gibt drei Grundtechniken, die Sie zur Qualitätsverbesserung des Informationsaustausches in einer Verhandlung einsetzen können, wodurch Sie Verwirrung und mißverständliche Signale vermeiden können. Bei diesen Techniken handelt es sich um:

1. Fragen,
2. aktives Zuhören,
3. Rollentausch.

12.5.1 Fragen

Fragen können deutlich machen, daß Sie auch wirklich zugehört haben. Sie können dadurch auch die Aussage besser verstehen. Fragen können zur Beschaffung und Weitergabe von Information dienen. Man muß jedoch die Fragen vorsichtig formulieren, damit die andere Partei nicht in die Defensive gerät.[17] Beispielsweise kann die Frage «Wie kommen Sie nur auf diese Idee?» eine sehr negative Reaktion auslösen. Und vermeiden Sie es, zu viele Fragen zu stellen. Durch häufiges Fragen kann die andere Partei in die Defensive gedrängt werden, weil sie sich dann von Ihnen ins Kreuzverhör genommen fühlt oder meint, daß Sie ihr «auf die Pelle rücken» wollen.

12.5.2 Zuhören, Zurückspiegeln[18]

Es gibt viele Untersuchungen über das Zuhören in Kommunikationssituationen. Als Teilnehmer von Kommunikationsprozessen konzentrieren wir uns oft auf die Formulierung und Übermittlung der Botschaft und vergessen darüber das Empfangen, was das Zuhören einschließt. Oft ist es so, daß eine Person

12.5 Wirksame Kommunikationstechniken in Verhandlungen

spricht und die anderen bereits intensiv überlegen, was sie selbst als nächstes sagen wollen – kein Wunder also, wenn die eigentliche Botschaft gar nicht durchdringt! Wie können wir besser zuhören lernen, damit sich die Kommunikation verbessert? Man kann auf dreifache Weise zeigen, daß man zuhört:

1. durch passives Zuhören,
2. durch Bestätigung,
3. durch aktives Zuhören.

Passives Zuhören. Das ist natürlich einfach. Lassen Sie den anderen reden. Obwohl sich das simpel anhört, hat die Sache einen Haken: Sie müssen *wirklich* zuhören und das Gesagte aufnehmen.

Bestätigung. Bei dieser Form des Zuhörens geben Sie zu verstehen, daß Sie hören, was gesagt wird. Das kann ein Kopfnicken, ein leises «Mhm» oder «Ja» sein. Es kann auch eine offene Ermunterung sein: «Das ist interessant», «Wirklich?», «Fahren Sie fort». Ein potentielles Problem bei dieser Methode liegt darin, daß der Eindruck entstehen kann, daß Sie zustimmen, obwohl sie in Wirklichkeit nur signalisieren, daß Sie die Kommunikation verstanden haben.

Sowohl beim passiven Zuhören wie auch beim Bestätigen müssen Sie Augenkontakt halten. Starren Sie den Sprecher aber nicht ständig an, sondern zeigen Sie ihm einfach nur Ihre Aufmerksamkeit. Sie können auch eine andere Körpersprache benutzen, wie aufrechtes Sitzen oder sich dem Redner zuwenden. Man kann nie genug darauf hinweisen, daß die Körpersprache von ganz zentraler Bedeutung ist. Wenn Sie an einer multikulturellen Verhandlung teilnehmen, dann sollten Sie die jeweiligen Sitten und Gebräuche kennen, weil es einige Gesten geben kann, die als unhöflich oder aggressiv angesehen werden können. In asiatischen Kulturen beispielsweise ist es eine Geste des Respekts, die Augen gesenkt zu halten. Im Westen schauen wir den Sprecher direkt an, wenn wir ihm aufmerksam folgen wollen.

Aktives Zuhören. Beim aktiven Zuhören formulieren Sie die Aussage neu. Das könnte sich etwa so anhören: «Okay. Nun lassen Sie mich sehen, ob ich das richtig verstanden habe. Sie wollen fünf Prozent mehr, und im Gegenzug sind Sie dazu bereit, drei Tage in der Woche länger zu arbeiten, um den Rückstand aufzuholen.» Die Vorteile einer Paraphrasierung der Aussage beim aktiven Zuhören sind:

1. Sie können sich vergewissern, was gesagt wurde.
2. Die Aussage bedeutet vielleicht in Ihren eigenen Worten mehr.
3. Der Sprecher kann ungenaue Wahrnehmungen Ihrerseits korrigieren.
4. Sie kann die Diskussion voranbringen (wenn der Sprecher vom Hundertsten ins Tausendste kommt oder sich wiederholt).

Wenn es sich um eine lange Aussage handelt, dann kann es sinnvoll sein, nach jedem Abschnitt eine Wiederholung einzubauen, statt bis zum Ende zu warten.

Wenn es sich um eine wechselseitige Konversation handelt, können Sie die andere Seite bitten, Ihre Punkte zu wiederholen, um sicherzugehen, daß Sie verstanden wurden.

Folgende Regeln gelten für gutes Zuhören:[19]

- Antworten Sie konkret und persönlich statt abstrakt.
- Folgen Sie, statt zu führen. Wenn Sie wirklich zuhören, dann wollen Sie dem Sprecher nicht sagen, was er zu denken oder zu tun hat.
- Klären Sie Probleme, aber stellen Sie nicht alles in Frage, und geben Sie keine Anweisungen. Ziel ist es, die Kommunikation offen zu halten, und deshalb sollten Sie sowohl konfrontierende Fragen als auch aufdringliches Besserwissen vermeiden.
- Gehen Sie auf die Gefühle des anderen ein. Wenn Sie genau zuhören, dann können Sie auch die Emotionen und die hinter der Aussage liegenden Wertvorstellungen mitbekommen und etwas über die Motivation des anderen erfahren. Das ist vor allem einem kooperativen Verhandlungspartner wichtig.

12.5.3 Rollentausch

Rollentausch bedeutet, daß Sie die Rolle der anderen Person übernehmen und aus ihrer Perspektive argumentieren. Obwohl man einen Rollentausch auch abstrakt und informell durchspielen kann, ist es effektiver, dies konkret mit einem Freund oder Kollegen zu tun. Die Methode besteht darin, zunächst seinen eigenen Standpunkt zu formulieren, sich dann die möglichen Gegenargumente anzusehen und sich dazu eine Antwort zu überlegen[20] – etwa so, als würde man für eine gewisse Zeit in die Haut des anderen schlüpfen.

Die Beherrschung des Rollenspiels ist eine große Hilfe, wenn Sie sich auf die Probleme eines anderen konzentrieren und ihn unterstützen müssen. Ein

Vertreter des Kundenservice könnte dann verstehen, daß ein Kunde von einem Produkt enttäuscht ist, oder ein Arbeiter könnte ein Gespür für die notwendigen Entscheidungen des Managements entwickeln. Patienten kritisieren oft die Ärzte für ihre «distanzierte Art» und meinen damit, daß der Arzt nicht zuhört und nicht wirklich versteht, wie sie sich fühlen.

Die Position der anderen Person aktiv zu vertreten kann aus folgenden Gründen von Vorteil sein:[21]

- Man kann dann deren Position verstehen.
- Man kann Ähnlichkeiten zwischen den beiden Positionen feststellen.
- Das Ergebnis verbessert sich, wenn die beiden Standpunkte grundsätzlich kompatibel sind. Es zeigt sich allerdings wenig Erfolg, wenn die Standpunkte grundlegend inkompatibel sind.
- Es kann helfen, Kommunikationsstörungen zu vermindern.

Denken Sie allerdings daran, daß ein Rollentausch nicht notwendigerweise zu einer Einigung führen muß.

Durch die Verwendung dieser Zuhörens-/Verstehenstechniken hat der Empfänger der Botschaft die Möglichkeit, seine Reaktion zu revidieren. Allerdings wird der erste Eindruck häufig anhalten – außer es gibt wirklich einen Grund dafür, die eigene Meinung zu ändern.

12.5.4 Den Empfänger verstehen

Wenn Sie eine Botschaft übermitteln, ist es wichtig, daß Sie verstehen, wie sie bei der anderen Seite ankommt und wie diese normalerweise reagiert. Wenn Sie Ihre Recherchen über Ihr Gegenüber abgeschlossen haben (Kapitel 3), wissen Sie vielleicht, daß es normalerweise streitlustig ist. In diesem Fall wollen Sie vermutlich Kommunikationswege finden, die eine potentiell emotionale Situation entschärfen. Wenn die andere Partei das Gefühl hat, daß man ihr nicht zuhört, dann müssen Sie ihr zu verstehen geben, daß Sie gehört und verstanden haben, was sie gesagt hat.

Ist der Empfänger aufgeschlossen und kooperationsbereit, dann wird Ihnen wahrscheinlich auch die Kommunikation leichter fallen. Mit Hilfe der Strategien des Zuhörens kann man den anderen Standpunkt besser verstehen und vielleicht sogar den eigenen Standpunkt revidieren. Dadurch könnten Sie eine gemeinsame Basis für kooperative Lösungen finden und bessere Verhandlungsergebnisse erzielen.

12.6 Kommunikation in verschiedenen Verhandlungsphasen

Wenden wir uns nun den einzelnen Stufen im Verhandlungsprozeß zu, um zu sehen, wie die Kommunikation das Senden und Empfangen einer Mitteilung beeinflußt. Wir betrachten die Anfangs-, die mittlere und die Endphase. Jede dieser Phasen weist spezifische Merkmale auf und birgt potentielle Kommunikationsschwierigkeiten.

12.6.1 Die Anfangsphase

In der Anfangs- oder Eröffnungsphase der Verhandlung, wenn die Kommunikation erst anläuft, haben die Verhandlungsteilnehmer wahrscheinlich die meisten Kommunikationsprobleme. Hier werden Wahrnehmungen und Erwartungen geformt und Annahmen getroffen. Bestimmte Vorurteile können zu Wahrnehmungsfehlern führen. Im Lauf der Zeit können die Parteien immer besser abschätzen, wie sich die andere verhält. Dann bildet sich normalerweise auch ein Kommunikationsmuster heraus. Aber zu Anfang ist sehr viel sozialer Austausch geboten, damit sich die Parteien kennenlernen können.

Frühere Situationen, Einstellungen und Verhaltensweisen werden die Fortschritte in dieser Phase direkt beeinflussen. Folgende Wahrnehmungsschwierigkeiten erschweren die Kommunikation:

- **Stereotypen.** Dabei handelt es sich um Generalisierungen über eine andere Person. Ein Beispiel: «Er ist Manager. Manager wollen immer, daß man mehr arbeitet, als man eigentlich muß, und das für wenig Geld.» Obwohl Generalisierungen in einigen Fällen nützlich sind, können einer Partei Eigenschaften zugeschrieben werden, die sie in Wirklichkeit nicht besitzt, oder die in dieser Situation nicht zum Tragen kommen.
- **Halo-Effekt.** Wenn Sie mit einer Person schon einmal gute Erfahrungen gemacht haben, rechnen Sie auch in Zukunft damit. Das kann sich nun bewahrheiten oder auch nicht. Der Halo-Effekt bewirkt, daß Sie glauben, daß die Dinge wie in der Vergangenheit verlaufen.
- **Selektive Wahrnehmung.** Dieser Informationsfilter läßt nur die Eigenschaften durch, die man in dieser Situation für anwendbar hält. Wenn Sie also glauben, daß bestimmte Informationen über eine Person nicht zutreffen, dann ignorieren Sie sie, auch wenn Sie damit langfristig zu einem besseren Gesamteindruck über die Person kämen.

- **Projektion.** Wir projizieren oft Eigenschaften auf andere, die wir bei uns selbst erleben. Wenn ich beispielsweise durch Geld motiviert werde, dann nehme ich an, daß dies für alle zutrifft.

12.6.2 Die mittlere Phase

Die mittlere Verhandlungsstufe ist eine Problemlösungsphase. Hier werden Angebote und Gegenangebote unterbreitet. Man konzentriert sich auf die Verhandlungsziele, die immer enger gesteckt werden. Hier kommt es vor allem auf die Angebote[22] und Gegenangebote an, weil sie viel Information liefern – auch über Dinge, die nicht geäußert werden. Der interaktive Austausch von Angeboten führt meist zu Positionsveränderungen bei den Verhandlungsteilnehmern. Faktoren wie Zeitrahmen, Alternativen und Druck der Auftraggeber beeinflussen diesen Prozeß.

In der mittleren Phase verändern sich mit den Angeboten und Gegenangeboten auch die Themen.[23] Es werden Argumente für oder gegen spezielle Positionen vorgetragen, und es müssen Antworten auf viele Fragen getroffen werden. Wenn die Parteien Erfolg haben, dann gehen sie in der Regel von ihren eigenen Positionen zu einer Diskussion der allgemeinen Interessen und einer Suche nach Gemeinsamkeiten über. Ein sorgloser Umgang mit Sprache oder ungenügendes Zuhören können diesen Übergang vereiteln.

Ein anderes Merkmal der mittleren Phase können Drohungen sein.[24] Die Sprache, mit der Drohungen übermittelt werden, kann folgende Merkmale haben:

- **Polarisierende Sprache.** Eine Partei redet von sich selbst positiv und über die andere negativ.
- **Unmittelbarkeit.** Mit der Sprache soll entweder Dringlichkeit und Nähe oder Distanz erzeugt werden.
- **Sprachliche Intensität.** Darunter fällt eine respeklose oder energische Sprache, deren Intensität auf starke Gefühle oder im Gegenteil auf schwaches Interesse hinweist.
- **Umfangreicher Wortschatz.** Dieser hängt zu einem gewissen Grad von der Bildung ab. Er kann Wohlbefinden und Sprachkompetenz oder Unbehagen und fehlendes Vertrauen ausdrücken.
- **Sprachstil.** Dieser hängt wieder mit der Bildung zusammen und ist ein Indikator dafür, ob jemand aggressiv und dominant, höflich oder gar unterwürfig ist.

In der mittleren Phase muß man wissen, ob Drohungen dazu eingesetzt werden, um Befehle auszusprechen, sich einen Vorteil zu verschaffen oder zu überzeugen – oder um das Engagement der anderen Partei zu gewinnen.

12.6.3 Die Endphase

In der Endphase einer Verhandlung ist die Lösung schon greifbar. Es ist an diesem Punkt wichtig, sich absolut eindeutig zu verhalten. Feedback, aktives Zuhören und klare Erklärungen sind sehr entscheidend, damit Sie keine fatalen Fehler begehen. Folgende Fallen sind möglich:[25]

- zu schneller Konsens über den Abschluß (vielleicht weil die Definition des Problems unvollständig war),
- übermäßiges Vertrauen, wodurch wichtige Informationen fehlen,
- Lösung des falschen Problems,
- Präsentieren eines suboptimalen Ergebnisses, weil man vermeiden möchte, überhaupt kein Ergebnis zu erzielen,
- Abbrechen der Verhandlung durch Akzeptieren unvollständiger oder unrichtiger Informationen,
- Einsetzen eines sorglosen und undisziplinierten statt eines systematischen Vorgehens,
- erfolgloses Einbeziehen der Gruppe in den Prozeß,
- ungenaues Feedback,
- mangelhafte Protokollführung,
- unvollständiges Verstehen der eigenen Position.

12.6.4 Erfolgreiche Abschlüsse

Es gibt eine Reihe von Stolpersteinen, auf die man achten muß, wenn man die Verhandlung erfolgreich zum Abschluß führen möchte.[26] Es ist ganz entscheidend, daß man weiß, wann man ruhig zu sein hat und den Prozeß laufen lassen soll. Wenn Sie etwas vordergründig Irrelevantes sagen, könnten Sie damit eine wichtige Information preisgeben oder die andere Partei von einer Einigung abhalten. Und wenn die andere Seite eine dumme Bemerkung macht, dann überhört man sie an diesem Punkt besser.

Forderungen in der letzten Minute können irritierend sein, außer sie sind eingeplant. Wir haben in Kapitel 6 über die Taktik der gezielten Verwirrung gesprochen – wenn also am Ende «neue» Forderungen gestellt werden, um zusätzliche Konzessionen zu erreichen. Seien Sie darauf vorbereitet.

12.6 Kommunikation in verschiedenen Verhandlungsphasen

Und zu guter Letzt ist es unumgänglich, den Endvertrag schriftlich zu verfassen. Dadurch erhält jede Partei nochmals die Gelegenheit, die einzelnen Paragraphen des Vertrags zu prüfen.

Die folgenden Kriterien können einer Vertragsprüfung zugrundegelegt werden:

- Gibt es eine Präambel, in der die Vertragsabsicht formuliert ist?
- Sind alle Punkte beider Seiten berücksichtigt?
- Sind die Vorschläge realisierbar?
- Wurden alle von dem Vertrag betroffenen Parteien konsultiert?
- Ist jeder Vertragspunkt absolut klar, einschließlich der Frage, was von wem wann und wie getan werden muß?
- Ist der Vertrag insgesamt sinnvoll?
- Ist der Vertrag vernünftig und gerecht?
- Haben Sie größere Hindernisse bei der Vertragserfüllung berücksichtigt?
- Haben Sie vorgesorgt, falls aus dem Vertrag (erneute) Streitigkeiten entstehen sollten? Ist allen Parteien klar, wie ein solcher Fall gehandhabt wird?

Zusammenfassung

Wenn die andere Partei mit Ihrer Meinung nicht einverstanden ist, liegt das dann daran, daß sie Ihre Botschaft nicht verstanden hat, oder will sie Sie angreifen, in die Enge treiben oder herausfordern? Sie müssen wissen, was passieren wird, bevor sie reagieren. In diesem Kapitel haben wir uns damit befaßt, wie man die *wirkliche* Botschaft versteht.

Wenn Sie die wirkliche Botschaft verstanden haben, aber nicht einverstanden sind, was tun Sie dann? Wenn Sie Hilfe brauchen, um eine emotionale Auseinandersetzung zu entschärfen, dann führen Sie sich Kapitel 10 und 11 zu Gemüte, in denen die Konfliktlösung und die Intervention seitens einer dritten Partei diskutiert werden.

KAPITEL 13 Rechtliche und moralische Fragen

Im Geschäftsleben im allgemeinen und in Verhandlungen im besonderen stellen Moral und Recht immer zwei wichtige Eckpfeiler für Entscheidungen dar. Die jeweils gewählte Verhandlungsstrategie dient dazu, die eigenen Interessen durchzusetzen, und das mit einem angemessenen Verhalten. Dieses Verhalten wiederum wird nach den zwei Kriterien Moral und Recht bewertet. Rechtliche Gültigkeit allein garantiert allein noch keine angemessene und erfolgreiche Verhandlung. Gegner und Unparteiische, die wissen, daß sie unmoralisch behandelt wurden, sind verärgert, suchen nach Möglichkeiten, dies heimzuzahlen, und verbreiten Gerüchte und Klatsch, die es für den Verhandlungsteilnehmer in der Zukunft vielleicht noch schwerer machen, ihre Ziele zu erreichen. Ebenso ist ein moralisch korrekter und fairer Umgang mit der anderen Partei nur von geringem Wert, wenn Sie sich aufgrund Ihrer Unkenntnis des Vertragsrechts ein rechtliches Hintertürchen in Ihrem Vertrag offen lassen. Abbildung 13.1 zeigt die vier Varianten, nach denen rechtliche und moralische Kriterien bei der Überprüfung von Verhandlungsstrategie und Taktiken angelegt werden. Denn Recht und Moral definieren und begrenzen zugleich den Verhandlungsspielraum.

13.1 Rechtliche Aspekte bei Verhandlungen

Sind Lügen in Verhandlungen ungesetzlich? Ein Verhandlungsexperte schreibt dazu, daß «geschäftliche Verhandlungen anscheinend ein Talent für Täuschung verlangen». Wenn jemand in einer einfachen kompetitiven Verhandlung fragt, «Zu welchem Fazit sind Sie gekommen?», dann sagen nur wenige die Wahrheit. Sie wurden bereits mit vielen Taktiken konfrontiert, die auf dem

Verschweigen von Informationen oder auf der Verbreitung von Fehlinformationen basieren. Ist das legal? Kann man aufgrund solcher Praktiken vor Gericht kommen? Wo sollte man in rechtlicher Hinsicht die Grenze ziehen?

		Moralisch?	
		Ja	**Nein**
Legal?	**Ja**	**Optimal** Akzeptable rechtliche und moralische Zone	**Legal, aber nicht moralisch** Entspricht dem Gesetz, ist aber vielleicht immer noch nach den Werten der Beteiligten inakzeptabel
	Nein	**Moralisch, aber nicht legal** Entspricht zwar den moralischen Standards, ist aber immer noch rechtlich strafbar	**Weder legal, noch moralisch** Dies ist in jeder Hinsicht ein Problem und macht Taktieren gefährlich!

Abbildung 13.1: **Die Recht-/ Moral-Matrix**

Die Gesetzeslage hinsichtlich Betrug, falscher Darstellung und Vertragswesen sind hier relevant. Das **Vertragsrecht** betrifft die Schaffung gesetzlicher Verpflichtungen. Wenn Sie also einen rechtswirksamen Vertrag eingehen und ihn dann nicht erfüllen können, bringen Sie sich selbst in Rechtsschwierigkeiten. Insofern kann es nützlich sein, die Feinheiten des Vertragsrechts zu kennen. Wir gehen aber zuerst auf den Betrug ein, weil er wesentlich relevanter ist.

Betrug ist rechtlich gesehen eine absichtliche Falschdarstellung – Lügen, die die Linie zwischen akzeptablen Verhandlungstaktiken und ungesetzlichen Unwahrheiten überschreiten. Sie sollten diese Grenze vor Ihrer Verhandlung richtig einschätzen! Eine **falsche Darstellung** kann, auch wenn eine eindeutige Täuschungsabsicht nicht nachzuweisen ist, in Verhandlungen ungesetzlich sein. Zudem sind die Grenzen zwischen Verhandlungstaktiken, Betrug sowie falscher Darstellung nicht immer eindeutig.

13.1.1 Betrug

Grundsätzlich gibt es kein generelles Verbot von Täuschung und verwerflichem Verhalten in Verhandlungen. Die Parteien *müssen nicht* die Wahrheit sagen. Die Erfahrung zeigt, daß Verhandlungen eine Welt mit eigenen Regeln darstellen. Wenn Sie mit der Verhandlungsart der anderen Partei nicht einverstanden sind, sollten Ihre ersten rechtlichen Schritte darauf abzielen, die Verhandlungen abzubrechen – und nicht gleich vor Gericht zu ziehen. Im Gesetz ist allerdings auch vorgesehen, daß manche Verhandlungsweisen illegal sind, weil sie eindeutig betrügerischen Charakter haben. Hier gelten drei Kriterien:

Eine Aussage ist betrügerisch, wenn

1. ein Verhandlungsteilnehmer weiß, daß sie **unwahr** ist,
2. die andere Partei sich in **gutem Glauben** darauf verläßt,
3. die andere Partei als Folge einen **Schaden** erleidet.[1]

Was meinen wir damit, wenn wir sagen, «der Verhandlungsteilnehmer weiß, daß es unwahr ist»? Genau das! Nehmen wir an, Sie wollen ein Auto kaufen, haben sich aber vorgenommen, hart zu handeln, um zu vermeiden, vom Verkäufer übers Ohr gehauen zu werden. Wenn Sie ihm sagen, daß Sie heute wirklich kein Auto kaufen wollen, sondern nur neugierig sind, was der Händler so zu bieten hat, dann sagen Sie etwas, von dem Sie wissen, daß es nicht stimmt. Wenn der Mechaniker des Händlers am Kilometerzähler herumfummelt, um die Kilometerzahl zurückzudrehen, dann tut er etwas, von dem er weiß, daß es nicht stimmt. Sie beide lügen also in den ersten Verhandlungsmomenten. Aber sind beides Fälle von Betrug?

Betrachten wir die zweite Bedingung der Definition. Wird der Händler Ihrer ersten Lüge – daß Sie nicht interessiert sind, obwohl Sie wissen, daß das Gegenteil zutrifft – Glauben schenken und Ihnen deshalb seinen wahren BATNA-Preis verraten, was er andernfalls nicht tun würde? Nicht wenn er «vernünftig» handelt, vor allem nach den Regeln der kompetitiven Verhandlung. Er wird sich wahrscheinlich nicht auf Ihre Aussage verlassen, weil es sich um eine konventionelle Äußerung handelt, von der er weiß, daß sie dazu dient, nicht sofort ein hartes Verkaufsgespräch führen zu müssen. Auf der anderen Seite rechnen Sie nicht damit, daß es sich bei dem Zurückdrehen des Kilometerzählers um die Einleitung einer Verhandlung über den Preis für das Auto handelt. Vernünftigerweise würden Sie sich auf den angezeigten Kilometerstand verlassen.

Sehen wir uns das dritte Element der Definition an. Verursacht jede Lüge einen Schaden? Ihre als potentieller Autokäufer nicht, weil wir bereits gesehen haben, daß sich der Verkäufer vernünftigerweise nicht darauf verläßt. Sollte er Sie später beschuldigen, daß Sie in der Verhandlung gelogen haben und er Ihnen deshalb einen zu niedrigen Preis gemacht hat (sich also selbst geschadet hat, weil er auf einen Teil seiner Provision verzichtet hat), dann würde der durchschnittliche Richter nur über ihn lachen, wie er so naiv gewesen sein konnte. Der zurückgedrehte Kilometerzähler kann Ihnen allerdings einen gewissen Schaden verursachen, wenn Sie den Wagen kaufen und einen fairen Marktpreis für einen Wagen mit dieser Kilometerleistung bezahlen. Sollten Sie den Betrug später entdecken und den Händler vor Gericht bringen, dann würde Ihnen der Richter sehr wahrscheinlich die Preisdifferenz zwischen einem durchschnittlichen Auto dieses Modells mit der geschätzten wirklichen Kilometerleistung und dem gefälschten Kilometerstand zusprechen.[2]

Sie denken nun vielleicht, daß die Forderung zu *wissen*, daß Sie eine Unwahrheit gesagt haben, ein mögliches rechtliches Hintertürchen offenläßt. Kann die andere Partei Ihnen beweisen, daß Sie in einem wichtigen Punkt bewußt gelogen haben? Wenn Sie nichts schriftlich abgemacht haben, dann gibt es doch eigentlich keinen direkten Beweis dafür, was Sie wußten oder hätten wissen sollen… So einfach ist das jedoch nicht! Die Gerichte gehen oft davon aus, daß Sie einige Fakten wissen *sollten*. Ein Manager in einer Führungsposition sollte die finanziellen Bedingungen seines Unternehmens kennen. Ein Verkäufer bei einer Autofirma sollte über den Zustand eines Autos informiert sein.

13.1.2 Falsche Darstellung

Ein anderes rechtliches Minenfeld ist die falsche Darstellung, eine enge Verwandte des Betrugs. Aber anders als beim Betrug wird hier nicht notwendigerweise davon ausgegangen, daß eine Aussage falsch ist. Wenn ein Gebrauchtwagenverkäufer auf den Zustand des Motors eingeht, um nicht alle Informationen preisgeben zu müssen, die in den Unterlagen im Büro stehen, dann haben wir es mit einer falschen Darstellung zu tun. Wenn Sie gar nichts über ein Thema sagen, um nicht lügen zu müssen, dann stehen Sie auf einem *etwas* festeren Boden als beim Betrug, weil ein rechtlicher Nachweis schwieriger ist. Im allgemeinen bestraft das Gericht eine falsche Darstellung nur in zwei Fällen – wenn essentielle Informationen zurückgehalten werden oder die Teilinformation wirklich irreführend ist. Eine essentielle Information wäre beispielsweise, wenn Sie wissen, daß Ihre Firma kurz vor dem Konkurs steht. Wenn Sie das einem Händler gegenüber nicht erwähnen, und mit ihm eine größere Lieferung vereinbaren – und er dann sein Geld nicht bekommt –, kann er eine Klage wegen falscher Darstellung glaubhaft machen. Sie hätten wissen müssen, daß Sie sich über die normalen Verhandlungstaktiken hinaus bewegt und die gesetzlichen Wahrheitsgrenzen überschritten haben. Sie hätten besser nicht nur eine Teilinformation weitergegeben, die offensichtlich irreführend war. Nehmen wir einmal an, der Händler hätte Sie tatsächlich nach der finanziellen Situation Ihrer Firma gefragt, und Sie hätten einfach geantwortet: «Das Unternehmen hat im letzten Jahr Gewinne gemacht.» Auch wenn das der Wahrheit entsprochen hat, war es doch eine irreführende Antwort, und der Händler könnte auch in diesem Fall auf falsche Darstellung klagen.

Wie vermeiden Sie falsche Darstellungen? Viele Verhandlungsteilnehmer sind der Meinung, daß das Geheimnis im **Schweigen** liege. Wenn Sie eine Firma oder eine andere Organisation oder Gruppe repräsentieren, ist es nicht schwer für Sie, auf unwissend zu machen oder zu sagen, daß Sie nicht autorisiert sind, bestimmte Fragen zu diskutieren. Dabei handelt es sich um Informationen, die Sie der anderen Partei nicht preisgeben wollen, und deshalb um Informationen, die das Verhandlungsergebnis wesentlich beeinflussen könnten. Obwohl Verschweigen eine Möglichkeit zur Vermeidung von Betrug ist, kann die andere Partei immer rechtliche Schritte unternehmen, beispielsweise weil Sie essentielle Informationen zurückgehalten haben.

Als generelle Faustregel gilt, daß ein Verhandlungsteilnehmer allzu trickreiche Strategien vermeiden und auf faire Weise zu verhandeln versuchen sollte. Legen Sie offen, soviel Sie können, ohne dabei zentrale Angriffspunkte freizulegen oder sich Ihre Grundlage zu entziehen. Eine ausgeglichene Ausgangslage ist zumeist auch eine legale. Natürlich wollen Sie die Situation immer ein kleines bißchen zu Ihren Gunsten verschieben – aber nicht so weit, daß die andere Partei sich hintergangen fühlt und Rechtsmittel wegen Betrugs oder falscher Darstellung einlegt. Wenn die andere Partei mit rechtlichen Schritten droht und Sie sich einen Anwalt nehmen müssen, dann haben Sie die Verhandlung schon verloren, weil der zusätzliche Ärger und die Kosten sicherlich alle Vorteile aus einer allzu trickreichen Verhandlung zunichte machen. Im Zweifelsfall ist es deshalb immer billiger, schon im Vorfeld einen Anwalt aufzusuchen und um Rat zu fragen, damit man nicht unbedacht den Rechtsrahmen überschreitet.

13.1.3 Vertragsrecht

Grundziel einer Vertragsverhandlung sollte ein für beide Parteien rechtsverbindlicher Vertrag sein. Deswegen ist es wichtig, sich auch bei Verhandlungen über die Beschränkungen zu informieren, die das Gesetz auferlegt. Schauen wir uns einmal die Anforderungen an einen Vertrag an, damit er vor Gericht Bestand hat.[3] Zunächst muß es eine **Einigung** gegeben haben. Das heißt, daß eine Partei ein Angebot machen und die andere es akzeptieren muß. Ein Angebot muß drei Kriterien erfüllen:

1. Es muß **ernsthaft** sein (kein Scheinangebot).
2. Es muß **spezielle Bedingungen** enthalten (ein vages Versprechen ist kein Angebot).
3. Es muß der anderen Partei deutlich **mitgeteilt** worden sein.

Ein Vermieter teilt beispielsweise seiner Mieterin mit, daß sie einen Fünfjahresvertrag unterschreiben muß, womit sie prinzipiell auch einverstanden ist. Nun nehmen Sie einmal an, daß der Vermieter einen Vertrag schickt, der eine Klausel enthält, nach der die Mieterin 50 Prozent der Reparaturkosten am Haus übernehmen muß. Sie unterschreibt schnell den Vertrag, liest dann aber das Kleingedruckte und läßt den Vertrag auf ihrem Schreibtisch liegen, weil sie damit nicht ganz einverstanden ist. Danach vergißt sie die ganze Sache. In der Zwischenzeit läßt der Vermieter das Dach erneuern und stellt der Mieterin die Hälfte der Kosten in Rechnung. Diese behauptet nun, daß sie ja keinen Vertrag unterzeichnet habe – aber der Vermieter zieht ihn aus der Tasche. Er hatte seinen Zweitschlüssel benutzt, um in die Wohnung der Mieterin zu gelangen, und den Vertrag vom Schreibtisch genommen. Hat er nun einen rechtskräftigen Vertrag in der Hand? Nein, weil der Vertrag dem Vermieter noch nicht *zugestellt* worden war; die Mieterin hatte sich noch nicht dazu entschieden, den unterschriebenen Vertrag auch auszuhändigen.

Damit ein Vertrag Gültigkeit bekommt, muß es auch einen **Ausgleich** geben. Das heißt, jede Partei muß etwas erhalten. Es muß ein **Austausch** stattfinden. Das ist zwar selten ein Verhandlungsthema, aber von immenser Bedeutung, gerade wenn eine Partei große Macht über die andere hat und versucht, diese zu Zugeständnissen oder einem Einverständnis zu zwingen. Die Frage der Gegenleistung kann auch aufgeworfen werden, wenn jemand mit einer trickreichen Sprache dazu überredet wird, eine Zusatzleistung zu erbringen, die während der Verhandlung noch nicht klar war – und für die es keine Gegenleistung gibt.

Es kommt auch auf die **Vertragsberechtigung** an. Eine Verhandlung über einen günstigen Kauf mit dem minderjährigen Sohn Ihres verstorbenen Geschäftspartners führt nicht zu einem einklagbaren Vertrag, weil der Sohn nicht vertragsberechtigt ist. Sie können auch nicht mit einem Betrunkenen oder Kranken verhandeln und erwarten, daß die Ergebnisse für ihn oder seinen Auftraggeber rechtsbindend sind.

Rechtmäßigkeit ist ebenfalls notwendig. Der Zweck eines Vertrages muß mit dem öffentlichen Recht übereinstimmen. Ein Vertrag, der von jemandem einen Rechtsbruch verlangt, ist ungültig. Dadurch werden den Zielen der Verhandlungspartner Grenzen gesetzt. Das betrifft auch die Verhandlungsarten, die ein Arbeitgeber von seinen Mitarbeitern verlangen kann. Stellen Sie sich beispielsweise einmal vor, Sie wären Verkäufer und Ihr Arbeitgeber würde Ihnen mitteilen, daß Sie den Servicebericht eines Produkts fälschen sollen, um mehr von dem Produkt und mehr Serviceverträge zu verkaufen. Sie lehnen dies ab. Daraufhin zieht er eine Kopie Ihres Arbeitsvertrages hervor und liest Ihnen eine Klausel vor, die besagt, daß Sie die Verkaufsstrategien des Unternehmens anwenden müssen. Bleiben Sie standhaft. Ihr Arbeitsvertrag kann nicht dazu benutzt werden, Sie zu illegalen Handlungen zu zwingen.

Erforderlich ist zudem eine **authentische Zustimmung**. Eine Fälschung Ihrer Unterschrift beispielsweise bindet Sie an keine Vertragsbedingungen. Wenn ein Mitarbeiter Ihrer Firma aus den unteren Reihen einen sehr ungünstigen Verkaufsvertrag mit einem Zulieferer abschließt, dann können Sie rechtmäßig behaupten, daß der Angestellte nicht berechtigt oder beauftragt war, die Firma in dieser Angelegenheit zu vertreten.

Schließlich ist noch die **Form** wichtig. Für einige Situationen sieht das Gesetz spezielle Verträge und Formulierungen vor. Aber im allgemeinen ist nur ein detailliertes, eindeutiges, schriftliches Dokument erforderlich, das die oben aufgeführten Punkte berücksichtigt und von beiden Parteien unterschrieben ist. Verträge können auch erneuert werden oder befristet sein. Trotz der formalen Anforderungen enden viele Verhandlungen mit einer informellen mündlichen Absprache oder einem kurzen Memo, in dem das Ergebnis festgehalten wird. Wenn Sie eine Übereinkunft rechtskräftig machen wollen, dann müssen Sie einen Schritt über den informellen Verhandlungsprozeß hinausgehen: Setzen Sie einen formalen Vertrag auf und lassen Sie ihn prüfen. Wenn es sich um ein kompliziertes und wichtiges Abkommen handelt, brauchen Sie eine angemessene Rechtsberatung, um sicherzustellen, daß der Vertrag vollständig und bindend ist und dem Abkommen und den Interessen der Parteien entspricht.

13.1.4 Pflichten gegenüber Kunden und Angestellten

Wenn Sie mit Kunden oder Angestellten verhandeln, dann müssen Sie Betrug, falsche Darstellungen und Vertragsrecht sowie einige spezielle Gesetze beachten, die die Interessen der anderen Partei schützen. Stellen Sie sich einmal vor, daß Sie mit einem Bewerber für einen Spitzenjob verhandeln – mit einer qualifizierten Kraft, die ein höheres Gehalt verlangt, als Sie zu zahlen beabsichtigen. Sie teilen ihm ehrlich mit, daß er bei Ihnen an erster Stelle steht, daß Sie aber nicht sicher sind, ob Sie seine Forderungen erfüllen können. Dann stellen Sie ihm einige Fragen, um die Motive seiner Forderungen genauer kennenzulernen. Darunter fallen Fragen über seine Familie, sein Alter und seinen Gesundheitszustand – Fragen also, die Sie für relevant halten, um die Kosten seiner Anstellung kalkulieren zu können. Obwohl Sie die Fragen für angemessen und vernünftig halten, sind sie in einem Bewerbungsgespräch nicht unbedingt rechtlich zulässig. Der Bewerber hat viele Rechte, die dazu dienen, ihn vor Diskriminierungen, etwa aufgrund von Alter oder Familienstatus, zu schützen. Sprechen Sie sich deshalb mit der Personalabteilung Ihres Unternehmens oder einem Anwaltsbüro ab, oder lesen Sie ein Buch über Personalmanagement, bevor Sie solche Verhandlungen aufnehmen.

Auch Ihre derzeitigen Angestellten haben eine Vielzahl von Rechten, die Sie wahren müssen. Im Falle von sexueller Belästigung, Benachteiligungen bei der Beförderung und anderen Problemen gibt es rechtliche Regelungen, die dem Arbeitgeber Grenzen setzen. Gerade für die Arbeitgeber-Arbeitnehmer-Beziehung gibt es unzählige gesetzliche Vorschriften, und Sie tun gut daran, den Rat eines Rechtsexperten einzuholen, bevor Sie in Verhandlungen mit Angestellten neue Wege einschlagen.

Die meisten Rechtsfragen im Bereich des Verbraucherschutzes sind für Verhandlungssituationen nicht unmittelbar relevant, weil es normalerweise bei Konsumkäufen keine Verhandlungen gibt. Verbraucherschutzgesetze in bezug auf Garantieleistungen aber sind im Rahmen des Kundenservice relevant und müssen deshalb sehr wohl berücksichtigt werden.

Der Gesetzgeber greift auch stark in die Preisbildung ein, speziell bei unfairen Dumpingpreisen, mit denen ein kleinerer Konkurrent ausgebootet werden soll, sowie bei allen anderen Geschäftspraktiken, die das Maß des gesunden Wettbewerbs überschreiten. Sollten Sie mit einem Mitbewerber verhandeln und dabei unfaire Preisabsprachen zum Thema werden, dann brechen Sie das Gespräch am besten ab. Solche Preisverhandlungen oder -absprachen sind sehr wahrscheinlich ungesetzlich.

13.1.5 Testen Sie Ihr Wissen an einem Fallbeispiel

Stellen Sie sich vor, Sie sind Vermieter und glauben, ein wertvolles Lagerhaus zu besitzen. Der derzeitige Mieter hat einen sehr günstigen Mietvertrag, der nächsten Monat ausläuft. Sie beabsichtigen, die Miete zu verdoppeln, was Sie für einen fairen Preis halten. Aber er lehnt ab und schlägt statt dessen eine 10prozentige Erhöhung vor, die seiner Meinung nach mit den Vergleichsmieten übereinstimmt. Zwischen Ihren Vorstellungen und seinem Vorschlag liegen mehrere Tausend Mark Jahreseinkommen für Sie, und deshalb entscheiden Sie sich für eine härtere Gangart und eine aggressive Verhandlungsstrategie. Sie beauftragen einen Immobilienhändler damit, das Objekt zu dem höheren Preis anzubieten, in der Hoffnung, daß sich Interessenten melden, die den Preis eher bezahlen können.

Dies allerdings dauert länger als gedacht, und als das nächste Gespräch mit dem Mieter ansteht, haben Sie noch keinen anderen in Aussicht. Sie lassen sich jedoch nicht aus der Ruhe bringen und beschließen, in der Verhandlung zu behaupten, daß Sie einen anderen Mieter an der Hand haben, der den höheren Preis akzeptiert. Sie drohen Ihrem jetzigen Mieter mit einer Räumungsklage, falls er diesen Preis nicht akzeptieren will. (Sicher handelt es sich um eine Übertreibung, aber Sie denken immer noch, daß Sie mit der Zeit jemanden finden *können*.) Ihr Mieter gibt unter diesem starken Druck nach und unterzeichnet einen Fünfjahresvertrag. Zufällig aber begegnet Ihr Mieter dem Immobilienmakler auf einer Party und erfährt, daß Sie die ganze Geschichte erfunden haben. Empört droht er damit, Sie vor Gericht zu bringen, außer Sie erklären sich damit einverstanden, die Miete wieder auf das ursprüngliche Niveau zu senken und den Vertrag für weitere fünf Jahre zu verlängern.

Ist er nun im Recht oder nicht? Machen wir den Härtetest: Stellen wir die drei Fragen zur Definition von Betrug. Ja, Sie haben wissentlich die Situation falsch dargestellt. Ja, der Mieter kann behaupten, daß er sich ernsthaft auf die Information verlassen hat, die Sie ihm gegeben haben. Und ja, es gibt einen Schaden – die erhöhte Miete, die er infolgedessen zu bezahlen hatte, sowie die Auswirkungen der höheren Miete auf sein Geschäft. Sie einigen sich besser gleich mit ihm, weil vor Gericht Ihre Verhandlungstechniken nicht in günstigem Licht erscheinen werden. Und bei der nächsten Verhandlung werden Sie wohl ehrlicher sein!

13.2 Moralische Aspekte bei Verhandlungen

Nachdem wir die rechtlichen Aspekte diskutiert haben, richten wir nun unsere Aufmerksamkeit auf die moralischen. Anders als bei den Gesetzen gibt es keinen standardisierten, übergreifenden schriftlichen (oder wenigstens informellen) «Moralkodex» für Verhandlungen, auf den man modellhaft zurückgreifen könnte. Die Verhandlungsmoral hängt von persönlichen Eigenschaften wie ethischer und religiöser Erziehung und Bildung, Erfahrung, Hintergrund, Kultur etc. ab. Aber sogar die «erwarteten» Standards für richtig und falsch sind von Person zu Person unterschiedlich. Einige der hier erwähnten Taktiken sind akzeptabel, wenn man versucht, das bestmögliche Verhandlungsergebnis zu erzielen – vor allem in Wettbewerbssituationen. Wenn man einer Wettbewerbsstrategie folgt, dann halten viele es für einen Fehler, sich durchweg offen und ehrlich gegenüber der anderen Partei zu verhalten. Die Begründung lautet, daß man kein Pfand mehr in der Hand hat, wenn man alle Informationen über seine Verhandlungspunkte preisgegeben hat – vor allem sein Höchstgebot oder seine Mindestforderungen. Man würde ansonsten zwangsläufig von der anderen Partei übervorteilt. Auf der anderen Seite kommt man vielleicht zu gar keiner sinnvollen Einigung, wenn die Parteien sich gegenseitig immer nur täuschen.

Manche halten es für korrekt, auf Taktiken zurückzugreifen, die die positiven Verhandlungsaspekte betonen und die negativen herunterspielen. Wenn Sie zum Beispiel einen Gebrauchtwagen verkaufen, ist es dann in Ordnung, wenn Sie die guten Seiten herausstellen und dem potentiellen Käufer nicht sagen, daß an dem Auto größere Reparaturarbeiten nötig sind? Ist das ehrliches und moralisches Verhalten? Einige «Notlügen» können unter bestimmten Umständen begründbar sein. Auch hier hängt alles von Ihrem Standpunkt und Ihrem persönlichen Moralkodex ab. Weil sich Wahrheitsgrad und Moral von Mensch zu Mensch unterscheiden, kann man nur schwer vorhersagen, wie sich die andere Partei in der Verhandlung verhalten wird. Außerdem gibt es auch noch einen Unterschied zwischen dem, was die Menschen für moralisch *halten* und was sie moralisch *nennen*.

13.3 Motive für unmoralisches Verhalten

Eines der Hauptmotive für unmoralische Verhandlungstaktiken ist das Erzielen von **Machtvorteilen**. Das resultiert aus einer Win-Lose-Einstellung. Weil Wissen Macht bedeutet, wird eine Partei, die gezielt Informationen manipulieren kann, dies auch tun, wenn sie sich dadurch einen Vorteil verschaffen kann. Sie hält vielleicht auch vor der anderen Informationen zurück, um in eine einflußreichere Verhandlungsposition zu kommen.

Mit einem Interesse an Macht hängt eng die **Ichbefriedigung** zusammen. Die Menschen suchen vielleicht Anerkennung, Achtung oder mehr Reputation – und versuchen dies mit trügerischem Verhalten zu erreichen.

Die Motivation, einen **Wettbewerbsvorteil** zu erlangen oder aufrechtzuerhalten, kann unmoralische Praktiken nahelegen. Wettbewerb ist ein Teil unseres Lebens. Unser kapitalistisches System basiert auf «gesundem» Wettbewerb. Wir erleben ihn in der Geschäftswelt, im Sport und bei dem Bemühen, die Spitze der Karriereleiter zu erklimmen. In einigen Bereichen, wie etwa im Sport, gibt es Regeln für angemessenes und akzeptables Verhalten. Im allgemeinen sind die Menschen auch damit einverstanden, sich an Regeln zu halten. Für Verhandlungen aber gibt es keine geschriebenen Regeln. Die Dehnung der Grenzen des akzeptablen Verhaltens wird als ein «notwendiges Übel» im Wettbewerb angesehen. Je wettbewerbsorientierter die Situation ist, desto mehr versuchen die Menschen mit fragwürdigem Verhalten ungestraft davonzukommen. Sollten sie schließlich ertappt werden, können sie sich immer noch unwissend stellen.

Ein Verlangen nach **Gerechtigkeit oder Rache** ist ebenfalls ein starker Antrieb für unmoralisches Verhalten. Eine Partei, die sich ungerecht behandelt fühlt, greift vielleicht zu einer Art Vergeltungsmaßnahme, für die man unter Umständen Verständnis aufbringen kann.

Gleiches mit Gleichem heimzahlen zu wollen macht für die verärgerte Partei vielleicht Sinn. Aber ist dies auf Dauer sinnvoll? Nehmen wir als Beispiel Angestellte, die sich an ihrer Firma bereichern. Warum tun sie das? Vielleicht haben sie dieses Jahr noch keine Gehaltserhöhung bekommen und nehmen deshalb Computerdisketten mit oder benutzen den Kopierer für private Zwecke. Oder sie lassen sich krank schreiben, auch wenn sie es nicht sind. Das ist vielleicht ihre Vorstellung von Gerechtigkeit oder Rache.

Zu einem großen Teil basiert unmoralisches Verhalten auf den folgenden Faktoren:

- ob wir davon überzeugt sind, daß auch die andere Partei wettbewerbsorientierte oder unmoralische Praktiken anwenden wird;
- ob es sich um eine Situation handelt, in der «jeder so etwas macht»;
- wie groß die Vorteile sind, die wir mit der Verwendung einer unmoralischen Taktik erwarten;
- ob Konsequenzen oder Kosten damit verbunden sind, wenn wir ertappt werden.

13.3.1 Die Relevanz von Informationen

Wir haben bereits mehrmals betont, wie wichtig es ist, daß die Informationen zwischen den Parteien offen ausgetauscht werden. Bei den Recherchen über die andere Partei kommt es entscheidend auf Informationen an – Hintergrund, Standpunkt, wahrscheinliche Argumente der anderen Partei –, ebenso bei der Planung der Verhandlungsstrategien.

Information ist ein Dreh- und Angelpunkt für unmoralisches Verhalten in Verhandlungen: Wie gut sind Sie informiert? Wie genau sind Ihre Informationen? Wieviel sollten Sie an die andere Partei weitergeben? Was Sie wie und wann weitergeben, hat starke Auswirkungen auf das Ergebnis. Wenn Sie die Informationen manipulieren, dann können Sie das Ergebnis manipulieren. Wenn Sie zu viel preisgeben, dann können Sie an Terrain oder gar Ihre ganze Verhandlungsgrundlage verlieren. Wenn Sie zu wenig Informationen austauschen, dann kann die andere Partei glauben, daß Sie welche zurückhalten, um den Verhandlungsverlauf zu manipulieren.

Es kommt darauf an, einen gesunden Mittelweg zu finden. Wie ein namhafter Wissenschaftler einmal sagte: «... zur Aufrechterhaltung der Verhandlungsbeziehung muß jede Partei einen mittleren Weg zwischen den beiden Extremen einer vollständigen Offenheit und einer Täuschung wählen. Jeder muß den anderen von seiner Integrität überzeugen können, ohne gleichzeitig seine Verhandlungsposition zu gefährden.»[4]

13.3.2 Die Bedeutung der Beziehung zwischen den Verhandlungspartnern

Wenn die Beziehung als nur kurzfristig angesehen wird, dann sind unmoralische Taktiken leichter durchführ- und rationalisierbar. Wenn die Taktik auffliegt (und das ist normalerweise der Fall), wird die Beziehung negativ beeinflußt. Die andere Partei kann sich zu revanchieren versuchen. Wenn Vergeltungsschläge und Gegenmaßnahmen sich hochschaukeln, wird die Situation emotional belastet. Wenn die Beziehungsinteressen allerdings stärker und langfristiger sind, kommt es seltener zu unmoralischen Handlungen.

Die Motive für die Anwendung schmutziger Tricks können sehr subtil sein. Häufig sieht der Übeltäter die Aktivitäten gar nicht als «schmutzig» an. Ob jemand, der potentiell zu unmoralischen Handlungen greift, auch dabei bleibt, hängt bis zu einem gewissen Grad davon ab, ob es «präventive Kräfte» im Umfeld gibt. Stärke und Ausmaß der Konsequenzen für unmoralisches Verhalten in Verhandlungen können bis zu einem bestimmten Grad als Abschreckung dienen.

13.4 Drei Bewertungskriterien von Verhalten[5]

Die Menschen bewerten eine moralische Entscheidung im Grunde genommen aus drei Perspektiven:

1. **Der Zweck heiligt die Mittel.** Sie haben diesen Satz wahrscheinlich schon oft gehört. Mit dieser Überzeugung greifen Menschen in Verhandlungen zu fragwürdigen Verhaltensweisen, weil diese zu der gewünschten Lösung

führen, die letzten Endes das Verhandlungsziel ist. Sie sehen: je mehr bei einer Verhandlung auf dem Spiel steht, desto einfacher ist es, eine Rechtfertigung für moralisch zweifelhafte Taktiken zu finden.

2. **Absolute Wahrheit versus relative Wahrheit.** Wenn Sie an eine absolute Wahrheit glauben, dann sind Sie der Meinung, daß man die Regeln ohne Ausnahmen befolgen muß. Sie gehen «nach Vorschrift» vor. Wenn Sie jedoch an eine relative Wahrheit glauben, dann halten Sie die Wahrheit für Auslegungssache, und deshalb ist jeder gezwungen, sein eigenes Werturteil zu treffen. Ob es für Sie absolut nur Schwarz und Weiß oder Grau gibt, hat Einfluß darauf, wie moralisch Sie sich in jeder Situation verhalten. Wenn Sie beispielsweise ein «Absolutist» sind, dann sind Sie davon überzeugt, daß man die Wahrheit sagen muß, sogar wenn Sie dadurch in Schwierigkeiten geraten. Wenn Sie einen großen Fehler begangen haben und Ihr Chef Sie fragt, was passiert ist, dann kann die Wahrheit zur Folge haben, daß Sie wegen des Fehlers entlassen werden. Ein Absolutist würde die Wahrheit sagen und das Risiko tragen, in der Überzeugung, daß ein moralisch einwandfreies Verhalten wichtiger als die Konsequenzen ist. Auf der anderen Seite würde ein Relativist vielleicht vermeiden, überhaupt etwas zu sagen, und versuchen auszuweichen oder gar jede Verantwortung zu leugnen, oder jemand anderen beschuldigen.

3. **Es gibt keine «Wahrheit».** Sie sind vielleicht der Meinung, daß die Wahrheit zu sagen von äußerster Wichtigkeit ist. Die Schwierigkeit liegt hier in der Definition von «Wahrheit». Was genau bedeutet «die Wahrheit sagen»? Wo liegt die Grenze zwischen Wahrheit und Lüge? Manche glauben, daß Bluffen, Übertreiben oder Verbergen dann zu akzeptieren ist, wenn es im Dienste einer höheren Sache steht. Sie haben das Gefühl, daß es innerhalb der Wahrheitsgrenzen liegt und deshalb akzeptabel ist. Sind Notlügen nun eine Form von Lüge oder lediglich eine Dehnung des Wahrheitsbegriffs?

13.5 Beispiele für unmoralische Taktiken[6]

Bevor wir einige Beispiele fragwürdiger Taktiken beschreiben, die man in Verhandlungen erleben kann, wollen wir nochmals darauf hinweisen, daß wir *nicht* für die Verwendung irgendeiner dieser Taktiken plädieren, außer Sie entscheiden sich explizit dafür und sind sich auch der möglichen Konsequenzen bewußt. Verhandlungsteilnehmer setzen diese Taktiken manchmal nur aus experimentellen Gründen ein oder sind der Meinung, daß die andere Partei nicht clever genug ist, zu entdecken, was abläuft. Das ist aber normalerweise nicht der Fall.

Sie sollten auf keinen Fall unmoralische Taktiken einsetzen, wenn:

- Sie in Zukunft nochmals mit der anderen Partei verhandeln und eine positive, langfristige Beziehung anstreben;
- eine gewisse Wahrscheinlichkeit besteht, daß die andere Partei die Taktiken durchschaut;
- die andere Partei genügend Macht hat, sich zu revanchieren oder Sie als den Übeltäter zu bestrafen;
- Sie nicht effektiv damit umgehen können oder Ihr schlechtes Gewissen Sie quält oder verrät.

Wir stellen diese Taktiken in erster Linie deshalb dar, damit Sie sich gegen sie wehren können. Einige werden diese Maßnahmen unter bestimmten Bedingungen für akzeptabel halten, andere vielleicht nicht. Die moderateren Taktiken werden oft als annehmbarer betrachtet als die bedenklichen oder gar die extremen. Wir weisen nochmals darauf hin, daß diese Taktiken vor allem in wettbewerbsorientierten und deutlich weniger in kooperativen Verhandlungen vorkommen.

13.5.1 Moderate Taktiken

Selektive Preisgabe und Übertreibung. Es gibt eine Reihe von Möglichkeiten, die ausgetauschten Informationen zu kontrollieren oder zu übertreiben. Einerseits kann eine Partei ganz gezielt wichtige Informationen weglassen – einen Fehler, ein Problem oder eine Schwäche in ihrem Argument verbergen. Andererseits kann die Information «gedehnt» werden, um die Bedeutung eines Punktes mehr oder weniger hervorzuheben, etwa die Übertreibung der Vorteile. Außerdem kann es ein Verhandlungsteilnehmer unterlassen, seinem Auftraggeber «die ganze Geschichte» zu berichten, um damit dessen Eindruck über die Fortschritte und Inhalte der Verhandlung zu manipulieren. Die andere Partei ist vielleicht überhaupt nicht mehr dazu bereit, sich in einem bestimmten Punkt zu bewegen, er aber behält das lieber für sich, in der Überzeugung, daß der Gegner mit der Zeit «weich» wird.

Eine Form der Übertreibung ist es auch, wenn man mit einem Eröffnungsangebot beginnt, das viel größer (oder kleiner) ist, als was man eigentlich im Auge hat. Zum Beispiel könnte eine Gewerkschaft mit einer Forderung von 15 Prozent Lohnerhöhung beginnen, während sie in Wirklichkeit mit 7 Prozent zufrieden wäre. Mit einer hohen Forderung zu beginnen wird oft als Taktik benutzt, um Stärke zu demonstrieren, Spannung hervorzurufen und den Verhandlungsspielraum auszudehnen, so daß man sein Ziel auch dann noch erreicht, wenn man Zugeständnisse machen muß. Im allgemeinen führen stark überzogene Anfangsvorschläge zu einer besseren Einigung, außer sie sind so extrem, daß sie unglaubwürdig sind.

Verbergen der eigenen Grundhaltung. Damit versucht man, die andere Partei über die eigenen Absichten im unklaren zu lassen. Dazu können die Ausgangspunkte und die Grundhaltung zählen oder die Irreführung der anderen Partei hinsichtlich dieser Aspekte.

13.5.2 Bedenklichere Taktiken

Diese Gruppe von Taktiken hat sogar noch stärkere moralische Implikationen als die gerade diskutierten, weil sie regelrechte Unwahrheiten oder Verzerrungen der Wahrheit enthalten.

«Übertreiben» oder Verheimlichen von Fakten. Eine Partei kann die Fakten manipulieren, um ihre Position in einem günstigeren und die der anderen Partei in einem weniger günstigen Licht erscheinen zu lassen. Eine häufige Taktik ist das Verheimlichen von zentralen Fakten oder Konsequenzen aus der Verhandlung. Wir wissen beim Verkauf eines Baugrundstücks vielleicht, daß das Grundstück aufgrund der Bodenbedingungen nicht bebaubar ist, sagen dem potentiellen Käufer aber: «Wir können nicht abschätzen, ob man hier ein großes Bürogebäude bauen kann oder nicht.»

Ein anderer Typ von falscher Darstellung bezieht sich auf den Termin – wenn wir so tun, als hätten wir alle Zeit der Welt, obwohl wir in Wirklichkeit so schnell wie möglich eine Einigung erzielen wollen. Das kommt oft vor, wenn der andere einen wichtigen Termin hat. Wenn wir dann ausharren, können wir ihn so unter Druck setzen, daß er als erster nachgibt. Wenn wir beispielsweise wissen, daß jemand so schnell wie möglich sein Haus verkaufen will (und wir es haben wollen), dann können wir dennoch so verhandeln, als ob wir es nicht eilig hätten, und hoffen, daß er uns sehr entgegenkommt, wenn wir mit einem schnellen Abschluß einverstanden sind.

Vorgetäuschte Macht. Bei dieser Form von Unwahrheit gibt die Partei einen besseren Ruf oder mehr Fachwissen vor, als sie in Wirklichkeit hat. Ziel ist es, eine scheinbar legitimere und stärkere Position als die andere Partei zu erlangen. Die falsche Darstellung der eigenen Referenzen oder des eigenen Status kann aber fehlschlagen, wenn die andere Partei dahinterkommt. Dies kann Auswirkungen auf künftige Verhandlungen haben, wenn der eigene Ruf auf dem Spiel steht.

13.5.3 Extreme Taktiken

Die nächste Gruppe von Taktiken halten die meisten Menschen für vollkommen unmoralisch. Aber auch sie findet man manchmal in Verhandlungen. Denken Sie daran, daß viele davon gesetzlich verboten sind – und diese Taktiken werden normalerweise aufgedeckt (obwohl viele hoffen, daß es nicht dazu kommt). Die Folge ist, daß der Verhandlungsteilnehmer sein Gesicht und seine Glaubwürdigkeit verliert. Wenn ein formaler Vertrag oder ein Geschäft auf dem Spiel steht, kann es sogar zu einer Gerichtsverhandlung kommen.

Offene Lügen. In diesem Fall gibt die Partei vollkommen falsche Informationen weiter, um absichtlich die andere Partei irrezuleiten. Zum Vergleich: Bei einer «Notlüge» wird das Zurechtbiegen der Wahrheit mit dem Motto «unter den Umständen notwendig» abgetan. Unter einer Notlüge kann jeder etwas anderes verstehen; keine Diskussionen allerdings gibt es darüber, was eine Lüge ist.

Geschenke, Bestechungen. Dem Verhandlungspartner Geschenke zu machen, Begünstigungen anzubieten, Protektionen in Aussicht zu stellen wird oft als Möglichkeit angesehen, den anderen «weich zu kochen», um ein günstigeres Verhandlungsergebnis zu erzielen. Die Frage ist, wann ist ein Geschenk angemessen, und wann handelt es sich schlicht um Bestechung? «Vergünstigungen» anzubieten ist eine weitverbreitete Praxis im Verkauf, vor allem gegenüber «guten Kunden» eines Unternehmens. Dieser Praxis wurden inzwischen starke Beschränkungen auferlegt, und in vielen Unternehmen ist es grundsätzlich verboten, «Geschenke» ab einem gewissen Wert anzunehmen oder zu machen.

Manipulation des Auftraggebers der anderen Partei. Manchmal «schwindelt» eine Partei dem Auftraggeber der anderen etwas vor oder zwingt ihn, sich gegen die eigene Partei zu wenden. Der Hintergedanke dabei ist: «Wenn der Auftraggeber der anderen Partei auf meiner Seite ist, habe ich bessere Karten für ein gutes Ergebnis.» Wenn sie mit einem Verhandlungspartner überhaupt nicht zurechtkommen, versuchen manche, in einem Gespräch mit dessen Auftraggeber seine Glaubwürdigkeit zu untergraben und dafür zu sorgen, daß er von den Verhandlungen abgezogen oder gar entlassen wird.

Falsche Drohungen oder Versprechen. Eine Partei signalisiert Drohungen oder Versprechungen, die in Wirklichkeit Bluffs sind. Ein Beispiel für eine Drohung wäre: «Wenn Sie beim Preis nicht nachlassen, werde ich die Verhandlungen mit Ihnen abbrechen.» Oder eine Partei macht eine falsche Versprechung, wie etwa die folgende: «Wenn Sie dieses Auto kaufen, bezahle ich Ihnen eine komplette Reinigung und neue Fußmatten» (obwohl sie das gar nicht vorhat). Langfristig leidet die Glaubwürdigkeit und der Ruf als Verhandlungspartner unter solchen Methoden. Außerdem kann die andere Partei zu einer Vergeltungsmaßnahme greifen oder das Problem sogar vor Gericht bringen.

Degradierung der anderen Partei. Ein anderer Trick ist die Beleidigung oder Verleumdung der anderen Partei, um ihre Glaubwürdigkeit zu untergraben. Öffentliche Beschuldigungen können zu einem relativen Machtanstieg führen. Aber auch das kann fehlschlagen, wenn die andere Partei sich revanchiert.

Bewußte Preisunterbietung. Diese Taktik wird eingesetzt, um der anderen Partei ihren Auftrag oder ein Geschäft wegzunehmen.

Spionieren, Abhören. Die andere Partei auszuspionieren, ihr Telefon abzuhören oder ihre Akten und ihr Büro zu durchwühlen, um an ihre Informationen zu gelangen, führt in der Regel zum Verlust der Reputation, zum Ende der Verhandlungen und zum Rechtsstreit.

Diebstahl. Informationsdiebstahl ist wie Spionieren und Abhören eine sehr gefährliche Taktik mit vergleichbaren Konsequenzen.

Wie Sie sehen, gibt es eine große Vielfalt an Taktiken mit unterschiedlichem Grad an Akzeptanz. Der Bereich dessen, was als angemessen angesehen wird, variiert von Person zu Person. Es scheint allerdings einige implizite Regeln zu geben.[7] Bestimmt haben Sie sich beim Lesen der obigen Taktiken oft gedacht: «Na ja, ich weiß nicht, ob das richtig und verantwortbar ist.» Wenn Sie so spontan auf eine Taktik reagieren, können Sie davon ausgehen, daß sie unmoralisch ist. Es gibt einige Tricks, die nach den meisten Regeln einfach unannehmbar sind. Wenn Sie allerdings mitten in einer prekären Verhandlungssituation stecken und unter dem Druck stehen, ihr Ziel erreichen zu müssen, dann ist es überraschend einfach, diese Gefühle wegzurationalisieren und eine dieser Taktiken anzuwenden. Bedenken Sie, daß die Partei, die solche Taktiken einsetzt, Gefahr läuft, mit der anderen in Rechtsstreitigkeiten zu geraten, was das emotionale Klima verdirbt und die Verhandlung zum Scheitern verurteilt.

13.6 Einflußfaktoren auf den Verhaltenskodex

Wie kommt es, daß Menschen unmoralische Taktiken anwenden? Jeder einzelne hat verschiedene Wahlmöglichkeiten, ob er nun eine spezielle Taktik für angemessen und moralisch hält oder nicht. Im Geschäftsleben wird Ihre Wahl von Taktiken vielleicht durch Ihre eigenen moralischen Standards von richtig und falsch geleitet (die von Person zu Person unterschiedlich sind). Oder jemand entscheidet sich gerade für die Taktik, mit der er am erfolgreichsten das Problem lösen kann. Manchmal basiert die Auswahl darauf, welche Taktik am einfachsten, billigsten und schnellsten funktioniert.[8] Jede dieser Auswahlmethoden hat Vor- und Nachteile, je nachdem, ob Sie nur einfach ein Problem lösen wollen, oder ob Sie sich fair und moralisch dabei verhalten wollen.

Auf einer tieferen Ebene leiten uns unsere persönlichen Merkmale, unser Hintergrund, unsere Motive und moralische Entwicklung bei unserer Entscheidung über moralisches Verhalten.

13.6.1 Hintergrundmerkmale

Zu den Hintergrundmerkmalen, die unsere Moral maßgeblich beeinflussen, zählen unsere religiöse Haltung, unser Alter, das Geschlecht, die Nationalität und unsere Erziehung.

13.6.2 Persönlichkeitsmerkmale

Es gibt Menschen, die an eine persönliche Philosophie glauben, die von Machiavelli in seiner politischen Abhandlung *Der Prinz* entworfen wurde.[9] Ein Machiavellist hat eine zynische Meinung von den Menschen. Er ist normalerweise mißtrauisch und oft anfällig für Taktlosigkeit. Machiavellisten haben niedrige Moralstandards und sind eher unehrlich und unzuverlässig. Sie verhalten sich egoistisch und unfreundlich gegenüber anderen. Sie glauben, daß die Menschen das bekommen, was sie verdienen, und daß es notwendig und angemessen ist, alles zu tun, um die eigenen Ziele zu erreichen. Im Gegensatz dazu zeigen Menschen, die anderen stark vertrauen, normalerweise hohe moralische Standards und moralisches Verhalten.

Ein weiterer persönlicher Einflußfaktor ist unsere Meinung darüber, warum sich Dinge in unserem Leben ereignen. Manche Menschen glauben, daß sie ihr Leben selbst in der Hand haben. Andere schreiben alles dem Schicksal, dem Zufall oder purem Glück zu. Die ersteren verpflichten sich eher der Moral, da sie sich für ihr Schicksal selbst verantwortlich fühlen. Die letzteren greifen eher zu unmoralischem Verhalten, weil sie das Gefühl haben, Gelegenheiten nutzen oder dem Schicksal eins auswischen zu müssen.

13.6.3 Erwartungen / Motive des anderen

In Kapitel 6 haben wir bereits besprochen, wie eine Partei durch das erwartete Verhalten der anderen beeinflußt werden kann. Das heißt, wenn eine Partei ein kompetitives Verhalten erwartet, dann wird sie eine kompetitive Haltung einnehmen. (Man ist umso schneller davon überzeugt, wenn der anderen Partei bereits der Ruf vorauseilt, konkurrenzorientiert, gierig, prinzipienlos etc. zu sein.) Deshalb ist man zur Anwendung kompetitiver Taktiken *motiviert* (die moralisch zweifelhaft sein können), wenn man den anderen für konkurrenzorientiert hält. Außerdem rationalisieren wir normalerweise dieses Verhalten und gehen davon aus, daß es durch etwas oder jemand anders als uns selbst motiviert ist. Unmoral scheint leichter zu fallen, wenn man glaubt, daß «der andere damit angefangen hat».

Die Schwierigkeit dabei ist nur, daß Sie auf eine kompetitive Strategie umstellen, weil die andere Partei sich kompetitiv verhält. Diese tut dies aber vielleicht nur, weil sie von Ihnen eine kompetitive Strategie erwartet hat. Aber eigentlich würden vielleicht beide Parteien eine Kooperation bevorzugen. Dann kann sich das Hin und Her der Angebote bis zu einem Punkt hochschaukeln, an dem die Chance für eine Kooperation vollkommen verlorengegangen ist – ein weiteres Beispiel für eine selbsterfüllende Prophezeiung.

13.6.4 Die Rolle von Umwelt und Situation

Wenn Sie sich einen Eindruck von der Verhandlung und den Möglichkeiten unmoralischen Verhaltens verschaffen wollen, dann vergessen Sie aber nicht den sozio-politischen Charakter der Situation. Die Verhandlungsumwelt hat starken Einfluß auf das Verhalten aller Parteien.

Betrachten Sie zunächst die **Beziehung** zwischen beiden Parteien. Wir haben diesen Punkt schon weiter oben berührt. In Kapitel 3 konnten Sie sich intensiver mit dem Beziehungsaspekt vertraut machen, so daß Sie jetzt eigentlich eine Vorstellung davon haben sollten, was Sie bei der anderen Partei erwartet. Welche Beziehung hatten Sie früher zu ihr, und welche Beziehung hatten andere? Rechnen Sie mit einer kurz- oder einer langfristigen Beziehung? Erwarten Sie eine kurzfristige, dann seien Sie auf die Möglichkeit moralisch problematischer Taktiken gefaßt.[10] Im anderen Fall dürften unmoralische Taktiken eigentlich nicht vorkommen, weil dieses Verhalten die Beziehung belasten würde.

Denken Sie als nächstes über die relative **Macht** zwischen beiden Parteien nach. Wir haben uns mit Macht in Kapitel 4 beschäftigt. Sie kann eine berauschende Wirkung haben. Die mächtigere Partei kann zu Mißbrauch ihrer Macht neigen. Die schwächere kann sich für Maßnahmen entscheiden, die ihre Macht stärken.

Vertreten beide Parteien sich selbst, oder haben sie **Vertreter** bzw. **Agenten**? Letztere verhalten sich vielleicht weniger moralisch,[11] wenn sie stellvertretend und nicht für sich selbst verhandeln. Einerseits stehen Agenten normalerweise unter starkem Erfolgsdruck, während diejenigen, die den Druck ausüben, vielleicht gar nicht wissen, wie schwierig es ist, diese Ergebnisse auch zustandezubringen. Dieser Druck kann zu fragwürdigem Verhalten Anlaß geben. Andererseits haben die Agenten möglicherweise persönlich nicht so viel zu verlieren, als wenn sie für sich selbst verhandeln würden – oder sie sind zumindest dieser Meinung.

Wie sehen die **Gruppen-, Unternehmens- und Branchennormen** aus? Mitglieder von Organisationen haben eine gewisse Verantwortung gegenüber ihrer Organisation. Was erwartet diese von ihnen hinsichtlich formaler Regeln und Regulierungen? Welche artikulierten, ungeschriebenen informellen Erwartungen gibt es? Was sind die eigentlichen Unternehmensziele,[12] auf die die Mitglieder verpflichtet sind? Verlangt die Firma mehr als vernünftig ist? Welchen Ruf hat die Branche? Beispielsweise haben viele Menschen ein negatives Bild von Anwälten. Wenn sie also mit einem Anwalt verhandeln, dann sind sie vielfach der Meinung, daß sich «alle Anwälte sowieso unmoralisch verhalten».

Eng verbunden mit den organisatorischen Normen ist die **Loyalität**[13] gegenüber der Firma. Loyalität erzeugt Druck. Es kann zu Schwierigkeiten kommen, wenn die persönlichen Loyalitäten und die gegenüber dem Unternehmen in Konflikt miteinander geraten – das alte Problem, zwei Herren gleichzeitig dienen zu wollen. Was tun Sie, wenn die Firma Loyalität über Integrität stellt? Heißt das, Sie verhalten sich als loyales Mitglied der Firma, auch wenn das bedeutet, daß Sie mit Ihren persönlichen Moralvorstellungen brechen müssen?

Mit Loyalität hängt auch eng **Gehorsam**[14] zusammen. Was tun Sie, wenn ein Vorgesetzter in einer Verhandlung «blinden» Gehorsam verlangt und es um etwas geht, das Sie selbst nie tun würden? Angenommen, man würde Ihnen sagen, daß Sie einen Kunden oder einen Regierungsbeamten anlügen sollen, um die Position der Firma zu schützen. Würden Sie es tun? Wenn ja, unter welchen Umständen?

Die Unternehmensmoral ist ein höchst komplexes Thema. Man sollte sich bewußt sein, daß das Verhalten eines Managers Beispielcharakter für die Mitarbeiter haben kann. Diese orientieren sich nämlich an denen, die über ihnen stehen. Mitarbeiter hören sich nicht nur an, was ihr Chef ihnen sagt – sie beobachten auch, was er tut! Wenn sich Manager unmoralisch verhalten, dann kann dies ein klares, aber unbeabsichtigtes Signal dafür sein, daß alle anderen ebenso handeln dürfen.

13.7 Konsequenzen unmoralischen Verhaltens

Wir beschäftigen uns jetzt mit der Frage, wie die Anwendung unmoralischer Taktiken durch bestimmte – explizite oder implizite – Konsequenzen beeinflußt werden kann. Stehen die Konsequenzen bei speziellem unmoralischem Verhalten explizit fest – ist also bekannt, was passiert, wenn Sie beim Lügen und Betrügen ertappt werden –, dann müssen Sie auch damit rechnen, daß Sie bestraft werden, wenn Sie von der Taktik Gebrauch machen. Wenn keine Konsequenzen bekannt sind, dann sollten Sie sich auf die Ehrlichkeit und Vertrauenswürdigkeit der anderen Partei verlassen. Wenn man aus guten Gründen mit unmoralischem Verhalten rechnen muß, dann kann man vorab die Konsequenzen für diesen Fall absprechen.

13.7.1 Wiederholungen

Wenn eine Taktik einmal funktioniert hat, greift man dann erneut dazu? Die Aussichten dafür sind groß. Wenn eine Partei heimlich zu einer Taktik greift und die andere merkt das nicht, dann wendet sie sie wahrscheinlich auch in Zukunft an. Eine Wiederholung wird vielleicht beim ersten Mal ignoriert, oder die betroffene Partei verlangt eine Unterbrechung und eine Verhandlung darüber, wie verhandelt wird. Eine andere Möglichkeit besteht darin, die eigene Taktik in eine mehr kompetitive Richtung zu lenken. In allen diesen Fällen leidet die Beziehung. Die andere Partei wird sich zukünftig konkurrenzorientierter verhalten und sich schlimmstenfalls revanchieren. Außerdem kann der Ruf des unmoralischen Verhandlungspartners Schaden nehmen, weil über seine schmutzigen Taktiken geredet wird.

13.7.2 Selbstbild

Wie wird das eigene Selbstbild durch die Anwendung schmutziger Tricks beeinflußt? Wahrscheinlich nicht so, wie wir es hoffen. Wenn eine Partei zu unmoralischen Methoden greift, dann wird sie normalerweise ihr Verhalten zu rechtfertigen versuchen. Zur Verteidigung einer speziellen Taktik[15] könnte sie beispielsweise sagen:

- «Es war unvermeidbar. Ich mußte es tun, um zu gewinnen.»
- «Es war harmlos. Keinem wurde geschadet. Wir haben alle mehr oder weniger erreicht, was wir wollten.»
- «Dadurch konnte ein negatives Ergebnis vermieden werden. Überlegen Sie, was passiert wäre, wenn ich .... nicht getan hätte.»
- «Dadurch waren positive Ergebnisse möglich. Sehen Sie sich die positiven Dinge an, die herausgekommen sind, weil ich ... getan habe.»
- «Die andere Partei hat es verdient.» (die reine Revanche)
- «Jeder macht es. Warum ich nicht auch?» (Faktor sozialer Kontext)
- «Es war fair unter diesen Umständen.» (Gerechtigkeitsmotiv)

Wir sehen also, wenn mit unmoralischem Verhalten die gewünschten Ziele erreicht werden, dann wird ein ähnliches Verhalten auch in Zukunft wieder versucht. Aber ständiges unmoralisches Verhalten schadet am Ende dem Ruf. Mit der Zeit wird die Partei Einfluß, Vertrauen und Glaubwürdigkeit verlieren. Man wird sie für einen Ausbeuter halten. Es wird Gerede geben. Der Ruf verschlechtert sich. Einen schlechten Ruf erwirbt man schnell, man wird ihn aber nur schwer wieder los!

13.8 Entschärfen potentiell unmoralischer Taktiken

Was können Sie tun, wenn Sie unmoralisches Verhalten entdecken oder damit in bevorstehenden Verhandlungen damit rechnen müssen? In Kapitel 10 haben wir einige der Techniken von Roger Fisher, William Ury und Bruce Patton[16] vorgestellt, die unsauberen Methoden von Verhandlungspartnern Einhalt gebieten. Wir möchten hier kurz einige ihrer Ratschläge wiederholen:

Ignorieren des Verhaltens. Übersehen Sie das «schmutzige» oder unmoralische Verhalten. Das ist leichter gesagt als getan, aber manchmal verschwindet das

Verhalten, wenn man es einfach ignoriert. Der Gegner versucht vielleicht, Sie in Rage zu versetzen, Sie zu irritieren oder verrückt zu machen. Und wenn er merkt, daß Sie nicht reagieren, genügt das vielleicht schon. Vielleicht aber versteht er Ihre subtile Botschaft nicht und wendet weiterhin seine schmutzigen Tricks an. In dem Fall müssen Sie deutlicher werden.

Identifikation des Verhaltens. Der nächste Schritt besteht darin, auf das unleidliche Verhalten hinzuweisen. Greifen Sie dabei die Person nicht persönlich an. Teilen Sie einfach mit, daß Sie sich bewußt sind, was sie tut, und ein Problem mit ihrem Verhalten haben. Weisen Sie darauf hin, daß das Verhalten inakzeptabel ist. Wenn Sie solche Verhaltensweisen thematisieren, dann versuchen Sie Drohungen zu vermeiden. Nennen Sie das Kind beim Namen, aber ohne Wertungen. Weisen Sie auf spürbare Auswirkungen des Verhaltens hin und sagen Sie deutlich aber höflich, was Sie davon halten.[17]

Aussprechen einer Warnung. Wenn das Verhalten anhält, dann weisen Sie die andere Partei darauf hin, daß sie damit die Verhandlung gefährdet. Sie muß begreifen, daß Sie dieses Verhalten nicht hinnehmen und daß jeder verliert, wenn es so weiter geht und die Verhandlungen abgebrochen werden.

Verhandeln darüber, wie man verhandelt. Ein anderes Vorgehen besteht in einer Unterbrechung, in der man über Grundregeln diskutiert. Das sollte im günstigsten Fall bereits vor der Verhandlung geschehen. Da wir allerdings normalerweise nicht mit unmoralischem Verhalten rechnen, vergessen wir dies manchmal bei den Vorgesprächen und gehen einfach davon aus, daß sich die andere Partei schon nach Gesetz und Moral verhalten wird. Auch wenn von Anfang an Grundregeln festgelegt wurden, muß man sie überprüfen und sie bei dieser Gelegenheit verbessern.

Revanchieren. Vielleicht wollen Sie sich mit einer heftigen Beschimpfung, einem Wutausbruch oder sogar mit einer kompetitiven und unmoralischen Taktik revanchieren. Wir legen Ihnen sehr ans Herz, dem Wunsch nach Vergeltung nicht nachzugeben. Obwohl man gerne mit gleicher Münze zurückzahlen würde, ist dieser Weg nicht empfehlenswert! Er führt normalerweise nur zu verschärftem Taktieren und zu forcierten kompetitiven Reaktionen. Sie verlieren die Chance auf kooperative Verhandlungen sowie auf positive Ergebnisse auf beiden Seiten und setzen die Beziehung aufs Spiel.

Zusammenfassung

Moral spielt in Verhandlungen eine große Rolle. Wie wir in den vorherigen Kapiteln bereits erwähnt haben, verlangt eine erfolgreiche Verhandlungen bisweilen «ein bißchen» Unehrlichkeit – vor allem in einem wettbewerbsorientierten Kontext. Wir verlangen mehr, als wir in Wirklichkeit zu erreichen suchen. Wir sagen der anderen Partei nicht «die Wahrheit, die ganze Wahrheit und nichts als die Wahrheit», weil wir damit unsere Verhandlungsposition aufgeben würden. Wir übertreiben ein bißchen die Vorteile, die wir erzielen wollen, und spielen die Verhandlungsergebnisse herunter, die wir nicht wollen. Obwohl dies nicht absolut ehrlich ist, gehört es zum Verhandlungsalltag. Im Gegensatz dazu haben wir die Grenze zum hochgradig unmoralischen Verhalten überschritten, wenn wir die Fakten vollständig verzerren, die Informationen manipulieren, eindeutig lügen oder unseren Gegner bestehlen oder sabotieren.

Die Herausforderung besteht darin, daß sich beide Seiten vollkommen bewußt sind, wo die Grenze liegt, und dieses Bewußtsein aufrechterhalten, auch wenn es hoch hergeht. Bei guten Verhandlungen respektieren beide Parteien dieselben moralischen Regeln – sie sind sich über die Definition angemessenen und unangemessenen Verhaltens einig. Um diese Grenze eindeutig festzulegen, plädieren einige Verhandlungsführer für einen «Moralkodex», etwa in Form von schriftlich fixierten Regeln und Normen für die Verhandlung. Die Erstellung dieser Standards wäre allerdings angesichts der unterschiedlichen moralischen Vorstellungen unter den Menschen eine gewaltige Aufgabe. Da wir normalerweise jeden Tag in informellen Verhandlungen stecken, ist nicht klar, ob der «Kodex» über die formaleren Verhandlungen hinaus ausgedehnt werden könnte, die in speziellen Bereichen wie Arbeitgeber-Arbeitnehmer-Beziehungen, Immobilien oder im Verkauf stattfinden.

Die Verhandlungsteilnehmer – insbesondere solche, die regelmäßig mit größeren Verhandlungen zu tun haben – halten sich meist selbst in Schach. Und zwar deshalb, weil sie wissen, daß ein schlechter Ruf für das Geschäft schädlicher sein kann, als der Gewinn aus einer Einzelverhandlung. Außerdem verhandeln die meisten von uns immer wieder mit denselben Leuten – Ehepartnern, Zulieferern, Kunden, Kollegen, Partnern –, und dort würden unsere Taktiken schnell auffliegen. Ein schlechter Ruf, ein Verlust an Glaubwürdigkeit, die Weigerung anderer, mit uns zu verhandeln, sind weitaus schwerwiegender als alle kurzfristigen Vorteile, die wir aus unserem Gegenüber herausholen können.

KAPITEL 14 Verhandeln mit Repräsentanten und Teams

Gruppen können eine Verhandlung erschweren, egal ob es sich dabei um eine Gruppe von Personen oder um Teams handelt. Wenn mehr Parteien beteiligt sind, dann gibt es von allem mehr: mehr Meinungen, mehr Möglichkeiten, mehr Interessen – und es ist mehr Zeit erforderlich, um sich damit auseinanderzusetzen. Sie müssen alle diese Faktoren in Rechnung stellen, wenn Sie eine Verhandlung mit mehreren Parteien planen. Zunächst sollten Sie sich bewußt sein, daß es aufgrund dieser zusätzlichen Aktivitäts- und Komplexitätsschichten normalerweise viel schwieriger ist, eine aktive Kooperation zu erreichen.

Die Verbindung von Verhandlungen mit Gruppenprozessen zieht sich wie ein roter Faden durch dieses Kapitel. Wir legen Ihnen zusätzlich noch Literatur aus den Bereichen Gruppendynamik und Gruppenprozesse ans Herz.

Beschäftigen wir uns zunächst mit den Gruppen **Agenten** und **Publikum.** Unter «Agenten» versteht man Personen, die Ihre Sache in Verhandlungen vertreten. «Publikum» wird definiert als die Menschen, die von Ihnen vertreten werden und die Sie bei den Verhandlungen beobachten.

14.1 Agenten

Agenten oder Repräsentanten werden aus unterschiedlichen Gründen bei bestimmten Verhandlungen eingesetzt. Erstens hat ein Agent Fachkenntnisse in einem Themenbereich, den wir selbst nicht so beherrschen. Wir beauftragen zum Beispiel einen Immobilienhändler mit den Kaufverhandlungen für ein Haus, weil er sich darin besser auskennt. Wir ziehen einen Anwalt bei Konkursverhandlungen hinzu, weil er die Gesetze besser kennt als wir. Ein zweites Motiv für das Hinzuziehen eines Agenten ist seine Verhandlungserfahrung. Beispielsweise beauftragen Unternehmen oft Experten zur Abwicklung größerer Finanztransaktionen. Ein dritter Grund ist schließlich, daß Sie eventuell zu emotional involviert sind, um noch erfolgreich verhandeln zu können. Als distanzierte und unparteiische Repräsentanten einer Partei können diese Agenten sehr nützlich sein und einen besseren Vertrag als Sie aushandeln. Agenten sind vor allem dann nützlich, wenn die Hauptbeteiligten Kontrahenten sind.[1] Und schließlich werden sie auch dann hinzugezogen, wenn man es bei einer Partei mit einer Gruppe zu tun hat. Da eine Verhandlung zum Chaos wird, wenn alle gleichzeitig reden wollen, können solche Agenten den Diskussionsablauf steuern und strukturieren.

Einen Agenten einzusetzen kann Vor- und Nachteile haben. Plötzlich sind noch mehr Leute in die Verhandlung involviert, was die Meinungsvielfalt vergrößert. Selbst eine einfache Verhandlung zwischen zwei Personen wird komplexer, wenn sich jeder einen Agenten nimmt. Außerdem besteht die Möglichkeit, daß die Agenten nicht genau das tun, was Sie wollen! Obwohl die Parteien meist klare Instruktionen erteilen (was zu tun ist, wo man zustimmen kann etc.), vertreten Agenten oft die Meinung, daß sie diese Instruktionen nicht direkt einhalten können. Während man also einerseits von einem Agenten profitieren kann, besteht auch die Möglichkeit, daß er nicht das gewünschte Ergebnis erzielt. Und schließlich ist seine Serviceleistung selten kostenlos, was auch die Verhandlungskosten erhöht und bedeuten kann, daß Sie einen besseren Geschäftsabschluß erzielen müssen, als wenn Sie allein verhandelt hätten.

Auch die Kommunikation kann schwieriger werden, wenn ein Agent involviert ist, weil die Informationen zusätzlich gefiltert werden, wodurch Informationsverzerrungen wahrscheinlicher werden. Wenn die Parteien eine langjährige Beziehung hatten, dann entziehen sie sich unter Umständen einer direkten Kommunikation. Ein gutes Beispiel dafür ist eine Scheidung. Nach der Scheidung müssen vielleicht beide Parteien noch eine gewisse Beziehung pflegen (beispielsweise im Falle eines gemeinsamen Sorgerechts für die Kinder), überlassen aber die Verhandlungen ihren Anwälten. Obwohl die Anwälte vielleicht «prinzipiell» ein gutes Verhandlungsergebnis erzielt haben, übernehmen am besten die Eltern die Klärung der Details. Eine weitere Komplikation kann daraus entstehen, daß die Agenten selbst sich zerstreiten und ihre Auftraggeber nicht mehr vertreten können.

Auf der anderen Seite können die Agenten von zwei oder mehr Parteien auch eine Allianz eingehen, die Einfluß auf das Ergebnis hat. In diesem Fall können sie etwas «ausmauscheln», das zu ihrem eigenen Vorteil, aber nicht zu dem ihrer Klienten ist. Anwälte haben oft gute Beziehungen außerhalb des

Gerichtssaals, an denen ihnen mehr liegt als am optimalen Ergebnis für ihre Klienten. Obwohl wir von ihnen ein professionelles Verhalten erwarten (und es gibt entsprechende Moralkodizes dafür), trifft das leider nicht immer zu. Eine unausgewogene Vertretung kann ein weiteres Problem darstellen: Die eine Partei hat einen Agenten, die andere nicht, oder ihrer ist noch unerfahren in seinem Job.

Schließlich kann der Agent auch noch andere Ziele verfolgen. Vielleicht neigt er eher zu einem kooperativen oder auf einen Kompromiß abzielenden Vorgehen, während der Auftraggeber eher einen kompetitiven Stil bevorzugt. Oder umgekehrt. Es kann auch Unterschiede in den moralischen Werten oder den Definitionen für angemessenes Verhalten geben.

Wie bereits erwähnt, schätzt man Agenten häufig wegen ihres Fachwissens. Sie sind vielleicht Kapazitäten in bestimmten **Gebieten**, um die es bei der Verhandlung geht. Oder sie sind **Prozeßexperten**, die besondere Verhandlungskompetenzen besitzen. Oder sie haben **Einfluß**, der für die Verhandlung wichtig ist, wie etwa politische Beziehungen oder einen Kreis einflußreicher Freunde, an die sich wenden können (Lobbyisten sind ein gutes Beispiel für diesen Typus von Agenten). Wenn sich eine Partei aus vielen Personen zusammensetzt, dann ist ein Agent als Gruppenleiter oder Sprecher sinnvoll.

Der Agent kann eine starke Kontrolle über die Verhandlungsabläufe ausüben, wird aber von seinem Klienten (Auftraggeber) kontrolliert. Beispielsweise wird der Informationszugang eines Agenten begrenzt, um einem «Durchsickern» von Informationen den Riegel vorzuschieben. Dies kann zwar den Verhandlungsablauf verzögern, der Agent gewinnt damit aber auch Zeit, Konzessionen auszuhandeln. Weil er nämlich vor einer Entscheidung Rücksprache mit seinem Klienten halten muß, kann der Agent nicht zu einer Übereinkunft gedrängt werden, mit der sein Klient sich nicht einverstanden erklären wird. Wenn er allerdings ständig zwischen Verhandlungstisch und seinem Auftraggeber hin und her pendeln muß, kann dies den Prozeß wesentlich in die Länge ziehen.

Wenn Sie mit einem Agenten verhandeln oder selbst einen engagieren, dann müssen Sie folgende Dinge beachten:

- Wenn Sie selbst die Wahl haben, dann suchen Sie jemanden, der zu Ihnen paßt. Wenn Sie jemanden mit einer Verhandlung beauftragen, dann müssen Sie ihm vertrauen können und das Gefühl haben, daß sie zusammenarbeiten können.

- Vergewissern Sie sich, daß der Agent Ihre Ziele und Interessen kennt. Es dauert schon eine gewisse Zeit, bis er verstanden hat, was Sie erreichen wollen, was Ihre Ziele sind und an welchem Punkt Sie aussteigen. Dazu brauchen Sie vielleicht seine Fachkenntnisse – und wenn es sich um einen professionellen Vertreter handelt, dann wird er sie ohnehin zu diesen Punkten befragen.
- Klären Sie, ob Sie bei einigen oder bei allen Verhandlungen dabei sein wollen oder ob der Agent die gesamte Verhandlung selbständig durchführen soll. Wenn Sie anwesend sind, dann müssen Sie auch die Bedingungen kennen, unter denen Sie mitreden und teilnehmen können. Klären Sie mit dem Agenten ab, ob Sie separate und unabhängige Diskussionen mit der anderen Partei führen können. Es kann große Verwirrung stiften, wenn die Agenten Gespräche miteinander führen und gleichzeitig die Parteien direkt verhandeln, ohne daß die Agenten davon in Kenntnis gesetzt wurden.
- Stellen Sie klar, wie weit der Agent autorisiert ist, stellvertretend für Sie ein Geschäft abzuschließen. Muß er sich vor einer Einigung mit Ihnen abstimmen? Kann er eine vorläufige Einigung treffen? Kennt er die Grenzen einer möglichen Einigung?
- Stellen Sie sicher, daß Sie einen Terminplan für die Berichterstattung und den Verhandlungsverlauf diskutiert haben.
- Klären Sie, daß der Agent die Zahlungsbedingungen für seine Arbeitszeit und Leistung verstanden hat. Normalerweise kommen die Agenten von sich aus auf dieses Thema zu sprechen und erklären ihre Gebührenordnung – entweder einen prozentualen Anteil am Umsatz, Entlohnung auf Stundenbasis oder nach anderen Gebührensätzen. Denken Sie daran, daß Sie auch über diese Sätze verhandeln können! Vor allem unter starken Konkurrenzbedingungen ist das leicht möglich. Sie sollten das auf jeden Fall dann tun, wenn der Agent nur einen eingeschränkten Service bietet, aber versucht, den «Standardsatz» zu berechnen.

14.2 Das Publikum

Das Publikum kann jede Verhandlung beeinflussen, ob es nun groß, klein, einfach oder komplex ist. Wir beschäftigen uns in diesem Kapitel mit dem Thema, weil es in größeren Verhandlungen mit mehreren Parteien wahrscheinlich mehr in Erscheinung tritt und sich aktiver verhält. Unsere Ausführungen können aber auf das Publikum von Verhandlungen jeder Größenordnung angewandt werden.

14.2 Das Publikum

Wir benutzen den Begriff «Publikum», um die verschiedenen Verhandlungsbeobachter einzubeziehen: Auftraggeber (Personen, die die Verhandlungsführer oder Agenten direkt vertreten), andere Agenten und Repräsentanten sowie interessierte oder desinteressierte Zuschauer. Zum Publikum können auch die Kunden eines Unternehmens, die Aktionäre oder die Zulieferer gehören. Außerdem kann die andere Partei dazu zählen, weil auch sie den Ablauf beobachtet. In Tarifverhandlungen zählen auch die einfachen Arbeiter dazu, über deren Verträge verhandelt wird, Mitglieder des Managements, die nicht mit am Tisch sitzen, Kunden, Lieferanten und Aktionäre des Unternehmens. Auch andere gewerkschaftliche Organisationen beobachten diese Verhandlungen, um abzuschätzen, was sie in ihren eigenen bevorstehenden Verhandlungen erreichen können.

14.2.1 Der Einfluß des Publikums auf Verhandlungen

Das Publikum kann **direkt** oder **indirekt** in die Verhandlungsabläufe involviert sein. Der Beteiligungsgrad wird davon abhängen, um wen es sich handelt, was auf dem Spiel steht, wie einflußreich es ist und für welche Rolle es sich entschieden hat. In Kapitel 4 haben wir uns mit dem Einfluß der Auftraggeber auf die Verhandlungsteilnehmer befaßt. Wir stellen fest, daß Auftraggeber in kompetitiven Situationen einen großen Druck auf einen Verhandlungsführer ausüben – sie bestehen entschieden auf der Erreichung der feststehenden Ziele und machen ihren Unterhändler strikt verantwortlich für seine Leistung. In kooperativen Verhandlungen verhalten sie sich eher unterstützend und überlassen den Verhandlungsführern die Arbeit.

Ein Beispiel für ein indirekt involviertes Publikum sind die Einkäufer in einem Supermarkt, der in einen Tarifkonflikt mit seinen Angestellten verwickelt ist. Streikposten außerhalb des Supermarktes rufen die Einkäufer zum Boykott auf, dem sich dann auch einige anschließen. Diese Gruppe könnte ihre Solidarität mit den Angestellten bekunden, obwohl sie nicht an den Verhandlungen teilnimmt oder direkt von der endgültigen Einigung betroffen ist. Diejenigen Einkäufer, die sich dem Boykott nicht anschließen, haben ebenfalls ein Interesse am Ergebnis. Sie befürchten Preissteigerungen, wenn die Löhne angehoben werden.

Das Publikum, das direkt vom Ergebnis beeinflußt ist, ist auch vom Verhandlungsführer **abhängig**. Im obigen Beispiel wären die Angestellten von demjenigen abhängig, der die Verhandlungen führt (vielleicht ein Anwalt oder ein professioneller Unterhändler). Zudem könnten einige Supermarktangestellte selbst zum Verhandlungsteam gehören. Ein **unabhängiges** Publikum könnte das Management des Unternehmens sein, das über die Entwicklung Bescheid wissen und den Unterhändler unterstützen muß, das aber nur geringen Druck oder Einfluß darauf ausübt, wie diese Person ihre Arbeit macht.

Das Publikum kann in unterschiedlichem Ausmaß Druck auf den Verhandlungsführer ausüben. Schon reines Beobachten der Vorgänge kann Druck ausüben. Wenn Sie jemals versucht haben, etwas Diffiziles zu erledigen, während Sie jemand beobachtet, dann wissen Sie sicher, wie unsicher man werden kann. Dasselbe trifft für die Verhandlungsführer zu, die sehr darüber verunsichert werden können, was und wie sie etwas sagen, und wie die Öffentlichkeit auf ihr Verhalten reagiert. Das Publikum kann auch mündliche oder schriftliche Kommentare abgeben. Es kann häufige Rückmeldungen verlangen, die den Druck noch verstärken. Wenn sich der Auftraggeber unterstützend verhält, dann fühlt sich der Verhandlungsführer sicher und liefert einen genauen Rapport. Wenn er Ablehnung zeigt – wenn er etwa der Meinung ist, daß der Verhandlungsführer ihn nicht wie erwartet voll und akkurat vertritt –, dann könnte sich dieser dazu gezwungen sehen, die Informationen in seinem Bericht zu filtern.

Publikum oder Auftraggeber entscheiden vielleicht auch über seine Bezahlung. Manchmal wird er von seinem Auftraggeber für das Resultat haftbar gemacht. Deshalb sollte also vorher, und darauf haben wir bereits hingewiesen, die Frage der Bezahlung geklärt werden.

Alle diese Faktoren – ob einzeln oder in Kombination eingesetzt – können dazu führen, daß der Verhandlungsführer versucht, aus der Öffentlichkeit Vorteile zu ziehen. Er kann absichtlich einen Fall an die Öffentlichkeit bringen, um Sympathie für die Position seiner Partei zu gewinnen und um Konzessionen auszuweichen. Oder er kann den Auftraggeber beschuldigen, ihn zu einer hartnäckigen Position gezwungen zu haben. Außerdem könnte er taktisierend behaupten, für Konzessionen nur eingeschränkt autorisiert zu sein – ob das nun stimmt oder nicht.

Wenn ein Verhandlungsführer sich vor allem flexibel und kompromißbereit zeigen möchte, ist es eher angebracht, daß die Verhandlung privat stattfindet. Das ist in der höheren Diplomatie öfter der Fall, wo nach Tagen oder Wochen öffentlicher Planung sich kleine Gruppen an privaten Orten zu ungestörten «Marathon-Verhandlungen» treffen, bis sie eine Einigung erzielt haben. Die Einigung wird dann kollektiv bekanntgegeben, um dem Druck der Öffentlichkeit zu entgehen – besonders dem der Auftraggeber. Ein anderes

Vorgehen sind informelle Gespräche und inoffizielle Diskussionen in den Pausen und bei anderen weniger öffentlich registrierten Gelegenheiten. Manchmal werden entscheidende Zugeständnisse und Durchbrüche von den Hauptverhandlungsführern auf dem Flur oder in der Kaffeepause erreicht, die dann am Verhandlungstisch formal abgesegnet werden.

Die Verhandlungsführer können die Situation auch über Vorgesetzte, Mittelsmänner oder Auftraggeber indirekt manipulieren. Das einzige Problem bei dem Versuch, die etablierten Normen für die Verhandlung zu umgehen, ist, daß die Verhandlungsführer riskieren, die andere Partei dadurch zu verärgern. Wenn sie jemanden «umgehen», statt direkt mit ihm zu verhandeln, müssen sie damit rechnen, daß diese Partei aus der Fassung gerät und Vergeltung dafür sucht, daß sie ignoriert wurde.

Die Öffentlichkeit kann die Verhandlung wirkungsvoll beeinflussen, wenn sie gut organisiert ist und über die notwendigen finanziellen Mittel verfügt. Unterschiedliche politische Lobbygruppen, Anwaltsgruppen und öffentliche Interessenvertretungen sind dazu in der Lage, Geld und großen Einfluß aufzubringen, um Politiker in ihrem eigenen Interesse zu beeinflussen.

14.2.2 Öffentlichkeit und Medien als Publikum

Verhandlungsführer kommunizieren mit der Öffentlichkeit über die Medien. Die Medien sind häufig präsent, ob man dies nun für wünschenswert hält oder nicht. Die Verhandlungsführer ziehen es oft vor, die Diskussionen vertraulich zu behandeln, aber die Medien versuchen daraus eine Story zu machen. Ein Verhandlungsführer muß wissen, wie er die Medien zu seinem Vorteil einsetzen kann (und das kann auch manipulieren heißen), um entweder die Position der anderen Partei zu unterstützen oder zu untergraben, um eine Privatsphäre zu wahren oder taktische öffentliche Enthüllungen zu machen.

Medien spielen besonders häufig bei öffentliche Verhandlungen eine Rolle, wie etwa bei Regierungskonflikten, im internationalen Rahmen und bei Tarifkonflikten. Dazu kommt es, weil die Öffentlichkeit ein Recht darauf hat, «zu wissen, was los ist», weil das Ergebnis eine Nachricht wert ist und viele Menschen betrifft, oder weil die Verhandlungsführer vielleicht zur öffentlichen Enthüllung und Darstellung als taktische Mittel greifen wollen. Bei Großereignissen kann der Umgang mit den Medien zu einem Full-time-Job werden. Oft geht dadurch Zeit für die eigentliche Verhandlungsarbeit verloren, und deshalb beauftragt man am besten einige Personen nur damit, Kontakt zu den Medien zu halten. Es gibt allerdings keinen Zweifel an der positiven Wirkung einer Fotokonferenz, die eine Partei umgeben von ihren Auftraggebern zeigt, die sich ganz offensichtlich alle einig sind und hinter der Hauptperson stehen.

Je mehr die Öffentlichkeit bei dem Ergebnis involviert ist, desto unterstützender wird sie sich wahrscheinlich verhalten (vorausgesetzt, sie stimmt der Position des Verhandlungsführers oder dem scheinbar zu erwartenden Ergebnis zu). Je gravierender die Konsequenzen sind, die aus einem Scheitern der Verhandlung entstehen können, desto eher wird die Öffentlichkeit involviert. Dies ist zum Beispiel der Fall, wenn ein größerer Streik zentrale Dienstleistungen wie Busse, Züge, Flugverkehr, Rettungsdienste und so weiter lahmlegt. Manchmal allerdings kann die betroffene Öffentlichkeit weniger Einfluß nehmen, als sie das vielleicht möchte.

Die Manöver eines Verhandlungsführers können auf der antizipierten Reaktion der Öffentlichkeit beruhen. Sie können auch so kalkuliert sein, daß sie sein persönliches Gesicht wahren – vor allem wenn sein Ruf auf dem Spiel steht. Verhandlungsführer verhalten sich normalerweise konkurrenzorientierter, wenn sie beobachtet werden,[2] weil sie an einer günstigen Beurteilung ihrer Auftraggeber interessiert sind, was sie am besten dadurch erreichen, daß sie sich stark und leidenschaftlich für die Wünsche ihrer Auftraggeber einsetzen. **Wenn also die Verhandlungen öffentlich stattfinden, dann wird ein Verhandlungsführer schwerer von einer Kooperation zu überzeugen sein,** weil das so aussähe, als würde er sich an die andere Seite verkaufen. Obwohl es sich statistisch nicht nachweisen läßt, sind die meisten Verhandlungsführer davon überzeugt, daß «öffentliche Verhandlungen» zu schlechteren Ergebnissen führen.

Deshalb spricht viel dafür, die Verhandlungen privat abzuhalten, weil dann die Öffentlichkeit weniger Druck ausüben kann. Das Dilemma dabei ist nur, wie man dann die Angebote und Forderungen beider Auftraggeber unter einen Hut bringen kann. Wenn es irgendwie möglich ist, müssen getrennte Beziehungen mit dem Auftraggeber und den anderen Parteien unterhalten werden. Manchmal versuchen die Verhandlungsführer beide Seiten gegeneinander auszuspielen (siehe beispielsweise die Beschreibung der Taktik der «begrenzten Autorität» in Kapitel 3: «Ich würde ja gerne darauf eingehen, aber meine Auftraggeber wollen es nicht»), aber das kann zu einem gefährlichen Spiel werden und ins Auge gehen.

14.3 Teamverhandlungen

Von Teamverhandlungen spricht man, wenn auf jeder Seite zwei oder mehr Personen beteiligt sind. Die Mitglieder eines Verhandlungsteams arbeiten zusammen und zeigen grundsätzlich dieselben Reaktionen und Interessen. Wenn die Gruppe allerdings größer wird, dann ist der Prozeß weniger kontrollierbar. Zu den Teammitgliedern können der Sprecher, ein Agent, Experten, Anwälte für kleinere Gruppen innerhalb der Gesamtgruppe, Rechts- oder Finanzberater, ein Berichterstatter, ein Beobachter, ein Statistiker etc. gehören.

Teamverhandlungen sind zwischen Arbeitgebern und Arbeitnehmern, in der Diplomatie und bei Geschäftsverhandlungen weit verbreitet. In solchen Fällen besteht eine Partei zwar aus vielen Personen, aber es gibt vielleicht nur einen Sprecher oder Agenten, der die Gesamtgruppe repräsentiert. Der größte Teil der «formalen» Kommunikation zwischen den Parteien läuft über den Sprecher ab, und dadurch wird jede ungewollte Enthüllung von Informationen eingeschränkt. Die Sprecher insistieren normalerweise auf strikter Disziplin innerhalb des Teams – vor allem wenn es mit dem anderen Team an einem Tisch sitzt –, so daß einzelne nicht aus der Schule plaudern, vertrauliche Informationen weitergeben oder nicht autorisierte Abkommen treffen können.

Laut einer Untersuchung[3] setzen immer mehr Unternehmen Teams für kurz- und langfristige Aufgaben ein. Kurzfristige Teams arbeiten an einzelnen Themen und zielen auf schnelle Lösungen, wohingegen langfristige Teams sich eher komplexeren Fragen zuwenden, wie etwa der Entwicklung neuer Produkte, der Integration von Information und Service über verschiedene Abteilungen oder geographische Regionen hinweg oder dem Aufbau von Beteiligungen oder strategischen Allianzen. Beteiligungen und Allianzen gewinnen angesichts des globalen Wettbewerbs zunehmend an Bedeutung. Sie können zu einer Notwendigkeit für das Überleben einer Firma werden oder ein Unternehmen auf den neuesten Stand der industriellen Entwicklung bringen.[4] Wir erwähnen die strategischen Allianzen hier nicht nur, weil sie generell von den Institutionen politisch unterstützt werden müssen, die sich um solche Wege bemühen, sondern auch ausgeprägte Verhandlungsfähigkeiten verlangen.

Moderne Teams arbeiten abteilungsübergreifend. Sie bestehen aus Mitgliedern, die viele unterschiedliche Perspektiven und Fähigkeiten aus verschiedenen Funktionsbereichen einer Firma oder Organisation mitbringen. Jeder einzelne arbeitet als «Vertreter» der Ziele und Interessen seiner eigenen Abteilung sowie der allgemeinen Ziele des Teams. Es ist wichtig, daß jeder in

Teambildung und Konfliktmanagement geschult wird, weil die verschiedenen Abteilungen, Perspektiven, Interessen und Persönlichkeiten zu Uneinigkeiten führen können.

14.3.1 Erfolgsfaktoren

Aus Untersuchungen über erfolgreiche Teams[5] geht hervor, daß die Teamarbeit von allen Teilen eines Unternehmens[6] unterstützt werden muß und nicht nur von dem Bereich, in dem das Team gebildet wurde. In Unternehmen wie Ford oder Xerox haben selbstorganisierte Arbeitsteams zu einem starken Anstieg der Effizienz geführt.[7] Zudem muß die Teamentwicklung graduell verlaufen. Teams unterlaufen einem Entwicklungsprozeß, und verschiedene Probleme tauchen erst im Lauf der Zusammenarbeit auf. Teams sind erfolgreicher,[8] wenn ihr Einsatz sorgfältig geplant wurde, obwohl es wahrscheinlich unmöglich ist, alle notwendigen Schritte vorherzusehen oder vorher schon zu wissen, wie sie durchgeführt werden können. Anfangs braucht das Team die Anleitung einer Führungsperson, die es versteht, die Mitglieder zu coachen. Die einzelnen Rollen der Teammitglieder sowie das Team insgesamt werden sich mit der Entwicklung des Teams verändern.

Das Team muß autorisiert sein und über die entsprechenden Informationen verfügen, um seine Arbeit auch erledigen zu können. Bei der Xerox Corporation gibt es eine erfolgreiche Teambeziehung zu den 6200 gewerkschaftlich organisierten Montagearbeitern. Xerox informiert die Gewerkschaftsvertreter über die interne Finanzsituation und erklärt ihnen, wie sie die wichtigen Unternehmensberichte richtig lesen und interpretieren können,[9] deren Intention, Richtung oder Botschaft allerdings eindeutig sein muß. Ihre Grenzen[10] müssen ebenfalls definiert sein. Die Teammitglieder müssen zur Teilnahme und Mitarbeit bereit sein und lernen, sich gegenseitig und auch dem Unternehmen zu vertrauen. Zudem muß die Fähigkeit zum Feedback entwickelt werden. Das Bewertungssystem muß mit den vom Team übernommenen Aufgaben korrespondieren.

Die Schwierigkeiten eines Teams bestehen darin, die Gruppeninteressen zu wahren – sich also nicht einfach als eine Gruppe von einzelnen zu verhalten – und gleichzeitig die individuellen Perspektiven und die Hauptinteressen der entsprechenden Abteilungen und Divisionen im Auge zu behalten. Die Teammitglieder müssen Risiken tragen und ihre Überzeugungen vertreten können (auch wenn sie persönlich anderer Meinung als das Team sind), und sie müssen ihre Meinungen ohne Angst vor Spott und Vergeltung artikulieren können.

14.3 Teamverhandlungen

Ein erfolgreiches Team verhält sich kohäsiv und offen, kann seine Gefühle ausdrücken und die Meinungen der anderen bewerten. Sie haben vielleicht bemerkt, daß diese Beschreibung erfolgreicher Teamarbeit starke Parallelen mit der Durchführung einer kooperativen Strategie aufweist, bei der die Parteien zusammenarbeiten, um die Ressourcen effektiver einzusetzen.

Eine Studie von Hans J. Thamhain[11] nennt 15 entscheidende Faktoren für erfolgreiche Teams:

Aufgabenorientierte Faktoren
1. Pläne
2. Führung
3. Autonomie
4. Erfahrung
5. Transparenz

Personenorientierte Faktoren
6. Zufriedenheit mit der Arbeit
7. Gegenseitiges Vertrauen
8. Positive Kommunikation
9. Minimale Konflikte
10. Minimales persönliches Risiko

Unternehmensorientierte Faktoren
11. Teamstabilität
12. Verfügbarkeit von Ressourcen
13. Starke Managementbeteiligung
14. Stabile Ziele und Prioritäten
15. Ausreichende Entlohnung und Anerkennung

14.3.2 Fallen und Probleme

Es mag einfach erscheinen, ein Team aufzustellen, aber es verlangt harte Arbeit von jedem Beteiligten, damit es auch Erfolg hat, besonders wenn das Teamkonzept noch neu für ein Unternehmen ist. Wenn Sie an der Umsetzung eines Teams beteiligt sind, achten Sie auf die folgenden Gefahren:[12]

- Man verwendet einfach den Begriff «Team», ohne zu erklären, wie es funktionieren soll – in der Annahme, daß es auch so funktioniert wie ein Team, wenn man es «Team» nennt. Ein wirkliches Team erfordert viel mehr Koordinations- und Integrationsaufwand als eine «Gruppe».

- Es steht kein Teamleiter zur Verfügung. Darauf kommt es aber vor allem am Anfang an, wenn das Team Anleitung, Moderation und Feedback braucht. Wenn die Gruppe keinen formalen Teamleiter hat, dann sollte sie einen aus den eigenen Reihen mit dieser Aufgabe betrauen.
- Das Team soll ohne Unterstützung des oberen Managements allein arbeiten. Wird das Team isoliert, dann verliert es sein Ziel aus den Augen und die Fähigkeit, sein Vorhaben auch umzusetzen. Ein Team muß innerhalb eines Systems arbeiten und braucht deshalb dessen Unterstützung.
- Es werden keine Richtungsvorgaben gemacht, oder das Team darf keine eigenen Ziele und Visionen entwickeln.
- Die Ausbildung aller (nicht nur der Teammitglieder) sowie die Ressourcen, über die ein Team verfügen muß, wenn es zu Konflikten kommt und das Team zusammenbricht, werden nicht berücksichtigt.

Eine andere Gefahr bei einem Teambildungsversuch ist übertriebene Begeisterung ohne Kontrolle. Unternehmen springen auf den fahrenden Zug der Empowerment-Bewegung auf, vergessen dann aber zu kontrollieren, wie die Gruppe arbeitet, oder zu prüfen, ob das Team über die Ressourcen, das Fachwissen oder die Autorität verfügt, um die Arbeit auch durchführen zu können. Sie vergessen, daß es darum geht, daß die Gruppe als Team entscheidet, nicht darum, daß eine «ermächtigte» Person die Führung übernimmt. Wenn es dazu kommen sollte, dürfte wohl kaum eine Revidierung realistisch sein.

Teamarbeit entsteht auch nicht automatisch. Es ist Training dazu notwendig. Und dabei muß berücksichtigt werden, daß einige Beteiligte jahrelang auf ein und dieselbe Weise gearbeitet haben, so daß es schwierig sein wird, ihre Verhaltensweisen zu ändern. Mitarbeiter, die jahrelang als reine Befehlsempfänger behandelt worden waren, dürfte ein Empowerment-Prinzip wohl nur schwer vermittelbar sein.[13]

14.3.3 Lebenszyklus und Phasen[14] von Teams

Teamarbeit umzusetzen kann sich als eine große Herausforderung erweisen. Viele Teams scheinen einem bestimmten «Lebenszyklus» zu folgen. Zu Beginn gibt es normalerweise Widerstand gegen den neuen Weg. Dann kommt eine Phase des Informationsaustauschs und des Aufbaus von Erwartungen, gefolgt von der Verpflichtung auf spezielle Rollen und Erwartungen.

Wenn ein Team seine Erfahrungen macht, gibt es eine Phase der Stabilität. Die Personen halten sich an ihre Verpflichtungen, und die Gruppe produziert

Ergebnisse. Der Erfolg motiviert und vermittelt ein Hochgefühl, das die Gruppe weiter anspornt.

Wenn das Team älter wird, kann es in mehr Schwierigkeiten geraten, es kann mehr Konflikte geben und die Kommunikation kann ins Stocken geraten. Es kann schwer werden, sich fair zueinander zu verhalten. Wenn die Gruppenmitglieder anfangen, über ihre Gedanken und Gefühle zu reflektieren, können dabei einige Interessen unter den Tisch fallen.

In reifen Gruppen können die Mitglieder in ihre alten Gewohnheiten zurückfallen, ihre ursprüngliche Motivation verlieren oder frustriert sein, weil sie bei anderen Teilen des Systems auflaufen, die ihnen keine adäquate Hilfe und Unterstützung geben. Es kommt zu einem Chaos. Die Erwartungen werden nicht erfüllt, und es können Ressentiments auftauchen. Man zeigt mit dem Finger auf andere. Es herrscht Verärgerung und Desillusionierung.

Solchen Problemen auf dieser Stufe kann man begegnen, indem man versucht, die Störungen aufzulösen oder zu ignorieren (obwohl sie bestimmt wieder auftreten werden), wieder neu anzufangen oder die Rolle der Erwartungen «neu auszuhandeln», wobei man öffentlich über die Erwartung an das Team und seine Mitglieder diskutiert und sich an die Beseitigung aller Störungen und Blockaden macht. Aber keine dieser Möglichkeiten löst die Probleme wirklich. Besser ist es, man rechnet von Anfang an mit diesen Schwierigkeiten, versucht sie zu antizipieren und im Vorfeld auszuschalten.

Wenn sich eine Gruppe derart festgefahren hat, können Sie folgendes tun, um das Team wieder auf Produktivitätskurs zu bringen.[15]

- Stellen Sie sicher, daß die Unternehmenskultur Teams unterstützt.
- Informieren Sie die Gruppe darüber, daß Hoch- und Tiefphasen völlig normal sind, und es durchzuhalten gilt, um weiterzukommen.
- Ziehen Sie Weiterbildungsmaßnahmen und Schulungen in Erwägung oder engagieren Sie einen Prozeßberater.
- Helfen Sie bei Problemlösungen sowie dem Erwerb personeller und technischer Kompetenzen.
- Sorgen Sie für andere Aufgaben und Arbeitspläne, falls Teammitglieder abgezogen werden müssen, um unproduktive persönliche Konflikte innerhalb des Teams zu beenden.
- Dehnen Sie das Team auf andere Teile des Unternehmens aus oder versuchen Sie, externe Barrieren abzubauen, die die Teamarbeit behindern.
- Zeigen Sie den Mitgliedern die größere Perspektive auf (durch Informationen), damit Sie den Kontext besser verstehen.

- Stellen Sie klar, daß das persönliche Wachstum der Mitglieder und des Teams insgesamt ebenfalls Ziele sind – helfen Sie bei Konflikten.
- Betrachten Sie das Team als einen Prozeß zur Verfeinerung und Verbesserung.
- Erkennen Sie die Erfolge der Gruppe an und stellen Sie sicher, daß sie viel Anerkennung, Zustimmung und Transparenz erfährt.

Teams, die aus dem oberen Management zusammengesetzt sind, verhalten sich eher kompetitiv als kooperativ[16] – im Gegensatz zu Teams aus den unteren Ebenen. Außerdem ist es schwieriger, langjährige Manager und andere Mitarbeiter zu einer Umstellung auf neue Regeln zu motivieren, vor allem wenn sie sich lange Zeit nach anderen gerichtet haben. Trotz dieser Konflikte können Manager von einer Kooperation profitieren. Man muß betonen, daß die individuellen Differenzen eine Stärke darstellen. Zudem müssen Gruppen zu ihren Fehlern stehen können, damit sie auch daraus lernen können. Gruppen aus den oberen Etagen fällt auch das schwerer.

14.3.4 Wenn es zu Konflikten kommt

Konflikte innerhalb eines Teams[17] können auf zweifache Weise gelöst werden: Die Parteien können direkt miteinander verhandeln, oder eine dritte Partei (entweder ein Teammitglied, der Teamleiter oder ein Außenstehender) interveniert mit einem Vermittlungsprozeß, der dem in Kapitel 11 beschriebenen sehr ähnlich ist. Wenn eine dritte Partei eingreift, dann geschieht das in den folgenden Schritten:

- Der Berater diskutiert die Probleme mit den Parteien.
- Die Parteien diskutieren offen und ehrlich über ihre Erwartungen.
- Alle Erwartungen werden schriftlich festgehalten.
- Die Erwartungen müssen von beiden Parteien verstanden (obwohl nicht notwendigerweise akzeptiert) werden.
- Die Parteien einigen sich (mit der dritten Partei) auf eine Tagesordnung der zu diskutierenden Probleme.
- Die Verhandlung läuft zwischen den beiden Parteien ab (unter Supervision der dritten).
- Wenn möglich, sollen Druck und Drohungen vermieden werden.
- Wird eine explizite Einigung erreicht, dann wird sie schriftlich fixiert.
- Die Parteien vertagen sich, prüfen die Übereinkunft und kehren – wenn nötig – an den Verhandlungstisch zurück.

14.3.5 Training in Gruppen- und Teamarbeit

Für jede erfolgreiche Gruppen- oder Teamarbeit müssen die Mitglieder ausgebildet werden. Training ist der Schlüssel zu erfolgreichen Teams. Eine Untersuchung aus dem Jahr 1990 zeigt allerdings, daß nur 5 Prozent der Unternehmen ihre Mitarbeiter in Gruppenarbeit oder Problemlösungsfindung schulen.[18] Obwohl keine Statistiken vorliegen, sind explizite Trainings in Konfliktmanagement und Verhandlungen oft noch seltener. Je mehr Teams es gibt, desto mehr steigt der Bedarf an guten Trainingsprogrammen.

Es gibt jedoch eine Reihe von Trainingsmöglichkeiten für Teammitglieder. Eine davon ist das **Rollenspiel** bzw. die **Simulation**.[19] Dabei suchen die Teammitglieder anhand von nachgestellten oder echten Situationen Problemlösungen. Der Vorteil dieser Methode gegenüber den herkömmlichen Lernverfahren besteht darin, daß die Mitglieder während des Lernens bereits mit dem tatsächlichen Verhalten experimentieren können. Sie erfahren die Stärke von Gruppenarbeit im Gegensatz zur Einzelarbeit. Sie lernen, sich gegenseitig zu vertrauen, zusammenzuarbeiten und sich untereinander Feedback zu geben. Ebenso lernen sie auch den Umgang mit Konfliktlösungen.

Bei Simulationen ist das Feedback des Trainers oder Moderators an die Mitglieder besonders wichtig. Obwohl die Mitglieder bereits viel über die konkrete Teilnahme und die Ergebnisse des Rollenspiels lernen, brauchen sie dennoch eine «Einsatzbesprechung», und zwar als Einzelpersonen sowie als Gruppe. Sie brauchen einen objektiven Beobachter, der ihnen sagt, was sie richtig oder falsch machen.

14.4 Verhandlungen zwischen mehreren Parteien

Wir kommen jetzt auf das Hauptthema dieses Kapitels zurück – Verhandlungen, bei denen mehr als zwei Parteien beteiligt sind.[20] Wenn mehr Parteien bei einer Verhandlung hinzukommen und die Komplexität ansteigt, dann werden die Verhandlungen sehr viel störungsanfälliger. Deshalb müssen sich Teilnehmer für ein sehr vorsichtiges Prozeßmanagement engagieren, wenn sie einen Erfolg erzielen wollen. Sehen wir uns im folgenden den Einfluß von verschiedenen Aspekten auf die Verhandlungssituation mit mehreren Parteien genauer an.

14.4.1 Anzahl der Parteien und Personen

Wenn auf einer oder beiden Seiten neue Personen oder Parteien bei einer Verhandlung ins Spiel kommen, dann werden alle Verhandlungsaspekte tangiert: Personen, Themen, Interessen und Zeit. Es dauert einfach länger, bis jede Partei gehört wurde. Die einzelnen bringen verschiedene Verhandlungsgegenstände, Interessen und Probleme ein. Die Menschen sind an ihrem «Image» bei den anderen interessiert. Manchmal können soziale oder politische Interessen auftauchen, und es kann zu Statusproblemen kommen, wenn einer oder einige wenige in einer Gruppe einen höheren Status als die anderen haben. Die mit höherem Status dominieren dann vielleicht und die anderen kommen nicht richtig zu Wort. Ein Beispiel wäre eine Gruppe aus vier Vizepräsidenten und einem Manager – eine Konstellation, in der der Manager höchstwahrscheinlich keine Gelegenheit findet, seine Interessen zu artikulieren.

Es kann auch zu Problemen führen, wenn Anzahl und Typ der auf beiden Seiten Beteiligten stark variieren. Vielleicht hat eine Partei Experten als Zeugen oder andere Autoritäten zur Unterstützung ihrer Position dabei. Eine solche Übermacht kann die andere Partei einschüchtern. Ein solcher Auftritt kann eine beeindruckende Demonstration von Stärke sein, aber gleichzeitig störend und irritierend wirken. Außerdem kann sich dieser massive Auftritt auch für die eigene Partei zum Nachteil entwickeln: Eine so große Gruppe ist schwieriger zu leiten und kann desorganisiert wirken; die Gruppe kann unter Umständen ihre Position in der Verhandlung nicht mehr überzeugend vertreten.

14.4.2 Komplexität der Information

Sind mehrere Parteien beteiligt, dann gibt es auch mehr Fragen und Probleme, Perspektiven, Informationen, Fakten, Werte, Berichte, und zwar unter Umständen von jedem einzelnen Mitglied der Partei. Wenn sich die Informationsbasis verbreitet, kann man kaum noch alles im Griff behalten. Die Verhandlungsgegenstände müssen in diesem Fall ganz klar entwickelt und festgelegt werden, damit die Diskussion nicht von einem Thema zum anderen springt (oder von einer kleinen Gruppe manipuliert wird, die den Ablauf dominieren möchte). Es müssen dann vielleicht spezielle «Schiedsrichter» ernannt werden, die die Gespräche dirigieren, die Parteien bei der Stange halten und eine gewisse Ordnung in den Ablauf bringen.

14.4.3 Soziale Komplexität

Mit der Größe einer Gruppe verändert sich auch ihre Dynamik. In einer kleinen Gruppe kann jeder frei teilnehmen – was er normalerweise auch tut. Es kann zwar Konformitätsdruck geben, aber für gewöhnlich ist dieser nicht so stark. Wird die Gruppe allerdings größer, dann wird sie auch inhomogener, so daß es wahrscheinlich mehr Unterschiede gibt und schwieriger wird, eine Lösung zu finden, die alle zufriedenstellt. Das kann positiv oder negativ sein. Es kann mehr Aufwand bedeuten, um Konformität und Konsens zu erreichen. Andererseits können aber wichtige Informationen übersehen werden, wenn jeder darin übereinstimmt, trotz der Unterschiede eine «gemeinsame Front» zu bilden.

14.4.4 Komplexität des Prozesses

Wenn zwei Parteien verhandeln, dann können sich beide Seiten abwechseln – zuerst spricht die eine, dann die andere. Wenn aber zur Verhandlung noch Parteien hinzukommen, dann wird der Prozeß komplizierter. Wenn mehr Leute etwas sagen wollen, dann dauert das Ganze eben auch länger. Gleichzeitig haben viele mehr Hemmungen, vor einer großen Gruppe zu sprechen, und äußern sich deshalb auch seltener. Wenn eine Partei Einfluß zu nehmen oder die Verhandlung zu bestimmen versucht,[21] dann sind die Regeln schwerer anzuwenden. Der Verlauf gerät leichter aus den Fugen.

Deshalb sollten in solchen Fällen spezielle Verlaufsregeln *vor* der Verhandlung aufgestellt werden. Alle Parteien müssen mit diesen Regeln einverstanden sein. Oder es kann, wie bereits erwähnt, sinnvoll sein, wenn jemand die Rolle eines Schiedsrichters oder Moderators übernimmt, damit die Gruppe in einer geordneten Weise arbeitet.

14.4.5 Komplexität der Strategien

In einer Verhandlung zwischen zwei Parteien gibt es normalerweise nur zwei Strategien: Die der einen Partei und die der anderen. In Verhandlungen zwischen mehreren entsteht ein größerer Koordinationsaufwand, weil jede Partei eine spezielle Haltung relativ zu jeder anderen Partei einnehmen kann. Die Parteien können einzeln miteinander verhandeln oder mit einer anderen Partei als Gruppe. Wenn Sie beispielsweise Partei C sind und sich zu einem Zeitpunkt zur Verhandlung mit einer Partei entscheiden, dann wird Partei B Sie dabei beobachten, wie Sie mit Partei A interagieren, und das hat Einfluß auf Ihre Verhandlung mit B. Vor allem einflußreiche Auftraggeber müssen in diese Gleichung mit eingerechnet werden.

Diese strategische Komplexität führt normalerweise zu einem konkurrenzorientierterem Verhalten. Die Parteien können sich einfacher hinter ihren Positionen verschanzen und ihre Härte demonstrieren (besonders wenn sie von mehreren Parteien und von einer einflußreichen Öffentlichkeit beobachtet werden). Das macht Konzessionen für alle Beteiligten schwerer, weil jeder daran denkt, daß ein versöhnliches Verhalten von der Öffentlichkeit oder den anderen Parteien als Schwäche ausgelegt wird. Wie in allen Verhandlungen sind die Parteien mit realistischen BATNAs in einer besseren Position als diejenigen ohne Alternativen.

Eine Strategie für den Umgang mit der Komplexität in Verhandlungen zwischen mehreren Parteien besteht darin, sich mit einer anderen zu verbünden. Eine solche Koalition kann Stärke und Einfluß verschaffen und sich als entscheidender Vorteil erweisen – aber aller Wahrscheinlichkeit nach auf Kosten einer kooperativen Verhandlung. Zahlenmäßige Überlegenheit und die Aussicht auf eine dominante Koalition drängen kooperative Prozesse wahrscheinlich in den Hintergrund.

Aus den angeführten Gründen liegt es nahe, die Zahl der direkt in die Verhandlung involvierten Personen zu kontrollieren (wenn möglich) und solche Verhandlungen mit Bedacht zu führen.

14.5 Durchführung von Verhandlungen mit Gruppenprozessen

Solche Verhandlungen sind sehr kompliziert und verlangen viel Fingerspitzengefühl, um sie zu einem erfolgreichen Abschluß zu führen. Es ist schon schwierig genug, mit vielen Beteiligten zurechtzukommen, wenn sie einmal grundsätzlich auf einer Linie liegen. Wenn es allerdings Streit gibt, dann ist die Aufgabe noch schwieriger. In diesem Abschnitt machen wir Vorschläge für das Management von Gruppenprozessen, so daß alle Seiten fair und vollständig repräsentiert sind.

Bevor der Prozeß tatsächlich anlaufen kann, muß man viele Faktoren berücksichtigen. Dazu gehören die Bedingungen des Meetings, wie etwa Beleuchtung, Lärmpegel, Belüftung, Temperatur, Raumaufteilung (zum Beispiel, wo die Personen sitzen, ob es einen großen Tisch gibt etc.), Gruppengröße und

14.5 Durchführung von Verhandlungen mit Gruppenprozessen

Sitzordnung (zum Beispiel zufällig, alphabetisch, die Haupt-Verhandlungsführer sitzen sich gegenüber). Dauert die Sitzung lang, dann bieten größere Räume mehr Gelegenheiten, daß sich die Personen verteilen und auch wohler fühlen können. Die Parteien und Mitglieder müssen über Tischkarten oder Namensschilder identifizierbar sein. Man braucht auch Papier und Bleistifte für alle. Eine Tafel oder ein Flipchart eignen sich hervorragend für die Darstellung von Ideen, zur Strukturierung der Tagesordnung und zum Notieren von Anträgen, Antragsänderungen und zur Vorformulierung von Dokumenten.

14.5.1 Brauchen Sie einen Moderator?

Eine unparteiische, neutrale Person als Vorsitzender oder Moderator einer Verhandlung hat Vorteile. Den Vorsitz sollte jemand übernehmen, für den nichts auf dem Spiel steht und der auch nicht von dem Resultat betroffen wird, der aber den Gruppenprozeß aktiv strukturieren und kontrollieren kann. Diese Position kann von einem Berater oder Vermittler übernommen werden (siehe Kapitel 11).

14.5.2 Stellen Sie sicher, daß jeder weiß, worum es geht

Erstens ist es entscheidend, daß jeder die Kosten einer gescheiterten Verhandlung kennt.[22] Das heißt, hat die Gruppe eine realistische Alternative, und sind die Parteien dazu bereit, sich für sie zu entscheiden, wenn die erreichte Lösung zu unbefriedigend ist? Die Kosten sind normalerweise für jede Verhandlungsseite unterschiedlich hoch. Jede Partei muß sich klar darüber werden, was geschieht, wenn keine Einigung zustande kommt. Trifft jemand anderes dann die Entscheidung? Oder gibt es keine?

Ein anderer wichtiger Bereich betrifft die verfügbaren Optionen der Gruppe. Jeder muß alle Möglichkeiten kennen und verstehen. Untersuchungen legen nahe, daß das normalerweise in Verhandlungen zwischen mehreren Parteien nicht der Fall ist.[23] Diese sind dadurch wesentlich mehr Verwirrung und Fehlinformationen ausgesetzt. Deswegen kann es sinnvoll sein, alle möglichen verfügbaren Optionen sowie Alternativen aufzulisten, zu prüfen und zu diskutieren, wenn die Gruppe sich dem Problem zuwendet.

14.5.3 Legen Sie fest, wie Entscheidungen getroffen werden

Da Verhandlungen von mehreren Parteien einen komplexen Prozeß darstellen, braucht man einen Plan für den Verhandlungsablauf. Die Parteien müssen ihre Erwartungen kennen sowie die Möglichkeit haben, nötigenfalls den Ablauf zu ändern. Die Entscheidung darüber, wie die Einigung oder die Entscheidung zustande kommen soll, kann voller Schwierigkeiten stecken. Wer soll entscheiden, und wie soll entschieden werden?

Gruppenentscheidungen werden oft von einer Minderheit getroffen. Wenn eine Partei aufgrund von Macht, Status oder schlichter Überzeugungskraft stärker als die andere ist, werden sich ihre Präferenzen auf den Ablauf auswirken. Oder vielleicht überzeugt die eine Gruppe die andere davon, sich mit ihr zusammenzutun und eine starke Koalition zu bilden und dann die vereinte Gruppenstärke dazu einzusetzen, die eigenen Meinungen durchzusetzen.

Über die Entscheidung kann auch abgestimmt werden. Aber wie? Durch einfache Mehrheit? Zwei zu drei? Muß es wirklich einen Konsens geben?

Einen Konsens zwischen mehreren Parteien zu erzielen ist eine noch diffizilere Angelegenheit als ein Konsens zwischen zwei Parteien. Bei zwei Parteien gibt es im Konfliktfall entweder eine Einigung oder keine. Wenn es aber auf die Umsetzung der Entscheidung ankommt, ist ein Konsens essentiell, weil die Verhandlungsteilnehmer bei einer konsensuellen Entscheidung stärker verpflichtet sind als bei einer einfachen Mehrheitsentscheidung.

Der Moderator sollte sich gewiß sein, daß alle relevanten Informationen vorgelegt und von der Gruppe zur Kenntnis genommen wurden. Stellen Sie sicher, daß alle angehört wurden und niemand das Gefühl hat, bei den Planungen ausgeschlossen oder ignoriert worden zu sein.

Der Moderator muß die Diskussion so leiten, daß alle Parteien sich äußern können und sich an die vorher festgelegten Regeln halten. Den Beteiligten muß auch die Möglichkeit gegeben werden, ihren Emotionen Luft zu verschaffen.

Es gibt einige hilfreiche Methoden, die der Moderator zur Verbesserung von Gruppenentscheidungen einsetzen kann, wie etwa Delphi-Technik, Brainstorming und Nominalgruppentechniken. Hierbei können viele Parteien mit unterschiedlichen Standpunkten ihre Ideen vortragen und in den Gruppenprozeß einbringen.

Bei der **Delphi-Technik** verschickt der Moderator vor Verhandlungsbeginn an alle Parteien einen Fragebogen. Er faßt dann die Ergebnisse zusammen und schickt allen Parteien erneut einen Fragebogen zu. Dieser Prozeß kann gegebenenfalls mehrere Runden lang andauern, und der Moderator stellt dabei Fragen, um die Probleme, Interessen und Optionen aufzudecken. Der Vorteil dieses Verfahrens liegt darin, daß es nicht von Angesicht zu Angesicht abläuft, wodurch eine Emotionalisierung in der Gruppensitzung verhindert werden kann. Außerdem haben die in großen Gruppendiskussionen eher etwas Schüchternen dieselbe Chance, ihre Vorstellungen in die Diskussion einzubringen. Diese Methode resultiert allerdings eher in einer Kompromiß- als in einer echten Kooperationslösung.

Brainstorming kann ebenfalls in einem Gruppenkontext angewandt werden. Wie bereits in Kapitel 7 erwähnt, funktioniert diese Methode normalerweise am besten mit Kleingruppen und weniger mit einer Großgruppe – je nachdem wie viel Personen beteiligt sind. Die Gruppen notieren so viele Ideen wie möglich, und zwar ohne Bewertung. Dann geht die Ideenliste zurück an die Gesamtgruppe, wo eine Rangliste erstellt, darüber diskutiert und abgestimmt wird.

Nominalgruppen können nach dem Brainstorming oder getrennt gebildet werden. In einer Nominalgruppe stellt jede Person eine Rangliste aus der vorher erzeugten Liste auf, die der Moderator dann auswertet. Die Daten werden zusammengefaßt und mehrere Male an die Gruppe zurückgegeben, um einen gewissen Konsens über die Prioritäten zu erzielen.

14.5.4 Die Schlüsselrolle der Tagesordnung

Besonders bei Verhandlungen mit mehreren Parteien ist eine Tagesordnung ganz besonders wichtig, an die man sich dann aber auch halten muß. Sie wird vom Moderator aufgestellt oder, wenn machbar, auch von der Gesamtgruppe. Dadurch müssen sich die Beteiligten nicht nur in gewisser Weise disziplinieren, sondern es wird auch festgelegt, welche Punkte diskutiert werden. Eine Tagesordnung kann aus folgenden Punkten bestehen:

- einer Liste der zu verhandelnden Themen,
- einer Definition des Diskussionsstils,
- der Reihenfolge der Diskussionsthemen (und vielleicht auch der Redebeiträge),
- der Diskussionszeit für die Lösung jedes einzelnen Tagesordnungspunktes.

Tagesordnungen können einen starken Kontrollmechanismus darstellen, wenn sie manipulativ eingesetzt werden. Derjenige, der die Tagesordnung aufstellt, kann die Sitzung dominieren, indem er festlegt, was diskutiert wird und was nicht, und in welcher Reihenfolge. Deswegen muß man die Tagesordnung ändern können. Wenn Sie glauben, daß sie manipuliert wurde und unfair ist, dann zögern Sie nicht und bringen Sie das Problem auf den Tisch.

14.5.5 Moderationsschritte in Gruppenprozessen

Der Auftrag des Moderators in Verhandlungen zwischen mehreren Parteien sollte das Prozeßmanagement und nicht das Ergebnis sein (der Moderator ähnelt hier dem Konfliktvermittler).

Wenn Sie selbst die Moderation übernommen haben,[24] dann können Sie bestimmte Schritte anwenden, um den Verhandlungsablauf so glatt wie möglich zu gestalten, und zwar bereits von Beginn an:

- Stellen Sie sich selbst vor.
- Beschreiben Sie Ihre Rolle.
- Stellen Sie die Tagesordnung vor und lassen Sie darüber abstimmen oder erstellen Sie eine zusammen mit der Gruppe.
- Legen Sie Grundregeln für die Sitzungszeit, das Ergebnis, das die Gruppe erzielen soll, die Protokollierung der Gruppenaktivitäten, Pausen, Ort und Häufigkeit der Treffen sowie Beratung mit den Auftraggebern fest.
- Prüfen Sie, wie die Gruppenentscheidungen zustande kommen und umgesetzt werden.
- Bereiten Sie eine Eröffnungsrede vor, die den Ton des Meetings deutlich zeigt.
- Vergewissern Sie sich, daß jeder eine Chance zu sprechen hat und keiner dominiert.
- Achten Sie auf Interessen, Prioritäten und Probleme.
- Lassen Sie jeden die Position des anderen darlegen (aktives Zuhören), damit sich jeder gegenüber dem anderen aufmerksam verhält.
- «Spiegeln» Sie die Kommunikation. Fragen Sie «Warum?»[25]
- Wenn Sie eine Frage stellen, dann lassen Sie etwas Zeit für eine Antwort, sogar wenn alle schweigen. Viele können keine Stille ertragen und füllen das Schweigen mit neuen Informationen.
- Versuchen Sie neutral zu bleiben – zeigen Sie keine Befangenheit (durch Worte oder Handlungen), und unterstützen oder kritisieren Sie keine spezielle Subgruppe bei dem Meeting.

- Vermeiden Sie es, zu lange bei einem Thema zu bleiben. Halten Sie sich an die Uhr. Wenn sich die Gruppe in Details verliert, machen Sie eine Pause.
- Wenn angebracht, liefern Sie zusätzliche Informationen.
- Lassen Sie simultane Diskussionen mehrerer Themen zu, um zu einem Tauschhandel zu ermuntern.
- Benutzen Sie eine Tafel oder ein Flipchart, um die Themen und Interessen aufzulisten, und stellen Sie die Diskussion darauf dar. Menschen konkurrieren oft weniger, wenn sie sich auf die Darstellung eines Themas konzentrieren und nicht auf ihre gegenseitigen Kommentare und Kritiken.
- Lassen Sie eine Gruppe Optionen ermitteln. Setzen Sie Brainstorming und andere Methoden ein, um Ideen zu generieren. Benutzen Sie Tafel und Flipchart für die Auflistung, diskutieren Sie alle Vorschläge und resümieren Sie die Pros und Kontras.
- Fassen Sie oft zusammen – wo die Gruppe steht und wo sie hin soll.
- Stellen Sie sicher, daß die Regeln fair und vernünftig sind.
- Wenn möglich, versuchen Sie die Gruppe zur Entscheidung für eine kooperative Lösung zu motivieren. Benutzen Sie dafür die in Kapitel 7 erwähnten Techniken, wie etwa gegenseitige Unterstützung, Brücken bauen, Tauschhandel, Modifikationen.
- Wenn an diesem Punkt keine Übereinkunft möglich ist, dann zielen Sie auf eine Art «generelle Einigung» oder «prinzipielle Einigung» oder auf ein gemeinsames «Zielabkommen» ab. Planen Sie eine neue Begegnung für später und versuchen Sie, alles spezifischer und praktischer zu gestalten.
- Wenn Sie eine vorläufige Einigung erzielt haben, halten Sie sie schriftlich fest. Protokollieren Sie alle Diskussionspunkte eines jeden Treffens.
- Gehen Sie von einem einheitlichen und gemeinsamen Text[26] bei der Verfassung einer endgültigen Einigung aus. Schreiben Sie einen Entwurf über die Punkte, über die Einigung besteht, und lassen Sie ihn herumgehen, damit alle ständig Modifikationen, Veränderungen, Zusätze und Korrekturen anbringen können, bis der Text fertig ist.
- Diskutieren Sie die notwendigen Schritte nach Abschluß der Sitzung und legen Sie fest, wer was zu tun hat.
- Danken Sie den Teilnehmern für ihre Zeit, Energie und ihr Engagement.
- Führen Sie eine nachträgliche Analyse durch, um aus dem Ablauf und den Ergebnissen zu lernen.

Der letzte Schritt betrifft die Lösung. Die kann allerdings in solchen Situationen schwierig sein. Wenn ein Konsens scheinbar unmöglich ist, versuchen Sie es zunächst mit einer vorläufigen Übereinkunft. Wenn diese Erfolg hat, dann können sich die Parteien an Verbesserungen machen und sich mit jeder Wiederholung mehr und mehr an ihre Ziele annähern. Wenn viel Zeit darauf verwendet wurde, die erste Hürde zu nehmen, dann sind die Gemüter erhitzt und die Beteiligten wahrscheinlich müde. In diesem Fall sorgen Sie für eine Unterbrechung (damit sich alle wieder beruhigen und erholen können), setzen Sie sich dann wieder zusammen und versuchen Sie weiterzukommen. In dieser Phase sind Kompetenzen im Konfliktmanagement notwendig, damit sich die Dinge auch weiterentwickeln können (siehe dazu Kapitel 10).

Zusammenfassung

In diesem Kapitel haben wir das Management von Verhandlungen zwischen mehreren Parteien diskutiert – Situationen, in denen die Parteien Repräsentanten, Agenten, Auftraggeber und ein Publikum haben oder in denen mehrere Parteien verhandeln, wie Teams, Arbeits- und Projektgruppen. Diese Verhandlungen sind wesentlich komplexer und erfordern meist einen Moderator oder Gruppenleiter zur Führung der Parteien, damit sich der Ablauf mit Erfolg entwickelt.

KAPITEL 15 Strategische Verhandlungen meistern

Gratulation! Sie haben gerade eine gründliche und detaillierte Untersuchung eines sehr komplizierten Prozesses abgeschlossen. Jetzt ist es Zeit, daß Sie sich einen Überblick darüber verschaffen, was Sie gelernt haben, und vor allem herausfinden, wie Sie das Gelernte mit Erfolg in Ihrer Arbeit und Ihrem Privatleben anwenden können.

15.1 Wie Sie Ihr Wissen anwenden

Sie müssen nun auch anwenden, was Sie über Verhandlungen wissen. Das heißt, Sie müssen rechtzeitig eine Verhandlungssituation erkennen, um ein strategisches Vorgehen wählen zu können. Denken Sie nur einmal an die letzte Woche zurück. Wie vielen Gelegenheiten sind Sie begegnet? Und in wie vielen Fällen haben Sie tatsächlich ein systematisches, strategisches Vorgehen gewählt? Wenn Sie wie die meisten von uns sind, dann haben Sie einige Situationen erst gar nicht wahrgenommen, um Ihre Verhandlungskenntnisse auch einsetzen zu können, zumindest nicht, bis Sie etwas gesagt oder getan haben, wodurch dem Ergebnis deutliche Grenzen gesetzt wurden. Mit anderen Worten: Sie haben nicht erkannt, daß Sie hätten verhandeln können, bis es zu spät war! In einigen anderen Situationen waren Ihnen vielleicht die Gelegenheiten bewußt, aber Sie hatten das Gefühl, daß Zeit und Mühe nicht lohnen, um zu einem wirklich besseren Ergebnis zu gelangen. Und manchmal erkennen Sie zwar einige mögliche Verhandlungssituationen rechtzeitig genug – scheitern aber daran, einen sorgfältigen strategischen Ansatz zu wählen. Haben Sie auf Ihre Standardreaktion für eine Verhandlungssituation zurückgegriffen – für die meisten von uns handelt es sich dabei automatisch um eine kompetitive oder Kompromißstrategie –, statt auf eine Analyse der Situation und die dementsprechend optimale Strategie? Vielleicht haben Sie sich zwar für eine geeignete Strategie entschieden, sie aber zu hektisch angewandt, bevor Sie Ihre Verhandlungstaktiken mit Sorgfalt vorbereitet hatten. Diese Verhandlungsfehler kommen häufig vor, sogar bei Leuten, die es eigentlich hätten besser wissen können. In den folgenden Abschnitten wird jeder Fehlertyp noch einmal im Detail vorgestellt.

15.1.1 Fehler 1: Eine «Verhandlungssituation» wird nicht als solche erkannt

Zunächst müssen Sie also eine Verhandlungssituation überhaupt einmal als solche erkennen. Zu Verhandlungen kann es kommen,

- wenn es zwei oder mehr Parteien gibt;
- wenn beide Parteien voneinander abhängig sind, um das absolut beste Ergebnis zu erzielen;
- wenn jede Partei klare Präferenzen hat, was sie erreichen will oder was der andere tun soll, und diese Präferenzen oder Prioritäten im Konflikt zueinander stehen;
- wenn die Parteien bereit sind, sich auf ein Geben und Nehmen einzulassen, um eine Konfliktlösung zu erreichen[1].

Obwohl diese Definition suggeriert, daß Verhandeln in allen Situationen *möglich* ist, bedeutet das nicht automatisch, daß Sie in allen Situationen verhandeln sollen. Manchmal sollten Sie es vermeiden – oder sich den Wünschen der anderen Seite anpassen –, entweder weil der Konflikt sehr intensiv ist, oder weil die Beziehung zur anderen Partei weitaus wichtiger ist als das Resultat. Und wenn Sie Ihren Einfluß auszuüben versuchen, könnten Sie den anderen verärgern oder aus der Fassung bringen. Das trifft häufig für persönliche und geschäftliche Beziehungen zu – und ganz besonders dort, wo es Machtunterschiede gibt (die andere Partei ist zum Beispiel Ihr Vorgesetzter oder ein Elternteil).

Obwohl wir darauf hingewiesen haben, daß Anpassung und Vermeidung manchmal angemessene Strategien sind, denken Sie trotzdem einen Moment lang über die Frage und Ihre Optionen nach. Sind Sie sich sicher, daß Sie sich an die andere Partei anpassen oder den Konflikt generell vermeiden sollten? Oder geben Sie einfach nur nach, weil Ihnen nicht klar ist, daß Sie eine Chance haben, oder nicht wissen, wie Sie sich dem Verlangen und den Forderungen des anderen entziehen können? **Und wenn Sie sich öfter an die andere Partei anpassen, dann sorgen Sie dafür, daß sie sich dessen bewußt ist.** Wenn Sie zum Beispiel in der Zukunft mit ihr zu tun haben, dann können Sie sie daran erinnern, daß Sie sich früher genau deswegen angepaßt haben, damit sie sich jetzt an Ihre Bedürfnisse anpaßt.

Eine Verhandlungssituation, die zunächst zu trivial erscheint, als daß Sie sich jetzt mit ihr abgeben, kann für Sie von Wert sein, wenn Sie erst einmal ihre Bedeutung für eine langfristige Beziehung abschätzen. In allen Beziehungen gibt es viele Situationen, in denen verhandelt wird – es werden Ziele festgelegt, Rollen und Verantwortlichkeiten zugeteilt, es gibt Arbeitsteilung, Termine und Prioritäten werden koordiniert und so weiter. Zum Beispiel ist das Zusammenleben mit jemandem eine ständige Verhandlung – Aufteilung von Routinearbeiten im Haushalt, Aufteilung von Besitz (Autos, Fernseher) oder ganz banal die Entscheidung, was es zum Mittagessen gibt. Jede Verhandlung kann Auswirkungen auf die Zukunft der Beziehung haben. Es mag auf den ersten Blick so erscheinen, daß viele *kleinere* Verhandlungssituationen zu trivial sind, als daß man lange über sie im Kontext von Verhandlungen nachdenkt, aber damit liegt man schnell falsch.

Der strategische Verhandlungsführer erkennt, daß jede noch so kleine Verhandlungssituation mindestens vier mögliche Resultate haben kann:

1. Sie kann dazu benutzt werden, unmittelbare Vorteile in einer bestimmten Situation zu gewinnen.
2. Sie kann die Wahrscheinlichkeit von Gewinnen oder Verlieren in nachfolgenden Situationen beeinflussen.
3. Sie kann die zukünftige Beziehung zwischen Ihnen und dem anderen stärken oder schwächen.
4. Sie kann auch dazu benutzt werden, etwas über Ihr Verhandlungsverhalten und das des anderen zu lernen.

15.1.2 Fehler 2: Kein strategisches Vorgehen – oder nicht das richtige

Vielleicht haben Sie die Konzepte und Techniken des Verhandelns in einer Reihe von Fällen bereits angewandt. Möglicherweise hatten Sie es mit mindestens einer wichtigen oder größeren Verhandlungssituation zu tun. Vielleicht mußten Sie mit Ihrem Vorgesetzten über zukünftige Aufgaben, Ihre Leistung oder über Arbeitsmittel diskutieren. Wahrscheinlich haben Sie dabei bereits einige der Taktiken für erfolgreiche Verhandlungen aus diesem Buch eingesetzt. Durch Praktizieren neuer Vorgehensweisen bauen wir unsere Verhandlungsfähigkeiten aus. Wenn Sie beispielsweise eine neue, mutigere Eröffnung versuchen, bei der Sie ein etwas größeres Angebot als normalerweise machen, dann kann es für Sie zum Nachteil werden, wenn Sie der anderen Partei zu sehr entgegenkommen. Dieser Eröffnungsstil kann in einigen Situationen gut funktionieren, weil Sie nachgeben können, ohne tatsächlich hinter Ihre Alternative zurückzufallen. Aber war dies die richtige Taktik? Nicht, wenn die angewandte Strategie falsch war. (Denken Sie an die achte Regeln der strategischen Verhandlung in Kapitel 5: Die falsche Strategie ist ein Garant für Mißerfolg!)

Wegen Ihrer Konzentration auf Taktiken haben Sie vielleicht die wesentlichen ersten Schritte im Verhandlungsprozeß übersehen, mit denen Sie die richtige Strategie identifizieren können. Denken Sie daran, daß Sie ein besserer Verhandlungsführer als die meisten Ihrer Verhandlungspartner sind, wenn Sie *strategisch* verhandeln, und nicht nur taktisch. Weil viele Verhandlungen mit Vorgesetzten nonkompetitive Strategien verlangen, kann Ihre Taktik zwar zu dem gewünschten Ergebnis führen, aber auch die Beziehung verbauen. Denken Sie auch an die neunte Regel strategischen Verhandelns: Gehen Sie nicht auf Konkurrenzkurs, außer Sie sind darauf vorbereitet zu verlieren! Und wer möchte schon bei seinem Chef verlieren? Es ist oft sicherer, die harten kompetitiven Arbeitsverhandlungen den Gewerkschaften zu überlassen und selbst auf einen kooperativen und kompromißorientierten Ansatz zu setzen, wenn man seinem Vorgesetzten gegenübersitzt.

15.1.3 Fehler 3: Keine korrekte Umsetzung der richtigen Strategie

Jetzt, wo Sie über fünf Grundstrategien statt nur einer in Ihrem Verhandlungsrepertoire verfügen, müssen Sie zusätzliche Sorgfalt bei der Umsetzung jeder einzelnen aufbringen.

Sogar wenn Sie Fehler 1 und 2 vermeiden, können Sie immer noch bei vielen Verhandlungen scheitern. Diese beiden Fehler betreffen die grundlegende Strategiefrage des Erfolgs: Erkennen wir Verhandlungsgelegenheiten, und wissen wir, welche Strategie angemessen ist? Und die dritte fundamentale Strategiefrage lautet: Gehen Sie richtig vor? Die Einsicht allein, daß ein kooperativer Stil mit Ihrem Vorgesetzten angemessen ist, reicht nicht aus, außer Sie können ihn auch richtig und vollständig umsetzen. Ein schludriges Vorgehen bei einer kooperativen Verhandlung kann die falschen Signale senden oder zu einem falschen Verständnis der Situation und damit zu einem Verlust des notwendigen Vertrauens führen. Denken Sie an die elfte Verhandlungsregel: Vertrauen ist leichter zerstört als aufgebaut!

15.1 Wie Sie Ihr Wissen anwenden

Wie vermeiden Sie größere Umsetzungsfehler bei einer kooperativen oder auch jeder anderen Strategie? **Folgen Sie den acht Schritten der Verhandlungsplanung!** Wenn Sie sich an diese Reihenfolge halten, dann haben Sie eine Art Fahrplan für die Umsetzung Ihrer Strategie, und das garantiert Ihnen einen weitaus besseren Erfolg als ein ungeplantes Vorgehen. Kopieren Sie sich am besten die Checkliste in Abblildung 15.1 und tragen Sie die Ergebnisse Ihres Planungsprozesses ein.

	Erledigt?
1. Definieren Sie Fragen, Themen und Probleme:	
2. Fassen Sie die Themen zusammen, und legen Sie die Verhandlungsgegenstände fest:	
3. Analysieren Sie die andere Partei:	
4. Definieren Sie die zugrundeliegenden Interessen – Ihre und die der anderen:	
5. Beraten Sie sich mit anderen, die über entscheidende Kompetenzen verfügen:	
6. Setzen Sie Ihre Ziele für den Prozeß und die Ergebnisse fest (Anfangs- und Endziele):	
7. Identifizieren Sie Ihre Grenzen – wann steigen Sie aus, und was sind Ihre Alternativen:	
8. Entwickeln Sie unterstützende Argumente, und ziehen Sie die Optionen einer Einigung in Erwägung:	

Abbildung 15.1: **Leitfaden für die Verhandlungsplanung**

15.2 Wie Sie die richtige Strategie erfolgreich umsetzen

In den Kapiteln 1 bis 4 haben wir Sie in die strategische Verhandlung eingeführt und Ihnen gezeigt, wie bedeutsam eine Analyse der zentralen strategischen Fragen ist. Die Informationen, die Sie dadurch sammeln konnten, helfen Ihnen bei der Beurteilung Ihrer eigenen Position, der der anderen Seite sowie des Verhandlungskontextes. Selbstverständlich ist eine Analyse *nach* einer Verhandlung wesentlich einfacher – aber genau diese entscheidende Kompetenz, bereits im Vorfeld Analyse zu betreiben, müssen Sie erwerben.

Bei strategischen Unternehmensplanungen ermuntern wir die Parteien oft dazu, sich auf die diffizilsten Sachen zu konzentrieren statt nur auf leicht zugängliche Informationen. Prüfen Sie alle Informationen und Fragestellungen (speziell die in Abbildung 15.1) auf ihre Bedeutung für Ihre Strategiewahl. Welche Fragen sind am schwierigsten zu beantworten? Bei welchen sind Sie unsicher? Bei der strategischen Planung wird die Qualität einer Information danach beurteilt, welchen Einfluß sie auf die Änderungen und Verbesserungen von Entscheidungen hat. Und in vielen einzelnen Verhandlungssituationen haben die Informationen über einen selbst, über die andere Partei und den Verhandlungskontext *nicht* diesen Einfluß. Die wirkliche Kompetenz entsteht, wenn man die Erfahrung und das Gespür für die zentralen Themen hat und sie eingehend untersucht, *bevor* man sich für eine Verhandlungsstrategie entscheidet. Der analytische Prozeß der strategischen Verhandlung verschafft Ihnen die notwendigen Einsichten, so daß Sie sich nicht mit unrelevanten Detailanalysen verzetteln.

Angenommen, Sie werden von Ihrem Chef mit einem einmonatigen externen Projekt beauftragt und sollen ein Projektteam in einem Tochterunternehmen zusammenstellen. Welche zentralen Fragen müssen Sie dabei in Erwägung ziehen? Sehr wahrscheinlich sind es zwei. Erstens müssen Sie die Motivation und Absicht Ihres Chefs sehr genau kennen. Zweifellos wird er Ihnen sagen, daß es sich um eine gute Gelegenheit für Sie handelt, Ihre Kenntnisse und Erfahrungen zu vertiefen, die Ihnen bei Ihrer Karriere nutzen werden. Aber warum beauftragt man Sie mit dieser Aufgabe? Schätzt man Ihre Fähigkeiten wirklich so hoch ein? Steht eine mögliche Beförderung im Raum, abhängig davon, wie Sie diese Aufgabe erfüllen? Gibt es irgendwelche Erwartungen darüber, wie die Dinge angepackt und organisiert werden sollen? Wurden Sie darüber informiert? Erteilt man Ihnen diese Aufgabe, weil Ihr Vorgesetzter selbst damit beauftragt wurde und nun die Sache einfach zu delegieren versucht? Problematisch wäre es, wenn er Sie nur aus dem Büro haben wollte, um herauszufinden, ob Ihr erster Assistent in Ihrer Abwesenheit Sie auch vertreten kann. Sie müssen den Kontext seiner Entscheidung untersuchen und klären, ob er selbst unter Druck steht, damit Sie die Folgen Ihrer Arbeit abschätzen können.

Zweitens sollten Sie klären, welche Gelegenheiten sich aus der Arbeit an diesem neuen Projektteam ergeben. Machen Sie für Ihr neues Projekt ein Training in einigen wichtigen Fertigkeiten oder Kompetenzen wie etwa Reengineering oder Change Management mit, weil der neue CEO im nächsten Jahr ein Reengineeringprogramm abspulen will? Oder wollen Ihr Vorgesetzter und einige andere einflußreiche Manager in Ihrem eigenen Geschäftsbereich nur, daß Sie von der Bildfläche verschwinden, damit man Sie besser bei einer Beförderung übergehen kann? Auch diese Frage hat oberste Priorität und Sie müssen sie von allen Seiten her beleuchten, bevor Sie Ihre Verhandlungsstrategie wählen.

Nehmen wir an, Sie gehen davon aus, daß Ihr Chef nicht auf Ihrer Seite steht. Vielleicht bringen Ihre Nachforschungen sogar ans Tageslicht, daß alle Manager in Ihrem Geschäftsbereich insgeheim darüber informiert wurden, daß im nächsten Jahr die Zahl der Mitarbeiter um 10 Prozent abgebaut werden muß. Vor diesem Hintergrund – Sie sind außer Haus, um bei einem externen Team mitzuarbeiten – wird Ihnen klar, daß Ihr Chef hier eine einfache Möglichkeit sieht, mit seinem eigenen Personalabbau zurechtzukommen. Eine der Sekretärinnen teilt Ihnen auch noch mit, daß sie gehört hat, wie Ihr Chef Ihren ersten Assistenten gefragt hat, ob er an einer Weiterbildung in Ihrem Zuständigkeitsbereich interessiert sei. Ihre schlimmsten Vermutungen scheinen sich zu bestätigen!

Sie sind verärgert, und Ihre erste instinktive Reaktion ist vielleicht, sich auf die Socken zu machen, eine kompetitive Haltung einzunehmen und die Übernahme der Aufgabe abzulehnen, eine Stellengarantie für Ihre jetzige Position zu verlangen beziehungsweise eine Versetzung auf eine neue, bevor Sie sich mit der Teamarbeit einverstanden erklären. Nehmen wir noch weiter an, daß Sie auch noch die zweite entscheidende Frage verfolgen: die Auswirkung der Teamaufgabe auf Ihre Chancen am Arbeitsmarkt. Und stellen wir uns auch noch vor, daß Sie erfahren haben, daß es sich um ein Pilotprojekt in Reengineering handelt und daß die Geschäftsleitung für das kommende Jahr ein Reengineering des gesamten Unternehmens plant. Jetzt wird Ihnen klar, daß Sie aus diesen Verhandlungen noch mehr – sogar viel mehr – herausholen können als nur die Zusage Ihres Chefs, daß Ihr derzeitiger Arbeitsplatz nicht gefährdet ist. Erstens erkennen Sie, daß *kein* Job mehr sicher ist, wenn das

Reengineering einmal Einzug in ein Unternehmen gehalten hat. Auch Ihr Vorgesetzter kann dabei seine Abteilung oder seinen Job verlieren. Aber was wäre, wenn Sie Ihren Vorgesetzten davon überzeugen könnten, Ihnen ein spezielles Training in Reengineering vor Ihrer Teamaufgabe zu genehmigen, so daß Sie sich als einer der wenigen Experten positionieren könnten? Und was, wenn Ihnen mit diesen neuen Fachkenntnissen der Zugang zu anderen Chancen eröffnet würde? Wären Sie nicht gerne dafür verantwortlich, die Abteilungsleiter und das Senior Management über die Fortschritte des Reengineerings zu informieren? So könnten die Manager Ihre Kenntnisse in Reengineering mitkriegen, wodurch Sie auf der Beförderungsliste im Unternehmen ganz nach oben kämen! Jetzt dämmert Ihnen langsam immer mehr, daß ein kooperatives Vorgehen besser als ein kompetitives sein kann. Sie sind vielleicht froh darüber, dem Bedürfnis Ihres Vorgesetzten bei seinem kurzfristigen Personalabbau entgegenkommen zu können, wenn er dazu bereit ist, Ihnen bei einer neuen Position behilflich zu sein, damit Sie eine Schlüsselrolle im Reengineeringprozeß Ihres Unternehmens spielen!

Darin liegt die Stärke der strategischen Analyse: Je mehr Sie über die anderen Teilnehmer, Ihre eigenen Bedürfnisse und den Kontext nachdenken, desto mehr mögliche Szenarios können Sie erkennen. Wenn Sie einmal strategische Einsicht in die Situation gewonnen haben – und sie mehr Einschränkungen und Gelegenheiten als andere Parteien erkennen können –, dann sind Sie dazu in der Lage, in einer Verhandlung die strategische Führung zu übernehmen. Sie können jetzt der Verhandlung einen neuen Rahmen geben, um sie in die Richtung Ihrer gewählten Strategie zu leiten.

Kapitel 5 enthält die wichtigsten Einzelheiten für die Auswahl einer Verhandlungsstrategie. Das Beschreibungsmodell repräsentiert die Entscheidung über zwei Dimensionen: die Bedeutung der **Beziehung** und des **Ergebnisses**. Und wie Sie bis jetzt auch erkannt haben dürften, sagt Ihnen das Modell nicht, um welche Beziehung es geht oder welches Ergebnis Sie anstreben sollen. Die Antworten auf diese Fragen entstammen Ihrer Problemanalyse sowie Ihrer strategischen Phantasie. In diesem Beispiel geht es zunächst einmal um die Beziehung zu Ihrem derzeitigen Vorgesetzten und zu Ihrer Abteilung, die für Sie am wichtigsten zu sein scheinen. Sie wollen Ihre Abteilung nicht verlassen und Ihren Chef nicht verärgern, aber andererseits sieht es so aus, als ob Ihr Chef nicht ganz ehrlich Ihnen gegenüber ist in bezug auf seine Motive dafür, daß Sie diese Aufgabe übernehmen sollen. Insofern waren Sie zunächst über Ihre Entdeckung verärgert und hatten sich dazu entschlossen, eine «harte» Position einzunehmen und es ihm heimzuzahlen. Aber nachdem Sie über die Veränderungen in Ihrer Firma nachgedacht hatten, änderten sich Ihre Perspektiven und die Wertigkeiten der verschiedenen Beziehungen. Sie sind nun immer mehr der Meinung, daß Sie diese Gelegenheit nutzen könnten, um Ihre Position im Unternehmen zu stärken, in dem Sie als Experte mit Kompetenzen dastehen, die in den kommenden Monaten gefragt sein dürften. Und Sie erkennen auch, daß Ihr Chef wahrscheinlich seine Beziehung zur Firma neu definieren muß, wenn er von den kommenden weitreichenden Veränderungen profitieren möchte, statt davon überrollt zu werden (zusammen mit anderen aus dem mittleren Management). Deshalb können Sie die Verhandlung neu rahmen, um sowohl für sich als auch für Ihren Chef Vorteile aus den Veränderungen ziehen zu können. Das ist eine ganz andere Art, über die Beziehungsdimension nachzudenken.

Die Ergebnisdimension ist ebenfalls variabel und Gegenstand von Information und Einsicht, die Sie durch strategische Analyse gewinnen. Erstens scheint die Antwort auf die Frage wichtig zu sein, ob *Sie* derjenige sein sollen, der aus Ihrer Abteilung herausgedrängt wird, weil Sie sich dann wahrscheinlich für einen sicheren Arbeitsplatz einsetzen würden. Alternativ dazu versuchen Sie, die Kosten Ihrer Entsendung zu erhöhen, damit es Ihrem Chef leichter fällt, statt dessen jemand anderen zu schicken. Und beim Nachdenken kommt Ihnen vielleicht der Gedanke, daß Ihr Chef Sie für einen unkooperativen Mitarbeiter halten und Sie in der ersten Runde bereits entlassen könnte, wenn Sie ihm wegen der Versetzung das Leben schwer machen. Wenn Sie aber den größeren Kontext mitberücksichtigen, dann sehen Sie, daß Ihr gewünschtes Ergebnis darin besteht, als einer der wenigen positioniert zu werden, die von den Veränderungen durch das Reengineering profitieren, statt ihm zum Opfer zu fallen. Wenn die Situation so neu definiert wurde, dann können Sie sich an Ihren Vorgesetzten anpassen oder mit ihm kooperieren, sich gegenseitig unterstützen, da Sie ein anderes Ergebnis vor Augen haben als er. Sie können sogar noch weiter gehen und ihm eine explizite Zusammenarbeit im Rahmen der anstehenden Veränderungen im Unternehmen vorschlagen. Wird er sich auch neu besinnen und das Reengineering auch überleben wollen? Wenn ja, dann können Sie ihn davon zu überzeugen versuchen, daß Ihre Abteilung an der Pilotstudie für das Reengineering beteiligt wird.

Wenn aber Ihr Chef nicht auf Ihr Kooperationsangebot eingeht? Wenn er sich weiterhin auf das kurzfristige Personalproblem konzentriert, dann können Sie sich anpassen, tun, was er verlangt, und versuchen, das Beste für sich aus der Teamaufgabe herauszuholen. Es wird allerdings verlockender für Sie sein, sich mit ihm auf eine andere Art auseinanderzusetzen. Jetzt halten Sie Ihre Beziehung zu Ihrem Vorgesetzten für weniger wichtig als Ihre Beziehung zu dem Reengineeringprozeß im Unternehmen, und insofern machen Sie sich keine Gedanken über die Beziehung. Wenn Sie sich letztlich *doch* für ein kompetitives Vorgehen entscheiden, dann wird es sich nicht um das gleiche Vorgehen handeln, wie Sie es ohne diese Analyse verfolgt hätten. Statt Jobsicherheit zu verlangen wollen Sie jetzt eine Ausbildung in Reengineering und dafür im Unternehmen bekannt sein – Dinge, denen Ihr Chef wahrscheinlich eher zustimmt, weil sie ihn im Vergleich zu dem, was er an Ihnen hat, relativ wenig kosten.

Für welche Strategie Sie sich auch immer entscheiden – Sie werden jetzt einen angemessenen Verhandlungsprozeß initiieren. Werden Sie sich für Ihre erste Strategiewahl entscheiden? Das hängt von der Bereitschaft Ihres Vorgesetzten ab, sich auf den von Ihnen initiierten Verhandlungsstil einzulassen. In Kapitel 6 bis 8 haben wir uns im Detail mit den ersten Schritten und den generellen Umsetzungswegen für jede der fünf Verhandlungsstrategien beschäftigt. Ob Sie sich für eine kompetitive, kooperative, kompromißorientierte, Anpassungs- oder Vermeidungsstrategie (die in diesem Zusammenhang schwierig sein dürfte) entscheiden, Ihr Erfolg hängt jetzt von Ihrer Fähigkeit ab, mit der Sie die für Ihre Strategiewahl geeigneten Taktiken einsetzen.

Tief im Unterbewußtsein eines jeden Strategen hallt laut Murphys Gesetz wider: «Was schiefgehen kann, wird schiefgehen!» Dasselbe trifft für Verhandlungsstrategien zu: Oft *geht* einfach etwas beim Umsetzungsversuch Ihrer Strategie daneben. Dazu kommt es, weil die Umsetzung ein ganz entscheidender Schritt ist. Der Aufbau einer Kooperation zwischen Ihnen und Ihrem Vorgesetzten kann sich schwierig gestalten, oder ein bestimmtes Ereignis führt nach begonnener Zusammenarbeit zum Vertrauensverlust. Vielleicht ist er damit einverstanden, daß Sie sich Fachkenntnisse in Reengineering aneignen, und bezahlt Ihnen aus dem Abteilungsbudget für Fortbildung einen einwöchigen Kurs. Nach Ihrer Rückkehr stellen Sie fest, daß er erfahren hat, daß Sie während Ihrer Abwesenheit mit einigen konkurrierenden Unternehmen Kontakt aufgenommen und mit einem Manager bereits konkrete Gespräche geführt haben. Können Sie das für eine Zusammenarbeit notwendige Vertrauen wiederherstellen? Wird Ihr Chef Sie beschuldigen, gegen die Reisekostenregelung der Firma verstoßen zu haben, weil Sie ein Bewerbungsgespräch auf Kosten der Firma geführt haben? Wenn ja, dann erkennen Sie, daß dies eine gute Gelegenheit für ihn ist, Sie zu entlassen, und das bedeutet das endgültige Ende Ihrer Zusammenarbeit.

Man muß die Verhandlung geschickt führen! Können Sie etwas tun, um die Beziehung zwischen Ihnen und Ihrem Vorgesetzten zu entspannen? Kann ein Vermittler den Graben überbrücken, der zwischen Ihnen entstanden ist (beispielsweise ein Kollege oder jemand aus der Personalabteilung)? Gibt es hilfreiche Kommunikationsstrategien? Wie können Sie den Konflikt entschärfen, bevor er eskaliert? Sie sind jetzt mit vielen Managementtechniken und Ideen aus den Kapiteln 9 bis 14 vertraut und können in diesen Management-Werkzeugkasten greifen und die Lösungen für Ihre Probleme herausholen.

Bedenken Sie, daß die Kooperation zwischen Ihnen und Ihrem Vorgesetzten in diesem Beispiel abbrach, weil er das Vertrauen verloren hatte, daß Sie lange genug im Unternehmen bleiben, um die Teamaufgabe für ihn zu übernehmen. Er war besorgt darüber, daß Sie gehen könnten und er seine Verpflichtung einhalten und einen anderen aus der Abteilung mit der Teambildung beauftragen müßte, wodurch ihm einer in der Abteilung gefehlt hätte. Die Wurzel des Problems ist Vertrauen – wie so oft in Verhandlungen.

15.3 Einige Anmerkungen über Vertrauen

Das für jede Strategie erforderliche Vertrauen ist zwar immer unterschiedlich, aber bei allen Strategien ist ein gewisses Maß an Vertrauen entscheidend. Aus diesem Grund wollen wir uns zum Schluß noch kurz damit beschäftigen und wie man es in Verhandlungen aufrechterhalten und stärken kann.[2] Vertrauen ist ein wichtiges Thema vor allem beim Management einer Kooperationsstrategie. Vertrauen schließt **Konsequenzen** ein. Wenn wir eine Beziehung mit jemandem unterhalten, dann erwarten wir von ihm, daß er uns dabei hilft, positive Ergebnisse zu erreichen und negative zu vermeiden. In den meisten Situationen suchen wir uns diejenigen Beziehungen aus, in denen die positiven Merkmale die schlechten überwiegen. Wenn wir Positives erwarten und es sich statt dessen negativ entwickelt, dann versuchen wir normalerweise herauszufinden, ob die andere Seite dafür «verantwortlich» ist. Wenn ja, dann schwindet unser Vertrauen.

Vertrauen entsteht auch, wenn man vorhersagen kann, wie der andere sich verhalten wird. Ein plötzliches und unerwartetes Verhalten in einer Verhandlungssituation wird die andere Seite aus der Fassung bringen und die Verhandlung aus der Bahn werfen, weil man nicht mehr darauf vertrauen kann, das Verhalten des anderen auch voraussagen zu können. Deshalb erfordert Vertrauen auch **die Vorhersagbarkeit des Verhaltens des anderen.** Wirklich miteinander konkurrierende Parteien verhalten sich oft unvorhersehbar, um mit ihren Taktiken die Erwartungen des anderen zu durchkreuzen.

Außerdem wollen wir in einer gesunden Beziehung nicht nur das Verhalten des anderen vorhersagen können, sondern auch genug über ihn wissen, um seine **Bedürfnisse zu verstehen, und so handeln können, damit wir mit unseren gemeinsamen Zielen weiterkommen.** Bei unserer Beschreibung der kompetitiven Strategie sagten wir, daß jede Partei ihr eigenes Ergebnis zu optimieren versucht – oft auf Kosten der anderen – und daß jede zu Taktiken greifen würde, um den anderen einzuschüchtern, irrezuführen oder hereinzulegen. Diese Taktiken sind wohl kaum vertrauensbildende Maßnahmen! Der Verhandlungspartner ist dann kaum noch berechenbar und die Konsequenzen sind wahrscheinlich eher negativ, außer wir schützen uns dagegen. Bei der Kompromißstrategie erkennen wir, daß erfolgreiche Kompromisse das Erreichen positiver Ergebnisse verlangen, und daß wir das Verhalten des anderen vorhersagen können, damit wir zumindest einen erfolgreichen Mittelweg finden.

Echte Kooperation allerdings erfordert mehr als nur das. In unserer Diskussion haben wir häufig darauf hingewiesen, daß dieser Prozeß ein vollständiges Verstehen der wirklichen Interessen der anderen Seite voraussetzt, damit wir mit diesem Wissen zu Ergebnissen kommen, die beide Parteien zufriedenstellen. Nehmen wir nur ein Beispiel: Angenommen ein Ehepaar geht mehrmals im Monat zum Essen aus. Der Ehemann ißt gerne italienisch und will immer unbedingt zum Italiener gehen. Die Frau ißt wirklich gerne Meeresfrüchte, besteht aber nicht so energisch auf ihrer Präferenz. Der Ehemann hält es vielleicht für einfach, jede Verhandlung «zu gewinnen» – indem er einige gute Gründe anführt, warum sie zum Italiener gehen sollten, aber nicht ins Fischrestaurant! Aber wenn er sich nicht sensibel gegenüber den Präferenzen seiner Frau zeigt, dann wird dieses «Gewinnen wollen» mit der Zeit seine Frau ärgern und sie wird nur noch ungern mit ihm zum Abendessen gehen wollen. Statt dessen sollte eine wirkliche Kenntnis ihrer Präferenzen ihn an einigen Abenden zu einer Anpassung animieren. Er sollte mit ihr ins Fischrestaurant gehen, oder er könnte, wenn er wirklich kooperationsbereit ist, ein Restaurant ausfindig machen, wo man gute Pasta *und* guten Fisch bekommt. **Ein Verhandlungsführer kann nicht die Interessen beider Seiten berücksichtigen und Möglichkeiten für beide Interessen finden, ohne genug über den anderen zu wissen!** Wenn man sich in einer Beziehung ständig so verhält, als ob man die Bedürfnisse des anderen nicht kennt – oder schlimmer noch, sie zwar kennt, aber sich nicht darum kümmert –, wird das Vertrauen zerstört.

Und schließlich geht es in den meisten persönlichen und «intimen» Beziehungen auch um positive Gefühle – Mögen, Wärme, Anziehungskraft. Dazu kommt es, weil sich die Parteien allmählich miteinander identifizieren.

15.3 Einige Anmerkungen über Vertrauen

Sie erkennen, daß sie viel gemeinsam haben, dieselben Dinge mögen, dasselbe nicht mögen, ähnlich denken, ähnliche Wertvorstellungen, Weltanschauungen und Überzeugungen haben. Dabei muß es sich nicht notwendigerweise um romantische Gefühle halten – gute Freunde, Brüder und Schwestern, Tennispartner oder Kollegen haben häufig dieselben Gefühle füreinander. Diese Gefühle sind oft der «Leim», der die Parteien auch dann noch zusammenhält, wenn andere Vertrauensgrundlagen zerbrechen. Wenn unser bester Freund etwas tut, das uns verletzt, wenn unser Bruder, den wir seit dreißig Jahren kennen, sich plötzlich unberechenbar verhält, oder wenn unsere Ehefrau behauptet, daß sie Meeresfrüchte haßt (nachdem wir sie zu ihrem Geburtstag ins beste Fischrestaurant der Stadt eingeladen haben), dann wird unser Vertrauen in diese Personen erschüttert. Bei belanglosen Beziehungen könnte dies dazu ausreichen, daß wir uns einfach abwenden. Gäbe es nicht diese starken Gefühle, dann könnten wir das Problem nicht diskutieren, es nicht überstehen und das Vertrauen aufrechterhalten, das uns effektiv zusammenhält.

Zusammenfassend kann man sagen, daß Vertrauen in einer Beziehung viererlei erfordert:

1. positive Konsequenzen auf beiden Seiten,
2. Berechenbarkeit,
3. Verstehen der eigenen Interessen und der des anderen,
4. in engen Beziehungen positive Gefühle wie Sympathie und Anziehungskraft.

Zur Aufrechterhaltung des Vertrauens müssen wir deshalb folgendermaßen handeln:

- Wir müssen versuchen, für diejenigen, zu denen wir Vertrauen gewinnen wollen, positive Konsequenzen zu erzielen und negative zu vermeiden.
- Wir müssen uns berechenbar verhalten – tun, was man von uns erwartet. Wenn wir etwas tun, das «ungewöhnlich» oder unberechenbar ist, dann müssen wir unser Gegenüber vorher darüber informieren. Das erfordert mehr, als auf den ersten Blick notwendig zu sein scheint, weil unser Verhalten fast immer nur für uns selbst sinnvoll und stimmig ist (letztlich ist es eben unser Verhalten). Berechenbarkeit verlangt auch oft von uns, daß wir uns «neben uns stellen» können – und uns dabei mit den Augen der anderen sehen –, damit wir auch wirklich verstehen, wie unser Verhalten auf andere wirkt. Sensibilität gegenüber der Beziehung zu anderen und wie

andere unser Tun sehen und interpretieren ist wesentlich für ein Verständnis dafür, ob andere uns für berechenbar oder unberechenbar halten.
- Wir müssen zu verstehen versuchen, worüber der andere sich wirklich Sorgen macht, und unser Tun ihm gegenüber so gestalten, daß dadurch seine und unsere Bedürfnisse befriedigt werden. Das erfordert ein Kennenlernen durch Unterhaltung und gemeinsame Unternehmungen. Wir müssen ihn auch in unsere Planung einbeziehen. Wir schaffen Vertrauen, wenn wir die Interessen des anderen gut genug kennen, um ihn in unsere gemeinsamen Aktivitäten zu integrieren. Das Vertrauen wird sogar noch stärker, wenn wir «von unserem Weg abweichen», uns also anpassen, um explizit seine Interessen zu berücksichtigen und nicht unsere. Einem Freund ein besonderes Geschenk zu machen, ihn vor einem Fehler zu bewahren oder ihm zu zeigen, wie sehr man seine Hilfe und Sorgen zu schätzen weiß – das sind die Bausteine einer vertrauensvollen und erfolgreichen Beziehung.
- Schließlich müssen wir unserem Gegenüber regelmäßig mitteilen, wie sehr uns an der Beziehung liegt – wir müssen «Beziehungs-Pflege» betreiben. Wenn wir uns wohl mit ihm fühlen, dann sollten wir ihm das auch sagen. Wenn wir Probleme haben, dann müssen wir sie ansprechen, damit sie gelöst werden können. Wie Autos brauchen auch gute Beziehungen regelmäßige Pflege und Wartung! In einer Beziehung unsere Anerkennung zu zeigen und unsere Bereitschaft zur Problemlösung zu signalisieren ist der Schlüssel zum Aufbau und zur Aufrechterhaltung von Vertrauen!

15.4 Resümee

Verhandlungen sind ein unglaublich komplizierter menschlicher Vorgang. Viele Dinge können Einfluß darauf haben, ob eine Verhandlung erfolgreich verläuft oder nicht. Wir wollten auf folgendes hinweisen:

- Sie können viel mehr Dinge kontrollieren, als Sie denken.
- Sie können sie dadurch kontrollieren, daß Sie sie verstehen und den Umgang mit ihnen planen und vorbereiten.

Gratulation! Sie sind jetzt gewappnet mit der aktuellsten Strategiesammlung und den Taktiken für Ihre Verhandlungen. Der Rest liegt an Ihnen. Viel Glück – und vergessen Sie nicht die Regeln des strategischen Verhandlungsführers!

15.4 Resümee

Die 12 Regeln der strategischen Verhandlung

Regel 1 Nichts überstürzen! Nehmen Sie sich Zeit zu planen, bevor Sie handeln

Regel 2 Definieren Sie Ihren Verhandlungsspielraum!

Regel 3 Definieren Sie Ihre Interessen!

Regel 4 Verfolgen und schützen Sie Ihre Bedürfnisse, nicht Ihre Position!

Regel 5 Folgen Sie den acht Schritten der Verhandlungsplanung!

Regel 6 Die andere Partei ist der Schlüssel zu Ihrem Erfolg!

Regel 7 Macht verschafft Ihnen Einfluß auf das Ergebnis und die Beziehung!

Regel 8 Die falsche Strategie ist ein Garant für Mißerfolg!

Regel 9 Gehen Sie nicht auf Konkurrenzkurs, außer Sie sind darauf vorbereitet zu verlieren!

Regel 10 Drängen Sie auf Zugeständnisse!

Regel 11 Vertrauen ist leichter zerstört als aufgebaut!

Regel 12 Investieren Sie gezielt und mit Vernunft in Ihre Verhandlungen!

Anhang

Anmerkungen

KAPITEL 1

1. William R. King, «Using Strategic Issue Analysis», *Long Range Planning*, 15 (4), 1982.

2. R. C. Richardson, *Collective Bargaining by Objectives* (Englewood Cliffs, NJ: Prentice Hall, 1977); I. G. Asherman und S. V. Asherman, *The Negotiation Sourcebook* (Amherst, MA: Human Resource Development Press, 1990); *Negotiator Pro Manual* (Brookline, MA: Beacon Expert Systems, 1992).

KAPITEL 2

1. Brian Dumaine, «The Trouble with Teams», *Fortune*, 5. September 1994, S. 90.

2. Ebd.

3. R. Fisher und W. Ury, *Getting to Yes* (Boston: Houghton Mifflin, 1981); W. Ury, *Getting Past No: Negotiating with Difficult People* (New York: Bantam Books, 1991).

4. Fisher und Ury, *Getting to Yes*; R. Fisher, W. Ury und B. Patton, *Getting to Yes: Negotiating Agreement without Giving In*, 2. Auflage (New York: Penguin Books, 1991) [Dt.: *Das Harvard-Konzept. Sachgerecht verhandeln – erfolgreich verhandeln*. Frankfurt: Campus, 15. Auflage, 1996].

5. D. Lax und J. Sebenius, *The Manager as Negotiator: Bargaining for Cooporation and Competitive Gain* (New York: Free Press, 1986).

6. Fisher, Ury und Patton, *Getting to Yes*, S. 40.

KAPITEL 3

1. L. Blessing, *A Walk in the Woods* (New York: New American Library, 1988).

2. M. Kaeter, «Buddy, Can You Spare a Million?», *Business Ethics*, Mai/Juni 1994, S. 27f.

3. H. Calero und B. Oskam, *Negotiate the Deal You Want* (New York: Dodd, Mead, 1983).

4. Fisher, Ury und Patton, *Getting to Yes*. Fisher und Ury, *Getting to Yes*.

5. H. Kelly, «A Classroom Study of the Dilemmas in Interpersonal Negotiation», in: K. Archibald (Hrsg.), *Strategic Interaction and Conflict: Original Papers and Discussion* (Berkeley, CA: Institute of International Studies, 1966), S. 49 – 73.

KAPITEL 4

1. R. J. Lewicki, «Negotiating Strategically», in: A. Cohen (Hrsg.), *The Portable MBA in Management* (New York: John Wiley & Sons, 1992), S. 147–189.

2. A. E. Roth, J. K. Murnighan und F. Schoumaker, «The Deadline Effect in Bargaining: Some Experimental Evidence», *The American Economic Review*, 78 (1988), S. 806–823.

3. J. Kotter, *Power and Influence: Beyond Formal Authority* (New York: Free Press, 1985) [Dt.: *Überzeugen und Durchsetzen. Macht und Einfluß in Organisationen*, Frankfurt: Campus, 2. Auflage 1989].

4. A. Teger, *Too Much Invested to Quit* (Beverly Hills, CA: Sage, 1980).

5. K. Short, «Watch Where They Sit in Your Class», in: P. Jones (Hrsg.), *Adult Learning in Your Classroom* (Minneapolis, MN: Training Books, 1982), S. 19f.

6. G. F. Shea, «*Learn How to Treasure Differences*», *HR Magazine*, Dezember 1992, S. 34–37.

7. D. Kolb und G. G. Coolidge, «Her Place at the Table: A Consideration of Gender Issues in Negotiation», in: J. Z. Rubin und J. W. Breslin (Hrsg.), *Negotiation Theory and Practice* (Cambridge, MA: Harvard Program on Negotiation, 1991), S. 261–277.

8. I. Ayres, «Fair Driving: Gender and Race Discrimination in Retail Car Negotiations», *Harvard Law Review*, 104, S. 817–872.

9. B. Gerhart und S. Rynes, «Determinants and Consequences of Salary Negotiations by Male and Female MBA Graduates», *Journal of Applied Psychology*, 76 (1991), S. 256-262; G. F. Dreher, T. W. Dougherty und W. Whitely, «Influence Tactics and Salary Attainment: A Gender Specific Analysis», *Sex Roles*, 20 (1989), S. 535–550.

10. Bruce Fortado, «Subordinate Views in Supervisory Conflict Situations: Peering into the Subcultural Chasm», *Human Relations*, 45:11 (1992), S. 1141–1167.

11. L. Greenhalgh, D. I. Chapman und S. Neslin, «The Effect of Working Relationships on the Process and Outcomes of Negotiations», Aufsatz für die Academy of Management, 1992; M. Tuchinsky, J. Escalas, M. C. Moore und B. H. Sheppard, «Beyond Name, Rank, and Function: Construal of Relationships in Business», Aufsatz für die Academy of Management, 1993.

12. R. J. Lewicki und B. B. Bunker, «Trust in Relationships: A Model of Trust Development and Decline», in: J. Z. Rubin und B. B. Bunker (Hrsg.), *Conflict, Cooperation and Justice* (San Francisco: Jossey Bass, 1995).

13. M. Neale und M. Bazerman, «The Role of Perspective-Taking Ability in Negotiating under Different Forms of Arbitration», *Industrial and Labor Relations Review*, 35 (1983), S. 378–388.

14. K. W. Thomas, «Conflict and Conflict Management», in: M. D. Dunnette (Hrsg.), *Handbook of Industrial & Organizational Psychology* (Chicago: Rand McNally, 1976), S. 889–935.

15. M. G. Hermann und N. Kogan, «Effects of Negotiators´ Personalities on Negotiating Behavior», in: D. Druckman (Hrsg.), *Negotiations: Social-Psychological Perspectives* (Beverly Hills, CA: Sage, 1977), S. 247-274.

16. Vgl. J. Z. Rubin und B. B. Brown, *The Social Psychology of Bargaining and Negotiation* (New York: Academic Press, 1975); R. J. Lewicki, J. Litterer, J. Minton und D. Saunders, *Negotiation*, 2. Auflage (Burr Ridge, IL: Richard D. Irwin, 1994).

KAPITEL 5

1. G. T. Savage, J. D. Blair und R. L. Sorenson, «Consider Both Relationships and Substance When Negotiating Strategically», *Academy of Management Executives*, 3:1(1989), S. 37–48.

2. G. C. Homans, *Social Behavior: Its Elementary Forms* (New York, NY: Harcourt, Brace & World, 1961).

3. Fisher und Ury, *Getting to Yes*; Fisher, Ury und Patton, *Getting to Yes*.

4. R. E. Walton und R. B. McKersie, *A Behavioral Theory of Labor Negotiations: An Analysis of a Social Interaction System* (New York: McGraw-Hill, 1965); A. C. Filley, *Interpersonal Conflict Resolution* (Glenview, IL: Scott, Foresman, 1975); Fisher, Ury und Patton, *Getting to Yes*; D. G. Pruitt, *Negotiation Behavior* (New York: Academic Press, 1981); D. G. Pruitt, «Strategic Choice in Negotiation», *American Behavioral Scientist*, 27 (1983), S. 167-194; P. J. Carnevale und D. G. Pruitt, «Negotiation and Mediation», *Annual Review of Psychology*, M. Rosenberg und L. Porter (Hrsg.), Vol. 43 (Palo Alto, CA: Annual Reviews, Inc., 1992), S. 531-582; D. G. Pruitt und P. J. D. Carnevale, *Negotiation in Social Conflict* (Pacific Grove, CA: Brooks-Cole, 1993).

Anmerkungen

5. Fisher und Ury, *Getting to Yes*.
6. K. Thomas und R. Killman, *The Conflict Mode Inventory* (Tuxedo Park, NY: XICOM, 1974).

KAPITEL 6

1. Wir sind Hannah Gordon von Alexander Hiam & Associates, Amherst, MA, für ihre Unterstützung bei diesem Text zu Dank verpflichtet.
2. Fisher und Ury, *Getting to Yes*; Ury, *Getting Past No*.
3. L. Putnam und T. S. Jones, «Reciprocity in Negotiations: An Analysis of Bargaining Interaction», *Communication Monographs*, 49 (1982), S. 171–191; G. Yukl, «Effects of the Opponent´s Initial Offer, Concession Magnitude and Concession Frequency on Bargaining Behavior», *Journal of Personality and Social Psychology*, 30 (1974), S. 323–335.
4. Fisher, Ury und Patton, *Getting to Yes*; Ury, *Getting Past No*.

KAPITEL 7

1. A. C. Filley, *Interpersonal Conflict Resolution* (Glenview, IL: Scott, Foresman, 1975); G. F. Shea, *Creative Negotiating* (Boston: CBI Publishing, 1983).
2. A. Williams, «Managing Employee Conflict», *Hotels*, Juli 1992, S. 23.
3. Fisher und Ury, *Getting to Yes*; Fisher, Ury und Patton, *Getting to Yes*.
4. M. Freedman, «Dealing Effectively with Difficult People», *Nursing 93*, September 1993, S. 97–102.
5. D. Lax und J. Sebenius, *The Manager as Negotiator: Bargaining for Cooperation and Competitive Gain* (New York: Free Press, 1986).
6. T. Gosselin, «Negotiating with Your Boss», *Training and Development*, Mai 1993, S. 37–41.
7. D. G. Pruitt, «Achieving Integrative Agreements», in: M. Bazerman und R. Lewicki (Hrsg.), *Negotiating in Organizations* (Beverly Hills, CA: Sage, 1983); Lewicki, Litterer, Minton und Saunders, *Negotiation*.
8. M. B. Grover, «Letting Both Sides Win», *Forbes*, 30. September 1991, S. 178.
9. G. F. Shea, «Learn How to Treasure Differences», *HR Magazine*, Dezember 1992, S. 34–37.
10. D. G. Pruitt, «Strategic Choice in Negotiation», *American Behavioral Scientist*, 27 (1983), S. 167–194; Fisher, Ury und Patton, *Getting to Yes*.
11. Fisher und Ury, *Getting to Yes*.
12. Filley, *Interpersonal Conflict Resolution*; Pruitt und Carnevale, *Negotiation in Social Conflict*; Shea, *Creative Negotiating*; R. Walton und R. McKersie, *A Behavioral Theory of Labor Negotiations* (New York: McGraw-Hill, 1965).
13. Shea, «Learn How to Treasure Differences».
14. Fisher und Ury, *Getting to Yes*.
15. B. H. Sheppard, R. J. Lewicki und J. Minton, *Organizational Justice* (New York: Free Press, 1992).
16. R. H. Mouritsen, «Client Involvement through Negotiation: A Key to Success», *The American Salesman*, August 1993, S. 24–27.
17. A. Williams, «Managing Employee Conflict», *Hotels*, Juli 1992, S. 23.
18. Pruitt, «Strategic Choice in Negotiation»; Pruitt, *Negotiation Behavior*; Filley, *Interpersonal Conflict Resolution*.
19. Fisher, Ury und Patton, *Getting to Yes*.

20. Freedman, «Dealing Effectively with Difficult People».

21. C. M. Crumbaugh und G. W. Evans, «Presentation Format, Other Persons´ Strategies and Cooperative Behavior in the Prisoner´s Dilemma», *Psychological Reports*, 20 (1967), S. 895–902; R. L. Michelini, «Effects of Prior Interaction, Contact, Strategy, and Expectation of Meeting on Gain Behavior and Sentiment», *Journal of Conflict Resolution*, 15 (1971), S. 97–103; S. Oksamp, «Effects of Programmed Initial Strategies in a Prisoner´s Dilemma Game», *Psychometrics*, 19 (1970), S. 195–196; V. Sermat und R. P. Gregovich, «The Effect of Experimental Manipulation on Cooperative Behavior in a Checkers Game», *Psychometric Science*, 4 (1966), S. 435f.

22. R. J. Lewicki und B. B. Bunker, «Trust in Relationships: A Model of Trust Development and Decline», in: Rubin und Bunker (Hrsg.), *Conflict, Cooperation and Justice*.

23. M. Neale und M. H. Bazerman, *Cognition and Rationality in Negotiation* (New York: Free Press, 1991).

24. R. H. Mouritsen, «Client Involvement through Negotiation: A Key to Success».

25. Stephen Gates, «Alliance Management Guidelines», *Strategic Alliances: Guidelines for Successful Management*, New York: Conference Board, Report Nummer 1028, 1993.

26. T. Gosselin, «Negotiating with Your Boss»; M. B. Grover, «Letting Both Sides Win».

KAPITEL 8

1. Kenichi Ohmae, *The Mind of the Strategist: The Art of Japanese Business* (New York: McGraw-Hill, 1982), S. 254.

2. T. A. Warschaw, *Winning by Negotiation* (New York: McGraw-Hill, 1980).

3. Samuel B. Griffith, *Sun Tzu: The Art of War* (New York: Oxford University Press, 1963), S. 92.

4. Das Material in diesem Abschnitt stammt aus einer Reihe von Quellen, darunter J. Calano und J. Salzman, «Tough Deals, Tender Tactics», *Working Woman*, Juli 1988, S. 74–97; D. G. Pruitt und J. Z. Rubin, *Social Conflict: Escalation, Stalemate and Settlement* (New York: Random House, 1986); F. Greenburger mit T. Kiernan, *How to Ask for More and Get It* (Garden City, NY: Doubleday, 1978); R. L. Kuhn, *Dealmaker* (New York: John Wiley & Sons, 1988).

5. Calano und Salzman, «Tough Deals, Tender Tactics», S. 74.

6. Calano und Salzman, «Tough Deals, Tender Tactics», S. 74–97.

7. Pruitt und Rubin, *Social Conflict*.

8. Greenburger, *How to Ask for More and Get It*.

9. Kuhn, *Dealmaker*.

10. Die meisten Konzepte in diesem Abschnitt sind dargestellt in: R. B. Cialdini, *Influence: Science and Practice*, 3. Auflage (New York: Harper-Collins, 1993) [Dt.: *Überzeugen im Handumdrehen. Wie und warum sich Menschen beeinflussen und überzeugen lassen*. Landsberg: mvg, 2. Auflage, 1993].

11. Gosselin, «Negotiating with Your Boss».

12. S. M. Pollan und M. Levine, «Turning Down an Assignment», *Working Woman*, Mai 1994, S. 69.

13. «Bargaining Chips», *Los Angeles Times*, 22. Februar 1991, S. E1, E5.

KAPITEL 9

1. M. H. Bazerman und M. A. Neale, *Negotiating Rationally* (New York: Free Press, 1992).

2. Scott Sindelar, «Temper, Temper», *Entrepreneur*, September 1994, S. 813.

3. M. Holmes, «Phase Structures in Negotiation», in: L. Putnam und M. Roloff (Hrsg.), *Communication and Negotiation* (Newbury Park, CA: Sage, 1992), S. 83-105.

4. R. J. Lewicki, S. Weiss und D. Lewin, «Models of Conflict, Negotiation and Third Party Intervention: A Review and Synthesis», *Journal of Organizational Behavior*, 13 (1992), S. 209 – 252.

5. T. Simons, «Speech Patterns and the Concept of Utility in Cognitive Maps: The Case of Integrative Bargaining», *Academy of Management Journal*, 36 (1993), S. 139 –156.

6. S. K. Michener und R. W. Suchner, «The Tactical Use of Social Power», in: J. T. Tedschi (Hrsg.), *The Social Influence Process* (Chicago: AVC, 1971), S. 235-286.

7. R. M. Emerson, «Power-Dependence Relations», *American Sociological Review*, 27 (1962), S. 31 – 41.

8. J. E. Russo und P. J. H. Schoemaker, *Decision Traps: The Ten Barriers to Brilliant Decision-Making and How to Overcome Them* (New York: Simon & Schuster, 1989); R. H. Mouritsen, «Client Involvement through Negotiation: A Key to Success»; G. Karrass, *Negotiate to Close: How to Make More Successful Deals* (New York: Simon & Schuster, 1985) [Dt.: *Geschickt verhandeln, erfolgreich abschließen*, Frankfurt: Campus, 1989].

9. E. F. Fern, K. B. Monroe und R. A. Avila, «Effectiveness of Multiple Request Strategies: A Synthesis of Research Results», *Journal of Marketing Research*, 23 (1986), S. 144 – 152; J. L. Freedman und S. C. Fraser, «Compliance without Pressure: The Foot in the Door Technique», *Journal of Personality and Social Psychology*, 4 (1966), S. 195-202; C. Seligman, M. Bush und K. Kirsch, «Relationship between Compliance in the Foot in the Door Paradigm and Size of First Request», *Journal of Personality and Social Psychology*, 33 (1976), S. 517 –520.

KAPITEL 10

1. Sindelar, «Temper, Temper», S. 176.

2. Ebda.

3. R. R. Blake und J. S. Mouton, *Group Dynamics: Key to Decision Making* (Houston, TX: Gulf Publications, 1961); R. R. Blake und J. S. Mouton, «Comprehension of Own and Outgroup Positions under Intergroup Competition», *Journal of Conflict Resolution*, 5 (1961), S. 304-310; R. R. Blake und J. S. Mouton, «Loyalty of Representatives in Ingroup Positions during Intergroup Competition», *Sociometry*, 24 (1961), S. 177 – 183; R. G. Corwin, «Patterns of Organizational Conflict», *Administrative Science Quarterly*, 14 (1969), S. 504 – 520; O. J. Harvey, «An Experimental Approach to the Study Status Relations in Informal Groups», *Sociometry*, 18 (1953), S. 357 – 367.

4. L. D. Brown, *Managing Conflict at Organizational Interfaces* (Readings, MA: Addison-Wesley, 1983); M. Deutsch, *The Resolution of Conflict* (New Haven, CT: Yale University Press, 1973); Pruitt und Rubin, *Social Conflict*; B. H. Sheppard, «Third Party Conflict Intervention: A Procedural Framework», in: B. M. Staw und L. L. Cummings (Hrsg.), *Research in Organizational Behavior*, Vol. 6 (Greenwich, CT: JAI Press, 1984), S. 141–190; J. A. Wall, «Mediation: An Analysis, Review and Proposed Research», *Journal of Conflict Resolution*, 25 (1981), S. 157 – 180; R. Walton, *Managing Conflict: Interpersonal Dialogue and Third-Party Roles*, 2. Auflage (Reading, MA: Addison-Wesley, 1987).

5. C. E. Osgood, *An Alternative to War or Surrender* (Urbana: University of Illinois Press, 1962).

6. C. R. Rogers, *On Becoming a Person: A Therapist´s View of Psychotherapy* (Boston, MA: Houghton Mifflin, 1961) [Dt.: *Entwicklung der Persönlichkeit. Psychotherapie aus der Sicht eines Therapeuten*, Stuttgart: Klett-Cotta, 11. Auflage 1997].

7. Lewicki, Litterer, Minton und Saunders, *Negotiation*.

8. R. Fisher, «Fractionating Conflict», in: R. Fisher (Hrsg.), *International Conflict and Behavioral Science: The Craigville Papers* (New York: Basic Books, 1964), S. 91-109.

9. R. Fisher, «Fractionating Conflict»; F. C. Ikle, *How Nations Negotiate* (New York: Harper & Row, 1964).

10. Fisher, Ury und Patton, *Getting to Yes*.

11. R. Fisher, *International Conflict for Beginners* (New York: Harper & Row, 1969).

12. Fisher, Ury und Patton, *Getting to Yes*.

13. J. Gordon, «Beating the Price Grinder at His Game», *Folio*, 15. Mai 1993, S. 31 – 32.

14. G. F. Shea, «Learn How to Treasure Differences», *HR Magazine*, Dezember 1992, S. 34 – 37.

15. R. Bramson, *Coping with Difficult People* (New York: Anchor Books, 1981); R. Bramson, *Coping with Difficult Bosses* (New York: Carol Publishing Group, 1992) [Dt.: *Schwierige Chefs. Und wie man mit ihnen fertig wird*, München: Droemer Knaur, 1996]; A. J. Bernstein und S. Rozen, *Dinosaur Brains: Dealing with All Those Impossible People at Work* (New York: John Wiley & Sons, 1989) [Dt.: *Das Dinosaurier-Syndrom. Vom Umgang mit sich und anderen schwierigen Kollegen*, Zürich: Orell Füssli, 1990]; M. Solomon, *Working with Difficult People* (Englewood Cliffs, NJ: Prentice Hall, 1990).

16. Ury, *Getting Past No*.

17. Bramson, *Coping with Difficult People*.

18. M. Freedman, «Dealing Effectively with Difficult People», *Nursing 93*, September 1993, S. 97–102.

19. T. Gordon, *Leader Effectiveness Training* (New York: Wyden Books, 1977). [Dt.: *Managerkonferenz. Effektives Führungstraining*, München: Heyne, 1995].

20. Shea, «Learn How to Treasure Differences».

KAPITEL 11

1. C. Moore, *The Mediation Process: Practical Strategies for Resolving Conflict* (San Francisco, CA: Jossey-Bass, 1986).

2. F. Elkouri und E. Elkouri, *How Arbitration Works*, 4. Auflage (Washington, DC: BNA, 1985); P. Prasow und E. Peters, *Arbitration and Collective Bargaining: Conflict Resolution in Labor Relations*, 2. Auflage (New York: McGraw-Hill, 1983); R. N. Corley, R. L. Black und O. L. Reed, *The Legal Environment of Business*, 4. Auflage (New York: McGraw-Hill, 1977).

3. C. Feigenbaum, «Final-Offer Arbitration: Better Theory Than Practice», *Industrial Relations*, 14 (1975), S. 311 – 317.

4. D. Golann, «Consumer Financial Services Litigation: Major Judgments and ADR Responses», *The Business Lawyer*, Vol. 48, Mai 1993, S. 1141–1149.

5. T. A. Kochan, *Collective Bargaining and Industrial Relations* (Homewood, IL: Irwin, 1980).

6. G. Long und P. Feuille, «Final Offer Arbitration: Sudden Death in Eugene», *Industrial and Labor Relations Review*, 27 (1974), S. 186 – 203; F. A. Starke und W. W. Notz, «Pre- and Postintervention Effects of Conventional versus Final-Offer Arbitration», *Academy of Management Journal*, 24 (1981), S. 832-850.

7. V. H. Vroom, «A New Look at Management Decision Making», *Organizational Dynamics*, 1 (Frühjahr 1973), S. 66 – 80.

8. J. C. Anderson und T. Kochan, «Impasse Procedures in the Canadian Federal Service», *Industrial and Labor Relations Review*, 30 (1977), S. 283–301.

9. T. A. Kochan und T. Jick, «The Public Sector Mediation Process: A Theory and Empirical Examination», *Journal of Conflict Resolution*, 22 (1978), S. 209 – 240; Kochan, *Collective Bargaining and Industrial Relations*.

10. P. J. D. Carnevale und D. G. Pruitt, «Negotiation and Mediation», *Annual Review of Psychology*, Vol. 43, S. 531 – 582; J. A. Wall und A. Lynn, «Mediation: A Current Review», *Journal of Conflict Resolution*, 37 (1993), S. 160 – 194; R. J. Lewicki, S. Weiss und D. Lewin, «Models of Conflict, Negotiation and Third Party Intervention: A Review and Synthesis», *Journal of Organizational Behavior*, 13 (1992), S. 209 – 252.

11. Carnevale und Pruitt, «Negotiation and Mediation».

12. Vgl. W. A. Donohue, *Communication, Marital Dispute and Divorce Mediation* (Hillsdale, NJ: Erlbaum, 1991); K. Kressel, N. Jaffe, M. Tuchman, C. Watson und M. Deutsch, «Mediated Negotiations in Divorce and Labor Disputes: A Comparison», *Conciliation Courts Review*, 15 (1977),

S. 9 –12; O. J. Coogler, *Structural Mediation in Divorce Settlement: A Handbook for Marital Mediators* (Lexington, MA: Lexington Books, 1978).

13. K. Duffy, J. Grosch und P. Olczak, *Community Mediation: A Handbook for Practitioners and Researchers* (New York: Guilford, 1991); P. Lovenheim, *Mediate, Don´t Litigate: How to Resolve Disputes Quickly, Privately, and Inexpensively without Going to Court* (New York: McGraw-Hill, 1989); L. Singer, *Settling Disputes: Conflict Resolution in Business, Families, and the Legal System* (Boulder, CO: Westview Press, 1990).

14. R. Coulson, *Business Mediation: What You Need to Know* (New York: American Arbitration Association, 1987).

15. W. Drayton, «Getting Smarter about Regulation», *Harvard Business Review*, 59 (Juli-August 1981), S. 38 – 52; R. B. Reich, «Regulation by Confrontation or Negotiation», *Harvard Business Review*, 59 (Mai-Juni 1981), S. 82 – 93; L. Susskind und J. Cruikshank, *Breaking the Impasse: Consensual Approaches to Resolving Public Disputes* (New York: Basic Books, 1987).

16. R. Fisher, *International Mediation: A Working Guide* (New York: International Peace Academy, 1978).

17. Carnevale und Pruitt, «Negotiation and Mediation»; K. Kressel und D. Pruitt (Hrsg.), *Mediation Research* (San Francisco, CA: Jossey-Bass, 1989).

18. T. A. Kochan und T. Jick, «The Public Sector Mediation Process: A Theory and Empirical Examination», *Journal of Conflict Resolution*, 22 (1978), S. 209 – 240.

19. C. Moore, *The Mediation Process: Practical Strategies for Resolving Conflict*.

20. Starke und Notz, «Pre- and Postintervention Effects of Conventional versus Final-Offer Arbitration»; D. W. Grigsby, «The Effects of Intermediate Mediation Step on Bargaining Behavior under Various Forms of Compulsory Arbitration», Aufsatz für das Annual Meeting des American Institute for Decision Sciences, Boston, MA, November 1981; D. W. Grigsby und W. J. Bigoness, «Effects of Mediation and Alternative Forms of Arbitration on Bargaining Behavior: A Laboratory Study», *Journal of Applied Psychology*, 67 (1982), S. 549 – 554.

21. T. B. Carver und A. A. Vondra, «Alternative Dispute Resolution: Why It Doesn't Work and Why It Does», *Harvard Business Review*, Mai – Juni 1994, S. 124.

22. M. A. Rahim, J. E. Garrett und G. F. Buntzman, «Ethics of Managing Interpersonal Conflict in Organizations», *Journal of Business Ethics*, 14 (1992), S. 423 – 432.

23. Rahim, Garrett und Buntzman, «Ethics of Managing Interpersonal Conflict in Organizations».

24. B. H. Sheppard, «Managers as Inquisitors: Some Lessons from the Law», in: Bazerman und Lewicki (Hrsg.), *Negotiating in Organizations*, S. 193 – 213.

25. Rahim, Garrett und Buntzman, «Ethics of Managing Interpersonal Conflict in Organizations».

26. D. B. Hoffman und N. L. Kluver, «How Peer Group Resolution Works at Northern States Power Co.», *Employment Relations Today*, Frühjahr 1992, S. 25 – 30.

27. J. Greenwald, «Resolving Disagreements: Alternative Market Finds ADR Works to Its Advantage», *Business Insurance*, 7. Juni 1993, S. 45.

KAPITEL 12

1. E. P. Bettinghaus, *Message Preparation: The Nature of Proof* (Indianapolis, IN: Bobbs-Merrill, 1966).

2. S. Jackson und M. Allen, «Meta-Analysis of the Effectiveness of One-Sided and Two-Sided Argumentation», Aufsatz für die Jahrestagung der International Communication Association, Montreal, Quebec, 1987.

3. E. P. Bettinghaus, *Message Preparation*; P. G. Zimbardo, E. B. Ebbesen und C. Maslach, *Influencing Attitudes and Changing Behavior* (Reading, MA: Addison-Wesley, 1977).

4. Fisher, «Fractionating Conflict»; Ikle, *How Nations Negotiate*.

5. P.C. Feingold und M. L. Knapp, «Anti-Drug Abuse Commercials», *Journal of Communication*, 27 (1977), S. 20-28; C. I. Hovland und W. Mandell, «An Experimental Comparison of Conclusion Drawing by the Communicator and by the Audience», *Journal of Abnormal and Social Psychology*, 47 (1952), S. 581 – 588; W. J. McGuire, «Inducing Resistance to Persuasion: Some Contemporary Approaches», in: L. Berkowitz (Hrsg.), *Advances in Experimental Social Psychology*, Vol. 1 (New York: Academic Press, 1964), S. 191 – 229.

6. J. W. Bowers und M. M. Osborn, «Attitudinal Effects of Selected Types of Concluding Metaphors in Persuasive Speeches», *Speech Monographs*, 33 (1966), S. 147 – 155.

7. G. S. Leventhal, «Fairness in Social Relationships», in: J. W. Thibaut, J. T. Spence und R. C. Carson (Hrsg.), *Contemporary Topics in Social Psychology* (Morristown, NJ: General Learning Press, 1976).

8. T. C. Brock, «Effects of Prior Dishonesty on Post-Decision Dissonance», *Journal of Abnormal and Social Psychology*, 66 (1963), S. 325-331.

9. J. W. Bowers, «Some Correlates of Language Intensity», *Quarterly Journal of Speech*, 50 (1964), S. 415 – 420.

10. P. Gibbsons, J. J. Bradac und J. D. Busch, «The Role of Language in Negotiations: Threats and Promises», in: L. Putnam und M. Roloff (Hrsg.), *Communication and Negotiation* (Newbury Park, CA: Sage, 1992), S. 156 – 175.

11. E. P. Bettinghaus, *Persuasive Communication*, 2. Auflage (New York: Holt, Rinehart & Winston, 1980)

12. D. J. O´Keefe, *Persuasion: Theory and Research* (Newbury Park, CA: Sage, 1990).

13. B. S. Greenberg und G. R. Miller, «The Effects of Low-Credible Sources on Message Acceptance», *Speech Monographs*, 33 (1966), S. 135f.

14. R. A. Swenson, D. L. Nash und D. C. Roos, «Source Credibility and Perceived Expertness of Testimony in a Simulated Child-Custody Case», *Professional Psychology*, 15 (1984), S. 891 – 898.

15. D. Tannen, *You Just Don't Understand: Women and Men in Conversation* (New York: Ballantine Books, 1990) [Dt.: *Du kannst mich einfach nicht verstehen. Warum Männer und Frauen aneinander vorbeireden*, Hamburg: Ernst Kabel, 1991].

16. S. Westendorf, «Getting the Guys on Your Side», *Working Woman*, Juli 1993, S. 15 – 16.

17. G. Nierenberg, *The Complete Negotiator* (New York: Nierenberg and Zeif, 1976).

18. C. R. Rogers, *Active Listening* (Chicago: University of Chicago Press, 1957).

19. A. G. Athos und J. J. Gabarro, *Interpersonal Behavior: Communication and Understanding in Relationships* (Englewood Cliffs, NJ: Prentice Hall, 1978).

20. W. J. McGuire, «Inducing Resistance to Persuasion: Some Contemporary Approaches».

21. D. W. Johnson, «Role Reversal: A Summary and Review of the Research», *International Journal of Group Tensions*, 1 (1971), S. 318 – 334; C. Walcott, P. T. Hopmann und T. D. King, «The Role of Debate in Negotiation», in: D. Druckman (Hrsg.), *Negotiations: Social Psychological Perspectives* (Beverly Hills, CA: Sage, 1977), S. 193 – 211.

22. F. Tutzauer, «The Communication of Offers in Dyadic Bargaining», in: Putnam und Roloff (Hrsg.), *Communication and Negotiation*, S. 67 – 82.

23. L. Putnam und M. Holmer, «Framing, Reframing, and Issue Development», in: Putnam und Roloff (Hrsg.), *Communication and Negotiation*, S. 128 – 155.

24. Gibbsons, Bradac und Busch, «The Role of Language in Negotiations».

25. Russo und Schoemaker, *Decision Traps*.

26. G. Karrass, *Negotiate to Close*.

KAPITEL 13

1. R. Miller und G. Jentz, *Fundamentals of Business Law* (Minneapolis, MN: West, 1993), S. 112, 163–64.

2. G. Richard Shell, «When Is It Legal to Lie in Negotiations?», *Sloan Management Review*, Frühjahr 1991, S. 93–101.

3. Miller und Jentz, *Fundamentals of Business Law*.

4. J. Z. Rubin und B. B. Brown, *The Social Psychology of Bargaining and Negotiation* (New York: Academic Press, 1975), S. 15.

5. J. R. Boatright, *Ethics and the Conduct of Business* (Englewood Cliffs, NJ: Prentice Hall, 1993); T. Donaldson und P. Werhane, *Ethical Issues in Business: A Philosophical Approach*, 4. Auflage (Englewood Cliffs, NJ: Prentice Hall, 1993); J. Rachels, *The Elements of Moral Philosophy* (New York: McGraw-Hill, 1986).

6. R. J. Lewicki, «Lying and Deception: A Behavioral Model», in: Bazerman und Lewicki (Hrsg.), *Negotiating in Organizations*, S. 68–90.

7. R. J. Lewicki und G. Spencer, «Ethical Relativism and Negotiating Tactics: Factors Affecting Their Perceived Ethicality», Aufsatz für die Tagung der Academy of Management, Miami, FL, August 1991; R. J. Anton, «Drawing the Line: An Exploratory Test of Ethical Behavior in Negotiations», *The International Journal of Conflict Management*, 1 (1990), S. 265–280.

8. M. Missner, *Ethics of the Business System* (Sherman Oaks, CA: Alfred Publishing, 1980).

9. R. Christie und F. L. Geis (Hrsg.), *Studies in Machiavellianism* (New York: Academic Press, 1970).

10. Lewicki und Spencer, «Ethical Relativism and Negotiating Tactics: Factors Affecting Their Perceived Ethicality».

11. N. Bowie und R. E. Freeman, *Ethics and Agency Theory* (New York: Oxford University Press, 1992).

12. M. A. Rahim, J. E. Garret und G. F. Buntzman, «Ethics of Managing Interpersonal Conflict in Organizations», *Journal of Business Ethics*, 14 (1992), S. 423–432.

13. S. Charmichale, «Focus: Countering Employee Crime», *Business Ethics*, 1 (1992), S. 180–184.

14. S. Milgram, *Obedience to Authority: An Experimental View* (New York: Harper & Row, 1974).

15. S. Bok, *Lying: Moral Choice in Public and Private Life* (New York: Pantheon, 1978).

16. Fisher, Ury und Patton, *Getting to Yes*.

17. Shea, «Learn How to Treasure Differences».

KAPITEL 14

1. Lewicki, Litterer, Saunders und Minton, *Negotiation*.

2. A. A. Benton und D. Druckman, «Constituent´s Bargaining Orientation and Intergroup Negotiations», *Journal of Applied Social Psychology*, 4 (1974), S. 141–150; A. A. Benton, «Accountability and Negotiations between Representatives», *Proceedings, 80th Annual Convention, American Psychological Association (1972)*, S. 227–228; R. J. Klimoski, «The Effects of Intragroup Forces on Intergroup Conflict Resolution», *Organizational Behavior and Human Performance*, 8 (1972), S. 363-383; R. R. Haccoun und R. J. Klimoski, «Negotiator Status and Source: A Study of Negotiation Behavior», *Organizational Behavior and Human Performance*, 14 (1975), S. 342–359; J. A. Breagh und R. J. Klimoski, «Choice of Group Spokesman in Bargaining – Member or Outsider», *Organizational Behavior and Human Performance*, 17 (1977), S. 325–336.

3. A. Hiam, *Closing the Quality Gap: Lessons from America´s Leading Companies* (Englewood Cliffs, NJ: Prentice-Hall, 1992).

4. «Strategic Alliances: Guidelines for Successful Management», The Conference Board Report Number 1028 (New York: Conference Board, 1993).

5. C. Berrey, A. Klausner und D. Russ-Eft, *Highly Responsive Teams: The Key to Competitive Advantage* (San Jose, CA: Zenger-Miller, 1993).

6. F. Stone (Hrsg.), «Executive Management Forum», Supplement zu *Management Review*, American Management Association, Mai 1994, S. 3 f.

7. A. Bernstein, «Why America Needs Unions But Not the Kind It Has Now», *Business Week*, 23. Mai 1994, S. 71.

8. Stone, «Executive Management Forum».

9. Bernstein, «Why America Needs Unions But Not the Kind It Has Now».

10. Stone, «Executive Management Forum».

11. H. J. Thamhain, «Managing Technologically Innovative Team Efforts toward New Product Success», *Journal of Product Innovation Management*, Vol. 7, März 1990, S. 5–18.

12. Berrey, Klausner und Russ-Eft, *Highly Responsive Teams*.

13. L. Landes, «The Myth and Misdirection of Employee Empowerment», *Training*, März 1994, S. 116.

14. J. J. Sherwood und J. C. Glidewell, «Planned Renegotiation: A Norm-Setting OD Intervention», in: J. E. Jones und J. W. Pfeiffer (Hrsg.), *The 1973 Annual Handbook for Group Facilitators* (San Diego, CA: Pfeiffer, 1973).

15. M. Kaeter, «Repotting Mature Work Teams», Supplement zu *Training*, April 1994, S. 4–6.

16. M. Hequet, «Teams at the Top», Supplement zu *Training*, April 1994, S. 7–9.

17. R. Harrison, «Role Negotiation: A Tough-Minded Approach to Team Development», in: W. G. Bennis, D. E. Berlew, E. H. Schein und F. I. Steele (Hrsg.), *Interpersonal Dynamics*, 3. Auflage (Homewood, IL: Dorsey, 1973).

18. G. Nadler und S. Hibino, *Breakthrough Thinking* (Rocklin, CA: Prima Publishing & Communications, 1990).

19. B. Geber, «Let the Games Begin», Supplement zu *Training*, April 1994, S. 10–15.

20. M. H. Bazerman, E. A. Mannix und L. L. Thompson, «Groups as Mixed Motive Negotiations», in: E. J. Lawler und B. Markovsky (Hrsg.), *Advances in Group Processes*, Vol. 5 (Greenwich, CT: JAI Press, 1988), S. 195-216; J. Brett, «Negotiating Group Decisions», *Negotiation Journal*, 7 (1991), S. 291–310; R. M. Kramer, «The More the Merrier? Social Psychological Aspects of Multiparty Negotiation in Organizations», in: M. Bazerman, R. Lewicki und B. H. Sheppard, *Research on Negotiation in Organizations*, Vol. 3 (Greenwich, CT: JAI Press, 1991), S. 307–332.

21. Bazerman, Mannix und Thompson, «Groups as Mixed Motive Negotiations».

22. J. Brett, «Negotiating Group Decisions», *Negotiation Journal*, 7 (1991), S. 291–310.

23. S. E. Taylor und J. D. Brown, «Illusion and Well-Being: A Social-Psychological Perspective on Mental Health», *Psychological Bulletin*, 103 (1988), S. 193–210; T. Tyler und R. Hastie, «The Social Consequences of Cognitive Illusions», in: Bazerman, Lewicki und Sheppard (Hrsg.), *Research on Negotiation in Organizations*, Vol. 3, S. 69–98.

24. Lewicki, Litterer, Minton und Saunders, *Negotiation*; Bazermann, Lewicki und Sheppard (Hrsg.), *Research on Negotiation in Organizations*, Vol. 3; Nadler und Hibino, *Breakthrough Thinking*.

25. Nadler und Hibino, *Breakthrough Thinking*.

26. J. W. Salacuse, «Your Draft or Mine?», *Negotiation Journal*, 5: 4, S. 337–341.

KAPITEL 15

1. Lewicki, Litterer, Minton und Saunders, *Negotiation*.

2. Als vollständigere – allerdings komplexere – Darstellung dieser Ideen über Vertrauen, vgl. R. J. Lewicki und B. B. Bunker, «Trust in Relationships: A Model of Development and Decline», in: Rubin und Bunker, *Conflict, Cooperation and Justice*.

Literaturhinweise

Bernstein, Albert J. und Rozen, Sydney C.: *Das Dinosaurier-Syndrom. Vom Umgang mit sich und anderen schwierigen Kollegen,* Zürich: Orell Füssli, 1990.

Blake, Robert und Mouton, Jane: *Besser führen mit GRID. Probleme lösen mit dem GRID-Konzept,* Düsseldorf: Econ, 2. Auflage 1996.

Bramson, Robert: *Schwierige Chefs. Und wie man mit ihnen fertig wird,* München: Droemer Knaur, 1996.

Cialdini, Robert B.: *Die Psychologie des Überzeugens. Ein Lehrbuch für alle, die ihren Mitmenschen und sich selbst auf die Schliche kommen wollen,* Bern: Hans Huber, 1997.

Cialdini, Robert B.: *Überzeugen im Handumdrehen. Wie und warum sich Menschen beeinflussen und überzeugen lassen,* Landsberg: mvg, 2. Auflage 1993.

Fisher, Roger und Brown, Scott: *Gute Beziehungen. Die Kunst der Konfliktvermeidung, Konfliktlösung und Kooperation,* Frankfurt: Campus, 1989.

Fisher, Roger und Ertel, Danny: *Arbeitsbuch Verhandeln. So bereiten Sie sich schrittweise vor,* Frankfurt: Campus, 1997.

Fisher, Roger; Kopelman, Elizabeth und Kupfer-Schneider, Andrea: *Jenseits von Machiavelli. Kleines Handbuch der Konfliktlösung,* Frankfurt: Campus, 1995.

Fisher, Roger; Ury, William R. und Patton, Bruce M.: *Das Harvard-Konzept. Sachgerecht verhandeln – erfolgreich verhandeln,* Frankfurt: Campus, 15. Auflage 1996.

Gordon, Thomas: *Managerkonferenz. Effektives Führungstraining,* München: Heyne, 1995.

Jones, Alan: *Die erfolgreiche Gehaltsverhandlung,* Frankfurt: Campus, 1993.

Karrass, Gary: *Geschickt verhandeln, erfolgreich abschließen.* Frankfurt: Campus, 1989.

Kotter, Jan: *Überzeugen und Durchsetzen. Macht und Einfluß in Organisationen,* Frankfurt: Campus, 2. Auflage 1989.

Ludwig, Martin H.: *Praktische Rhetorik. Reden – Argumentieren – Erfolgreich Verhandeln,* Hollfeld: C. Bange, 4. Auflage 1995.

Martin, David M.: *Erfolgreiche Verhandlungstaktiken. Schwierige Situationen perfekt meistern,* Niedernhausen: Falken, 1997.

Mastenbroek, Willem F.: *Verhandeln. Strategie – Taktik – Technik,* Wiesbaden: Gabler, 1992.

Mayer, Robert: *Der Verhandlungskünstler. Wie Sie clever, kompetent und überzeugend jede private und geschäftliche Situation meistern,* Wien: Ueberreuter, 1998.

Meins, Jon: *Die Vertragsverhandlung. Leitfaden zum Entwerfen, Verhandeln und Abschließen von Verträgen,* Stuttgart: Schäffer-Poeschel, 2. wesentl. erw. Auflage 1992.

Neckermann, Bruno: *Verkaufserfolge mit Persönlichkeit. Repräsentieren, verhandeln, überzeugen,* Landsberg: moderne industrie, 2. Auflage 1993.

Ryborz, Heinz: *Die Kunst zu überzeugen. Die wirksame Beeinflussung von Partnern, Freunden, Kunden, Gegnern,* München: Goldmann, 8. Auflage 1993.

Salacuse, Jeswald W.: *International erfolgreich verhandeln,* Frankfurt: Campus, 1992.

Saner, Raymond: *Verhandlungstechnik. Strategie – Taktik – Motivation – Verhalten – Delegationsführung,* Bern: Paul Haupt, 1997.

Schäffner, Karl H.: *Reden, Verhandeln, Präsentieren. Das praxisorientierte Handbuch für Kommunikation,* Wien: Signum, 1993.

Tannen, Deborah: *Du kannst mich einfach nicht verstehen. Warum Männer und Frauen aneinander vorbeireden,* Hamburg: Ernst Kabel, 1991.

Tannen, Deborah: *Job-Talk. Wie Frauen und Männer am Arbeitsplatz miteinander reden,* Hamburg: Ernst Kabel, 1995.

Index

A

Abbruchpunkt
    allgemein 14 f., 33, 36, 40
    kompetitive Strategie 69, 86, 88, 97-99
    Kompromißstrategie 142
Abhängigkeit 24, 62
Abkühlungsphase 169
Ablenken 107, 219
Abschluß 187f., 232
Achtung 15, 87, 96, 244
ADR (= Alternative Dispute Resolution) 196f., 206
Ärger 169, 174, 194, 271
Agenten 254, 259-263, 267, 282
    siehe auch Repräsentanten
Aggressivität 104, 218
Allianzen 126f., 260, 267
Alternativen 8, 14, 16, 22, 26, 184, 231, 286
    als Machtfaktor 46f.
    bei kompetitiver Strategie 70, 86, 90, 95
    bei Kompromißstrategie 142
    bei Vermeidungsstrategie 66, 137-139
    bereithalten 182
    der anderen Partei 33, 188
    Plan 101
    prüfen 277
    realisierbare 131
Alternativstrategien 131-154
Analyse 7, 18, 23f., 30, 37, 57f., 85
Anerkennung 244, 269, 272
Angebot
    attraktives 165, 178
    extremes 158, 286
    irrationales 158
    Kriterien 239f.
    «letztes» 101, 200
    neu rahmen 166
Anker 157
Anpassung 95, 157f., 181, 284
Anpassungsstrategie 123, 131, 150, 292
    Beziehungs- und Ergebnisdimension 64, 133
    Merkmale 133-136

Argumente
    der anderen Partei 245
    unterstützende 8, 26, 38, 58
    vortragen 217
Arroganz 154, 166
Atmosphäre 166, 171, 174, 187f.
Auftraggeber 6, 8, 21f., 25, 261, 263, 266, 280, 282
    als situativer Verhandlungsfaktor 39, 42f.
    bei kooperativer Strategie 73, 94, 111
    bei Vermittlung 203
    direktiver 22
    Einflußnahme 35, 231
    Erlaubnis 43
    Funktion 42
    Informationen über 37f.
    Manipulation 248, 250
    Rücksprache mit 43
Ausgangspunkt 14 f., 31, 40, 69, 86f., 96, 249
Ausgleich 240
Austausch 54, 240
Ausweichen 182
Autonomie 269
Autorität 21f., 149, 262
    der anderen Partei 35, 142
    eingeschränkte 264
    von Teams 270
    vortäuschen 105

B

Bad Guy 102, 149
Basis, gemeinsame 30, 32, 38, 73, 193
Basisstrategien 64
BATNA (= Best Alternative to a Negotiated Agreement) 16, 26, 70, 90, 138, 188, 237, 275
Bedürfnisse 9, 69, 72, 164, 174, 190
Befangenheitseffekt 201
Begin, Menachem 28
Berater 157, 272, 277
Bestechung 250
Beteiligung 267
Betrug 236-239, 255

Bewertungskriterien 119
Beziehung 16, 30, 66, 132, 246, 253
    als Faktor für Strategiewahl 61-63, 290
    als Kontextfaktor 39
    Arbeitgeber-Arbeitnehmer 242, 258
    aufrechterhalten 114, 141
    aufs Spiel setzen 257
    bei Einsatz Dritter 195
    Faktoren 53-55
    feindselige 33f.
    Intensität 135
    kurzfristige 208, 211, 246, 254
    langfristige 211, 246, 248, 254, 260, 285
    positive 248
    persönliche 184
    zukünftige 285
Beziehungs-Pflege 296
Bilanzieren 135
Blickkontakt 225
Bluffen 70, 104, 247, 251
Boeing 11f., 27
Bogey, 103
Botschaft 216f.
Brainstorming 113, 116f., 278f., 281

C
Camp David 28
Carter, Jimmy 28
Ciba-Geigy 126
Corning 126

D
Definition
    von gemeinsamen Zielen 112
    von Themen 7, 24, 36, 57
    von zugrundeliegenden Interessen 8, 57
Delphi-Technik 278f.
Depersonalisierung 175, 178
Der Prinz 252
Desillusionierung 271
Dialog 52
Diebstahl 251, 258
Differenzen 38, 170, 190f., 215, 272
Diskussionen 165, 278
Dokumentation 145, 180
Dokumente 104, 195, 277
Dritte Partei
    einschalten 9, 119, 165, 167, 170, 183, 193-214, 272
    finden 214
    Kontrollniveau 197f.
    Möglichkeiten 193-198
Drohungen 70, 100, 104, 170, 178, 185, 189, 218, 231, 251, 257, 272
Druck 33, 70, 185, 254, 264, 272

E
Ehrlichkeit 78, 223, 255
Einigung
    erzielen 118, 202, 272
    gescheiterte 27
    prinzipielle 281
    Vertragsrecht 239
Einigungspunkt 87
Einschüchterung 104, 185
Einverständniserklärung 166
Einwilligungsstrategien 146
Emotionen 55, 58, 105, 164, 166, 174, 176, 194, 205, 207, 260, 278f.
Empathie 55, 112, 211
Empowerment 270
Engagement
    allgemein 62, 73, 123, 139, 147, 281
    der anderen Partei 232
    irrationales 156
Entgegenkommen 101, 206
Entscheidungen
    in Gruppenprozessen 278f.
    unabhängige 132
Entscheidungs-Akzeptanz-Effekt 199
Entscheidungsprozeß 121
Erfahrung 19, 78f., 89, 157, 223, 269
Erfolg 15, 34, 217
Ergebnis 61-65, 93
    angepeiltes 29, 38
    Bedeutung 132, 290f.
    bei Einsatz Dritter 195
    gewünschtes 4
    Interesse 105, 266
    Kontrolle 197, 210f.
    positives 257
Ernüchterungseffekt 200
Eröffnungsangebot 36, 40, 52, 86, 95f., 249, 285f.
Erwartungen 34, 36, 159, 161, 206, 254, 272
    aufbauen 270
    der anderen Partei 253
    zerstören 219
Eskalation 121, 175
Ethik 105, 235-258
Experten 26, 41, 106, 148, 175, 259, 261, 267, 274

F
Fachkenntnis 24, 41, 89, 149, 204, 223, 250, 259, 261f., 270
Fairneß 23, 111, 120, 209, 235, 239
Fair play 23, 78
Faktoren 84, 87, 269
Falsche Darstellung 236, 238f., 243, 250
Feedback 124, 168, 214, 217, 220f., 226, 232, 268f., 273
Fehlinterpretation 124, 173f.
Feilschen 153f.

Index

Fisher, Roger 16, 181, 256
Flexibilität 6, 22, 25, 29, 100f., 117, 190, 264
Ford 268
Forderung 152, 159, 178, 266, 284
Fotokonferenz 266
Fragebogen 117, 278
Fragen 124, 226
    direkte 33
    offene 183
    strategische 4
Framing 158f.
Fristen 43, 73, 143
Front bilden 170, 275
Frustrationen 169, 194

G

Gefälligkeitsstrategie 18
Gegenleistung 183, 240
Gegenseitigkeit 147
Gegner 179, 235
Gemeinsamkeiten 54, 165, 170f., 179-181
Gerechtigkeit 245, 256
Gerichtsverfahren 196, 250
Geschäftsgründung (Fallbeispiel)
    Anpassungsstrategie 134f.
    kompetitive Strategie 83-86, 89
    Kompromißstrategie 140f.
    Kooperationsstrategie 110, 120
    Vermeidungsstrategie 137-139
Geschenke 147, 250
Geschlechtsunterschiede 48, 51, 224, 252
Gesetz 195, 198, 257
Gestik 72, 221, 225, 227
Getting to Yes 181
Gewinn 67f., 77, 89, 92, 109, 285
Glaubwürdigkeit 100, 222, 256, 258
Good Guy 102, 149
Grenzen
    der anderen Partei 35, 38
    eigene 8, 26, 58
GRIT (= Graduated Reciprocation in Tension Reduction) 171f.
Grundregeln 180, 185, 257
Grundwerte 189
Gruppenarbeit 273
Gruppendiskussion 117
Gruppendynamik 259
Gruppenprozesse 259, 276-282

H

Halbwertzeit-Effekt 200
Halo-Effekt 163, 222, 230
Handlungsplan 167
Hardball 102
Hewlett-Packard 224

HFG Expansion Fund 28
Hierarchien, flache 46
Highball 103
Highland Energy Group 28
Hintergrundmerkmale 252
Höflichkeit 78, 257
Huckepacknehmen 117
Humor 171, 224f.

I

Ichbefriedigung 244
Idiomatische Ausdrücke 220
Ignorieren 107, 161, 186
Image 78, 96, 109, 222f., 274
Imaging 174
Informationen
    direkte 99
    exakte 40f.
    falsche 48, 106, 185, 232, 235, 277
    filtern 260, 264
    komplexe 105, 274
    minimale 98
    notwendige 195
    prüfen 159, 288
    Relevanz 245, 278
    technische 105
    unvollständige 232
    Verfügbarkeit 159, 195
    Wesen und Art 40-42
    zurückhalten 106, 236, 238f., 244
    zusätzliche 281
Informationsaustausch 22, 111, 270
Informationsbeschaffung 32, 34, 93, 95
Informationsfluß 73, 169
Informationsquellen 148, 161
Inquisition 197
Integrität 23, 47f., 53, 78, 254
Interaktionen 2, 30, 80f.
Interessen 9
    abstrakte 16
    definieren 17, 25, 113
    herausfinden 32f., 183, 202
    gemeinsame 180
    konkrete 16
    kurzfristige 121
    langfristige 121
    politische 274
    primäre 29
    soziale 274
Interimsübereinkunft 146
Interventionstypen 197f.
Irreführung 249

J

Joukowsky, Tim 28

K

Kernfragen 12-23
Kleidung 222
Klima 95, 173, 196, 252
Koalition 276, 278
Körpersprache 29, 41, 105, 164, 216, 221, 226
Kognitive Dissonanz 160
Kommunikation 157, 220, 269
    aufrichtige 73
    Definition 215-217
    direkte 260
    effektive 189
    eindeutige 124, 225
    erfolgreiche 217-223, 225f.
    filtern 260
    formale 124, 267
    informelle 124
    klare 124, 225
    offene 30, 73, 111, 118, 202
    Probleme 215, 260
    schlechte 169, 194
    schriftliche 216
    sich verändernde 34
    Stile 224
    Störungen 229
    Techniken 226-230
    verbessern 193, 196, 207, 223-225
    visuelle 225
Kompetenz 9, 155, 223, 288
    kommunikative 23, 41, 171-174, 215-233
    personelle 271
    technische 271
Kompetitive Strategie 68-72, 127, 150, 171, 181, 184, 222, 237, 261, 283, 292
    Anwendungssituationen 84
    Beziehungsdimension 64, 95
    Ereignissequenz 95f.
    Ergebnisdimension 64, 131
    Leitfaden für 98f.
    Nachteile 70-72
    Planungselemente 92
    Taktiken 99-107
    Umsetzung 83-108
Komplimente 102, 184, 222
Kompromiß 15, 96, 143, 167, 184, 198, 261, 279
Kompromißbereitschaft 12, 264
Kompromißstrategie 76f., 131, 150, 152, 155, 283, 292
    Beziehungs- und Ergebnisdimension 65, 139
    Gründe für 76, 78
    Merkmale 139-146
    Prinzipien 142-145
Konflikte 206, 269, 271f.
Konfliktlösung 27, 193, 273
    alternative 196
    informelle 208f.

Kompetenz 211
    Sequenz 206
    systematische 169
    siehe auch ADR
Konfliktmanagement 56, 188-190, 210, 268, 273, 282
Konfliktreduktion 169-191
Konfliktursachen 156-162
Konkurrenz 54, 109, 155, 181
Konkurrenzstrategie
    siehe Kompetitive Strategie
Konsequenzen 245, 255f., 293, 295
Konsens 121, 232, 278f., 281
Kontext 5f., 12, 38-59, 289
    kultureller 48, 51
    sozialer 48, 51, 256
    wettbewerbsorientierter 258
Konzentration 145, 165
Konzessionen 97, 172
    ausweichen 264
    bei kompetitiver Strategie 96-99
    bei Kompromißstrategie 141, 143
    bei Kooperationsstrategie 111
    bei Vermittlung 202
    der anderen Partei 35f., 95f.
    siehe auch Zugeständnisse
Kooperation 111, 181, 184, 212, 253, 259, 266, 279, 292, 294
Kooperationsstrategie 47, 54, 72-75, 137, 150, 152, 155, 170f., 222, 261, 269, 292f.
    Beziehungs- und Ergebnisdimension 64, 131
    Hindernisse 125f.
    Lösungen 114-122
    Merkmale 111f.
    Probleme 75
    Schlüsselfaktoren 73-75, 122-124
    Schritte 112
    Umsetzung 109-129
Kooperative Strategie
    siehe Kooperationsstrategie
Kosten 92, 106, 115, 197, 199, 245, 260, 277
Kreativität 18, 113
«Kuchen»-Analogie 20, 69, 99, 109, 114, 157
Kultur 79, 223, 243

L

Lebenszyklus 270-272
Legitimation 44-46, 145
Lösung 37, 190
    akzeptierbare 172
    bei kompetitiver Strategie 97
    bei Kooperationsstrategie 17, 32, 114-122, 229
    bei Vermittlung 202
    siehe auch PGR
Lose-Lose-Strategie 63f., 170
Lose-Win-Strategie 123

Index

Lose to Win 64
Lowball 103
Loyalität 254
Lüge 106, 170, 235, 237, 247, 250, 255, 258

M
Machiavelli 252
Macht 6, 9, 21, 40, 42, 52, 55, 70, 181f., 244, 250, 254, 278, 284
Machtfaktoren 39f., 52f.
Manager 210-212
Manipulation 41, 50, 92, 99, 105f., 222, 246, 248, 250, 258, 265, 274, 280
Marathon-Verhandlungen 264
Marktsituation 40, 86
Martin, Jackie 169, 172
Mediation 201
    siehe auch Vermittlung
Meinungsvielfalt 260
Metaphern 218
Mißerfolg 34
Mißtrauen 21, 123, 182, 194
Mißverständnisse 158, 173
Mitteilung 217, 239
Moderator 275, 277-280, 282
Moral 16, 235, 243f., 257
Moralkodex 243f., 258, 260
Motivation 17, 36, 93, 123, 205, 288
Motorola 170
Murphys Gesetz 43, 151, 292

N
Nachgeben 118
Nachverhandlungen 19
Narkotisierungseffekt 200
NCR 208
«Nebelindex» 105
Nominalgruppentechnik 279
Normen 44, 79, 254
Northern States Power Company 212f.
Notlügen 244, 247, 250

O
Öffentlichkeit 264-266, 275
Offenheit 72, 111, 118, 246
Ohmae, Kenichi 132
Ombudsmänner 157, 196, 208f.
Optionen 39, 142, 171, 178f., 183, 277, 284
Organisationsstruktur 46
Ort 25, 38, 48-50, 85, 104, 211, 280
Ovanessof, Mimi 169, 172

P
Paraphrasierung 227
Patton, Bruce 181, 256

Pausen 50, 171, 265, 280
Peer-Group-Lösung 212-214
    siehe auch PGR
Pepsi 218, 220
Persönliche Eigenschaften 41, 47, 55f., 223, 243, 252
Pflichten 241
PGR (= Peer Group Resolution) 212-214
    siehe auch Peer-Group-Lösung
Planung 5, 21, 27, 30, 85, 87, 135
Planungsprozeß 36-38
«Point of no Return» 15, 97
Polarisierung 170, 205
Portfolio von Verhandlungen 132f.
Position
    der anderen Partei 12, 122
    eigene 12
    extreme 95
    verändern 113, 231
Präferenzen 25f., 29, 67, 78, 278, 284
Präsentation 26, 38, 41, 58, 106, 159
Präzedenzfälle 48, 67, 175, 177, 195
Preis 103, 183, 242, 251
Prinzipien 78, 111, 175-177
Prioritäten 8, 14, 16f., 26, 137, 205
    der anderen Seite kennen 103
    Konflikt 284
    Liste erstellen 117f., 202
    setzen 62
    stabile 269
Privatsphäre 265
Probleme
    bei Teamverhandlungen 269
    identifizieren 112f.
    neu definieren 114-116
    reduzieren 175-178
    verstehen 113f.
Problemlösung 165, 273
    Kompetenz 18, 157, 191
    Phase 231
Projektion 164, 230
Protokollführung 51, 232, 280
Prozeßberatung 196f., 207f.
Prozeßkontrolle 197, 210f.
Prozeßmanagement 280
Pruitt, Dean 114
Publicity, negative 102
Publikum 259, 262-266, 282

R
Rache 107, 245
Rahmen 179f.
Rationalisierung 161
Reaktionen 170
Realitätsprüfung 156, 158, 184
Recherche über die andere Partei 30-36, 93, 225

Recht 235-258
Rechtmäßigkeit 240
Rechtsberatung 241
Redezeitbeschränkung 180
Reengineering 289-292
REF 159
Referenzen 223
Reframing 164, 188
Regeln 6, 21, 23, 158, 195, 244, 275
    als situative Verhandlungsfaktoren 39
    bei Schlichtung 198
    formale 254
    für Sprecher 180
    im Alltagsleben 44f.
    in Firmen 45
Repräsentanten 259, 263, 282
    distanzierte 260
    unparteiische 260
    siehe auch Agenten
Reputation 42, 78, 96, 111, 244, 251
Respekt 54, 135, 149, 227
Ressentiments 271
Ressourcen 18
    als Machtfaktor 40-42
    aufteilen 120
    begrenzte 141, 149, 157
    der anderen Partei 33
    effektiv einsetzen 269
    in Verhandlung mit Vorgesetztem 151
    materielle 41f.
    verfügbare 114, 269f.
Reue 159f.
Revanche 102, 186f., 208, 248, 256f.
Risiko 121, 135, 269
Rogers, Carl 173
Rollenspiele 213, 228, 273
Rollentausch 36, 173, 183, 225f., 228f.
Rückzug 102, 137
Ruf 23, 47, 143, 163, 254, 256, 258, 266
«Rutsche und Leiter»-Analogie 124

S

Sabotage 143, 258
Sadat, Anwar el 28
Sanktionen 203
Schaden 67, 236, 243
Scheinangebot 239
Schiedsrichter 210, 274f.
Schlichtung 194, 196-201, 209
Schriftführer 51
Schuldgefühle 106
Schweigen 106, 239, 280
Selbstbild 78, 256
Selbsterfüllende Prophezeiung 48, 71, 163, 169, 253
Selbstvertrauen, übersteigertes 160, 166

Setting 79
Simulation 273
Sindelar, Scott 159, 170
Situation 77, 253-255
Situative Verhandlungsfaktoren 6, 39-52
Sitzordnung 50, 277
Skepsis überwinden 187f.
Solidarisierung 175, 179, 263
Spannung
    abbauen 171f., 193, 202
    bei Anpassungsstrategie 67
    entladen 171
Spezifikationen 150
Spielraum 40, 96f.
Spionieren 251
Sprache 72, 167, 219-221, 223, 231
Sprachliche Intensität 219, 231
Sprachnuancen 220
Sprachstil 231
Sprecher 267
Status 223, 274, 278
Stereotype 23, 191, 194, 230
Stil 22, 78f., 210
Stoner, Tom 28
Strategiemix 125, 139
Strategie
    alternative 131
    ergebnisorientierte 68
    flexible 22
    formale 67
    Kombination 61
    Komplexität 275f
    kooperative 30
    kurzfristige 67f., 138
    multiple 131
    optimale 284
    passive 136
    richtige 285-293
    starre 22
    Veränderung 61
    wahrscheinliche 35
    Wechsel 61
Strategietyp 29
Strategiewahl 61-82
Streß 34, 171
Struktur 79
Sun Tzu 136
Supervision 210, 272
Sympathie 148, 295
Synergieeffekt 126

T

Täuschung 106, 185, 236, 246
Tagesordnung 37, 48-50, 79, 162, 180, 208, 272, 277, 279f.

Index

Taktiken 24, 32
    aggressive 22
    bedenkliche 249f.
    emotionale 106
    extreme 250-252
    kompetitive 70, 99-107, 155, 194, 235, 257, 294
    Konzentration auf 286
    hinterhältige 48
    manipulative 94, 244
    moderate 248f.
    öffentliche Enthüllung 265
    unmoralische 247-252, 254, 256f.
    wahrscheinliche 35
Tauschhandel 115, 177, 202, 281
Teambildung 208, 268, 292
Teamleiter 270, 272
Teams 27, 259-282
Teamverhandlungen 267-273
Teilnehmerliste 180
Termine 39, 43f., 104, 111
    bei Kompromißstrategie 143
    falsche Darstellung 249
    festlegen 178, 285
Terminplan 8, 262
Thamhain, Hans J. 269
Tonfall 72, 114, 216
Tricks 181, 184f., 246, 256f.

U

Überbrücken 116
Übereinkommen 111, 146, 272, 282
Übertreibung 106, 247-249
Überzeugungskraft 47, 53
Umweltfaktoren 48-51, 253
Unehrlichkeit 258
Unmittelbarkeit 231
Unterbrechung 121, 172, 257
Unterstützung, gegenseitige 72, 115, 281
Untersuchungsausschüsse 208
Unwahrheit 237f., 249
Ury, William 16, 181, 256
US West 170

V

Verankerung 157f.
Verantwortung 56
Verbergen 247, 249
Verbünden 107
Vergeltung 208, 245, 268
Vergünstigungen 250
Verhalten 72
    anmassendes 67
    aufgeschlossenes 163
    Bewertungskriterien 246
    defensives 174

echtes 221
eigenes 156
fragwürdiges 254
identifizieren 189, 257
ignorieren 256f.
Kodex 252-255
kompetitives 272
konkurrenzorientiertes 67, 266, 276
kooperatives 272
moralisches 252
negatives 194
unmoralisches 244-246
von Verhandlungspartnern 79, 156
vorgetäuschtes 222
vorhersagbares 293
Verhandlung
    12 Regeln 297
    abbrechen 99, 106, 125, 169
    formale 4, 6
    informelle 4, 6
    kompetitive 34, 208, 286
    konfliktorientierte 59
    konkurrenzorientierte 32
    Kontrollniveau 197f.
    kooperative 18, 30, 208, 248, 257, 276, 286
    langfristige 67
    mit kleinen Firmen 145
    mit Ombudsmännern 209
    mit Vorgesetztem 67, 127-129, 150-153, 288-293
    öffentliche 266
    ohne Strategie 82
    Vorstellungen über 20
    wettbewerbsorientierte 248
    wiederholte 19
    zwischen mehreren Parteien 273-276
Verhandlungsbasis 26
Verhandlungsbereitschaft 142
Verhandlungserfahrung 259
Verhandlungsfehler 155-168
Verhandlungsführer 27, 71, 263f., 266
Verhandlungsgegenstände festlegen 7, 24, 37, 57
Verhandlungspartner
    einschätzen 27-38
    schwieriger 186-190
Verhandlungsperspektive 52
Verhandlungsphasen
    Anfangsphase 162-165, 230f.
    Endphase 92, 162, 166f., 232
    Mittlere Phase 162, 165f., 231f.
Verhandlungsplanung 20, 24-26, 30, 287
Verhandlungsreihe 67
Verhandlungssituationen
    Autokauf 25, 32, 43, 62f., 69, 87f., 90, 94, 96f., 237f., 244, 251

Bankkredit 25
Baugrundstück 249
Bewerbungsgespräch 119
Computerkauf 30, 103
Gehaltsverhandlung 49, 67, 136, 158f., 241
Gewerkschaften 21f., 76f., 94, 156, 249, 268, 286
Gitarrekauf 31
Hauskauf 18, 87, 88
Kapitalbeschaffung 28
Lohnverhandlungen 87
Servicebericht 240
Streik 44, 263, 266
Streit um offenes Fenster 17
Streit um Fernsehprogramm 177
Tarifverhandlungen 87
Urlaubsplanung 114-116
Vermietung 240, 242f.
Verhandlungsspielraum 14 f., 31, 33, 69, 86 93, 235
Verhandlungsumfang 162
Verlieren 109, 285
Vermeidungsstrategie 65f., 78, 131, 284, 292
    Beziehungs- und Ergebnisdimension 63f.
    in Verhandlung mit Vorgesetztem 150, 152
    Merkmale 136-139
Vermittlung 194, 196-198, 209, 277
    informelle 201
    Merkmale 201-207
    profesionelle 201
    Unbefangenheit 204
Vermutungen 30f., 36
Verpflichtungen 100-105
Verspätungen 105
Versprechungen 100, 251
Verständnis 74, 112
Vertrag 104, 165, 195, 240
    befristet 241
    Einfluß des Auftraggebers 35
    Entwurf 122, 182
    erneuert 241
    formulieren 167
    «prinzipieller» 167
    Prüfung 233
    Recht 235f., 239-241
Vertrauen 20f., 54, 122, 155, 191, 293-296
    bei Anpassungsstrategie 135
    bei kooperativer Strategie 72, 111, 123f.
    bei kompetitiver Strategie 93
    fehlendes 34
    gegenseitiges 269, 272
    schenken 160, 261
    übermäßiges 232
    verlieren 256, 286
    wiederherstellen 172
Vertrauenswürdigkeit 20f., 255
Verwirrung 97, 232, 277

Verzerrungen 170, 173, 249, 258, 260
Verzögerungen 92, 104, 106
Vortragsstil 218f.
Vorurteile 23, 125, 161-167, 169

W

Wahrheit 235f., 247, 249
Wahrnehmung 79, 164, 230
Warnung 185, 257
«Warum»-Fragen 17, 32 f., 37, 57, 74, 113, 280
Werte 16, 29, 78, 111, 120, 139, 195, 205, 261
Westendorf, Sara 224
Wettbewerb 126, 242, 245, 267
Wettbewerbssituation 71, 92, 109
Wettbewerbsstrategie 243
    siehe auch Kompetitive Strategie
Win-Lose-Strategie 64, 68, 125, 127, 170, 244
Win-Win-Lösung 12, 73, 111, 113f., 144
Win-Win-Strategie 64, 72, 109, 120, 153, 155
Wortwahl 219-221

Z

Zeit 71, 141, 144, 151
Zeitdruck 43, 85, 104, 145, 151
Zeitplan 6, 38, 48, 50, 73, 104, 180
Zeitrahmen 8, 25, 38, 40, 50, 86, 122, 197, 211, 231
Zermürbungstaktik 99
Zielabkommen 281
Ziele
    abstrakte 13
    ähnliche 224
    allgemeine 13f.
    emotionale 3
    festlegen 8, 25, 38, 58, 225, 284
    gemeinsame 72, 122, 179, 294
    inkompatible 84
    klare 142
    konkrete 3, 13, 15
    kurzfristige 84
    langfristige 72
    Rangfolge 24, 92, 142
    Recherchen über 31, 262
    stabile 269
    symbolische 3
Zielpakete 14, 22
Zielpunkt 14, 40, 69, 74, 86, 97f., 101
Zugeständnisse 31, 40, 43, 86, 89, 95, 99, 101, 103f., 143, 172
    siehe auch Konzessionen
Zuhören 33, 74, 118, 122, 164, 173f., 183, 188f., 211, 224, 226-228, 231, 280
Zukunftsvorhersagen 160f.
Zurückspiegeln 173, 226
Zusammenarbeit 12, 74, 76, 109, 118, 123, 163, 169, 272
Zustimmung 241, 272